tomato TV 방송용 교재

기본서 반영
최신 개정판

합격으로 가는 하이패스

토마토패스

재무위험
관리사

핵심이론＋문제집

경영학박사 신현철 편저

예문에듀
EDU

머리말

재무위험관리사는 국내 증권 관련 자격시험 중 가장 어려운 시험으로 알려져 있습니다. 아마도 많은 수험생은 이 자격시험 합격을 마지막 관문이라 생각할 것입니다. 사실 본 시험은 결코 쉬운 시험은 아닙니다. 시험에 합격하기 위하여 일단 철저한 준비가 필요합니다. 그러나 체계적인 지식습득이 아닌 문제풀이 위주의 반복 학습만을 한다면 위험관리에 대해 전문적인 공부를 할 기회를 놓치게 될 것입니다. 단연코 말하건대 본 자격시험을 체계적으로 성실히 공부하여 합격한 사람은 위험관리에 대한 새로운 관점을 가지게 되는 것은 물론 본인의 운용철학에 큰 전환점을 맞이하는 계기가 될 것입니다. 그런 의미에서 본 자격시험을 통해 위험관리를 공부하고 정리할 마지막 기회로 생각하고 굳은 마음으로 공부에 임해야 할 것입니다.

본서는 다음의 관점을 염두에 두고 집필되었습니다.

첫째, 우리가 교재 속에서 배우는 위험관리 관련 학습내용은 주제마다 머릿속에 체계적으로 정리될 수 있도록 목차와 내용을 구성하였습니다. 이론적 배경 없이 문제만 푸는 것보다 배운 지식을 머릿속에 체계적으로 저장하고, 논리적으로 말을 할 수 있어야 하며 또한 이것을 현장에 어떻게 적용할 것인가도 고민하며 학습해야 합니다.

둘째, 핵심정리내용은 학습 후 즉시 핵심요약문제를 해결함으로써 이론체계를 더욱 구체화시킬 수 있도록 구성하였습니다.

셋째, 출제예상문제는 실전문제의 난이도를 고려하여 구성하였으며 아울러 모의고사를 통해 시간관리 연습을 할 수 있도록 구성하였습니다.

마지막으로, 합격을 위해서 이론체계, 핵심요약문제, 출제예상문제가 어느 정도 머릿속에 유기적으로 연계되면 반복학습으로 더욱 실전대응 능력을 높여야 합니다. 그리하면 누구나 합격의 고지는 멀지 않을 것입니다.

늘 그렇듯 본서가 세상에 나오는 데 도움을 주신 고마운 분들이 있습니다!
본서를 집필하는 데 도움을 주신 도서출판 예문사 관계자, 항상 묵묵히 응원해 주는 가족, 그리고 늘 정신적으로 도움을 주는 오랜 친구들! 모두에게 진심으로 감사드립니다.

마지막으로 수험생 여러분의 합격에 졸저가 조금의 도움이라도 된다면 필자에게는 더없는 기쁨이 될 것입니다. 수험생 여러분의 합격을 진심으로 기원합니다!

편저자 신현철

GUIDE
시험안내

주요업무

금융투자회사에서 금융투자상품 등의 운용과 관련된 재무위험 등을 일정한 방법에 의해 측정, 평가 및 통제하여 해당 회사의 해당 위험을 조직적이고 체계적으로 통합하여 관리하는 업무를 수행하는 자

시험과목 및 합격기준

• 합격기준 : 응시과목별 정답비율이 40% 이상인 자 중에서, 응시 과목의 전체 정답 비율이 70%(70문항) 이상인 자. 과락 기준은 하단의 과목정보 참조
• 시험정보 : 시험시간(1교시 : 120분) , 과목정보(4과목 : 100문항)

과목구성			세부과목구성	
과목명	문항 수		세부과목명	문항 수
	총	과락		
리스크관리기초	30	12	금융통계학	9
			채권분석	6
			규제 및 컴플라이언스	15
금융선물 및 옵션	20	10	주가지수/개별주식 선물/옵션	7
			금리 선물/옵션	7
			통화 선물/옵션	6
투자권유	45	18	스왑	10
			장외옵션	10
리스크관리기법	35	14	시장리스크관리	15
			신용리스크관리	12
			기타리스크관리	5
			리스크관리 사례분석	3

응시대상

• 응시제한대상(응시부적격자)
  – 시험에 합격한 후 동일 시험에 재응시하려는 자
  – 『금융투자전문인력과 자격시험에 관한 규정』 제3-13조 및 제3-15조의 자격제재에 따라 응시가 제한된 자
  – 『금융투자전문인력과 자격시험에 관한 규정』 제4-21조 제3항 및 제4항에 따라 부정행위 등으로 시험응시가 제한된 자
※ 상기 응시 부적격자는 응시할 수 없으며, 합격하더라도 추후 응시 부적격자로 판명되는 경우 합격 무효 처리함. 또한 5년의 범위 내에서 본회 주관 시험응시를 제한할 수 있음
• 과목면제대상
  – 파생상품투자권유자문인력(구 파생상품투자상담사) 시험 합격자에 대해서는 금융선물 및 옵션과목(제2과목) 면제

제15회 재무위험관리사 합격후기 - 강×회

1. 취득 동기

투자자산운용사, 금융투자분석사 준비 후 금융투자협회 마지막 시험인 재무위험관리사까지 따보고 싶다는 생각으로 준비했습니다. 또, 투자 관련 자격증으로는 국내에서 제일 어렵다기에 더욱 도전 의식이 생긴 것 같습니다. 이전에도 토마토패스의 강의를 수강했기에 망설임 없이 이번 강의도 토마토패스로 결정했습니다.

2. 토마토패스 장점

본격적으로 공부한 기간은 3주 정도 된 것 같습니다. 생각보다 범위가 방대하고 투자자산운용사와 금융투자분석사랑 겹치는 범위도 적기 때문에 일단 빠르게 개념을 잡자라는 생각으로 마무리 특강 먼저 공부했습니다. 투자협회 시험은 이론도 중요하지만 문제 풀이가 정말 중요한 것 같습니다. 해당 토마토패스의 교재는 기출이 2회분으로 문제의 양이 적어보일 수 있으나, 한 단원이 끝날 때마다 상당한 양의 문제가 추가되어 있어서 절대 문제가 적은 편은 아닙니다. <u>문제 풀이가 정말 좋다고 느낀 것은, 신현철 강사님께서 개념만 공부해서는 잘 와닿지 않는 부분을 문제 풀이를 통해 개념까지 다시 되짚어 주시면서 자세히 설명해주신 부분이었습니다.</u>

3. 공부 방법 및 합격팁

투자자산운용사 대비 응시인원이 적고 어려운 시험이기 때문에, 처음에는 지칠 수 있으나, 반대로 나열식 암기보다는 이해를 위주로 공부할 수 있는 시험이라, 어떻게 보면 수월하게 준비할 수 있었던 것 같습니다. 어려운 부분이라도 개념이라도 정확하게 익히면 단원당 1~2문제를 추가로 맞출 수 있기 때문에, 반드시 반복이 필수입니다. 저는 장외파생상품 특히, 스왑 파트에 대한 이해가 전무한 상태라 상당히 어려웠는데, 시험은 오히려 장외파생상품이 제일 고득점으로 나온 것 같습니다.

2023년 제15회 재무위험관리사(국내 frm) 합격후기 - 안*혁

1. 취득 동기

증권업에서 리스크 관리에 대한 업무적 지식을 쌓고자 재무위험관리사 자격증 취득에 도전했습니다. 자문인력이나 afpk 등의 기존 보유 자격증들보다 심화적으로 업무 관련 내용을 다룰 수 있을 것이라 생각했고, 실제로도 그러한 점이 있어 도움이 된 것 같습니다. 토마토패스에는 환급반이라는 프로그램이 있어 합격의지를 불태울 수 있겠다는 생각이 들었고, 실제로 공부의지를 갖는 데에 도움이 되어 합격을 할 수 있었습니다.

2. 공부기간 및 방법

총 공부기간은 2개월입니다. 처음 1개월은 기본서와 인강 위주로 학습하였고, 시험 3주 전부터는 핵심정리문제집 및 최종 요약강의 위주로 공부하였습니다. 사실 기본서 위주로 공부를 할 때는 다소 어렵다는 생각도 들었으나, 최종정리 문제집을 통해 다시 한번 복습하면서 개념을 잡을 수 있었습니다. 그리고 과목별 문제는 물론이고, 교재 마지막 부분의 최종모의 고사 문제들도 도움이 많이 되었습니다.

3. 토마토패스 장점

토마토패스의 장점은 강의 구성이라고 생각합니다. 토마토패스 재무위험관리사 환급반은 기본강의 + 문제풀이 + 최종마무리 강의로 구성되어 있고, 합격 시 100% 환급, 고득점 시 그 이상의 환급이 이루어집니다. 기본서 강의는 혼자 공부할 때는 그냥 넘어갈 수 있는 부분도 자세하게 설명해주시는 게 좋았고, 문제풀이 강의도 바탕이 되는 개념과 함께 설명이 이루어져서 좋았습니다. 마무리강의는 시험에 빈출되는 핵심적인 부분 위주로 다루고 넘어가는데, 저에게 있어 가장 큰 도움이 된 것 같습니다.

4. 합격 팁

배경지식이 부족해서 기본적인 개념에 대한 이해가 필요하신 분들은 기본서부터 차근차근 숙달하는 게 중요한 것 같고, 1과목의 암기가 위주로 되는 과목들은 문제풀이가 중요한 것 같습니다. 저 또한 암기과목들은 마무리강의 위주로 듣고 문제풀이를 반복하였습니다. 그리고 2~4과목의 계산문제 같은 경우, 활용되는 공식들만 잘 외우고 가신다면 계산 자체는 어렵지 않으실 것 같습니다.

※ 해당 합격 후기는 모두 합격증이 웹상에 인증되어 있으며, 토마토패스 홈페이지 수강 후기에서 더 많은 후기들을 확인하실 수 있습니다.

이 책의 구성

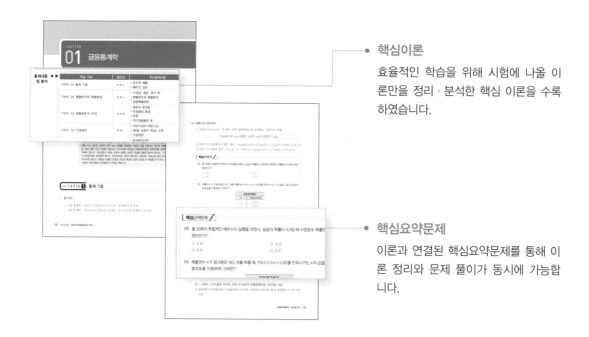

핵심이론

효율적인 학습을 위해 시험에 나올 이론만을 정리·분석한 핵심 이론을 수록하였습니다.

핵심요약문제

이론과 연결된 핵심요약문제를 통해 이론 정리와 문제 풀이가 동시에 가능합니다.

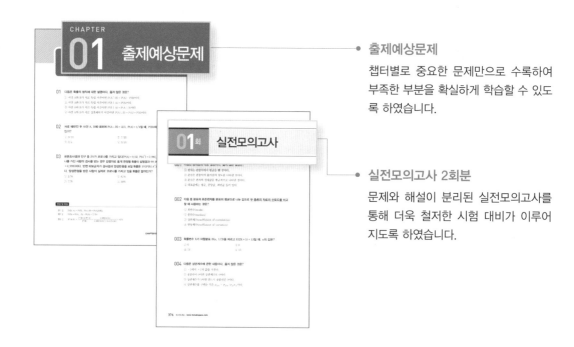

출제예상문제

챕터별로 중요한 문제만으로 수록하여 부족한 부분을 확실하게 학습할 수 있도록 하였습니다.

실전모의고사 2회분

문제와 해설이 분리된 실전모의고사를 통해 더욱 철저한 시험 대비가 이루어지도록 하였습니다.

CONTENTS
목차

합격으로 가는 하이패스
토마토패스

PART 01

리스크
관리기초

CONTENTS

출제내용
및 분석

학습 목표	중요도	주요출제내용
TOPIC 01 통계 기초	★★☆	• 조건부 확률 • 베이즈 정리
TOPIC 02 확률변수와 확률분포	★★☆	• 기댓값, 평균, 분산 등 • 확률변수와 확률분포 • 결합확률분포
TOPIC 03 확률표본과 추정	★★★	• 표본의 통계량 • 추정량의 특성 • 추정 • 카이제곱분포 등
TOPIC 04 가설검정	★★☆	• 귀무가설과 대립가설 • 제1종 오류와 제2종 오류 • 가설검정
TOPIC 05 회귀분석	★★★	• 회귀분석가정 • 결정계수 • 이분산성/자기상관/다중공선성
TOPIC 06 단일 시계열 변동성 모형	★★☆	• GARCH(p, q)모형의 안정성 • GARCH(p, q)모형의 특성

학습전략

금융통계학은 총 9문제가 출제됩니다. 시험문제에서는 어려운 내용을 묻지는 않습니다. 개념만 정확히 알면 문제를 쉽게 해결할 수 있을 것입니다. 기본서가 어렵고 체계가 없어서 접근하기 어려울 수도 있지만 요약된 것만 보고 문제를 해결해도 어렵지 않을 것입니다. 조건부 확률, 기댓값, 분산 등은 이미 익숙할 것입니다. 자격시험의 특성상 이항분포모형과 정규분포를 집중해서 공부해야 합니다. 가설검증의 제1종 오류와 제2종 오류의 개념을 정확히 알아야 합니다. 그리고 나서 회귀분석을 공부하면 됩니다. 회귀분석은 가정이 중요하고 결정계수, 이분산성 등의 문제를 공부하시면 됩니다. 변동성 모형은 안정성 조건과 특성만 알면 되므로 큰 비중을 안 두셔도 됩니다. 그러면 자연스럽게 고득점으로 이어질 것입니다.

⋯⋯ TOPIC 1 통계 기초

1. 통계학

① 기술 통계학 : 자료의 기술과 요약을 다루는 통계학의 한 분야

② 추론 통계학 : 자료로부터 결론을 도출하는 것과 관련된 통계학의 한 분야

2. 확률의 정의

(1) 확률 기초

① 표본 공간(sample space) : 모든 가능한 실험 결과의 집합
② 사건(사상, event) : 모든 실험결과의 부분집합

(2) 고전적 정의

n개의 사상이 상호 배타적이고 발생 가능성이 균등하다고 가정하면, 이들 사상 중 n_A개 만큼이 속성 A를 갖는다고 할 때 $P(A) = n_A/n$로 표시

(3) 공리적 정의

표본공간 S에서 임의의 사건 A에 대하여 다음이 성립
① $0 \leq P(A) \leq 1$
② $P(\overline{A}) = 1 - P(A)$
③ 확률의 덧셈법칙 : $P(A \cup B) = P(A) + P(B) - P(A \cap B) = P(A) + P(B)$ (A, B가 disjoint인 경우)

3. 조건부 확률

① 조건부 확률 정의 : 사건 B가 발생했다는 조건하에서 사건 A가 발생할 확률
② $P(A|B) = P(A \cap B)/P(B)$ (단, $P(B) > 0$) → $P(B)$는 표본공간
③ $P(B) = P(B \cap A) + P(B \cap A^C)$

4. 확률의 곱셈법칙

① 확률의 곱셈법칙은 조건부 확률 공식에서 도출됨
② $P(A \cap B) = P(A) \cdot P(B|A) = P(B) \cdot P(A|B)$
③ 사건 A와 B가 서로 독립 사건 : $P(A \cap B) = P(A) \cdot P(B)$, $P(B|A) = P(B)$, $P(A|B) = P(A)$

5. 베이즈 정리

① 정의 : 관찰된 효과에 근거하여 원인의 확률을 계산해내는 정리
② $P(A|B) = P(A \cap B)/P(B) = P(A) \cdot P(B|A)/[P(B \cap A) + P(B \cap A^C)]$
③ $P(A) \cdot P(B|A)/[P(B \cap A) + P(B \cap A^C)] = P(A) \cdot P(B|A)/[P(A) \cdot P(B|A) + P(A^C) \cdot P(B|A^C)]$

01 다음은 확률에 대한 정의이다. 적절하지 않은 것은?

① $0 \le P(A) \le 1$

② $P(\overline{A}) = 1 - P(A)$

③ $P(A \cup B) = P(A) + P(B) - P(A \cap B)$

④ $P(A \cap B) = P(A) + P(B)$ (A, B가 disjoint인 경우)

02 서울에서 부산까지 가는 비행기가 정시에 출발할 확률 $P(A) = 0.75$이고, 정시에 도착할 확률 $P(B) = 0.60$이다. 그리고 비행기가 정시에 출발하여 정시에 도착할 확률 $P(A \cap B) = 0.40$이라고 한다. 이러한 경우 어느 탑승자가 이 비행기에 탑승했는데 정시에 도착했다. 이 비행기가 정시에 출발했을 확률은?

① 1/4   ② 1/3

③ 1/2   ④ 2/3

정답

01 ④ $P(A \cup B) = P(A) + P(B)$ (A, B가 disjoint인 경우)

02 ④ $P(A|B) = P(A \cap B)/P(B) = 0.4/0.6 = 2/3$

···TOPIC ❷ 확률변수와 확률분포

1. 기댓값, 평균, 분산 등

(1) 기댓값(= 장기적으로 반복시행 결과의 평균값)

① $E(X - \mu) = E(X) - \mu = 0$

② $E(c) = c$(단, c는 상수)

③ $E[cg(X)] = cE[g(X)]$

④ $E[u(X) + v(X)] = E[u(X)] + E[v(X)]$

(2) 분산(= 편차제곱의 기댓값)

① $Var(X) = \sigma^2 = E[(X - E(X))^2] = E(X^2) - [E(X)]^2$

② $Var(c) = 0$(단, c는 상수)

③ $Var(a + bX) = b^2 Var(X)$

(3) 기타 분포의 모양을 나타내는 통계량

① 최빈수(mode) : 빈도가 가장 높은 자료의 값

② 중위수(median) : 가운데 위치한 값(홀수 개 → 가운데 값, 짝수 개 → 가운데 값의 평균)
   → 왜도가 부($-$)의 값을 띠는 경우, 평균 < 중위수 < 최빈수

③ 변동계수(coefficient of variation) : 표준편차를 평균으로 나눈 수[$C = (\sigma/\mu) \times 100(\%)$]
   → 두 개 이상의 데이터에 대한 퍼짐의 정도를 비교하기 위한 값으로 단위에 무관

④ 왜도 또는 비대칭도(skewness) : 분포 모형이 왼쪽이나 오른쪽으로 치우쳐 있는 정도
   → 부($-$)의 값을 띠는 경우 'left$-$skewed'라고 하며 왼쪽으로 긴 꼬리

⑤ 첨도(kurtosis) : 분포가 어느 정도 뾰족한지, 꼬리가 얼마나 두꺼운지를 측정하는 척도
   → 정규분포의 첨도 = 3

2. 확률변수

① 정의 : 실험 또는 관찰에서 일정한 확률을 가지고 발생하는 사건에 여러 가지 값을 부여하는 변수

② 이산확률변수 : 취할 수 있는 값을 특정한 수치만으로 나타낼 수 있는 변수
   예 동전 던지기, 주사위 던지기 등

③ 연속확률변수 : 일정한 범위 내에서 연속적인 값(실수구간 모든 값)을 취할 수 있는 변수
   예 키, 몸무게, 주식수익률 등

④ P(X ≤ x) : X의 누적분포함수(CDF), P(X = x) : X의 확률밀도함수(PDF)

핵심요약문제 ✏

03 다음 기댓값의 특성으로 옳지 않은 것은?

① $E(X - \mu) = E(X) - \mu = 0$
② $E(c) = 0$(단, c는 상수)
③ $E[cg(X)] = cE[g(X)]$
④ $E[u(X) + v(X)] = E[u(X)] + E[v(X)]$

04 다음의 중위수(median)를 각각 구하면 얼마인가?

㉠ 4, 2, 8, 7	㉡ 4, 2, 8, 7, 9

① ㉠ 4.5, ㉡ 6   ② ㉠ 4.5, ㉡ 7
③ ㉠ 5.5, ㉡ 6   ④ ㉠ 5.5, ㉡ 7

정답 **03** ②   E(c) = c(단, c는 상수)
        04 ④   ㉠ 짝수 개 → 4와 7의 평균값인 5.5, ㉡ 홀수 개 → 가운데 값인 7

3. 확률분포

(1) 이산형 확률분포

① 이항분포가 대표적 이산확률분포

② 이항분포의 정규근사 : 이항분포 B(n, p)를 따르는 확률변수 X는 n이 충분히 클 때

    ㉠ 밀도함수 $P(X=x)=\dfrac{n!}{x!(n-x)!}p^x(1-p)^{n-x}, \ x=0, 1, 2, \cdots, n$

    ㉡ 기댓값 : $E(X)=np$

    ㉢ 분산 : $Var(X)=np(1-p)$

(2) 연속형 확률분포

① 정규분포가 대표적 연속확률분포

② 정규분포의 정의 : 두 개의 파라미터에 의해 모양이 완전히 결정됨

    ㉠ 밀도함수 $f(X)=\dfrac{1}{\sqrt{2\pi}\sigma}exp\left\{-\dfrac{1}{2\sigma^2}(X-\mu)^2\right\}$

    ㉡ 기댓값 : $E(X)=\sum_{i=1}^{n}x_iP_i$

    ㉢ 분산 : $Var(X)=\sum_{i=1}^{n}[x_i-E(X)]^2P_i$

③ 정규분포의 특징

    ㉠ 정규밀도함수는 평균을 중심으로 좌우대칭이며, 종 모양(Bell-shaped)을 이룸

    ㉡ 정규분포 곡선 아래와 x축 사이의 전체면적은 1

    ㉢ 정규분포의 곡선은 x축에 무한대로 접근하므로 확률변수 X가 취할 수 있는 값의 범위는 $-\infty \leq x \leq \infty$

④ 표준화된 확률변수(Z) : 평균이 μ이고, 표준편차가 σ인 확률변수 X에 대하여 평균 0, 분산 1로 표준화시킴 → $Z=\dfrac{X-\mu}{\sigma}$, $Z\sim N(0, 1)$

4. 결합확률분포

(1) 정의

① 정의 : 둘 또는 그 이상의 확률변수가 관련되어 있는 상황에서 결정되는 확률분포를 결합확률분포라 함

※ 두 개의 확률변수 : 이변량 분포, 둘 또는 그 이상의 확률변수 : 다변량 분포

② 한계밀도함수 : 결합밀도함수에서 특정변수를 'concentrate out'하는 것

③ 조건부 밀도함수 : $P(Y=y|X=x)=P(Y=y, X=x)/P(X=x)$

(2) 공분산과 상관계수

① 공분산[Cov(x,y)] : 두 변수 간의 상호연관도를 측정하는 기준으로 사용

$$Cov(X, Y) = \sigma_{xy} = E[(X - \mu_x)(Y - \mu_y)] = E(XY) - \mu_x \mu_y$$

② X와 Y가 독립적이지 않은 경우 : $Var(aX \pm bY) = a^2 Var(X) + b^2 Var(Y) \pm 2ab Cov(X, Y)$

③ X와 Y가 독립인 경우 : $Cov(X, Y) = 0$이므로 $Var(aX \pm bY) = a^2 Var(X) + b^2 Var(Y)$

 핵심요약문제

05 총 20회의 독립적인 베르누이 실행을 하였다. 성공의 확률이 0.4일 때 이항분포 확률변수의 분산값은 얼마인가?

① 4.6 ② 4.8

③ 5.6 ④ 5.8

06 확률변수 X가 정규분포 N(5, 4)를 따를 때, P(3≤X≤k)=0.82를 만족시키는 k의 값을 다음 표준정규분포표를 이용하여 구하면?

표준정규분포	
z	P(0≤Z≤z)
1.0	0.3413
1.5	0.4332
2.0	0.4772
2.5	0.4938
3.0	0.4987

① 5 ② 6

③ 8 ④ 9

정답

05 ② 이항분포의 분산은 $Var(X) = np(1 - p) = 20 \times 0.4 \times 0.6 = 4.8$

06 ④ $P\left(-1 \leq Z \leq \dfrac{k-5}{2}\right) = P(0 \leq Z \leq 1) + P\left(0 \leq Z \leq \dfrac{k-5}{2}\right) = 0.82$

$P\left(0 \leq Z \leq \dfrac{k-5}{2}\right) = 0.48, \ \dfrac{k-5}{2} = 2, \ k = 9$

(3) 상관계수

① 상관계수 : 변수의 종류나 특정 단위에 관계없는 척도로 공분산을 각각의 표준편차로 나누어 표준화시킨 것

$$\rho_{xy} = \sigma_{xy} / \sigma_x \ \sigma_y, \ -1 \leq \rho \leq 1$$

② -1에서 $+1$의 값을 가지며, 단지 두 변수의 선형관계만을 나타내는 척도

③ 상관계수가 0이면 반드시 공분산이 0이지만, 공분산이 0이라도 항상 상관계수가 0인 것은 아님

1. 표본통계량의 분포

(1) 표본통계량

① 표본평균: $\bar{x} = \left(\dfrac{1}{n}\right)\Sigma_{i=1}^{n}x_i$

② 표본분산 : 편차제곱의 평균(자유도가 $n-1$), $s^2 = \left(\dfrac{1}{n-1}\right)\Sigma_{i=1}^{n}(x_i - \bar{x})^2$

(2) 표본통계량의 분포

① 표본평균 분포 : 정규 모집단 $N(\mu, \sigma^2)$으로부터 추출한 랜덤표본의 <u>표본평균 $\overline{X}$ 분포</u>는 정규분포 $N\left(\mu, \dfrac{\sigma^2}{n}\right)$을 따름

$$E(\overline{X}) = \mu, \ Var(\overline{X}) = \frac{\sigma^2}{n}$$

② 표준정규분포

$$Z = \frac{\bar{x} - \mu}{\sigma/\sqrt{n}} \sim N(0, 1)$$

핵심요약문제 ✎

07 다음은 상관계수에 관한 내용이다. 옳지 않은 것은?

① -1에서 $+1$의 값을 가진다.
② 공분산이 0이면 상관계수도 0이다.
③ 상관계수가 0이면 반드시 공분산은 0이다.
④ 상관계수를 구하는 식은 $\rho_{xy} = \sigma_{xy}/\sigma_x\sigma_y$이다.

08 정규 모집단 $N(\mu, \sigma^2)$으로부터 추출한 랜덤표본의 <u>표본평균 $\overline{X}$</u>의 평균과 분산값은 무엇인가?

① $E(\overline{X}) = n\mu, \ Var(\overline{X}) = \dfrac{\sigma^2}{n^2}$ ② $E(\overline{X}) = n\mu, \ Var(\overline{X}) = \dfrac{\sigma^2}{n}$

③ $E(\overline{X}) = \mu, \ Var(\overline{X}) = \dfrac{\sigma^2}{n^2}$ ④ $E(\overline{X}) = \mu, \ Var(\overline{X}) = \dfrac{\sigma^2}{n}$

정답 **07** ② 공분산이 0이라도 항상 상관계수가 0인 것은 아니다.

08 ④ $E(\overline{X}) = \mu, \ Var(\overline{X}) = \dfrac{\sigma^2}{n}$이 옳다.

2. 추정량의 특성

① 불편성
  ㉠ $E(\hat{\theta})=\theta$이 성립하는 경우 추정량 $\hat{\theta}$을 모수 θ의 불편추정량이라고 함
  ㉡ 모든 가능한 통계량 값의 평균＝모수(표본평균은 모평균의 불편추정량)

② 효율성
  ㉠ 불편 추정량 중에서 분산이 작은 것을 '상대적 효율성'이라 하며, 가장 작은 것을 '최소분산 불편 추정량'이라 함
  ㉡ 평균제곱오차(MSE) : 분산과 불편성의 항목으로 구성되어 있음
  ㉢ Best Linear Unbiased Estimator(BLUE) : 모든 선형 불편추정량 중에서 최소의 분산을 갖는 것

③ 일치성 : 표본의 크기가 커질수록 추정량의 값과 모수가 더 가까워짐. 즉 표본평균은 모평균에 근접함(표본평균의 분산은 표본의 크기가 커지면 0이 됨)

④ 중심극한정리 : 임의의 모집단에서 n이 충분히 크면(n＞30), 모집단이 어떤 분포를 따르는지 상관없이 표본평균은 정규분포를 따름

⑤ 체비셰프의 부동식
  ㉠ 임의확률변수에 대하여 확률변수가 기댓값의 k표준편차 범위 내의 값을 취할 확률은 적어도
  $$1-\frac{1}{k^2}$$
  ㉡ $P(|X-\mu|\geq k\sigma)\leq\frac{1}{k^2}$

3. 추정

① 추정 : 표본으로부터 모집단에 대한 결론을 도출
② 검정 : 모집단에 대한 추정의 타당성을 표본을 통해 검정
③ 점추정 : 모수의 진정한 값이라고 추측되는 단일 수치로 나타내는 것
④ 구간추정 : 모수의 진정한 값이 포함될 것으로 기대되는 범위로 추정(정확도를 함께 제시)

모수	모분산	점추정	구간추정
모평균	σ^2이 주어짐	$\overline{X}$	$P\left(\overline{X}-z_{\frac{\alpha}{2}}\cdot\frac{\sigma}{\sqrt{n}}\leq\mu\leq\overline{X}+z_{\frac{\alpha}{2}}\cdot\frac{\sigma}{\sqrt{n}}\right)=1-\alpha$
	σ^2 모름 & n≥30		$P\left(\overline{X}-z_{\frac{\alpha}{2}}\cdot\frac{s}{\sqrt{n}}\leq\mu\leq\overline{X}+z_{\frac{\alpha}{2}}\cdot\frac{s}{\sqrt{n}}\right)=1-\alpha$
	σ^2 모름 & n<30		$P\left(\overline{X}-t_{\frac{\alpha}{2}}\cdot\frac{s}{\sqrt{n}}\leq\mu\leq\overline{X}+t_{\frac{\alpha}{2}}\cdot\frac{s}{\sqrt{n}}\right)=1-\alpha$
모분산	n/a	S^2	$(n-1)S^2/\sigma^2$이 자유도 n−1인 카이제곱분포를 따름

09 다음은 추정량의 특성에 대한 설명이다. 옳지 않은 것은?

① 알고 싶은 모수의 값을 제공해주는 역할을 한다.

② $E(\hat{\theta})=\theta$이 성립하는 경우 모수 θ를 추정량 $\hat{\theta}$의 불편추정량이라 한다.

③ 불편추정량 중에서 분산이 가장 작은 것을 '최소 분산 불편추정량'이라 한다.

④ 표본평균은 불편추정량이면서 대표본에서는 일치 추정량이다.

10 체비셰프 부등식에서 k=2인 경우 자료가 $-2 \leq Z \leq 2$에 포함될 확률이 적어도 몇 %를 의미하는가?

① 25%   ② 50%

③ 75%   ④ 95%

정답
09 ② $E(\hat{\theta})=\theta$이 성립하는 경우 <u>추정량 $\hat{\theta}$를 모수 θ의 불편추정량</u>이라 한다.
10 ③   75%이다.

4. x^2 – 분포, t – 분포, F – 분포

(1) 각 분포의 특징

구분	관련 통계량	특징
카이제곱분포	표본분산	표본분산에 관련된 추론에 활용
t분포	표본평균	표본평균의 표준화값인 Z에서 σ를 S로 대체 → t분포를 따름
F분포	표본분산비	두 표본의 등분산성 검정에 활용(분산이 같은지 여부)

(2) t – 분포

① 모분산을 모르는 경우에 모평균에 대한 추론은 표준화된 표본평균에서 모표준편차 대신에 표본표준편차를 대입하여 얻어진 스튜던트화된 표본평균을 사용

② 0을 중심으로 좌우대칭이며, 자유도 n이 커지면 표준정규분포에 가까워짐

③ 정규분포 $N(\mu, \sigma^2)$으로부터의 확률표본이고, 표준편차(σ)를 모를 때 표본표준분산 S를 사용할 때는 표본평균의 분포는 정규분포를 따르지 않고 t – 분포를 따름

$$t = \frac{\overline{X}-\mu}{s/\sqrt{n}} \sim t(n-1)$$

④ 중심극한 정리와 같이, n이 30 이상으로 크면 정규분포를 따름

···TOPIC 4 가설검정

1. 귀무가설과 대립가설

① 귀무가설(H_0) : 차이 또는 유의성이 없음을 나타내는 가설, 기존의 가설(예 약효가 없다, 피고인이 무죄이다)

② 대립가설 (H_1) : 관심 있는 사건에 유의성이 있음을 나타내는 가설, 밝히고자 하는 가설

구분	A	B(양측)	C(단측)	D(단측)
귀무가설	$\mu = \mu_0$	$\mu = \mu_0$	$\mu \leq \mu_0$	$\mu \geq \mu_0$
대립가설	$\mu = \mu_1$	$\mu \neq \mu_0$	$\mu > \mu_0$	$\mu < \mu_0$

2. 제1종 오류 및 제2종 오류

① 제1종 오류 : 귀무가설이 옳음에도 불구하고 이를 그릇되게 기각하는 오류 예 무죄인데 유죄로 판단

② 제2종 오류 : 귀무가설이 사실이 아닌데 이를 채택하는 오류 예 죄인이 무죄 방면되는 경우

③ 유의수준 : 귀무가설이 옳은 경우 1종 오류를 범할 최대 확률 예 무죄인 사람을 기소할 확률

④ 검정력 : 귀무가설이 사실이 아닐 때 이를 기각하는 확률 예 유죄인 사람을 기소하는 확률

핵심요약문제 ✏️

11 다음은 t – 분포에 대한 설명이다. 옳지 않은 것은?

① 0을 중심으로 좌우대칭이다.
② 정규분포와 마찬가지로 종 모양의 형태를 가진다.
③ 분포곡선이 표본의 수에 영향을 받지 않는다.
④ 표준편차(σ)를 모를 경우 표본표준분산 S를 사용할 때는 표본평균의 분포는 t – 분포를 따른다.

12 다음은 가설검정에 대한 설명이다. 옳지 않은 것은?

① 통계적 가설검정은 귀무가설과 대립가설로 구분된다.
② 귀무가설은 관심 있는 사건에 유의성이 있음을 나타내는 가설이다.
③ 유의수준은 귀무가설이 옳은 경우 제1종 오류를 범할 최대 확률이다.
④ 제1종 오류는 귀무가설이 옳음에도 불구하고 이를 그릇되게 기각하는 오류이다.

정답 11 ③ 　분포곡선이 자유도에 따라 달라지므로 표본의 수에 영향을 받는다.
　　　 12 ② 　<u>대립가설</u>은 관심 있는 사건에 유의성이 있음을 나타내는 가설이다.

3. 정규분포의 평균에 대한 가설검정

① 가설 설정 : 귀무가설($\mu = \mu_0$)과 대립가설($\mu \neq \mu_0$)을 설정

② 검정 통계량 계산 : $t = \dfrac{\overline{X} - \mu}{s / \sqrt{n}} \sim t(n-1)$

③ 유의수준 α 하에서 기각역 $P(t > t^*) = \alpha/2$가 되도록 임곗값 $t^*_{\frac{\alpha}{2},\, n-1}$ 을 설정

④ 만일 t-통계량이 $t > t^*$ 또는 $t < -t^*$이면 <u>귀무가설을 기각</u>

···TOPIC **5** 회귀분석

1. 단순회귀분석의 가정

① 선형모형 : $Y_t = \alpha + \beta X_t + u_t$

ㄱ α, β는 미지의 모수로 '회귀계수'

ㄴ 확률변수 u_t는 '미관측 오차항' : 누락변수효과, 비선형성효과, X와 Y변수의 측정오차, 예측 불가능한 확률적 효과

② 오차항의 평균은 0

③ 모든 X들은 동일한 값을 취하지 않음

④ X_t는 비확률적임. 즉 X_t와 u_t는 무상관임을 의미함

⑤ 확률변수 u_t의 분산은 다른 변수의 값이나 시간에 상관없이 항상 일정함

⑥ 확률변수 u_t는 독립적으로 분포(자기상관성의 부재)

⑦ 확률오차항 u_t는 다음과 같은 정규분포를 따름 : $u_t \sim N(0, \sigma^2)$

2. 회귀모수의 추정(= 단순법/<u>최소자승법</u>/최우추정법)

① 최소 제곱법(method of least squares) : 적합한 회귀식에서 계산된 예측값과 관찰값의 차이인 잔차들의 제곱(u_i^2)의 합이 최소가 되도록 회귀계수를 추정하는 방법

② 잔차 항의 부호를 제거하여 $-u_i$와 $+u_i$를 동일하게 취급함

③ '제곱'은 값이 큰 오차항에 페널티를 부과하는 효과가 있음

3. 적합도의 측정

(1) 표본회귀선의 적합도

제곱합	$\sum(y_i - \bar{y})^2 = \sum(\hat{y}_i - \bar{y})^2 + \sum(y_i - \hat{y}_i)^2$
제곱합	TSS = RSS + SSE
자유도	n−1 = 1 + n−2

① 적합도란 표본회귀선이 관측값을 얼마나 잘 나타내고 있는가의 정도

② SST(총변동) = SSR(설명되는 변동) + SSE(설명되지 않는 변동, 오차제곱합)

핵심요약문제

13 귀무가설이 옳음에도 불구하고 이를 그릇되게 기각하는 오류를 무엇이라 하는가?

　① 제1종 오류　　　　　　　　　② 제2종 오류
　③ 유의수준　　　　　　　　　　④ 검정력

14 다음은 단순회귀분석의 가정이다. 옳지 않은 것은?

　① 오차항의 분산은 0이다.
　② 확률변수 u_t는 독립적으로 분포한다.
　③ 확률오차항 u_t는 정규분포를 따른다.
　④ 확률변수 u_t의 분산은 다른 변수의 값이나 시간에 상관없이 항상 일정하다.

정답
　13 ①　　제1종 오류에 대한 설명이다.
　14 ①　　오차항의 평균은 0이다.

---

(2) 결정계수(R^2) : 적합도를 측정하는 수단

$$결정계수(R^2) = \frac{설명된 변동}{총 변동} = \frac{RSS}{TSS} = 1 - \frac{SSE}{TSS}$$

① SST에서 SSE가 차지하는 부분이 작거나 SSR이 차지하는 부분이 크면, 추정된 회귀모형의 적합도가 높다고 판단

② $0 \leq R^2 \leq 1$의 값을 가지며, 값이 1에 가까울수록 표본들이 회귀직선 주위에 밀집되어 있음을 뜻하고, 회귀식이 관측값들을 잘 설명하고 있다는 의미임

4. 다중회귀분석

(1) 다중회귀모형

① $Y_t = \beta_1 X_{t1} + \beta_2 X_{t2} + \cdots + \beta_k X_{tk} + u_t$

② 추가 가정 : $Cov(X_{ti},\ u_t) = E(X_{ti},\ u_t) = 0$

(2) 다중회귀모형의 적합도 검정

① 다중결정계수 : $R^2 = 1 - \dfrac{\sum \hat{u}^2}{\sum (Y - \overline{Y})^2} = \dfrac{RSS}{TSS} = 1 - \dfrac{SSE}{TSS}$

② 조정다중결정계수 : $\overline{R^2} = 1 - \dfrac{T-1}{T-k}(1-R^2)$ → 조정다중결정계수가 큰 모형을 선택

(3) 다중 회귀모형의 유의성 검정

개별계수(t검정), 여러 계수(Wald F−검정)

(4) 적합한 변수가 누락된 모형

① 참회귀계수 값이 영(0)이 아닌 독립변수가 모형에서 누락된 경우, 누락된 변수가 다른 모든 포함된 설명변수와 무상관이 아닌 한 다른 추정회귀계수 등의 추정치는 편의

② 무상관이라도 편의는 발생하며, 불편추정량도 일치추정량도 아님 → 검정 유효하지 않음

(5) 부적합한 변수의 추가

① 다른 회귀계수 추정치는 여전히 불편, 일치 추정량이 되므로 가설검정은 유효

② 분산이 불필요한 변수를 포함하지 않을 때보다 커서 비효율적일 뿐임

(6) 모형설정 오류에 대한 검정

① RESET검정

② Hausman검정

핵심요약문제

15 다음은 표본회귀선의 <u>적합도</u>에 관한 내용이다. 옳지 않은 것은?

① 표본회귀선이 관측값을 얼마나 잘 나타내고 있는가의 정도를 의미한다.
② SST(총변동)＝SSR(설명되는 변동)＋SSE(설명되지 않는 변동)이다.
③ SST에서 SSE가 차지하는 부분이 커야, 추정된 회귀모형의 적합도가 높다고 판단한다.
④ $0 \leq R^2 \leq 1$의 값을 가지며, 값이 1에 가까울수록 표본들이 회귀직선 주위에 밀집되어 있음을 뜻한다.

16 다음은 다중회귀모형에 대한 설명이다. 옳지 않은 것은?

① 조정다중결정계수가 큰 모형을 선택한다.
② 적합한 변수가 누락된다면 불편추정량도 일치추정량도 안 된다.
③ 부적합한 변수의 추가도 불편, 일치 추정량이 안 되므로 가설검정은 유효하지 않다.
④ 다중 회귀모형의 유의성 검정은 개별계수(t－검정), 여러 계수(Wald F－검정)를 사용한다.

정답
15 ③   SST에서 SSE가 차지하는 부분이 <u>작아야</u>, 추정된 회귀모형의 적합도가 높다고 판단한다.
16 ③   다른 회귀계수 추정치는 여전히 불편, 일치 추정량이 되므로 가설검정은 유효하다.

5. 회귀분석의 여러 문제 및 해결방안

(1) 이분산

① 정의 : 독립변수가 취하는 값이 변함에 따라 이에 상응하여 변화하는 종속변수의 분산이 동일한 값을 취하지 않고 변화하는 것

② 발생원인
　㉠ 기술연마로 실수를 범할 가능성 감소
　㉡ 소비의 분산이 소득과 함께 커지는 효과
　㉢ 주식수익률, 이자율, 환율변화율 같은 시계열 분포 자체가 정규분포가 아니라 꼬리가 두꺼운 첨예분포를 이루기 때문에

③ 결과
　㉠ 추정량과 예측치는 여전히 불편성&일치성을 띰
　㉡ LS 추정량은 BLUE가 아니며 비효율적인 추정량임
　㉢ 회귀계수의 추정량은 편의&불일치 추정량 → 가설검정은 유효하지 않음

④ 이분산의 검정(＝Goldfeld－Quandt/Breusch－Pagan/White 검정)
⑤ 이분산의 처치(＝일반화 최소제곱법)

(2) 자기상관

① 정의 : 시계열 자료의 경우에는 시간적으로, 횡단면 자료의 경우는 공간적으로 이루는, 연속적인 일련의 관측치들 간의 상관관계

② 발생원인

  ㉠ 어느 자기상관화된 하나의 변수가 실제모형에서 제외

  ㉡ 수학적 형태 설정 오류에 의해서 자기상관이 발생

  ㉢ 지속적인 기간을 통해 실제 변동을 평균화하여 완만하게 자료를 생성시켜 낼 때

  ㉣ 자기회귀모형으로 진정한 회귀모형이 설정되어 있는 상황에서 시차변수를 포함시키지 않는 모형을 설정

  ㉤ 홍수, 태풍 등 순수한 확률적 요소가 어느 한 기간 이상 그 영향이 확산될 때

③ 결과

  ㉠ 추정량과 예측치는 여전히 불편성&일치성

  ㉡ LS추정량은 BLUE가 아니며 비효율적인 추정량임

  ㉢ 회귀계수의 분산추정치는 편의 → 가설검정은 유효하지 않음

④ 자기상관의 검정(=Durbin-Watson 검정/LM 검정)

⑤ 자기상관의 처치 : Cochrane-Orcutt의 반복추정법

핵심요약문제

17 다음은 이분산의 발생원인에 대한 내용이다. 해당되지 않는 것은?

  ① 소비의 분산이 소득과 함께 커지는 효과가 있다.
  ② 기술연마로 실수 범할 가능성 감소, 학습효과가 존재한다.
  ③ 금융시계열 분포 자체가 정규분포화하지 않고 첨예분포를 하기 때문이다.
  ④ 홍수, 태풍 등 순수한 확률적 요소가 어느 한 기간 이상 그 영향이 확산되기 때문이다.

18 다음 중 지속적인 기간을 통해 실제 변동을 평균화하여 완만하게 자료를 생성시켜 낼 때 발생 가능한 현상은 무엇인가?

  ① 등분산성   ② 이분산성
  ③ 자기상관   ④ 다중공선성

정답
  17 ④   홍수, 태풍 등은 자기상관 발생과 관련 있다.
  18 ③   자기상관의 발생 원인에 해당한다.

(3) 다중공선성

① 정의 : 설명변수들 간의 높은 상호연관성으로 인하여 종속변수에 미치는 그들 각각의 영향을 구분하기가 매우 어려운 상태

② 탐색
  ㉠ t값이 작음에도 결정계수가 높은 경우
  ㉡ 설명변수들 사이의 상관계수가 높은 경우
  ㉢ 회귀계수 값이 모형설정에 매우 민감한 경우

③ 처치
  ㉠ 하나 또는 그 이상의 설명변수를 모형에서 제거
  ㉡ 모형 외 정보를 사용
  ㉢ 표본의 크기를 증가

···TOPIC 6 단일 시계열 변동성 모형

1. ARCH모형

Engle(1982)은 변동성집중 또는 fat tail의 특성을 가지는 시계열을 조건부 분산의 관점에서 모형화하기 위하여 $p-$차 자기 회귀형 조건부분산(ARCH)을 제안

2. GARCH(p, q)모형 → 일반화된 ARCH모형

① 비조건부분산 $\sigma^2 = \dfrac{\alpha_0}{1-\alpha_1-\beta_1}$ → 약안정성 조건은 $\sigma_1 + \beta_1 < 1$

② $3\alpha_1^2 + 2\alpha_1\beta_1 + \beta_1^2 < 1$이면 4차모멘트가 존재

3. GARCH(p, q)모형의 특성

$$\sigma_t^2 = \alpha_0 + \alpha_1\varepsilon_{t-1}^2 + \beta_1\sigma_{t-1}^2 = \alpha_0 + \alpha_1\left(\varepsilon_{t-1}^2 - \sigma_{t-1}^2\right) + (\alpha_1 + \beta_1)\sigma_{t-1}^2$$

① α_1이 크다는 것은 변동성이 시장의 움직임에 매우 민감하게 반응함을 의미
② $\alpha_1 + \beta_1$는 변동성이 얼마나 지속적인가 또는 미래에 어떻게 소멸되는가를 측정

③ $\alpha_1 + \beta_1$이 1에 가까울수록 현재의 높은 변동성이 미래에도 지속된다는 의미

④ 금융시계열에 있어서 조건부분산에 대한 충격의 효과가 사라지는 데 긴 시간 소요

핵심요약문제

19 다음은 다중공선성의 탐색과 처치에 대한 설명이다. 적절하지 않은 것은?

① t – 값이 작고 결정계수가 높다면 다중공선성이 의심된다.

② 설명변수늘 사이에 상관계수가 높을 경우 나중공선성을 의심해 봐야 한다.

③ 다중공선성을 해결하기 위해 일반적으로 표본의 크기를 감소시키는 것이 좋다.

④ 다중공선성의 해결하기 위해 하나 또는 그 이상의 설명변수를 모형으로부터 제거한다.

20 다음의 GARCH(1, 1)모형에서 현재의 변동성이 미래에 어떻게 소멸되어 가는지를 보여주는 측정지표는 무엇인가?

$$y_t = X_t\beta + \varepsilon_{t'} \quad \varepsilon_t|\phi_{t-1} \sim \mathcal{N}(0, \sigma_t^2)$$
$$\sigma_t^2 = \alpha_0 + \alpha_1\varepsilon_{t-1}^2 + \beta_1\sigma_{t-1}^2$$

① α_0
② $\alpha_0 + \alpha_1$

③ $\alpha_1 + \beta_1$
④ $\alpha_0(1 - \alpha_1 - \beta_1)^{-1}$

정답
19 ③ 다중공선성을 해결하기 위해 일반적으로 표본의 크기를 증가시키는 것이 좋다.
20 ③ GARCH(1, 1)모형에서 지속성은 $\alpha_1 + \beta_1 \equiv \lambda$에 의해 측정된다.

01 다음은 확률의 법칙에 대한 설명이다. 옳지 않은 것은?

① 사건 A와 B가 서로 독립 사건이면 $P(A \cap B) = P(A) \cdot P(B)$이다.

② 사건 A와 B가 서로 독립 사건이면 $P(B \mid A) = P(B)$이다.

③ 사건 A와 B가 서로 독립 사건이면 $P(B \mid A) = P(A \mid B)$이다.

④ 사건 A와 B가 서로 상호배타적 사건이면 $P(A \cup B) = P(A) + P(B)$이다.

02 서로 배반인 두 사건 A, B에 대하여 $P(A \cup B) = 3/5$, $P(A) = 1/4$일 때, $P(B)$의 값은 얼마인가?

① 3/10

② 7/20

③ 3/5

④ 9/20

03 표본조사결과 인구 중 2%가 코로나를 가지고 있다[$P(A) = 0.02$, $P(A^C) = 0.98$]. 또한 코로나를 가진 사람이 검사를 받는 경우 감염자로 옳게 판정될 확률이 실험결과 99.9%[$P(B \mid A)$ = 0.999]이다. 반면 비보균자가 검사결과 양성반응을 보일 확률은 1%[$P(B \mid A^C) = 0.01$]이다. 양성판정을 받은 사람이 실제로 코로나를 가지고 있을 확률은 얼마인가?

① 57%

② 67%

③ 77%

④ 88%

정답 및 해설

01 ③ $P(B \mid A) = P(B)$, $P(A \mid B) = P(A)$이다.

02 ② $P(B) = P(A \cup B) - P(A) = 7/20$

03 ② $P(A \mid B) = \dfrac{P(B \mid A)P(A)}{P(B)} = \dfrac{0.999(0.02)}{0.999(0.02) + 0.01(0.98)} = 67\%$

04 확률변수 X에 대하여 E(X) = 6, V(X) = 2일 때, 다음 확률변수 − 2X + 3의 분산은 얼마인가?

① 8 　　　　　　　　　　　　② 9

③ 10 　　　　　　　　　　　　④ 12

05 다음 중 기댓값과 분산의 특성으로 옳지 않은 것은?

① $E(X + Y) = E(X) + E(Y)$

② $Var(X) = E(X^2) - [E(X)]^2$

③ $Var(a + bX) = b^2 Var(X)$

④ $Var(X - Y) = Var(X) - Var(Y) - 2Cov(X, Y)$

06 확률변수 X의 평균을 E(X), 분산을 V(X)라 하면 확률변수 Y = 0.5X + 5에 대하여 E(Y) = 4, $E(Y^2)$ = 28일 때, E(X) + V(X)의 값은?

① 46 　　　　　　　　　　　　② 47

③ 48 　　　　　　　　　　　　④ 49

07 다음 중 단위와는 무관하게 두 개 이상의 데이터에 대한 퍼짐의 정도를 비교하기 위한 통계량으로 적절한 것은?

① 최빈수 　　　　　　　　　　② 중위수

③ 변동계수 　　　　　　　　　④ 비대칭도

정답 및 해설

04 ① 　$V(-2X + 3) = 4V(X) = 4 \times 2 = 8$

05 ④ 　$Var(X - Y) = Var(X) + Var(Y) - 2Cov(X, Y)$

06 ① 　$E(Y) = 4$, $V(Y) = 12$, $E(Y) = E(0.5X + 5) = 0.5E(X) + 5 = 4$, $E(X) = -2$
　　　　$V(Y) = V(0.5X + 5) = 0.25V(X) = 12$, $V(X) = 48$, $E(X) + V(X) = 46$

07 ③ 　변동계수에 대한 설명이며, 표준편차를 평균으로 나눈 수이다.

08 다음 중 중심경향척도와 산포척도에 대한 설명으로 옳은 것은?

① 평균은 극단값의 영향을 받지 않는다는 장점을 가지고 있다.

② 변동계수는 산포의 척도로 평균을 표준편차로 나누어서 산출한다.

③ 음($-$)의 비대칭도에서 최빈값<중앙값<평균의 순서로 나타난다.

④ 첨도는 분포가 얼마나 뾰족한지, 꼬리가 두꺼운지를 보여주며 정규분포는 3이다.

09 확률변수 X가 이항분포 B(n, p)를 따른다. X의 평균이 10이고 분산이 8일 때, n의 값은?

① 30

② 40

③ 50

④ 60

10 확률변수 X의 확률밀도함수가 $P(X=x) = \dfrac{48!}{x!(48-x)!}(1/4)^x(3/4)^{48-x}$ $(x=0, 1, 2, 3, \cdots,$

$48)$일 때, $P(6 \leq X \leq 21)$의 값을 다음의 표준정규분포를 이용하여 구하면?

표준정규분포	
z	P(0≤Z≤z)
1.0	0.3413
1.5	0.4332
2.0	0.4772
2.5	0.4938
3.0	0.4987

① 0.9987

② 0.9759

③ 0.8413

④ 0.1587

정답 및 해설

08 ④   ① 평균은 극단값의 영향을 받음. ② 표준편차를 평균으로 나누어서 산출. ③ 양($+$)의 비대칭도

09 ③ $np=10$, $np(1-p)=8$, $n=50$

10 ② $P(6 \leq X \leq 21) = P(-2 \leq Z \leq 3) = P(0 \leq Z \leq 2) + P(0 \leq Z \leq 3) = 0.9759$

11 다음은 정규분포에 대한 설명이다. 적절하지 않은 것은?

① 평균값, 중앙값, 최빈값이 동일하다.
② 정규분포의 확률밀도함수는 평균을 중심으로 좌우대칭이다.
③ 정규분포곡선과 x축 사이의 전체 면적의 값은 1이다.
④ 확률변수 x가 취할 수 있는 값의 범위는 $-1 \leq x \leq 1$이다.

12 다음 중 음(−)의 비대칭도에서 최빈수, 중위수, 평균의 순서를 바르게 표시한 것은?

① 최빈수<중위수<평균
② 최빈수<평균<중앙수
③ 평균<중위수<최빈수
④ 중위수<평균<최빈수

13 다음은 공분산에 대한 설명이다. 옳지 않은 것은?

① 두 변수 간의 상호 연관도를 측정하는 기준으로 사용한다.
② 최소−1에서 최대+1의 값을 가진다.
③ $Cov(X, Y) = E(XY) - \mu_x \mu_y$이 공분산을 구하는 식이다.
④ 확률변수 X와 Y가 독립인 경우 $Cov(X, Y) = 0$이 된다.

14 확률변수 X와 Y의 공분산이 100이다. 확률변수 X의 분산은 25이고, 확률변수 Y의 분산 16이다. 두 자산 간의 상관계수는 얼마인가?

① 0.25
② 0.44
③ 3.00
④ 5.00

15 무위험자산의 수익률은 6%, 위험자산의 수익률은 8%이다. 위험자산수익률의 표준편차가 10%라면 각각 반으로 나누어 두 자산에 투자할 경우 수익률의 표준편차는 얼마인가?

① 4%
② 5%
③ 6%
④ 7%

정답 및 해설

11 ④ 확률변수 x가 취할 수 있는 값의 범위는 $-\infty \leq x \leq \infty$이다.
12 ③ 평균<중위수<최빈수의 순서이다.
13 ② 최소−1에서 최대+1의 값을 가지는 것은 상관계수이다.
14 ④ $100/(5 \times 4) = 5.00$이다.
15 ② $0.5 \times 10\% = 5\%$(무위험자산의 표준편차=0, 공분산=0)

16 투자론 강의를 수강하는 학생 100명의 시험성적을 산출한 결과, 평균이 70, 표준편차가 10이었다. 담당교수는 절대평가를 실시하여 90점 이상이면 A학점을 주려고 한다. 평가점수의 분포가 정규분포를 따를 때 A학점을 받을 학생의 수는 최대 몇 명인가?

① 10명   ② 11명

③ 12명   ④ 13명

[17~20] 다음 결합확률분포표를 보고 물음에 답하시오.

구분	X=0	X=1	X=2	Y의 한계밀도함수
Y=0	8/25	5/25	1/25	14/25
Y=1	5/25	5/25	0	10/25
Y=2	1/25	0	0	1/25
X의 한계밀도함수	14/25	10/25	1/25	

17 다음 중 X의 기댓값을 계산하면 얼마인가?

① 10/25   ② 12/25

③ 14/25   ④ 20/25

18 다음 중 한계밀도함수 fx(0)의 값은 얼마인가?

① 5/25   ② 8/25

③ 10/25   ④ 14/25

19 다음 중 조건부밀도함수 P(Y = 0|X = 1)의 값은 얼마인가?

① 0.2   ② 0.3

③ 0.4   ④ 0.5

정답 및 해설

16 ③   체비셰프 부등식에 $Z = (90-70)/10 = 2 = k$, $1/2k^2 = 1/8$, $P(X \geq 90) = P(Z \geq 2) \leq 1/8$, 최대 12명 가능하다.

17 ②   X의 기댓값 $= 0 \times 14/25 + 1 \times 10/25 + 2 \times 1/25 = 12/25$

18 ④   한계밀도함수 $fx(0) = 8/25 + 5/25 + 1/25 = 14/25$

19 ④ $P(Y = 0|X = 1) = \dfrac{P(X = 1, Y = 0)}{P(X = 1)} = \dfrac{5}{25} / \dfrac{10}{25} = 0.5$

20 두 개의 확률변수 X와 Y의 관계는?

① 독립이다.　　　　　　　　　　　② 독립이 아니다.

③ 부분독립이다.　　　　　　　　　④ 알 수 없다.

21 다음은 추정량의 특성에 대한 설명이다. 적절하지 않은 것은?

① 표본평균은 모평균의 불편 추정량이다.

② 평균제곱오차(MSE)는 분산과 불편성의 항목으로 구성되어 있다.

③ 모든 선형 불편추정량 중에서 최소의 분산을 갖는 것을 BLUE라고 한다.

④ 표본평균의 분산값은 표본의 크기에 비례하여 커진다.

22 다음 괄호 안에 들어갈 알맞은 용어는 무엇인가?

> 표본으로부터 모집단에 대한 결론을 도출하는 것을 (㉠)이라 하고, 모집단에 대한 추정의 타당성을 표본을 통해 확인하는 것을 (㉡)이라 한다.

① ㉠ 추정, ㉡ 검정　　　　　　　② ㉠ 검정, ㉡ 추정

③ ㉠ 점추정, ㉡ 구간추정　　　　④ ㉠ 구간추정, ㉡ 점추정

23 다음은 분포에 대한 설명이다. 옳지 않은 것은?

① 카이제곱분포는 표본분산에 관련된 추론에 사용된다.

② F-분포는 두 표본의 등분산성 검정에 사용된다.

③ t-분포의 관련통계량은 표본분산비이다.

④ 모집단 분포와 상관없이 n이 30 이상이면 표본평균의 분포는 정규분포를 따른다.

정답 및 해설

20 ② 　P(X = 1, Y = 1) = P(X = 1) × P(Y = 1)인지를 검토한다. 5/25와 10/25 × 10/25는 다르므로 독립이 아니다 (하나만 독립이 아니라도 독립이 아니므로 부분독립은 없다).

21 ④ 　표본평균의 분산값은 표본의 크기가 커지면 <u>작아진다.</u>

22 ① 　'㉠ 추정, ㉡ 검정'에 대한 설명이다.

23 ③ 　t-분포의 관련통계량은 <u>표본평균</u>이다.

24 다음은 t – 분포와 정규분포에 대한 내용이다. 옳지 않은 것은?

① 두 분포 모두 종 모양(Bell – shaped)이다.

② t – 분포는 정규분포보다 꼬리가 더 두껍다.

③ $N(0, 1)$의 정규분포를 따르는 확률변수 X는 $P(X < 0) = 0.5$이다.

④ $N(0, 1)$의 정규분포를 따르는 확률변수 X는 $P(X < 0)$이 $P(X > 0)$와 다르다.

25 다음은 귀무가설과 대립가설의 예이다. 옳지 않은 것은?

구분	①	②	③	④
귀무가설	$\mu = \mu_0$	$\mu = \mu_0$	$\mu \leq \mu_0$	$\mu \geq \mu_0$
대립가설	$\mu \neq \mu_0$	$\mu = \mu_1$	$\mu \geq \mu_0$	$\mu < \mu_0$

26 다음 중 귀무가설이 사실이 아닐 때 이를 옳게 기각하는 확률을 무엇이라 하는가?

① 제1종 오류   ② 제2종 오류

③ 유의수준   ④ 검정력

27 다음 중 제2종 오류에 해당하는 것은?

① 무죄인데 유죄로 판단   ② 죄인인데 무죄로 방면

③ 무죄인 사람을 기소   ④ 유죄인 사람을 기소

28 귀무가설이 옳은 경우 제1종 오류를 범할 최대확률로서 위험을 관리하기 위하여 유용하게 사용되는 개념은 무엇인가?

① 신뢰수준   ② 유의수준

③ 정확성   ④ 검정력

정답 및 해설

24 ④ $N(0, 1)$의 정규분포를 따르는 확률변수 X는 $P(X < 0)$이 $P(X > 0)$와 <u>동일하다</u>.

25 ③   두 개의 가설이 서로 상반되어야 하는데 등호가 겹쳐있는 것이 문제이다.

26 ④   검정력에 대한 설명이다.

27 ②   '죄인인데 무죄로 방면'이 제2종 오류(베타오류)에 해당한다.

28 ②   유의수준에 대한 설명이다.

29 다음은 회귀분석에 대한 설명이다. 옳지 않은 것은?

① 독립변수와 종속변수 간에 선형관계를 가정하여 만든 모형이다.

② 회귀모형이 현상을 잘 설명한다면 결정계수 값이 크다는 의미이다.

③ 다중회귀분석에서 설명변수가 추가된다고 결정계수가 커지지 않는다.

④ 독립변수와 종속변수 간에 상관계수의 제곱은 결정계수의 값과 동일하다.

30 다음 중 오차항 u_t가 포함하고 있는 효과로 묶인 것은?

㉠ 누락변수효과	㉡ 비선형성효과
㉢ X와 Y변수의 측정오차	㉣ 예측 불가능한 확률적 효과

① ㉠, ㉡, ㉢

③ ㉠, ㉢, ㉣

② ㉠, ㉡, ㉣

④ ㉠, ㉡, ㉢, ㉣

[31~33] A기업은 원가 절감을 위하여 12개월치 자료로 변동비와 매출액의 관계를 연구하여 [월매출액(Y) = 10.203 + 3.891 × 변동비(X)]라는 선형회귀식을 도출하였다. 회귀식에 따라 TSS = 4,000, RSS = 3,800, SSE = 200이었다. 다음 질문에 답하시오.

31 결정계수를 구하면 얼마인가?

① 0.65

③ 0.85

② 0.75

④ 0.95

32 다음 중 A기업의 회귀분석자료에 대한 설명으로 옳지 않은 것은?

① 자료들 간의 자기상관성의 문제를 고려해야 한다.

② 회귀분석의 설명력이 높아 의미 있는 정보를 제공할 수 있다.

③ 더 많은 데이터를 사용하면 통계의 오류를 줄일 수 있다.

④ 변동비가 한 단위 추가되면 매출액은 10.203만큼 증가한다.

정답 및 해설

29 ③ 다중회귀분석에서 설명변수가 추가되면 결정계수가 커지는데 이를 해결하고자 수정결정계수를 사용하는 것이다.

30 ④ 모두가 해당된다(무조건 암기).

31 ④ 결정계수 = RSS/TSS = 1 − SSE/TSS, 1 − 200/4,000 = 0.95

32 ④ 변동비가 한 단위 추가되면 매출액은 3.891만큼 증가한다.

33 다음 중 A기업의 회귀계수에 대한 가설검정으로 옳지 않은 것은?

① 귀무가설은 $\hat{\beta} = \beta_0$, 대립가설은 $\hat{\beta} \neq \beta_0$로 세울 수 있다.

② 가설검정 통계량 $t = (\hat{\beta} - \beta_0)/\sqrt{Var(\hat{\beta})}$이 된다.

③ 만약 t값이 매우 높다면 귀무가설은 채택된다.

④ 베타가 0이라면 변동비가 매출액을 설명해주지 못한다는 의미이다.

34 다음은 자기상관의 발생원인에 대한 내용이다. 옳지 않은 것은?

① 어느 자기상관화된 하나의 변수가 실제모형에서 제외

② 수학적 형태 설정오류에 의해서 자기상관이 발생

③ 지속적인 기간을 통해 실제변동을 평균화하여 완만하게 자료를 생성시켜 낼 때

④ 시계열 분포자체가 정규분포가 아니라 꼬리가 두터운 첨예분포를 하기 때문

35 다음은 자기상관에 대한 설명이다. 옳지 않은 것은?

① 정(+)의 자기상관은 표준오차를 과소추정하여 t통계량은 유의하게 된다.

② LS 추정량은 BLUE이며 효율적인 추정량이다.

③ 추정량과 예측치는 여전히 불편추정량이며 일치추정량이다.

④ Durbin－Watson 검정은 자기상관의 검정방법이다.

36 다음 중 다중공선성을 탐색할 수 있는 경우로 묶인 것은?

> ㉠ t값이 작음에도 결정계수가 높은 경우
> ㉡ 설명변수들 사이의 상관계수가 높은 경우
> ㉢ 회귀계수 값이 모형설정에 매우 민감한 경우

① ㉠

② ㉠, ㉡

③ ㉠, ㉢

④ ㉠, ㉡, ㉢

정답 및 해설

33 ③ 만약 t값이 매우 높다면 베타의 차이가 매우 크다는 의미이므로 귀무가설을 기각한다.

34 ④ 이분산의 발생원인이다.

35 ② LS 추정량은 BLUE가 아니며 비효율적인 추정량이다.

36 ④ 모두 해당한다(암기).

37 다음 중 이분산의 검정을 위해 활용되는 방법이 아닌 것은?

① Goldfeld−Quandt 검정   ② Breusch−Pagan 검정

③ White 검정   ④ Durbin−Watson 검정

38 다음 GARCH모형 중 평균회귀가 가장 신속하게 이루어지는 모형은 어느 것인가?

① $\sigma_t^2 = 0.12 + 0.08\varepsilon_{t-1}^2 + 0.9\sigma_{t-1}^2$

② $\sigma_t^2 = 0.11 + 0.03\varepsilon_{t-1}^2 + 0.1\sigma_{t-1}^2$

③ $\sigma_t^2 = 0.13 + 0.07\varepsilon_{t-1}^2 + 0.3\sigma_{t-1}^2$

④ $\sigma_t^2 = 0.12 + 0.06\varepsilon_{t-1}^2 + 0.7\sigma_{t-1}^2$

39 다음과 같은 GARCH(1, 1)모형에서 약안정성 조건은?

$$y_t = X_t\beta + \varepsilon_t \quad \varepsilon_t|\phi_{t-1} \sim N(0, \sigma_t^2)$$
$$\sigma_t^2 = \alpha_0 + \alpha_1\varepsilon_{t-1}^2 + \beta_1\sigma_{t-1}^2$$

① $\alpha_0 = 0$ ② $\alpha_0 + \alpha_1 < 1$

③ $\alpha_1 + \beta_1 < 1$ ④ $\alpha_0(1 - \alpha_1 - \beta_1)^{-1} < 1$

40 다음은 금융시계열의 변동성에 대한 설명이다. 옳지 않은 것은?

① 주식수익률이나 환율 변화율의 분포는 대개 fat tail의 특성을 갖는다.

② GARCH모형은 변동성 군집현상을 갖는 금융시계열을 모형화할 수 있다.

③ 금융시계열에 있어서 많은 경우 조건부 분산에 대한 충격의 효과가 사라지는 데 소요되는 시간은 짧은 경향이 있다.

④ GARCH(1, 1)모형에서 $\lambda \equiv (\alpha_1 + \beta_1)$의 값이 1에 가까울수록 현재의 변동성이 장래에도 지속될 가능성이 높다는 것을 의미한다.

정답 및 해설

37 ④   Durbin−Watson 검정은 자기상관 검정을 위한 모형이다.

38 ② $\alpha_1 + \beta_1$가 가장 작은 모형이 평균회귀속도가 빠르다.

39 ③   GARCH(1, 1)모형에서 약안정성 조건은 $\alpha_1 + \beta_1 < 1$이다.

40 ③   금융 시계열에 있어서 많은 경우 조건부 분산에 대한 충격의 효과가 사라지는 데 소요되는 시간은 긴 경향이 있다.

CHAPTER
02 채권분석

학습전략 ■ ■ 채권분석은 총 6문제가 출제됩니다. 채권은 이미 공부가 되어 있을 것입니다. 난도는 그보다 더 높지는 않을 것입니다. 출제문제수가 많지 않아 중요한 부분에서 문제를 발췌하면 6문제는 충분히 나올 듯 합니다. 기존에 익숙한 것을 제외하면 첨부옵션에 따른 채권의 분류 부분을 깊이 공부해야 합니다. 말킬의 정리, 듀레이션, 볼록성은 한 문제씩 출제될 것입니다. 특히 채권의 투자 전략 중 소극적 전략과 적극적 전략을 정확히 구분할 수 있어야 합니다. 그리고 각 전략의 특성을 꼼꼼히 공부해야 합니다. 그리고 ABS 종류 및 구조, MBS의 특성 등을 정리해 두어야 합니다. 이렇게 접근하면 충분히 고득점하는 데 문제가 없을 것입니다.

···TOPIC 1 채권의 개요

1. 채권의 본질

① 확정이자부 증권 : 발행 시 지급해야 할 이자와 상환금액이 확정

② 이자지급 증권 : 발행자는 주식과 달리 수익의 발생 여부와 관계없이 이자를 지급

③ 기한부 증권 : 원리금의 상환기간이 사전에 정해져 있는 기한부 증권

④ 장기 증권 : 다른 이자부 증권과 달리 장기 증권, 유통시장을 통한 환금성 중요

2. 채권투자의 위험

① 가격변동위험 : 이자율 상승 시 채권가격 하락 → 이자율 변화에 따른 가격변동위험

② 재투자위험 : 중도수령이자를 채권매수수익률보다 낮은 금리로 투자할 위험

③ 채무불이행위험 : 채권에 명시되어 있는 원리금을 전부 또는 일부를 받지 못할 위험

④ 중도상환위험 : 만기 이전에 발행자가 채권 중도상환을 요구하는 위험(callable bond)

⑤ 인플레이션위험 : 채권투자로 실현된 이득이 구매력손실을 상쇄하지 못할 위험

⑥ 환율위험 : 외화표시로 발행된 채권의 환율변동위험

⑦ 유동성위험 : 보유채권을 시장가격과 근접한 가격에 매각하지 못할 위험

3. 주식과 채권의 차이점

항목	주식	채권
출자자 지위	주주의 지위	채권자로서 제3자의 지위
출자효과	배당 가능 이익이 있을 경우 배당 수령	이익 존재 여부와 무관하게 이자 수령
출자회수	반환의무 없음/잔여재산분배청구권	만기상환/청산 시 주주에 우선변제
자본구성	자기자본(자본 증가)	타인자본(부채 증가)
액면미달 발행	원칙적 금지	가능
출자자의 권리	의결권 O, 경영참가권 O	의결권 ×, 경영참가권 ×

핵심요약문제

01 다음은 채권의 본질적 특성에 관한 내용이다. 옳지 않은 것은?

① 발행 시 지급해야 할 이자와 상환금액이 확정되어 있는 확정이자부증권이다.

② 발행자는 수익이 발생하면 이자를 지급하는 이자지급증권이다.

③ 원리금의 상환기간이 사전에 정해져 있는 기한부증권이다.

④ 다른 이자부 증권과 달리 장기증권이므로 유통시장의 존재가 필수이다.

02 다음은 주식과 채권의 특징을 기술한 것이다. 옳은 것은?

① 주식은 이익 존재 여부와 무관하게 배당을 수령한다.

② 채권은 잔여재산분배청구권이 있다.

③ 주식은 액면미달발행에 아무런 제약이 없다.

④ 채권은 의결권도, 경영참가권도 없다.

정답 01 ②　발행자는 주식과 달리 수익의 발생 여부와 관계없이 이자를 지급한다.

02 ④　① 주식은 배당가능이익이 있을 경우 배당을 수령한다.

② 주식은 잔여재산분배청구권이 있다.

③ 주식은 액면미달발행이 원칙적으로 금지되어 있다.

···TOPIC 2 채권의 종류

1. 국제채권

(1) 자국통화표시채권

① 외국기업이 우리나라 시장에서 원화(₩)표시채권을 발행하면 <u>외국채</u>라 함
② 국내발행 원화(₩)표시채권인 외국채를 '아리랑본드'라고 함
③ 국가마다 외국채의 고유명칭 : 미국의 '양키본드', 중국의 '팬더본드', 일본의 '사무라이본드', 영국의 '불독본드'

(2) 외화표시채권

① 외국기업이 우리나라 시장에서 외화($, ¥ 등)표시채권을 발행하면 <u>유로채</u>라 함
② 국내발행 외화($, ¥ 등)표시채권인 유로채를 '김치본드'라고 함
③ 국가마다 유로채의 고유명칭 : 일본의 '쇼군본드' 또는 '게이샤본드', 중국의 '딤섬본드'

2. 발행주체에 따른 분류

구분	내용
국채	• 정부가 국회 결의를 받아 발행한 채권으로 정부가 원리금 지급을 보장 • 국고채, 국민주택채권, 외국환평형기금채권 등
지방채	• 지방자치단체가 지방재정의 운영과 공공의 목적을 위해 발행한 채권 • 도시철도채권, 지역개발채권 등
특수채	• 한국전력, 토지공사 등 특수법인이 특별법에 의해 발행하는 채권 • 토지개발채권, 한국전력채권 등 각종 공사채들이 해당됨
금융채	• 은행 등 금융기관이 특별규정에 따라 장기자금 조달 목적으로 발행하는 채권 • 은행채, 카드채, 리스채, 할부금융채, 종합금융채 등으로 구분
회사채	• 상법상의 주식회사들이 자금조달을 위해 발행하는 채권 • 삼성전자에서 발행한 삼성전자 채권 등

03 다음은 국제채권에 대한 설명이다. 적절하지 않은 것은?

① 외국기업이 우리나라 시장에서 원화(₩)표시채권을 발행하면 외국채라 한다.
② 외국기업이 우리나라 시장에서 외화($, ¥ 등)표시채권을 발행하면 유로채라 한다.
③ 미국의 양키본드, 영국의 불독본드는 외국채이다.
④ 일본의 쇼군본드, 중국의 팬더본드는 유로채이다.

04 다음은 채권의 발행주체에 따른 분류이다. 옳지 않은 설명은?

① 국민주택채권, 외국환평형기금채권은 국채에 해당한다.
② 토지개발채권, 지역개발채권은 특수채에 해당한다.
③ 은행채, 카드채, 리스채 등은 금융채에 해당한다.
④ 삼성전자에서 발행한 삼성전자 채권은 회사채에 해당한다.

정답
03 ④ 중국의 팬더본드는 외국채이다.
04 ② 지역개발채권은 지방채에 해당한다.

3. 첨부된 옵션에 따른 분류

(1) 전환사채(CB)

① 채권을 발행한 회사의 주식으로 전환할 수 있는 권리가 부여된 채권
② 전환권 행사 후 사채소멸, 전환권 행사에 자금 불필요, 발행이율은 일반사채＞BW＞CB 순서

(2) 신주인수권부사채(BW)

① 일정한 가격으로 발행회사의 일정 수의 신주를 인수할 수 있는 신주인수권이 부여된 채권
② 신주인수권행사 후 사채 존속, 신주인수권행사에 자금 필요, 분리형은 인수권만 유통 가능

(3) 교환사채(EB)

① 일정 기간 내에 사전에 합의된 조건으로 당해 발행회사가 보유하고 있는 상장 유가증권으로
   교환 청구할 수 있는 권리가 부여된 채권
② 자산(유가증권)과 부채(교환사채)가 동시에 감소하고 자금유입이 없어 자본금 불변

(4) 이익참가부사채(PB)

① 주주가 일정률 이상의 배당을 받을 때 사채권자도 참가할 수 있는 권리가 부여된 채권
② 투자상 매력이 있으나 배당재원을 감소시키므로 주식으로 인한 자본조달이 어려움

(5) 수의상환채권(callable bond)

① 발행자가 콜옵션(매도청구권)을 보유하여 시장금리가 하락하면 권리 행사

② 일반채권에서 콜옵션가치를 차감한 가격으로 거래(투자자에게 매력이 없으므로)

③ 투자의 단점 : 현금흐름의 불확실성, 금리 하락 시 재투자위험, 수익률 하락으로 인한 저평가

(6) 수의상환청구채권(puttable bond)

① 투자자가 풋옵션(상환청구권)을 보유하여 시장금리가 상승하면 권리 행사

② 일반채권에서 풋옵션가치를 합산한 가격으로 거래(투자자에게 매력이 있으므로)

4. 이자지급방법에 따른 분류

① 이표채＝표면이자＋원금

② 할인채＝만기에 원금만 지급

③ 복리채＝만기에 원금＋복리이자 지급

핵심요약문제

05 다음은 합성채권에 대한 설명이다 옳지 않은 것은?

① 옵션부사채의 금리는 '콜옵션부사채 > 보통사채 > 풋옵션부사채' 순서이다.

② 교환사채는 권리 행사 시 발행회사의 자산과 부채가 동시에 감소한다.

③ 수의상환채권은 발행회사에 매수권리가 있으며 보통사채보다 이자수준이 낮다.

④ 수의상환청구채권은 투자자에게 매도권이 있으며 금리 상승 시 매도권을 행사한다.

06 다음은 전환사채(CB)와 신주인수권부사채(BW)에 관한 내용이다. 적절하지 않은 것은?

① CB는 전환권 행사 시 채권의 권리는 소멸하고, 주주로서 권리를 취득한다.

② CB는 보통사채보다 높은 이율로 발행된다.

③ BW는 권리행사 후 사채 지위는 존속된다.

④ BW는 신주인수권을 사채권과 독립적으로 거래할 수 있다.

정답
05 ③ 수의상환채권은 투자자를 유인하기 위해 보통사채보다 이자수준이 높다.
06 ② CB는 보통사채보다 낮은 이율로 발행된다.

1. 채권의 가치평가

(1) 이표채의 가치평가

$$P=\sum \frac{CF_t}{(1+r)^t}=\sum \frac{I}{(1+r)^t}+\frac{F}{(1+r)^n}=I\times \frac{1-\dfrac{1}{(1+r)^n}}{r}+\frac{F}{(1+r)^n}$$

(CF=현금흐름, I=표면이자, r=시장이자율, F=만기금액, n=잔존연수)

① 액면발행 : 표면이자율＝시장이자율인 경우
② 할인발행 : 표면이자율＜시장이자율인 경우
③ 할증발행 : 표면이자율＞시장이자율인 경우

(2) 무이표채의 가치평가

$$P=\frac{F}{(1+r)^n}$$

(r=시장이자율, F=만기금액, n=잔존연수)

(3) 영구채의 가치평가

$$P=\frac{I}{r}$$

(r=시장이자율, I=표면이자)

2. 채권수익률의 종류

구분	내용
표면이율	채권의 액면가액에 대한 연간 이자지급률을 채권표면에 표시한 것
발행수익률	채권 발행 시 매출가액과 이로부터 얻는 모든 수익과의 비율
인수수익률	채권 발행 시 (매출가액－인수수수료) 금액과 이로부터 얻는 모든 수익과의 비율
경상수익률	채권의 시장가격 대비 발행자로부터 직접 수령하는 이자의 비율
만기수익률	채권의 내부수익률로 현금흐름의 현가와 시가를 일치시키는 할인율(YTM)
연평균수익률	만기까지 총수익을 원금으로 나눈 후 단순히 해당 연수로 나눈 단리 수익률
실효수익률	이자수입, 이자의 재투자수입, 자본수익 등을 모두 고려한 1년 단위 투자수익률
세전·후수익률	표면이자에 대한 세금을 고려하기 전과 후의 수익률

구분	내용
콜 예상수익률	발행자가 매입할 것으로 기대되는 시점까지의 수익률(Yield To Call, YTC)
풋 예상수익률	투자자가 상환을 요구할 것으로 기대되는 시점까지의 수익률(Yield To Put, YTP)

핵심요약문제 ✏️

07 다음은 채권의 가치평가에 관한 내용이다. 옳은 것은?

① 표면이자율 < 시장이자율인 경우 할증발행된다.
② 표면이자율 > 시장이자율인 경우 할인발행된다.
③ 영구채의 가치평가는 표면이자를 시장이자율로 나누어 구한다.
④ 무이표채의 경우 항상 할인발행되는 것은 아니다.

08 다음은 채권수익률에 대한 설명이다. 옳지 않은 것은?

① 경상수익률 : 채권의 시장가격 대비 발행자로부터 직접 수령하는 이자의 비율
② 만기수익률 : 채권의 내부수익률로 현금흐름의 현가와 시가를 일치시키는 할인율(YTM)
③ 실효수익률 : 이자수입, 이자의 재투자수입, 자본수익 등을 모두 고려한 1년 단위 투자수익률
④ 콜 예상수익률 : 투자자가 상환을 요구할 것으로 기대되는 시점까지의 수익률

정답 07 ③   ① 표면이자율 < 시장이자율 → 할인발행
② 표면이자율 > 시장이자율 → 할증발행
④ 무이표채의 경우 항상 할인발행된다.
08 ④   풋 예상수익률 : 투자자가 상환을 요구할 것으로 기대되는 시점까지의 수익률

⬛⬛⬛ TOPIC 4 채권가격의 변동성

1. 채권가격의 변동성(말킬의 정리)

① 채권수익률과 가격은 서로 반비례함
② 채권의 만기가 길수록 일정 폭의 채권수익률 변동에 대한 채권가격의 변동폭은 커짐
③ 채권수익률 변동에 의한 채권가격 변동폭은 만기가 길어질수록 증가하나, 그 증감률은 체감함
④ 만기가 일정할 때 채권수익률 하락으로 인한 가격 상승폭은 같은 폭의 채권수익률 상승으로 인한 가격 하락폭보다 큼
⑤ 표면 이자율이 낮은 채권이 큰 채권보다 일정한 수익률 변동에 따른 가격 변동성이 큼

2. 듀레이션

(1) 정의

① 채권의 가격변동성을 파악하는 데 유용하게 사용되며 맥콜레이(1938)가 개발
② 채권에서 발생하는 모든 미래현금흐름(현재가치 환산) 금액들의 <u>가중평균 만기</u>

(2) 듀레이션과 채권가격과의 관계

① 금리변화율에 따른 채권가격의 변화율

$$\frac{dP}{P} = -\frac{D}{(1+y)} \times dy \sim \text{Modified duration}(D_m) = \frac{1}{\left(1+\frac{y}{n}\right)} \times D$$

② 듀레이션의 이용상의 한계 : 작은 이자율 변동에만 유용

(3) 듀레이션을 결정하는 요인

① 채권의 만기가 길어질수록 듀레이션 증가
② 채권의 수익률이 높아지면 듀레이션 감소
③ 표면금리가 높아지면 듀레이션 감소
④ 이자 지급빈도가 증가할수록 듀레이션 감소

핵심요약문제

09 다음은 채권가격과 수익률 간의 관계를 설명한 것이다. 적절하지 않은 것은?

① 채권수익률과 가격은 서로 반비례한다.
② 채권의 만기가 길수록 일정 폭의 채권수익률 변동에 대한 채권가격의 변동폭은 커진다.
③ 만기가 일정할 때 채권수익률 하락으로 인한 가격 상승폭은 같은 폭의 채권수익률 상승으로 인한
　가격 하락폭보다 크다.
④ 표면 이자율이 높은 채권이 낮은 채권보다 일정한 수익률 변동에 따른 가격 변동성이 크다.

10 어떤 채권의 수정듀레이션(modified duration)이 10이고 볼록성이 150이라고 가정할 때, 시장금리가
　1% 하락할 경우 이 채권의 가격변화율은?

① 10.00%　　　　　　　　　② 10.25%
③ 10.50%　　　　　　　　　④ 10.75%

정답　**09** ④　　표면 이자율이 낮은 채권이 높은 채권보다 수익률 변동에 따른 가격 변동성이 크다.

10 ④　　$\dfrac{dP}{P} = -D_m \times dy + \dfrac{1}{2} \times C \times dy^2 = 10 \times 0.01 + \dfrac{1}{2} \times 150 \times (0.01)^2 = 0.1075$

(4) 각종 채권의 듀레이션

① 이표채의 듀레이션 : 만기보다 작음

② 무이표채의 듀레이션 : 만기와 동일함

③ 변동금리채권의 듀레이션 : 채권의 만기와 상관없이 변동금리를 재조정할 시기까지의 기간

④ 영구채권의 듀레이션 : 표면이자와 상관없이 시장이자율로 결정[D=(1+r)/r]

⑤ 콜옵션부 채권의 듀레이션 : 현금흐름이 불확실하여 실효듀레이션을 사용

$$\text{effective duration} = \frac{P_u - P_d}{2 \times P \times \triangle r}$$

⑥ 역 변동금리부 채권의 듀레이션 : 원 채권의 듀레이션보다 큼

3. 채권의 볼록성(Convexity)

(1) 정의

① 채권가격의 수익률 곡선은 원점에 대해 볼록하며, 듀레이션에 의해 설명될 수 없는 가격변동을 볼록성에 의한 가격이라 함

② 볼록성은 수익률 상승 시 듀레이션에 의해 측정한 가격의 하락폭을 축소시키고, 수익률 하락 시에는 듀레이션에 근거하여 추정한 가격의 상승폭을 확대시킴

(2) 볼록성의 특성

① 듀레이션이 동일하다면 볼록성이 큰 채권이 더 높은 가격을 가짐

② 듀레이션이 증가함에 따라 볼록성은 체증적으로 증가

③ 표면이자율이 낮아질수록 볼록성은 커짐

④ 만기수익률이 높을수록 볼록성은 작아짐

⑤ 볼록성이 큰 채권이 작은 채권에 비해 상대적으로 높은 프리미엄이 형성됨

⑥ 콜옵션부 채권의 볼록성 : 실효듀레이션의 오차를 실효볼록성으로 보완

$$\text{effective convexity} = \frac{P_u + P_d - 2P}{P \times \triangle r^2}$$

11 어떤 콜옵션부 채권가격이 시장수익률이 10%일 때 100, 11%일 때 95, 9%일 때 107이 되는 경우 이 채권의 실효듀레이션(effective duration)은 얼마인가?

① 6   ② 6.5
③ 7   ④ 7.5

12 다음은 채권의 볼록성에 관한 설명이다. 옳지 않은 것은?

① 듀레이션이 동일하다면 볼록성이 큰 채권이 더 높은 가격을 갖는다.
② 듀레이션이 증가함에 따라 볼록성은 체증적으로 증가한다.
③ 표면이자율이 낮아질수록 볼록성은 커진다.
④ 만기수익률이 높을수록 볼록성은 커진다.

정답

11 ①   effective duration $= \dfrac{P_u - P_d}{2 \times P \times \Delta r} = \dfrac{107 - 95}{2 \times 100 \times 0.01} = 6$

12 ④   만기수익률이 높을수록 볼록성은 작아진다.

···TOPIC ⑤ 채권수익률의 결정요인

1. 채권의 외적 요인

(1) 채권의 수요와 공급

① 자금 수요 증가 → 채권발행 증가 → 금리 상승
② 자금 공급 증가 → 채권수요 증가 → 금리 하락

(2) 재정정책과 금융정책

① 재정정책 → 국채발행 증가 및 내수 확대 → 금리 상승
② 금융 완화 → 재할인률 인하 → 통화 공급 증가 → 금리 하락

(3) 경기동향

① 경기 상승 → 기업 설비투자 수요 증가 → 채권발행 증가 → 금리 상승
② 경기 하강 → 기업 설비투자 수요 감소, 개인소득 감소 → 채권발행 감소 → 금리 하락

(4) 물가 상승

물가 상승 → 시장 명목금리 상승 → 실물자산투자 선호 → 채권 수요 감소 → 금리 상승

(5) 환율동향과 장기금리(환율 상승 시 반대효과)

① 원화 평가절상(환율 하락) → 수출경쟁력 하락 → 수출 감소 → 경기 하강 → 금리 하락

② 원화 평가절상(환율 하락) → 수입가격 하락 → 국내물가 하락 → 금리 하락

③ 원화 평가절상(환율 하락) → 달러가치 하락 → 원화가치 상승 → 금리 하락

※ 참고사항
1> 피셔효과 : 시장이자율＝실질이자율＋예상물가상승률
2> 국제피셔효과 : 양국 간의 금리 격차는 환율의 기대변동률과 같음

$$R_d - R_f = \frac{E(S_{t+1}) - S_t}{S_t}$$

핵심요약문제 ✏️

13 다음은 채권수익률의 결정요인에 대한 설명이다. 옳지 않은 것은?

① 자금 수요가 증가하면 채권발행이 증가하고 금리는 상승한다.
② 재정정책을 실시하면 국채발행 증가 및 내수확대가 되어 금리는 하락한다.
③ 금융정책을 실시하면 재할인율이 인하되고 통화공급이 증대되어 금리가 하락한다.
④ 물가가 상승하면 실물자산투자를 선호하여 채권수요는 감소하고 금리는 상승한다.

14 다음은 경기, 환율과 채권수익률 간의 관계에 대한 내용이다. 적절하지 않은 것은?

① 경기 상승 → 기업 설비투자수요 증가 → 채권발행 증가 → 금리 상승
② 경기 하강 → 기업 설비투자수요 감소/개인소득 감소 → 채권발행 감소 → 금리 하락
③ 원화 평가절상(환율 하락) → 수출경쟁력 상승 → 수출 증가 → 경기 상승 → 금리 상승
④ 원화 평가절상(환율 하락) → 달러가치 하락 → 원화가치 상승 → 금리 하락

정답
13 ② 재정정책을 실시하면 국채발행 증가 및 내수확대가 되어 금리는 상승한다.
14 ③ 원화 평가절상(환율하락) → 수출경쟁력 하락 → 수출감소 → 경기 하강 → 금리 하락

---

2. 채권의 내적 요인

(1) 표면 이자율

채권의 표면이자율 상승은 채권수익률 상승의 요인이 됨

(2) 발행자의 신용도

채무불이행 위험이 높은 채권 → 투자자는 높은 위험프리미엄 요구 → 채권수익률 증가

(3) 유동성

낮은 유동성의 채권 → 유동성 프리미엄을 요구 → 채권수익률 상승

(4) 만기와 채권수익률 관계(= 기간구조이론)

① 수익률 곡선의 유형

 ㉠ 상승형 : 경기침체기에서 경기 상승이 시작되는 때

 ㉡ 하강형 : 경기 상승이 끝나가는 때(금융긴축이 단기이자율에 먼저 영향)

 ㉢ 수평형 : 과도기 또는 경기순환의 중간단계일 때

 ㉣ 낙타형 : 일시적 금융긴축으로 인하여 시중의 단기자금사정이 악화되었을 때

② 기간구조 설명가설

 ㉠ 기대가설

  • 시장금리 움직임에 대한 투자자들의 예상에 의해 결정

  • 금리가 장기적으로 현재와 같을 것을 예상 → 수익률곡선은 수평, 향후 금리 상승 예상
   → 수익률 곡선은 우상향(기본가정 : 장·단기채의 완전대체, 투자자는 위험중립형,
   미래의 단기이자율 예측)

 ㉡ 유동성선호가설 : 장기채는 단기채에 비해 위험이 크며, 현금화될 수 있는 유동성도 작은
  것이 일반적이므로 유동성에 대한 프리미엄을 요구하게 되어 장기금리가 올라 우상향

 ㉢ 시장분할가설 : 채권시장이 만기에 따라 장기채, 중기채, 단기채 시장으로 분할되어 있
  으며, 채권수익률도 해당 기간의 시장에 참가하는 투자자들에 의해서 독립적으로 결정

핵심요약문제 ✏

15 다음은 채권 수익률 곡선의 형태별 시점을 연결한 것이다. 적절하지 않은 것은?

  ① 상승형 : 경기침체기에서 경기상승이 시작되는 때
  ② 하강형 : 경기상승이 끝나가는 때
  ③ 수평형 : 과도기 또는 경기순환의 중간단계일 때
  ④ 낙타형 : 금융긴축으로 인하여 시중의 장기자금사정이 악화되었을 때

16 다음은 기간구조가설에 대한 설명이다. 옳지 않은 것은?

  ① 기대가설은 시장금리 움직임에 대한 투자자들의 예상에 의해 금리가 결정된다는 가설이다.
  ② 기대가설에 따라 금리가 장기적으로 현재와 같을 것을 예상하면 수익률 곡선은 수평, 향후 금리
   상승이 예상되면 수익률 곡선은 우상향한다.
  ③ 유동성선호가설은 시장에서 일반적이므로 유동성에 대한 프리미엄을 요구하게 되어 장기금리가
   올라 수익률 곡선이 우상향한다는 가설이다.
  ④ 시장분할가설은 채권시장이 만기에 따라 분할되어 있으며, 채권수익률도 해당기간의 시장에 참
   가하는 투자자들에 의해서 상호연관되어 결정된다는 가설이다.

정답 15 ④   낙타형 : 일시적 금융긴축으로 인하여 시중의 단기자금사정이 악화되었을 때
   16 ④   시장분할가설은 채권시장이 만기에 따라 분할되어 있으며, 채권수익률도 그 해당 기간의 시장에
       참가하는 투자자들에 의해서 독립적으로 결정된다는 가설이다.

···TOPIC 6 채권의 투자전략

1. 소극적 운용전략

① 만기보유전략 : 매입하여 만기보유하는 전략이며, 금리 예측의 필요성 없음

② 사다리형 만기전략

   ㉠ 채권보유량을 각 잔존기간마다 동일하게 유지하며, 위험평준화&적정수익을 달성하는 전략

   ㉡ 만기 도래 시 재투자만 하므로 관리가 용이하고 금리 예측이 불필요함

③ 바벨형 만기전략

   ㉠ 단기채권(유동성 확보)과 장기채권(수익성 확보)만 보유, 중기채는 보유하지 않음

   ㉡ 전체 포트폴리오의 리스크 감소 효과, 금리변동 예측 시 편입비율을 변화시킬 수 있음

④ 채권면역전략

   ㉠ 목표투자기간 중 시장수익률의 변동에 상관없이 최초 설정한 수익률을 실현하는 전략

   ㉡ 채권수익률 상승 시 채권가격 하락효과와 재투자수익률 상승효과의 음(−)의 관계를 이용

   ㉢ 목표투자기간과 채권의 듀레이션을 일치시킴으로써 면역효과를 달성

⑤ 현금흐름 일치전략

   ㉠ 향후 현금유입액이 향후 예상되는 현금유출액을 상회하도록 채권포트폴리오 구성

   ㉡ 부채상환을 보장하고 이자율 변동위험을 제거함과 동시에 유동성위험을 최소화

⑥ 인덱스펀드 : 특정 시장지표의 수익률과 동일한 수익률을 얻고자 하는 전략

핵심요약문제

17 다음은 채권의 소극적 운용전략에 대한 설명이다. 옳지 않은 것은?

   ① 사다리형 만기전략은 채권보유량을 각 잔존기간마다 동일하게 유지한다.

   ② 바벨형 만기전략은 단기채권과 장기채권만 보유, 중기채는 보유하지 않는다.

   ③ 채권면역전략은 향후 현금유입액이 현금유출액을 상회하도록 채권포트폴리오를 구성한다.

   ④ 인덱스펀드는 특정 시장지표의 수익률과 동일한 수익률을 얻고자 하는 전략이다.

18 다음은 소극적 투자전략인 채권면역전략에 대한 설명이다. 옳지 않은 것은?

   ① 목표투자기간 중 시장수익률의 변동에 상관없이 최초 설정한 수익률을 실현하는 전략이다.

   ② 채권수익률 상승 시 채권가격 하락효과와 재투자수익률 상승효과의 음(−)의 관계를 이용한다.

   ③ 목표투자기간과 채권의 듀레이션을 일치시킴으로써 면역효과를 달성한다.

   ④ 이자율이 변경되어도 채권포트폴리오를 재편할 필요가 없다는 장점이 있다.

정답   **17** ③   현금흐름 일치 전략에 대한 설명이다.

           18 ④   이자율이 변경되면 채권포트폴리오를 재편할 필요가 있다는 단점이 있다.

2. 적극적 투자전략

(1) 금리 예측전략

① 금리 하락 예측 : 장기채권, 낮은 표면금리채권, 낮은 유통금리채권, 고정금리채권 매입
② 금리 상승 예측 : 단기채권, 높은 표면금리채권, 높은 유통금리채권, 변동금리채권 매입

(2) 채권교체전략

① 수익률 포기 교체 : 보유 채권수익률 > 교체 대상 채권수익률 → 향후 수익률 격차 확대 예상 시
② 수익률 취득 교체 : 보유 채권수익률 < 교체 대상 채권수익률 → 향후 수익률 격차 축소 예상 시

(3) 수익률 곡선타기 전략

① 수익률 곡선이 우상향의 기울기를 갖는 경우에 가능한 채권투자기법
② 장기채는 롤링효과, 단기채는 숄더효과를 이용

(4) 스프레드 운용전략

① 서로 다른 두 종목 간의 수익률 격차가 일시적으로 확대 또는 축소되었다가 정상적으로 돌아오는 특성을 이용하는 전략
② 스프레드지수[=(현재 스프레드 − 평균 스프레드)/스프레드 표준편차]가 표준편차 범위 밖에 있을 때 비정상 신호 → 교체 매매

···TOPIC 7 자산유동화 증권

1. ABS

(1) ABS의 개념

기업이나 금융기관이 보유하고 있는 자산을 표준화하고 특정 조건별로 집합하여 이를 바탕으로 증권을 발행하고, 기초자산의 현금흐름을 이용하여 증권을 상환하는 것

(2) ABS의 종류

① 현금수취방식

 ㉠ pass－through security(자본 이전형) : 유동화자산을 매입한 유동화 중개기관이 집합화하여 신탁 설정 후 이 신탁에 대해서 지분권을 나타내는 지분권 형태로 발행되는 증권

 ㉡ pay－through bond(원리금 지급형) : 유동화자산 집합에서 발행되는 현금흐름을 이용해 증권화하되, 상환우선순위가 다른 채권(tranche)들을 발행하는 방식

② 기초자산에 따른 유동화 증권 종류 : 주택저당채권, 자동차 할부금융, 대출채권 등 다양한 기초자산으로 활용하여 CBO, CLO, CDO, MBS 등을 발행

③ 신용보강기법

 ㉠ 내부신용보강 : 선 · 후순위구조, 초과담보, 준비기금

 ㉡ 외부신용보강 : 지급보증, 은행의 신용장, 신용공여 보험회사의 보증

 핵심요약문제

19 다음은 채권의 적극적 운용전략에 대한 설명이다. 옳지 않은 것은?

① 금리 하락이 예측되면 낮은 표면금리채권, 낮은 유통금리채권을 매입한다.

② 금리 상승이 예측되면 장기채권, 고정금리채권을 매입한다.

③ 수익률 곡선이 우상향의 기울기일 때 단기채는 롤링효과, 장기채는 숄더효과를 이용한다.

④ 보유 채권수익률＞교체 대상 채권수익률이면, 수익률 격차 확대 예상 시 '수익률포기교체'를 실행한다.

20 다음은 자산유동화증권(ABS)에 대한 설명이다. 옳지 않은 것은?

① 자산보유자의 신용도와 분리되어 자산 자체의 신용도로 발행된다.

② 현금수취방식에 따라 자본이전형과 원리금지급형으로 구분할 수 있다.

③ ABS는 유동성이 낮은 자산을 집합해서 표준화하고 해당 자산의 신용을 강화한다.

④ 자본이전형(pass－through security)은 유동화자산 집합에서 발행되는 현금흐름을 이용해 상환우선순위가 다른 채권들을 발행하는 방식이다.

정답 **19** ② 금리 하락이 예측되면 장기채권, 고정금리채권을 매입한다.
  20 ④ 원리금지급형(pay－through bond)은 유동화자산 집합에서 발행되는 현금흐름을 이용해 상환우선순위가 다른 채권들을 발행하는 방식이다.

(3) 자산유동화증권 도입의 의의

① 발행자 : 조달비용을 낮추고 자산의 부외효과를 통한 자기자본관리 강화를 기대

② 투자자 : 높은 신용도를 지닌 증권에 대한 투자기회가 확대됨

(4) ABS 구조

① 자산보유자 : 유동화대상 자산을 보유자로 실질적인 유동화의 수혜자

② 자산관리자 : 현금흐름의 관리와 보수를 책임지는 기관

③ 유동화전문회사 : 유동화증권을 발행하고 자산보유자로부터 자산을 분리시키기 위해 설립한 특수목적유한회사

2. MBS

① 저당대출의 정의 : 신용대출과 대비되는 부동산 담보대출을 의미

② 저당대출의 종류

 ㉠ 원리금 균등상환 고정금리부 대출 : 보편적 대출/만기까지 동일한 원리금 상환/매월상환액 중 이자부분은 점차 감소, 원금부문은 점차 증가

 ㉡ 풍선형 대출 : 차주에게 장기대출하나 미래의 특정일에 대출금리를 재약정하여 기존대출금 상환하고 재대출을 일으키는 형태 → two-step mortgage는 재대출 없이 금리만 조정

 ㉢ 기타 변동금리부 대출, 지분증가형 대출, 체증식 대출, 고정·변동금리부 합성 대출 등

③ 저당대출위험

 ㉠ 채무불이행위험

 ㉡ 유동성위험

 ㉢ 이자율위험

 ㉣ 조기상환위험

④ MBS의 특성

 ㉠ 주택저당대출 만기와 대응하므로 통상 장기로 발행

 ㉡ 조기상환에 의하여 수익이 변동

 ㉢ 채권구조가 복잡하고 현금흐름이 불확실 → 국채보다 높은 수익률

 ㉣ 자산이 담보되어 있고, 별도 신용보완이 이루어져서 회사채보다 신용등급이 높음

 ㉤ 회사채보다 유동성이 큼

⑤ pass-through MBS & pay-through MBS

 ㉠ pass-through MBS

  • 가장 보편적 형태의 MBS, 저당대출 회수액이 MBS 투자자에게 그대로 이전되도록 설계

  • 모든 위험을 투자자가 부담, 모든 현금흐름을 균등하게 배분하므로 지분형 증권으로 발행

 ㉡ pay-through MBS

  • 트랜치별로 상환 우선순위 또는 지급시기를 달리하는 MBS

  • 일반적으로 투자자가 선호하며 pay-through 형태로 발행

⑥ CMO : 조기상환위험을 감소시키기 위해 기초자산이 제공하는 현금흐름을 우선순위에 의해 여러 계층으로 분배하는 MBS

⑦ 분리형 MBS & 이중상환청구권부 채권

ⓐ 분리형 MBS

- 1987년에 미국에서 처음 등장, 모든 이자는 IO(interest only)형으로 모든 원금은 PO(principal only)형으로 지급
- IO 증권은 천천히 상환될 것을 기대, PO 증권은 할인되어 거래되며 조속한 상환을 기대

ⓑ 이중상환청구권부 채권 : 발행기관 파산 시 담보자산이 발행기관의 도산절차로부터 분리되어 투자자는 담보자산에 대한 우선변제권을 보장받고, 만약 상환재원이 부족하다면 발행기관의 다른 자산으로부터 변제받을 수 있도록 설계된 채권

핵심요약문제 ✎

21 보편적 대출 형태로 만기까지 동일한 원리금 상환되며 매월 상환될수록 원금잔액과 이자가 감소하고 매월 상환액 중 이자 부분은 점차 감소하고 원금 부문은 점차 증가하는 형태의 저당대출을 무엇이라 하는가?

① ballon payment mortgage
② two-step mortgage
③ 원리금균등상환 고정금리부 대출
④ 변동금리부 대출

22 조기상환위험을 감소시키기 위해 기초자산이 제공하는 현금흐름을 우선순위에 의해 여러 계층으로 분배하는 MBS를 무엇이라 하는가?

① CMO(Collateralized Mortgage Obligation)
② CLO(Collateralized Loan Obligation)
③ CBO(Collateralized Bond Obligation)
④ CDO(Collateralized Debt Obligation)

정답
21 ③   원리금균등상환 고정금리부 대출에 대한 설명이다.
22 ①   CMO에 대한 설명이다.

01 다음은 채권의 특성에 대한 설명이다. 옳지 않은 것은?

① 채권을 보유함으로써 얻을 수 있는 수익은 이자소득과 자본소득이 있다.

② 채권은 주식회사 등이 발행하므로 상대적으로 안정성이 낮다.

③ 채권은 만기일 전에 증권화를 통해 언제든지 팔아 현금화할 수 있다.

④ 단기채권과 발행자의 신용도가 높아 안정성이 보장된 채권의 경우에 유동성이 높다.

02 다음은 채권의 분류에 대한 기술이다. 올바른 것은?

① 회사채의 대부분이 할인채로 발행되고 있다.

② 변동금리채는 금리 하락의 경우 고정금리채보다 불리하다.

③ 이자금액의 변동 유무에 따라 변동금리채과 역변동금리채로 분류한다.

④ 역변동금리부채는 기준금리 상승 시 현금흐름이 증가하도록 설계된 채권이다.

03 다음 중 채권투자자에게 노출된 위험으로 옳지 않은 것은?

① 채무불이행위험   ② 이자율위험

③ 재투자위험   ④ 수의상환청구위험

정답 및 해설

01 ②   채권은 정부, 공공기관, 신용도 높은 주식회사 등이 발행하므로 안정성이 높다.

02 ②   ① 회사채의 대부분이 <u>이표채</u>로 발행되고 있다.

            ③ 이자금액의 변동 유무에 따라 변동금리채와 <u>고정금리채</u>로 분류한다.

            ④ 역변동금리부채는 기준금리 상승 시 현금흐름이 <u>감소</u>하도록 설계된 채권이다.

03 ④   수의상환위험(callable bond) : 발행자 요구, 수의상환청구위험(puttable bond) : 투자자 요구

04 외국인이 국내에서 발행한 원화(₩)표시채권인 외국채를 무엇이라고 하는가?

① 아리랑본드   ② 김치본드

③ 불독본드   ④ 양키본드

05 통화를 발행하는 국가 이외의 지역에서 그 통화로 발행하는 채권을 유로채라 한다. 유로채에 해당하는 것은?

① 불독본드   ② 김치본드

③ 팬더본드   ④ 아리랑본드

06 다음은 전환사채(CB)와 신주인수권부사채(BW)에 대한 설명이다. 적절하지 않은 것은?

① CB는 BW의 신주인수권과 마찬가지로 전환권을 분리할 수 있다.

② 채권 발행이율의 크기는 '전환사채 < 신주인수권부사채 < 보통사채'이다.

③ 권리행사 후 CB는 부채가 감소하지만 BW는 부채가 변하지 않는다.

④ BW는 분리형의 경우 사채와 별도로 인수권만 유통이 가능하다.

07 다음 합성채권 중 옵션부사채에 대한 설명이다. 올바른 것은?

① 수의상환채권은 발행자의 신용등급 하락 시 행사한다.

② 수의상환채권은 투자자가 옵션의 권리를 가지고 있는 채권이다.

③ 수의상환청구채권은 일반사채와 비교하여 일반적으로 금리가 낮다.

④ 수의상환청구채권의 가치는 일반채권의 가치에서 풋옵션의 가치를 차감한 것이다.

정답 및 해설

---

04 ①   아리랑본드에 대한 설명이다.

05 ②   김치본드는 유로채이며 나머지는 외국채이다.

06 ①   CB는 BW의 신주인수권과 마찬가지로 전환권을 분리할 수 <u>없</u>다.

07 ③   ① 수의상환채권은 발행자의 신용등급 상승 시 행사한다.

             ② 수의상환채권은 발행자가 옵션의 권리를 가지고 있는 채권이다.

             ④ 수의상환청구채권의 가치 = 일반채권의 가치 + 풋옵션의 가치

08 다음 중 사채가 가지고 있는 권리를 행사했을 때 자산과 부채가 동시에 감소하는 특징이 있는 채권은 어느 것인가?

① 전환사채 　　　　　　　　　　　　② 교환사채

③ 옵션부사채 　　　　　　　　　　　④ 이익참가부사채

09 만기가 3년, 원금이 10,000원, 액면이자율이 8%인 채권의 가격이 9,700원이다. 이자를 연 2회 지급하는 경우 만기수익률은?

① 8.167% 　　　　　　　　　　　　② 8.267%

③ 9.167% 　　　　　　　　　　　　④ 9.267%

10 어떤 채권의 표면이율이 8%, 채권가격이 105, 원금이 100, 만기가 10년이라고 가정하는 경우 이 채권의 경상수익률은 얼마인가?

① 6.62% 　　　　　　　　　　　　② 7.62%

③ 6.78% 　　　　　　　　　　　　④ 7.78%

11 만기가 10년, 원금이 10,000원, 액면이자율이 8%인 채권의 가격이 9,800원이다. 이자를 연 2회 지급하는 경우 풋 예상수익률은(단, 3년 후에 풋을 11,000원에 행사하는 것을 가정)?

① 10.25% 　　　　　　　　　　　　② 10.69%

③ 11.25% 　　　　　　　　　　　　④ 11.69%

정답 및 해설

08 ②　　교환사채에 대한 설명이다.

09 ③　　$P = 400 \times \left[\dfrac{1 - \dfrac{1}{(1+r)^6}}{r} \right] + \dfrac{10,000}{(1+r)^6} = 9,700$, r = 4.585%, 따라서 만기수익률 = 9.167%

10 ②　　경상수익률 = 표면이율/채권가격 = 8/105 = 7.62%

11 ④　　$P = 400 \times \left[\dfrac{1 - \dfrac{1}{(1+r)^6}}{r} \right] + \dfrac{11,000}{(1+r)^6} = 9,800$, r = 5.84%, 따라서 만기수익률 = 11.69%

12 다음은 채권의 가격결정 특성에 대한 설명이다. 옳지 않은 것은?

① 채권의 가격과 수익률은 볼록한 곡선의 관계이다.
② 채권의 가격과 수익률은 역의 관계이다.
③ 만기로 갈수록 채권의 장부가액은 액면가로 수렴한다.
④ 표면이자율이 시장이자율보다 크면 채권은 할인발행된다.

13 다음은 채권수익률과 수익에 관한 설명이다. 적절하지 않은 것은?

① 무이표채는 재투자위험이 발생할 수 없다.
② 만기수익률(YTM)은 채권의 내부수익률 개념이다.
③ 발행가액보다 인수가액이 작으므로 발행수익률보다 인수수익률이 더 높다.
④ 이표율이 높을수록 만기수익률을 실현하기 위한 재투자위험이 감소한다.

14 만기 5년짜리 변동금리부채권(FRN)의 다음 이자율 수정까지 2개월이 남았을 경우 이 채권의 듀레이션은 얼마인가?

① 1개월   ② 2개월
③ 3개월   ④ 4개월

15 영구채권의 표면이자율이 10%이고 시장이자율이 10%라고 가정할 경우 이 채권의 듀레이션은 얼마인가?

① 10   ② 11
③ 12   ④ 13

정답 및 해설

12 ④   표면이자율이 시장이자율보다 크면 채권은 할증발행된다.
13 ④   이표율이 높을수록 만기수익률을 실현하기 위한 재투자위험이 증가한다.
14 ②   변동금리부채권의 듀레이션은 이자율을 재조정하기까지의 기간이므로 2개월이다.
15 ②   영구채듀레이션 $= (1+r)/r = \frac{1.1}{0.1} = 11$, 시장이자율만 필요하며, 표면이자율은 불필요하다.

16 만일 어떤 채권의 가격이 $100,000,000이고 만기가 10년이며 듀레이션이 8일인 경우, 이 채권의 PVBP는?

① $80,000   ② $50,000

③ $40,000   ④ $25,000

17 다음은 듀레이션에 대한 설명이다. 적절하지 않은 것은?

① 듀레이션은 투하자본을 회수하는 데 걸리는 가중평균잔존만기이다.
② 이표채의 듀레이션은 중간이자 지급으로 인해 만기보다 짧다.
③ 표면이율이 높을수록, 만기는 짧을수록 듀레이션은 길어진다.
④ 듀레이션은 미래의 현금흐름의 현재가치들의 무게중심(균형점)이다.

18 다음은 채권가격의 변동성에 대한 설명이다. 적절하지 않은 것은?

① 만기가 길어질수록 채권의 변동성은 커진다.
② 이자지급 주기가 길수록 수익률변동에 대한 가격변동성은 커진다.
③ 만기까지 기간이 많이 남아 있을수록 수익률변동에 대한 가격변동성이 커진다.
④ 표면이율이 높을수록 동일한 크기의 수익률변동에 대한 가격변동성은 커진다.

19 어떤 채권의 듀레이션이 4년이고, 표면이율이 6%인 분기 지급 이표채의 채권수익률이 10% 일 경우 채권의 가격은 8,800원이다. 이때 수익률이 9%로 하락하면 채권가격의 변동폭은 어느 정도인가?

① −333.20   ② 333.20

③ −343.20   ④ 343.20

정답 및 해설

16 ①   PVBP는 이자율이 1bp(=0.01%=0.0001) 변동할 때 포트폴리오의 가격변화를 의미한다.
           $PVBP = D \times P \times 0.0001 = 8 \times 100,000,000 \times 0.0001 = \$80,000$

17 ③   표면이율이 낮을수록, 만기는 길수록 듀레이션은 길어진다.

18 ④   표면이율이 높을수록 동일한 크기의 수익률변동에 대한 가격변동성은 <u>작아진다</u>.

19 ④   수정듀레이션 $= 4/(1+0.1/4) = 3.90$, 가격변동폭 $= -3.90 \times -0.01 \times 8,800 = 343.20$

20 다음은 볼록성(convexity)에 관한 기술이다. 옳은 설명은 어느 것인가?

① 수익률이 하락할수록 채권의 볼록성은 감소한다.

② 채권의 볼록성은 듀레이션이 증가할수록 체감한다.

③ 만기와 수익률이 동일하면 표면이율이 낮을수록 채권의 볼록성은 감소한다.

④ 듀레이션이 동일하면 볼록성이 큰 채권이 낮은 채권보다 항상 가격이 높다.

21 다음은 여러 종류의 채권 듀레이션에 대한 설명이다. 올바르지 않은 것은?

① 할인채의 듀레이션은 만기와 일치한다.

② 영구채의 듀레이션을 구하는 경우 시장이자율만 영향을 준다.

③ 변동금리채권의 듀레이션은 변동금리를 재조정할 시기까지의 기간이다.

④ 역변동금리부채권의 듀레이션은 원채권의 듀레이션보다 클 수는 없다.

22 원 채권의 규모가 $10,000일 경우 만기가 10년이고 듀레이션이 7년일 경우, 이 채권을 바탕으로 $5,000은 변동금리부채권, $5,000은 역변동금리부채권을 발행하였다. 변동금리부채권의 듀레이션을 0이라고 가정하면 역변동금리부채권의 듀레이션은 얼마인가?

① 11 　　　　　　　　　　　② 12

③ 13 　　　　　　　　　　　④ 14

23 어떤 콜옵션부 채권가격이 시장수익률이 10%일 때 100, 11%일 때 95, 9%일 때 107이 되는 경우 이 채권의 실효볼록성(effective convexity)은 얼마인가?

① 100 　　　　　　　　　　② 150

③ 200 　　　　　　　　　　④ 250

정답 및 해설

20 ④　① 수익률이 하락할수록 채권의 볼록성은 증가한다.

　　　　② 채권의 볼록성은 듀레이션이 증가할수록 체증한다.

　　　　③ 표면이율이 낮을수록 채권의 볼록성은 증가한다.

21 ④　역변동금리부채권의 듀레이션은 원채권의 듀레이션보다 클 수 있다.

22 ④　$7 = 0.5 \times 0 + 0.5 \times D$, $D = 14$

23 ③　effective convexity $= \dfrac{P_u + P_d - 2P}{P \times \triangle r^2} = \dfrac{107 + 95 - 2 \times 100}{100 \times 0.01^2} = 200$

24 유동성을 중시하기 때문에 장기채보다 단기채를 선호하는 경우 나타나는 모양으로서 금리안정기에 나타나는 형태의 수익률 곡선은?

① 수평형 곡선
② 낙타형 곡선
③ 우상향 곡선
④ 우하향 곡선

25 수익률의 하락폭이 유동성 프리미엄을 초과함으로써 단기채권보다 장기채권의 투자수익이 높다고 예상되는 경우에 나타나는 수익률 곡선은?

① 수평형 곡선
② 낙타형 곡선
③ 우상향 곡선
④ 우하향 곡선

26 다음은 기간구조이론에 대한 설명이다. 올바르게 연결된 것은?

> ㉠ 장기채의 수익률은 그 기간 중에 성립될 것으로 기대하는 단기채수익률의 기하평균을 의미한다.
> ㉡ 각 시장의 수요와 공급으로 단기채의 수익률이 장기채보다 높거나, 낮을 수도 있다

① ㉠ 기대가설, ㉡ 시장분할가설
② ㉠ 시장분할가설, ㉡ 기대가설
③ ㉠ 기대가설, ㉡ 유동성프리미엄가설
④ ㉠ 시장분할가설, ㉡ 유동성프리미엄가설

27 다음은 어떤 효과에 대한 설명인가?

> ㉠ 시장이자율은 실질이자율과 예상물가상승률의 합과 같다.
> ㉡ 양국 간의 금리 격차는 환율의 기대변동률과 같다.

① ㉠ 피셔효과, ㉡ 피구효과
② ㉠ 국제피셔효과, ㉡ 피셔효과
③ ㉠ 피셔효과, ㉡ 국제피셔효과
④ ㉠ 피구효과, ㉡ 국제피셔효과

정답 및 해설

24 ③　우상향 곡선에 대한 설명이다.
25 ④　우하향 곡선에 대한 설명이다.
26 ①　㉠ 기대가설, ㉡ 시장분할가설에 대한 설명이다.
27 ③　㉠ 피셔효과, ㉡ 국제피셔효과에 대한 설명이다.

28 원－달러 선물환율이 ₩1,000이었고 1년 만기 원－달러 선물환율이 ₩1,050이다. 한국과 미국의 금리 차이를 비교하면?

① 미국이 한국보다 2% 더 높다.

② 한국이 미국보다 2% 더 높다.

③ 미국이 한국보다 5% 더 높다.

④ 한국이 미국보다 5% 더 높다.

29 다음은 채권수익률 결정요인에 대한 내용이다. 외적 요인에 해당하지 않는 것은?

① 정부정책 ② 발행자신용도

③ 경기동향 ④ 수요와 공급

30 다음은 채권의 소극적 운용전략에 대한 내용이다. 적절하지 않은 것은?

① 스프레드전략 ② 사다리형 만기전략

③ 바벨형 만기전략 ④ 채권면역전략

31 다음은 채권의 투자전략에 대한 내용이다. 올바른 것은?

① 특정 시장지표의 수익률과 동일한 수익률을 얻고자 하여 구성되는 포트폴리오를 액티브 펀드라 한다.

② 불릿형(bullet) 만기전략은 단기채의 높은 유동성과 장기채의 높은 수익성을 얻을 수 있다.

③ 사다리형 만기전략은 높은 수익률을 올리기 위하여 금리 예측이 필요하다.

④ 두 종목 간 스프레드가 시간이 경과함에 따라 다시 정상수준으로 되돌아오는 특성을 이용한 전략을 스프레드 운용전략이라 한다.

정답 및 해설

28 ④ 한국 금리－미국 금리＝(1,050－1,000)/1,000＝0.05(5%)

29 ② 발행자신용도는 내적 요인이다.

30 ① 스프레드전략은 적극적 운용전략이다.

31 ④ ① 인덱스펀드라 한다.
② 바벨형(barbell) 만기전략의 내용이다.
③ 금리 예측이 필요 없다.

32 다음 중 채권의 소극적 채권운용전략에 대한 내용이 아닌 것은?

① 채권면역전략에서 가장 중요한 지표는 듀레이션이다.
② 채권시장이 효율적이라는 가정하에 유효한 전략이다.
③ 사다리형 만기전략, 스프레드전략 등이 해당된다.
④ 향후 금리를 적극적으로 예측할 필요가 없다.

33 채권의 수익률 곡선이 우상향일 때 만기가 긴 채권의 수익률 하락 시 발생하는 높은 변동성을 이용하는 전략을 무엇이라고 하는가?

① 숄더효과   ② 롤링효과
③ 면역효과   ④ 피구효과

34 펀드매니저 A는 200억원의 채권포트폴리오를 운용하고 있으며 사다리형 만기전략을 구축하고자 한다. 채권의 잔존만기는 5년이라고 할 때 4년 만기채권에 투자금액은 얼마가 되는가?

① 10억   ② 20억
③ 30억   ④ 40억

35 다음은 채권의 적극적 운용전략에 대한 내용이다. 이것에 해당하지 않는 것은?

① 금리예측전략   ② 수익률포기교체전략
③ 수익률곡선타기전략   ④ 현금흐름일치전략

36 ABS의 구조 중에서 유동화증권을 발행하고 자산보유자로부터 자산을 분리시키기 위해 설립한 특수목적유한회사는 무엇인가?

① 자산관리자   ② 업무위탁자
③ 유동화전문회사   ④ 신용보강기관

정답 및 해설

32 ③   스프레드전략은 적극적 운용전략에 해당된다.
33 ②   롤링효과에 대한 설명이다.
34 ④   잔존만기별로 균등하게 투자하므로 200억/5 = 40억이 된다.
35 ④   현금흐름일치전략은 소극적 운용전략에 해당한다.
36 ③   유동화전문회사에 대한 설명이다.

37 다음 중 자산유동화 증권의 내부신용보강기법에 해당하지 않는 것은?

① 선 · 후순위구조   ② 초과담보

③ 준비기금   ④ 지급보증

38 다음은 자산유동화증권(ABS)에 대한 설명이다. 적절하지 않은 것은?

① 금융기관 등의 보유자산을 표준화하고 조건별로 집합하여 이를 바탕으로 증권을 발행한다.

② 기초자산의 현금흐름을 이용하여 증권을 상환한다.

③ 주택저당채권, 자동차 할부금융, 대출채권 등 다양한 기초자산을 활용한다.

④ 자산보유자의 신용도는 자산유동화증권의 발행금리에 큰 영향을 미친다.

39 다음은 은행 측 관점에서의 저당대출의 위험에 대한 설명이다. 올바르지 않은 것은?

① LTV(Loan To Value), PTI(Payment To Income)가 높을수록 채무불이행확률은 증가한다.

② 차주입장에서 오래 거주할수록 LTV가 감소하고 주택에 대한 지분은 증가한다.

③ 저당대출은 규모가 크고 활발한 2차시장이 존재하므로 분리가 가능하여 유동성이 크다.

④ 차주가 언제든지 상환이 가능하여 금리가 하락할 때 콜옵션이 부여된 채권과 같다.

40 원리금 균등상환방식과 같이 금리와 기간은 고정되어 있으나, 월 상환액이 초기에는 원리금 균등상환 방식보다 작다가 점차 증가하는 방식의 저당대출은 무엇인가?

① ballon payment mortgage   ② two-step mortgage

③ 지분증가형 대출   ④ 체증식 대출

41 차주에게 장기대출하되 미래의 특정일에 기존대출금의 상환 없이 대출금리만을 재약정하는 형태의 저당대출을 무엇이라 하는가?

① ballon payment mortgage   ② two-step mortgage

③ 원리금균등상환 고정금리부 대출   ④ 변동금리부 대출

정답 및 해설

---

37 ④   지급보증은 외부신용보강기법에 해당한다.

38 ④   자산보유자의 신용도와 절연하는 것이 자산유동화증권이다.

39 ③   저당대출은 분리가 불가능하여 유동성이 떨어진다.

40 ④   체증식 대출에 대한 설명이다.

41 ②   two-step mortgage에 대한 설명이다.

42 다음은 MBS의 특성에 대한 설명이다. 옳지 않은 것은?

① 조기상환에 의하여 수익이 변동될 수 있다.

② 회사채보다 신용등급이 높으나 유동성은 떨어진다.

③ 주택저당대출 만기와 대응하므로 통상 장기로 발행된다.

④ 채권구조가 복잡하고 현금흐름이 불확실하여 국채보다 수익률이 높다.

43 다음은 pass-through MBS와 pay-through MBS에 대한 설명이다. 적절하지 않은 것은?

① pass-through MBS는 가장 보편적인 형태이며 대출회수액이 투자자에게 그대로 이전된다.

② pass-through MBS는 대출의 조기상환으로 인해 발생하는 모든 위험을 투자자가 부담한다.

③ pay-through MBS는 발행자가 선호하는 형태이며 일반적으로 발행하는 형태이다.

④ pay-through MBS는 주택저당대출의 현금흐름을 균등하게 배분하지 않는다.

44 다음은 분리형 MBS(stripped MBS)에 대한 설명이다. 올바르지 않은 것은?

① 1987년 미국에서 처음 등장한 형태이다.

② 모든 이자는 IO형으로 지급하고 모든 원금상환액은 PO형으로 지급한다.

③ IO형 증권을 소유한 투자자는 원금이 천천히 상환되기를 기대한다

④ PO형 증권의 소유자는 할인되어 거래되며 천천히 상환되기를 기대한다.

45 발행기관 파산 시 담보자산이 발행기관의 도산절차로부터 분리되어 투자자는 담보자산에 대한 우선변제권을 보장받고, 만약 상환재원이 부족하다면 발행기관의 다른 자산으로부터 변제받을 수 있도록 설계된 채권은?

① 분리형 MBS   ② 커버드 본드

③ pass-through MBS   ④ pay-through MBS

CHAPTER 03 외국환거래법

학습전략 ■ ■ 외국환거래법은 총 5문제가 출제됩니다. 외국환거래는 주로 은행업의 업무내용으로 증권업이나 보험업 종사자에게는 낯선 개념이며, 범위가 포괄적이어서 제한된 시간 안에 두루 섭렵하기는 어려운 과목입니다. 따라서 모든 과목이 그렇듯이 기초부터 다져야 합니다. 시험문제가 출제되는 부분은 일정한 영역에 정해져 있습니다. 처음에는 인적 대상과 물적 대상을 정확히 이해하고 이를 토대로 외국환업무인 매입과 매각에 대해 공부해야 합니다. 그리고 대외지급의 5가지 관행적 방법을 꼼꼼히 학습해야 합니다. 다음이 중요한 자본거래인데 자주 출제되는 주요 부분 위주로 공부해야 합니다. 마지막으로 해외부동산 및 해외직접 투자 위주로 공부한다면 자연스럽게 고득점으로 이어질 것입니다.

···TOPIC 1 외국환거래법의 개요

1. 외국환거래법의 목적

외국환거래와 대외거래의 자유를 보장하고 시장기능을 활성화하여 대외거래의 원활화 및 국제수지의 균형과 통화가치의 안정을 도모함으로써 국민경제의 건전한 발전에 기여하는 것

2. 외국환거래법의 적용 대상

(1) 인적 대상

거주자	국민	• 대한민국 재외공관에서 근무할 목적으로 외국에 파견되어 체재하고 있는 자 • 비거주자였던 자로서 입국하여 국내에 3개월 이상 체재하고 있는 자
	외국인	• 국내에서 영업활동에 종사하고 있는 자 • 6개월 이상 국내에서 체재하고 있는 자
	기타	• 대한민국 재외공관 • 국내에 주된 사무소가 있는 단체 · 기관, 그 밖에 이에 준하는 조직체
비거주자	국민	• 외국에서 영업활동에 종사하고 있는 자 • 외국에 있는 국제기구에서 근무하고 있는 자 • 2년 이상 외국에 체재하고 있는 자, 이 경우 일시 귀국의 목적으로 귀국하여 3개월 이내의 기간 동안 체재한 경우 그 체재기간은 2년에 포함
	외국인	• 국내의 외국정부의 공관, 국제기구에서 근무하는 외교관, 영사 또는 수행원 • 외국정부 또는 국제기구의 공무로 입국하는 자 • 거주자였던 외국인으로서 출국하여 외국에서 3개월 이상 체재 중인 자
	기타	• 국내에 있는 외국정부의 공관과 국제기구 • 미합중국군대 및 이에 준하는 국제연합군 등의 구성원 · 군속 등 • 외국에 있는 국내법인 등의 영업소 및 그 밖의 사무소 • 외국에 있는 주된 사무소가 있는 단체 · 기관, 그 밖에 이에 준하는 조직체

(2) 물적 대상

외국환	대외지급수단	정부지폐, 은행권, 주화, 수표, 우편환, 신용장, 어음, 상품권, 전신지급지시, 전자화폐, 선불전자지급수단(액면가를 초과하는 금화 등은 주화에서 제외)
	외화증권	채무증권, 지분증권, 수익증권, 투자계약증권, 파생결합증권, 증권예탁증권, CD, ABS
	외화파생상품	외국통화로 표시된 파생상품, 외국에서 지급받을 수 있는 파생상품
	외화채권	외국통화로 표시되거나, 외국에서 지급받을 수 있는 채권(債權) 예 매출채권 등
내국지급수단		대외지급수단을 제외한 내국통화 및 기타의 지급수단
귀금속		금이나 금합금의 지금, 유통되지 않는 금화, 금이 주재료인 제품 및 가공품

01 외국환거래법은 국민경제의 건전한 발전에 기여하는 것을 목적으로 한다. 이를 달성하기 위한 수단이 아닌 것은?

① 국제수지의 균형　　　　　　　② 국민소득의 증대
③ 대외거래의 원활화　　　　　　④ 통화가치의 안정

02 다음은 외국환거래법의 적용 대상인 물적 대상에 대한 내용이다. 옳지 않은 것은?

① 외국통화, 외국통화로 표시되거나 외국에서 사용할 수 있는 것을 '대외지급수단'이라 한다.
② 액면금액을 초과하여 매매되는 금화 등은 주화에 포함하므로 대외지급수단에 해당된다.
③ 외국통화로 표시되거나, 외국에서 지급받을 수 있는 채권(債權)을 '외화채권'이라 한다.
④ 외국통화로 표시된 파생상품, 외국에서 지급받을 수 있는 파생상품을 '외화파생상품'이라 한다.

정답　**01** ②　　이를 위한 수단은 대외거래의 원활화, 국제수지의 균형, 통화가치의 안정이다.
　　　　02 ②　　액면금액을 초과하여 매매되는 금화 등은 주화에 포함하지 않는다. 즉, 대외지급수단에 해당되지 않는다.

(3) 거래 · 행위

거주자 간 외화표시거래, 거주자와 비거주자 간 거래, 국내외 자금의 이동뿐만 아니라 비거주자 간의 내국통화표시거래도 적용 대상

···TOPIC 2 외국환 업무 취급기관제도

1. 외국환 업무

① 외국환의 발행 또는 매매
② 대한민국과 외국 간의 지급 · 추심 및 수령
③ 거주자와의 외화로 표시되거나 지급되는 예금 · 금전의 대차 또는 보증
④ 비거주자와의 예금 · 금전의 대차 또는 보증
⑤ 비거주자와의 내국통화로 표시되거나 지급되는 증권 또는 채권의 매매 및 매매의 중개
⑥ 거주자간의 신탁 · 보험 및 파생상품거래
⑦ 거주자와 비거주자 간의 신탁 · 보험 및 파생상품거래
⑧ 외국통화로 표시된 시설 대여

2. 외국환 업무의 등록요건(기획재정부장관에게 등록)

① 자본규모 및 재무구조의 적정성
② 외국환 사후관리를 위한 전산시설 구비
③ 외국환 고객으로부터 외국환 전문인력 확보(영업소별 2명 이상)

3. 외국환 은행업무에 대한 제한

(1) 외국환 매입(국민인 거주자의 경우)

① 외국환의 취득이 신고 등의 대상인지 확인하고 매입내용을 국세청 및 관세청에 통보
② 취득경위확인을 면제하는 경우

ㄱ 동일자, 동일인 기준 미화 2만달러 이하의 대외지급수단 매입
ㄴ 정부, 지방자치단체, 외국환업무취급기관, 환전영업자 등으로부터 대외지급수단 매입
ㄷ 거주자계정(거주자 외화신탁계정)에 예치된 외국환 매입

③ 영수확인서 징구제도

ㄱ 징구대상자 : 국민인 거주자
ㄴ 대상거래 : 외국으로부터 타발송금
ㄷ 외화기준금액 : 동일자 5만불 초과
ㄹ 증빙서류 : 무증빙
ㅁ 영수사유 : 이전거래 간주

핵심요약문제

03 외국환업무 취급기관제도에 관한 내용이다. 외국환업무에 해당되는 것으로 묶인 것은?

> ㄱ 외국환의 발행 또는 매매
> ㄴ 대한민국과 외국 간의 지급 · 추심 및 수령
> ㄷ 비거주자와의 예금 · 금전의 대차 또는 보증
> ㄹ 거주자와 비거주자 간의 신탁 · 보험 및 파생상품거래

① ㄱ, ㄴ, ㄷ   ② ㄱ, ㄴ, ㄹ
③ ㄱ, ㄷ, ㄹ   ④ ㄱ, ㄴ, ㄷ, ㄹ

04 다음은 영수확인서 징구제도에 관한 내용이다. 올바르지 않은 것은?

① 징구대상자는 국민인 거주자 및 외국인 거주자이다.
② 징구대상은 증빙 없는 외국으로부터의 타발송금이다.
③ 영수확인서에 기재된 사유와 관계없이 단순이전거래로 간주하여 매입한다.
④ 외화기준금액은 동일자 기준 5만불 초과의 대외지급수단을 예치하는 경우이다.

정답
03 ④   모두 외국환업무에 해당한다.
04 ①   징구대상자는 국민인 거주자만 해당한다.

---

(2) 외국환 매입(외국인 거주자 또는 비거주자의 경우)

외국인 거주자 또는 비거주자로부터 2만달러를 초과하는 대외지급수단을 매입할 경우 취득경위를 입증하는 서류를 미제출 → 당해 비거주자 등이 직접 '한국은행 총재'에 신고

(3) 신고면제 외국환 매각(= 국민인 거주자에 대한 매각)

① 주요내용 : 동일자, 동일인 기준 미화 1만달러를 초과하는 외국통화, 여행자수표, 카드매각의 경우 국세청 및 관세청에 통보(단, 정부, 지방자치단체, 외국환업무취급기관, 환전영업자 등에 매각 제외)

② 거주자에 대한 매각
   ㉠ 외국인 거주자의 취득경위가 입증된 외국환을 대가로 한 다른 외국환 매각
   ㉡ 거주자의 외국통화, 여행자수표 및 여행자카드의 소지 목적을 위한 매각
   ㉢ 거주자계정 및 거주자 외화신탁계정에 예치를 위한 외국환 매각
   ㉣ 다른 외국환은행으로 이체하기 위한 외국환 매각
   ㉤ 소액 해외송금업자, 환전영업자에 대한 매각 및 기타 인정된 거래

(4) 신고면제 외국환 매각(= 외국인 거주자 또는 비거주자에 대한 매각)

① 비거주자는 최근 입국일 이후 당해 체류기간 중 매각한 실적 범위 내까지 매각(외국인 거주자는 국내에서 외국환을 매각한 실적 범위 내까지 매각 가능)

② 매각실적이 없는 비거주자에 대한 1만달러 이내의 매각

③ 기타 인정된 대외지급을 위한 매각

4. 외국환업무 취급기관의 확인의무 등

① 지급신청서 및 수령사유 확인절차를 이행하였음을 입증하는 서류를 5년간 보관

② 고객과 외국환거래법의 적용을 받는 거래를 함에 있어 허가를 받거나 신고하였는지 확인

③ 외국환거래 당사자가 신고 등을 회피하고자 하는 거래를 중개 · 알선하면 안 됨

④ 외국환신고 등을 처리한 경우 규정대로 실행되었는지 여부에 대해 사후관리해야 함

⑤ 외국환거래 당사자가 신고 등의 조건 또는 법령을 위반한 경우 금융감독원장에게 보고

5. 환전영업자

① 외국통화의 매입 · 매도 또는 외국에서 발행한 여행자수표의 매입만을 업으로 함

② 필요한 영업장을 갖추어 '관세청장'에게 등록하면 업무 영위 가능

③ 환전영업과 관련된 거래를 할 때 외국환은행을 지정하여 거래내역에 대한 관리를 받음

④ 환전영업자는 환전관계서류를 5년간 보관

05 거주자에 대한 외국환 매각에 관한 내용이다. 신고면제에 해당되지 않는 것은?

① 매각실적이 없는 거주자에 대한 1만달러 이내의 매각
② 거주자계정 및 거주자 외화신탁계정에 예치를 위한 외국환 매각
③ 거주자의 외국통화, 여행자수표 및 여행자카드의 소지 목적을 위한 매각
④ 외국인 거주자의 취득경위가 입증된 외국환을 대가로 한 다른 외국환 매각

06 외국환은행의 외국인거주자에 대한 외국환 매각에 대한 설명이다. 옳지 않은 것은?

① 국내소득의 대외지급을 위하여 매각할 수 있다.
② 자본거래에서 대외지급이 인정된 경우에는 매각할 수 있다.
③ 최근 입국일 이후 외국환을 매각한 실적범위 내까지 매각할 수 있다.
④ 5년 이상 국내에서 거주한 외국인의 해외유학 경비를 위한 매각을 할 수 있다

정답
05 ① 매각실적이 없는 <u>비거주자</u>에 대한 1만달러 이내의 매각
06 ③ 외국인거주자는 국내에서 외국환을 매각한 실적범위 내에서, 비거주자는 최근 입국일 이후 외국환을 매각한 실적범위 내에서 매각할 수 있다.

6. 소액 해외송금업자

① 소액 해외송금업무를 업으로 하려는 자로서 자기자본, 재무건전성, 외환전산망 연결, 전산요건, 외환전문인력(<u>2년 이상 경력자 2명 이상</u>)을 갖추어 '기재부장관'에 등록
② 건당 지급 및 수령한도는 각각 건당 <u>미화 5천불</u>, 동일인당 연간 각각 <u>누계는 미화 5만불</u>
③ 소액 해외송금업무를 수행하기 위해 외국환은행을 상대로 외화를 매입·매도할 수 있음
④ 지급 등의 내역을 5년간 보관, 매월별로 익월 10일까지 금융정보분석원장, 국세청장, 관세청장, 금융감독원장에 통보
⑤ 등록사항의 유지·변경 관련 의무, <u>이행보증금 예탁 관련 의무(3억원)</u>, 외환전산망보고 등 의무, 지정계좌를 통한 송금의무, 약관 신고·공시의무를 준수

···TOPIC ❸ 대외지급 등

1. 대외지급

(1) 대외지급 확인 면제(국민인 거주자의 외국환은행장의 확인 면제)

① 누계 미화 10만불 이내의 증여성 지급
② 정부 또는 지방자치단체의 지급

③ 거래 발생 전에 사전지급(단, 지급금액의 10/100 초과인 경우 거래 발생 후 60일 내에 정산)

④ 전년도 무역실적이 미화 3천만불 이상인 기업의 송금방식 무역대금의 지급

(2) 거래외국환은행 지정(동 은행을 통하여 지급)

① 건당 미화 <u>5천달러</u>를 초과하는 증여성 지급

② 해외체재비 · 해외 유학비지급

③ 외국인 및 비거주자의 국내 보수 또는 소득의 지급

④ 해외지사 경비지급

⑤ 재외동포 재산반출

2. 대외로부터의 수령

(1) 대외수령 시 외국환은행장의 취득경위 확인

외국환은행이 동일자에 동일인으로부터 미화 <u>2만달러</u>를 초과하는 대외지급수단을 매입

(2) 지급수단의 휴대수입 시

거주자 · 비거주자가 미화 <u>1만달러</u>를 초과하는 지급수단의 휴대수입 시 '관할 세관장'에 신고

핵심요약문제

07 외국환업무 중 <u>소액 해외송금업무</u>를 업으로 하려는 자에 대한 설명 중 옳지 않은 것은?

① 소액 해외송금업무를 수행하기 위해 외국환은행을 상대로 외화를 매입 · 매도할 수 있다.

② 건당 지급 및 수령한도는 각각 건당 미화 5천불, 동일인당 연간 각각 누계는 미화 5만불이다.

③ 소액 해외송금업무를 업으로 하려는 자는 요건을 갖추어 관세청장에게 신고하여야 한다.

④ 소액 해외송금업무를 업으로 하려는 자로서 자기자본, 재무건전성, 외환전산망 연결, 전산요건, 외환전문인력을 갖추어야 한다.

08 다음 중 국민인 거주자의 외국환은행장의 확인 면제 사항에 해당하지 않는 것은?

① 누계 미화 5만불 이내의 증여성 지급

② 정부 또는 지방자치단체의 지급

③ 거래 발생 전에 사전지급(단, 지급금액의 10/100 초과인 경우 거래 발생 후 60일 내에 정산)

④ 전년도 무역실적이 미화 3천만불 이상인 기업의 송금방식 무역대금의 지급

정답 07 ③ 기획재정부장관에게 신고하여야 한다.
08 ① 누계 미화 10만불 이내의 증여성 지급이다.

(3) 외국환수령

외국환은행은 고객으로부터 동일자, 동일인 기준 미화 <u>1만달러를 초과하는</u> 외국환 매입 시 '국세청장 및 관세청장'에게 통보

3. 지급 등의 방법(관행에서 벗어난 방법 → 한국은행 총재 신고)

(1) <u>상계에 의한 지급</u>

① 정의 : 대외거래를 함에 있어 비거주자에 대한 채무 또는 채권을 비거주자에 대한 채권 또는 채무로 상쇄하는 경우
② 신고면제
　　㉠ 상호계산과정을 통한 결제
　　㉡ 연계무역, 위탁가공무역, 수탁가공무역에 의한 수출입대금 상계
　　㉢ 수출입대금과 당해 수출입거래에 수반되는 중개 또는 대리점 수수료 등과의 상계
③ 신고 : 양자 간 상계 → 외국환은행장, 다자간 상계 → 한국은행 총재

(2) <u>상호계산에 의한 지급</u>

① 상대방과의 거래가 빈번하여 상호계산방법으로 지급하고자 하는 자는 지정 외국환은행장에게 신고 → 관련 사실을 국세청장, 관세청장에 통보
② 상호계산기장은 수출입 또는 용역제공 완료 후 30일 이내, 채권채무 확정 후 30일 이내
③ 상호계산결산은 회계기간의 범위 내에서 월 단위로 실시(달리 정할 수 있음)
④ 결산결과 대차기 잔액은 매 결산기간 종료 후 3개월 이내에 외국환은행의 장에게 신고 후 지급 또는 수령

(3) <u>기재부장관이 정하는 기간을 초과하는 방법</u>

구분	기준금액	한국은행 신고사항	대응수출입 이행의무
수출	계약 건당 5만불	• 본지사 간 D/A 3년 초과 수출거래 • 본지사 간 수출선수금 영수 • 수출선수금 영수 1년 후 물품 수출	건당 5만불 초과 수출선수금 영수
수입	계약 건당 5만불	금 수입 후 미가공 재수출로 수입 시 30일 이후 결제 조건	건당 2만불 초과 수입대금 사전지급
	계약 건당 2만불	사전송금 1년 이후 물품 수입	

09 관행을 벗어난 지급 등의 방법 중 상계에 대한 내용이다. 신고면제에 해당하지 않는 것은?

① 상호계산과정을 통한 결제
② 연계무역, 중계무역 등에 의한 수출입대금 상계
③ 위탁가공무역, 수탁가공무역에 의한 수출입대금 상계
④ 수출입대금과 당해 수출입거래에 수반되는 중개 또는 대리점 수수료 등과의 상계

10 다음은 <u>상호계산에 의한 지급</u>에 대한 설명이다. 옳지 않은 것은?

① 상호계산기장은 채권채무확정 후 30일 이내에 한다.
② 상호계산기장은 수출입 또는 용역제공 완료 후 30일 이내에 한다.
③ 상호계산방법으로 지급하고자 하는 자는 지정 외국환은행장에게 신고한다.
④ 상호계산결산은 회계기간의 범위 내에서 월 단위로 실시하며 달리 정할 수 없다.

정답 **09** ② 중계무역은 신고해야 한다.
      10 ④ 상호계산결산은 회계기간의 범위 내에서 월 단위로 실시하며 달리 정할 수 <u>있다.</u>

(4) 제3자 지급 등의 방법

① 거주자가 당해 거래의 당사자가 아닌 거주자 또는 비거주자와 지급 등을 하거나 당해 거래의 당사자가 아닌 거주자가 당해 거래의 당사자인 비거주자와 지급 등을 하는 경우
② 거주자가 미화 5천달러를 초과하고 1만달러 이내의 금액을 제3자 지급 → 외국환은행의 장에 신고, 미화 1만달러 초과 시 → 한국은행 총재에게 신고
③ 신고면제
   ㉠ 거주자 간 또는 거주자와 비거주자 간 거래의 결제를 위하여 <u>당해 거래의 당사자인 거주자</u>가 당해 거래의 당사자가 아닌 비거주자로부터 수령하는 경우
   ㉡ 비거주자 간 또는 거주자와 비거주자 간 거래의 결제를 위하여 <u>당해 거래의 당사자가 아닌 거래자</u>가 당해 거래의 당사자인 비거주자로부터 수령하는 경우
   ㉢ 외국환은행이 해외여신과 관련하여 차주, 담보제공자 등으로부터 여신 원리금을 회수하여 지급하고자 하는 경우
   ㉣ 예탁결제원, 국제결제기구, 부동산소재국가의 중개인에게 지급 등과 기타 인정거래

(5) 외국환은행을 통하지 않는 지급

① 거주자가 외국환은행을 통하지 않고 당사자 간에 거래대금 수수 → 한국은행 총재에게 신고
② 신고면제
   ㉠ 외항운송업자와 승객 간의 항공기 또는 선박 안에서 <u>매매한 물품대금</u>을 지급 또는 수령
   ㉡ 미화 1만달러를 초과하는 <u>해외여행 경비</u>를 일정한 절차를 거쳐 휴대수출하여 지급
   ㉢ 지급 절차를 거친 다음 <u>외국환은행의 장의 확인</u>을 받은 후 지급
   ㉣ 본인명의의 신용카드로 지급

4. 지급수단 등의 수출입

① 신고의 면제

  ㉠ 미화 1만달러 이하의 지급수단 등 수입

  ㉡ 약속어음, 환어음, 신용장 수입

  ㉢ 미화 1만달러 이하의 지급수단, 외국환은행장의 확인을 받아 미화 1만달러 초과하는 대외 지급수단 수출

  ㉣ 거주자의 수집용 등 판매를 목적으로 하는 미화 5만달러 상당액 이내의 내 · 외국 통화

② 관할세관의 장에게 신고 : 1만달러를 초과하는 지급수단을 휴대수출 · 수입하는 경우

③ 비거주자 · 외국인 거주자의 국내에서의 지급수단 취득 확인 → 세관신고 면제

핵심요약문제

11 제3자 지급 등의 방법의 경우 신고면제 사유에 해당하지 않는 것은?

  ① 거주자가 당해 거래의 당사자가 아닌 거주자 또는 비거주자와 지급 등을 하는 경우
  ② 거주자 간 또는 거주자와 비거주자 간 거래의 결제를 위하여 당해 거래의 당사자인 거주자가 당해 거래의 당사자가 아닌 비거주자로부터 수령하는 경우
  ③ 비거주자 간 또는 거주자와 비거주자 간 거래의 결제를 위하여 당해 거래의 당사자가 아닌 거래자가 당해 거래의 당사자인 비거주자로부터 수령하는 경우
  ④ 외국환은행이 해외여신과 관련하여 차주, 담보제공자 등으로부터 여신 원리금을 회수하여 지급하고자 하는 경우

12 다음은 외국환은행을 통하지 않는 지급에 대한 설명이다. 신고면제 사항에 해당되지 않는 것은?

  ① 본인 명의의 신용카드로 지급
  ② 지급절차를 거친 다음 외국환은행의 장의 확인을 받은 후 지급
  ③ 미화 2만달러 초과하는 해외여행 경비를 일정한 절차를 거쳐 휴대수출하여 지급
  ④ 외항운송업자와 승객 간의 항공기 또는 선박 안에서 매매한 물품대금을 지급 또는 수령

정답
11 ①   거주자가 당해 거래의 당사자가 아닌 거주자 또는 비거주자와 지급 등을 하는 경우는 신고사항이다.
12 ③   미화 1만달러 초과이다.

···TOPIC 4 자본거래 및 현지금융

1. 예금 · 신탁계약

(1) 국내의 예금신탁

계정구분	종류	개설자	기타
원화계정	비거주자 원화계정	비거주자(외국인거주자 ×)	주로 국내사용
	비거주자 자유원계정	비거주자(외국인거주자 ○)	대외계정과 동일 성격
외화계정	거주자외화계정	국민인 거주자 (재외공관근무자&가족 ×)	제한 없음
	대외계정	• 비거주자 • 개인인 외국인거주자 • 정부의 재외공관 근무자 및 동거가족	해외송금 등→ 동일인의 <u>대외계정($)</u>과 비거주자 <u>자유원계정(₩)</u>은 이체 가능
	해외이주자계정	• 해외 이주자 • 재외동포(시민권＋영주권)	인정된 해외로 국내재산 송금 등

(2) 거주자의 해외예금 · 신탁

① 거주자가 건당(동일자, 동일인 기준) 미화 5만불을 초과하여 국내에서 송금한 자금으로 예치하고자 하는 경우에는 <u>한국은행총재</u>에게 예금거래 신고

② 다음의 경우는 <u>외국환은행장</u>에게 신고

   ㄱ 기관투자가

   ㄴ 전년도 수출입실적이 미화 5백만불 이상인 자

   ㄷ 해외건설촉진법에 의한 해외건설업자

   ㄹ 외국항로에 취항하고 있는 국내의 항공 또는 선박회사

   ㅁ 원양어업자

2. 금전의 대차계약

① <u>원화자금</u>을 차입하고자 하는 경우

   ㄱ 1년간 누적차입금액 10억원 이내 → 외국환은행장에게 신고

   ㄴ 1년간 누적차입금액 10억원 초과 → <u>기획재정부장관</u>에 신고

차주구분	차입기간	차입금액	기타조건	신고기관
영리법인	제한 없음	5천만불 이하	과거 1년간누계	외국환은행
		5천만불 초과		기획재정부(지정은행 경유)
비영리법인		제한 없음	타인담보·보증 포함	한국은행(지정은행 경유)
정유/천연 가스업자	단기	제한 없음	수입결제조건 (신용장, 송장 등)	외국환은행(수입거래은행), 지정 제외
외국인 투자기업		투자금액 100%	고도기술업체	지정거래외국환은행
		투자금액 50%	일반제조업체	

② 거주자가 비거주자에게 <u>원화 또는 외화자금대출</u> → <u>한국은행 총재에 신고</u>

③ <u>거주자의 현지법인</u>(거주자의 현지법인이 50% 이상 출자한 자회사 포함), <u>거주자의 해외지점</u> (외항운송업자, 원양어업자, 해외건설용역사업자의 해외지점 제외)이 현지금융을 받고자 하는 경우 현지금융 관련 거주자로부터 <u>보증(담보포함)</u>을 받는 경우에 한하여 현지법인 등을 설치한 거주자의 지정거래 외국환은행자에 보고

④ 거주자가 외화증권발행식으로 미화 <u>5천만달러를 초과</u>하는 현지금융을 받고자하는 경우 → 기획재정부장관에게 신고

핵심요약문제

13 국내 예금 및 신탁의 <u>계좌 개설자</u>에 대한 내용이다. 옳은 것은?
   ① 비거주자는 대외계정을 개설할 수 없다.
   ② 시민권자는 해외이주자계정을 개설할 수 없다.
   ③ 재외공관근무자는 거주자외화계정을 개설할 수 있다.
   ④ 재외공관근무자 및 동거가족은 거주자외화계정을 개설할 수 없다.

14 다음은 해외차입의 신고에 대한 내용이다. 적절하지 않은 것은?
   ① 영리법인과 비영리법인의 차입기간은 단기이다.
   ② 영리법인이 5천만불 이하를 차입하면 외국환은행에 신고하여야 한다.
   ③ 영리법인이 5천만불 초과하여 차입하면 기획재정부에 신고하여야 한다.
   ④ 외국인 투자기업이 일정 한도 이내에서 단기외화자금을 차입하면 외국환은행장에게 신고한다.

정답

13 ④ ① 비거주자는 대외계정을 개설할 수 있다.
   ② 시민권자는 해외이주자계정을 개설할 수 있다.
   ③ 재외공관근무자는 거주자외화계정을 개설할 수 없다.

14 ① 영리법인과 비영리법인의 차입기간은 제한이 없다.

3. 채무의 보증계약

(1) 외국환은행장에게 신고

① 국내본점이 있는 투자매매업자 · 투자중개업자, 시설대여회사가 당해 회사 현지법인의 현지차입에 대해 각각 출자금액의 300%, 100% 이내에서 보증하는 경우

② 거주자 현지법인의 시설재 임차에 대해 당해 거주자 또는 계열사가 보증하는 경우

③ 30대 계열기업체의 장기외화차입에 대해 동일 계열기업체가 보증하는 경우

④ 교포 등의 여신

ㄱ 주체 : 국내 본점을 둔 외국환은행의 해외지점 및 현지금융법인기관(교포은행 제외)

ㄴ 수혜자 : 국민인 거주자(일반여행자 제외), 국민인 비거주자, 영주권자, 국민인 비거주자가 전액 출자하여 현지에 설립한 법인에 여신

ㄷ 외국환은행, 친인척 등이 거주자가 보증한 50만불 이내 신고 시 → 외국환은행 신고

(2) 한국은행 총재에게 신고

50만불 초과 신고 시

4. 증권의 발행 및 취득

① 증권발행

거주자의 증권발행			비거주자의 증권발행		
발행장소	통화	신고 여부	발행장소	통화	신고 여부
국내	원화	적용대상 ×	국내	원화	기재부장관 신고
	외화	신고 예외		외화	기재부장관 신고
외국	원화	기재부장관 신고	외국	원화	기재부장관 신고
	외화	거주자 외화차입규정 준용		외화	적용대상 ×

② 거주자의 비거주자로부터의 증권취득(신고면제) : 자산운용목적/상속 · 증여 등/외국에서 발행한 증권의 매입 소각/국민인 비거주자로부터 원화증권을 내국통화로 취득

③ 비거주자의 거주자로부터의 증권취득(신고면제) : 자산운용목적/상속 · 증여 등/인정된 취득/국민인 비거주자가 거주자로부터 원화증권을 내국통화로 취득

5. 파생상품거래(= 선물, 지수선물, 스왑, 옵션 및 신용파생상품 거래로 구분)

① 신고 면제 : 외국환업무취급기관이 외국환업무로서 행하는 거래

② 한국은행 총재에게 신고

ㄱ 옵션프리미엄이 액면금액의 100분의 20 이상인 거래

ㄴ 기체결된 거래에서 발생한 손실을 새로운 파생상품거래의 가격에 반영하는 거래

ㄷ 파생상품거래를 외국환거래법령에서 정한 신고 등의 절차를 피하기 위하여 행하는 경우

15 다음은 '교포 등의 여신'에 대한 설명이다. 적절하지 않은 것은?

① 국내 본점을 둔 외국환은행의 해외지점 및 현지금융법인기관, 교포은행 등이 주체이다.
② 국민인 거주자, 국민인 비거주자, 국민인 비거주자가 전액 출자한 현지법인에 대한 여신이다.
③ 외국환은행, 친인척 등이 거주자 보증한 50만불 이내에는 외국환은행에 신고한다.
④ 차주본인, 친인척 등이 거주자 보증한 50만불 초과에는 한국은행총재에 신고한다.

16 다음은 외환거래법령상 거주자의 증권발행에 대한 설명이다. 옳지 않은 것은?

① 거주자가 외국에서 원화증권을 발행하고자 한다면 기획재정부에 신고하여야 한다.
② 거주자가 국내에서 외화증권을 발행하고자 한다면 지정거래 외국환은행에 신고하여야 한다.
③ 거주자가 국내에서 원화로 증권을 발행하는 것은 적용대상이 아니다.
④ 영리법인이 외국에서 외화증권 5천만불 이하로 발행하고자 한다면 지정거래외국환은행에 신고하여야 한다.

정답
15 ①　교포은행은 국내에 본점이 없으므로 해당이 안 된다.
16 ②　거주자가 국내에서 외화증권을 발행하는 것은 신고예외 사항이다.

···TOPIC 5 해외 직접투자 및 국내외지사

1. 해외 직접투자의 범위

① 외국법인의 출자총액의 10% 이상의 주식 또는 출자지분을 취득하는 경우
② 투자비율 10% 미만이지만 인원의 파견, 1년 이상 원자재, 제품의 매매 등의 경제관계를 수립
③ 이미 투자한 외국법인에 대해 상환기간 1년 이상의 금전을 대여하는 경우
④ 해외자원 개발사업, 사회간접자본 개발사업을 위한 자금의 지급(조사자금 등은 제외)

2. 금융회사가 아닌 자의 해외 직접투자 절차

① 외국환은행장에게 신고
② 신고 시 제출 서류 : 사업계획서, 회계법인의 주식평가의견서, 채무 미변제나 조세체납이 없을 것

③ 보고서

구분	미화 200만불 이하	미화 200만불~300만불	미화 300만불 초과
신고의무	사전신고		
보고의무	• 증권취득보고서 • (면제) • 청산보고	• 증권취득보고서 • 투자현황표 • 청산보고	• 증권취득보고서 • 연간사업실적보고 • 청산보고
회계감사	회계청산보고감사 불필요		회계감사보고서 제출
회수의무	청산 즉시 잔여재산 회수		

④ 거주자의 역외금융회사 투자 시 : 한국은행 총재에게 신고

3. 금융회사의 해외직접투자의 절차

① 금융회사의 금융·보험업에 대한 투자 : <u>금융위원회에 신고수리</u>
② 금융회사의 비금융·보험업에 대한 투자 : 금융감독원장에 신고
③ 금융회사의 역외금융회사 투자 : 금융감독원장에 신고
④ 역외금융회사 : 직접 또는 자회사 등을 통해/증권, 채권 및 파생금융상품에 투자/외국법에 따라 설립/설립 준거 법령지역에 실질적인 경영활동을 위한 영업소를 설치하지 않은 회사

핵심요약문제

17 다음은 <u>현지금융</u>에 관한 설명이다. 적절하지 않은 것은?

① 수혜자는 거주자의 해외지점 및 현지법인(거주자의 현지법인이 50% 이상 출자한 자회사 포함)이다.
② 수혜자가 현지금융을 받고자 하는 경우 현지금융 관련 거주자로부터 지급보증을 받는 경우에 한하여 신고 의무를 부과한다.
③ 현지법인 등이 거주자의 보증 없이 현지금융을 받는 경우는 신고면제이다.
④ 미화 5천만달러를 초과하는 현지금융의 경우는 한국은행총재에게 신고해야 한다.

18 다음 중 해외직접투자의 범위에 해당되지 않는 것은?

① 외국법인의 출자총액의 10% 이상의 주식 또는 출자지분을 취득하는 경우
② 투자비율 10% 미만이지만 인원의 파견, 1년 이상 원자재, 제품의 매매 등의 경제관계를 수립
③ 이미 투자한 외국법인에 대해 상환기간 1년 이상의 금전을 <u>대여</u>하는 경우
④ 해외자원 개발사업을 위한 조사자금을 지출하는 경우

정답 17 ④ 미화 5천만달러를 초과하는 현지금융의 경우는 <u>기획재정부장관</u>에게 신고해야 한다.
18 ④ 해외자원 개발사업을 위한 <u>조사자금 지출</u>의 경우는 포함되지 않는다.

4. 부동산 취득

(1) 거주자의 외국 부동산 & 이에 관한 권리 취득

① 신고면제
  ㉠ 외국환은행의 해외지사의 설치 · 운영에 필요한 부동산 소유권 · 임차권
  ㉡ 비거주자로부터의 상속 · 유증 · 증여로 인한 취득
  ㉢ 외국환은행이 업무와 관련한 해외소재부동산을 담보로 취득
  ㉣ 기타 해외자산운용목적으로 취득

② 신고수리
  ㉠ 거주자가 투자목적으로 취득, 거주자 본인 또는 배우자가 체재할 목적, 미화 1만불 초과
    부동산을 임차 → 외국환은행장 신고수리
  ㉡ 소유권과 임차권을 제외한 부동산 물권 등의 권리 취득 → 한국은행총재의 신고수리

(2) 비거주자의 국내부동산&이에 관한 권리 취득

계약체결부터 60일 내에 시 · 군 · 구청장에게 신고

5. 국내기업 등의 해외지사

① 비금융회사의 해외지사 설립요건
  ㉠ 해외지점 설치신고 : 일정한 자격(과거 1년간 외화획득 실적이 미화 1백만불 이상인 자, 주
    무부장관과 한국무역협회장이 인정하는 자)을 갖춘 자가 외국환은행장에게 신고 후 설치
  ㉡ 해외지점이 부동산증권거래를 하거나 비거주자에게 상환기간 1년 초과의 대부 → 한국은행
    총재의 신고수리사항
  ㉢ 해외사무소 : 일정한 자격(공공기관, 과거 1년간 외화획득 실적이 미화 30만불 이상인 자,
    설립 후 1년이 경과한 무역업자, 주무장관과 무역협회장이 설치 필요성을 인정하는 자)가 지
    정거래 외국환은행장에게 신고 후 설치

② 금융회사의 해외지사 : 금융감독원장의 신고수리

6. 외국기업 등의 국내지사

① 기획재정부장관 앞 설치 신고 : 금융 관련 업종＋증권업＋보험업
② 그 외의 국내지사 설치는 지정거래 외국환은행장 앞 설치신고
③ 영업기금 등의 도입
  ㉠ 사무소는 영업기금 없음
  ㉡ 한국은행총재는 연도별로 다음 연도 2월 말까지 금감원장에게 통보
④ 결산순이익금의 대외송금 : 지정거래 외국환은행을 통하여 송금

19 거주자가 해외부동산을 취득할 때 <u>신고면제</u> 사유에 해당하지 않는 것은?

① 해외자산운용목적으로 취득
② 비거주자로부터의 상속 · 유증 · 증여로 인한 취득
③ 거주자가 주거 이외의 목적으로 외국의 부동산을 취득하는 경우
④ 외국환은행의 해외지사의 설치 · 운영에 필요한 부동산소유권 · 임차권

20 다음은 거주자의 해외부동산 취득 후 <u>사후관리</u>에 대한 설명이다. 옳지 않은 것은?

① 해외부동산취득보고서는 송금 후 3개월 내에 보고하여야 한다.
② 해외부동산처분보고서는 대금 수령 후 3월 이내에 보고하여야 한다.
③ 보유현황은 등기부등본으로 매 1년마다 보고한다.
④ 사후관리 불이행 시 30일 이내에 독촉하고, 독촉 후 60일 이내 미이행 시 금감원에 보고한다.

정답
19 ③   외국환은행장의 신고수리가 필요하다.
20 ③   보유현황은 등기부등본으로 매 2년마다 보고한다.

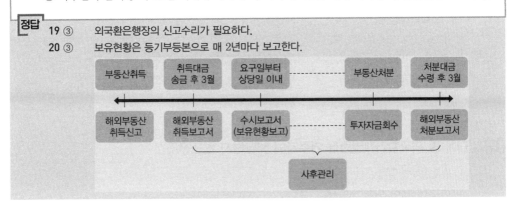

01 다음은 외국환거래법상의 물적 대상에 관한 내용이다. 외국환에 해당하는 것으로 묶인 것은?

㉠ 전자화폐	㉡ 외화증권
㉢ 외화파생상품	㉣ 귀금속

① ㉠, ㉡, ㉢　　　　　　　　　　② ㉠, ㉡, ㉣

③ ㉠, ㉢, ㉣　　　　　　　　　　④ ㉠, ㉡, ㉢, ㉣

02 다음 중 외국환거래법령상 거주자에 해당하지 않는 것은?

① 대한민국 재외공관 근무자

② 외국의 영업소에 근무하는 국민

③ 6개월 이상 국내에 체재하는 외국인

④ 비거주자가 입국하여 3개월 이상 체재하고 있는 자

03 다음 중 외국환거래법령상 비거주자에 해당하지 않는 것은?

① 외국의 사무소에 근무하는 국민

② 외국의 국제기구에 근무하는 국민

③ 국내에서 영업활동을 하는 외국인

④ 거주자였던 외국인이 출국하여 외국에서 3개월 이상 체재 중인 자

정답 및 해설

01 ①　　　귀금속은 외국환거래법의 물적 대상이기는 하지만 외국환에는 해당되지 않는다.

02 ②　　　외국의 영업소에 근무하는 국민은 비거주자에 해당한다.

03 ③　　　국내에서 영업활동을 하는 외국인은 거주자이다.

04 다음 중 <u>지정거래</u> 외국환은행제도와 연관성이 없는 것은?

① 해외이주비 지급   ② 해외연수 경비 지급

③ 거주자의 외화증권 발행   ④ 추심방식의 수입거래

05 거주자인 투자자 A씨는 미화 2만달러를 휴대수입하게 되었다. 누구에게 신고해야 하는가?

① 관할 세관장   ② 관세청장

③ 외국환은행장   ④ 한국은행 총재

06 외환거래법상 신고 등에서 해외부동산을 취득하는 경우 처리절차에 해당되는 것은?

① 확인   ② 신고

③ 신고수리   ④ 허가

07 다음 중 외국환업무의 등록 요건에 해당하지 않는 것은?

① 자본규모 및 재무구조의 적정성

② 외국환 사후관리를 위한 전산시설 구비

③ 은행별로 2명 이상 외국환 전문인력 확보

④ 기획재정부, 한국은행 등과 외환전산망이 연결되어 있을 것

08 다음 중 국민인 거주자로부터 외국환을 매입할 때 취득경위확인을 면제하는 경우가 아닌 것은?

① 동일자, 동일인 기준 미화 1만달러 이하의 대외지급수단 매입

② 정부, 지방자치단체, 외국환업무취급기관 등으로부터 대외지급수단 매입

③ 환전영업자 등으로부터 대외지급수단 매입

④ 거주자계정(거주자 외화신탁계정)에 예치된 외국환 매입

정답 및 해설

04 ④   무역거래에서는 <u>외국환은행</u>을 지정하지 않는다.

05 ①   관할 세관장에게 신고한다.

06 ③   해외부동산을 취득하는 경우 신고수리 절차를 거쳐야 한다.

07 ③   <u>영업소별로</u> 2명 이상 외국환 전문인력을 확보한다.

08 ①   동일자, 동일인 기준 미화 2만달러 이하의 대외지급수단을 매입한다.

09 다음 중 환전영업자의 업무내용에 대한 내용으로 올바르지 않은 것은?

① 거주자 또는 비거주자로부터 외국통화 및 여행자수표의 매입을 한다.

② 비거주자 입국일 후 대외지급수단을 매각실적 범위 내에서 재환전한다.

③ 비거주자 및 외국인 거주자는 카지노에서 획득한 금액에 대해서는 재환전하지 않는다.

④ 환전영업과 관련된 거래를 할 때 외국환은행을 지정하여 거래내역에 대한 관리를 받는다.

10 다음 중 외국환업무를 영위하고자 하는 환전영업자는 영업장을 갖추어 누구에게 등록을 해야 하는가?

① 국세청장

② 관세청장

③ 외국환은행의 장

④ 기획재정부 장관

11 다음은 외국환업무 취급기관제도에 대한 설명이다. 적절하지 않은 것은?

① 외국환은행도 외국환업무 취급기관에 해당된다.

② 투자매매업자도 외국환업무 취급기관이 될 수 있다.

③ 외국환중개회사와 환전영업자도 외국환업무 취급기관이다.

④ 외국환업무 취급기관은 대외지급 등이 인정된 방법인지 확인하여야 한다.

12 다음 중 거래 외국환은행을 지정해야 하는 사유에 해당하지 않는 것은?

① 건당 미화 5천달러 이하의 증여성 지급

② 해외체재비 · 해외유학비 · 해외지사 경비 지급

③ 외국인 및 비거주자의 국내보수 또는 소득의 지급

④ 재외동포 재산 반출

정답 및 해설

09 ③　비거주자 및 외국인 거주자는 카지노에서 획득한 금액 및 미사용 금액에 대해 재환전한다.

10 ②　관세청장이다.

11 ③　외국환중개회사와 환전영업자는 외국환업무 취급기관은 아니지만 외국환거래규정이 허용하는 제한된 범위에 서 외국환업무를 영위할 수 있다.

12 ①　건당 미화 5천달러 초과의 증여성 지급이다.

13 다음은 외국환업무 취급기관의 확인의무 등에 대한 설명이다. 적절하지 않은 것은?

① 지급신청서 및 수령사유 확인절차를 이행하였음을 입증하는 서류는 5년간 보관한다.

② 외국환거래 당사자가 신고 등을 회피하고자 하는 거래를 중개·알선하면 안 된다.

③ 외국환신고 등을 처리한 경우 규정대로 실행되었는지 여부에 대해 사후 관리해야 한다.

④ 외국환거래 당사자가 신고 등의 조건 또는 법령을 위반한 경우 한국은행총재에게 보고한다.

14 다음 중 국내에서 외국으로 외화를 송금하는 경우 규제하는 방법에 해당하는 것이 아닌 것은?

① 지급신청서의 면제

② 거래 외국환은행 지정

③ 대외 지급 시 외국환은행장의 확인

④ 외국인 거주자 및 비거주자의 지급제한

15 상계에 의한 지급에 있어서 양자 간 상계와 다자 간 상계의 경우 각각 누구에게 신고하는가?

① 관세청장 – 외국환은행장

② 외국환은행장 – 한국은행총재

③ 한국은행총재 – 기획재정부장관

④ 기획재정부장관 – 관세청장

16 상호계산에 의한 지급에 있어서 결산 결과 대차기 잔액은 매 결산기간 종료 후 몇 개월 이내에 외국환은행의 장에게 신고 후 지급 또는 수령할 수 있는가?

① 1개월　　　　　　　　　　② 2개월

③ 3개월　　　　　　　　　　④ 4개월

정답 및 해설

13 ④　금융감독원장에게 보고한다.

14 ①　지급신청서 면제는 외화유출을 용이하게 하거나 자유롭게 하는 방법이다.

15 ②　'외국환은행장 – 한국은행총재' 순서이다.

16 ③　3개월 이내이다.

17 기재부장관이 정하는 기간을 초과하는 방법에 대한 설명이다. 계약 건당 5만불 초과 거래로서 한국은행 신고대상이 아닌 것은?

① 본지사 간 수출거래로서 수출선수금 영수하고자 하는 거래
② 본지사 간 일람 후 3년을 초과하는 인수인도조건방식(D/A)의 수출거래
③ 본지사 간 선적 후 3년을 초과하는 외상수출채권매입방식(O/A)의 수출거래
④ 본지사 간 거래가 아닌 거래로서 수출대금을 물품의 선적 후 1년을 초과하여 영수하는 거래

18 다음 괄호 안에 들어갈 적절한 내용은 무엇인가?

> 계약건당 미화 (㉠)불을 초과하는 수입대금을 선적서류 또는 물품의 수령 전 1년을 초과하여 송금방식에 의하여 지급하고자 하는 경우에는 (㉡)에게 신고하여야 한다.

① ㉠ 1만, ㉡ 외국환은행장   ② ㉠ 2만, ㉡ 외국환은행장
③ ㉠ 1만, ㉡ 한국은행   ④ ㉠ 2만, ㉡ 한국은행

19 다음은 제3자 지급 등의 방법에 대한 내용이다. 옳지 않은 것은?

① 신고예외 및 외국환은행 신고대상을 제외한 제3자 지급 등은 모두 한국은행에 신고한다.
② 해외부동산 취득자금을 외국의 부동산 중개인에게 지급하는 경우에는 신고해야 한다.
③ 신고예외를 제외하고 미화 5천불 초과, 1만불 이내의 제3자 지급은 외국환은행에 신고한다.
④ 거주자인 정유회사가 외국의 국영기업으로부터 원유를 수입하면서 해당 국가의 중앙은행에 지급하는 경우에는 신고예외 사항이다.

20 외국환은행을 통하지 아니하는 지급 등의 방법에 대한 내용이다. 적절하지 않은 것은?

① 본인 명의 신용카드로 외국에서 외국통화를 인출하여 해외여행경비를 지급할 수 있다.
② 외국환신고필증을 교부받아 스포츠경기의 외국입상자에게 외화를 상금으로 줄 수 있다.
③ 외국에서 부동산을 임차하는 경우(보증금 미화 1만불 이하)에는 신고를 요하지 않는다.
④ 무역대금을 휴대반출하여 외국에서 직접 지급할 경우 사전에 외국환은행에 신고해야 한다.

정답 및 해설

17 ④   본지사 간 거래가 아닌 거래로서 수출대금을 물품의 <u>선적 전 1년</u>을 <u>초과</u>하여 영수하는 거래이다.
18 ④   '㉠ 2만, ㉡ 한국은행'이다.
19 ②   해외부동산 취득자금을 외국의 부동산 중개인에게 지급하는 경우에는 신고예외 사항이다.
20 ④   무역대금을 휴대반출하여 외국에서 직접 지급할 경우 사전에 <u>한국은행</u>에 신고해야 한다.

21 다음은 지급수단 등의 수출입에 대한 설명이다. 적절하지 않은 것은?

① 신용장의 휴대수입은 신고예외사항이다.

② 미화 1만불 초과 여부 판단에서 내국지급수단을 포함한다.

③ 미화 1만불 이하의 지급수단을 휴대수출하는 경우 신고사항이다.

④ 미화 1만불 이하의 지급수단을 휴대수입하는 경우 신고예외사항이다.

22 <u>외국환은행을 통하지 아니하는 지급 등의 방법상 한국은행 신고대상 무엇인가?</u>

① 무역대금의 지급   ② 무역대금의 영수

③ 유네스코 쿠폰으로 지급   ④ 인정된 거래에 따른 우편환 지급

23 다음 중 비거주자의 국내 예금거래에 대한 설명으로 올바른 것은?

① 비거주자가 본인 명의의 비거주자 원화계정에서 내국 지급수단으로 인출하는 경우에는 신고가 면제된다.

② 비거주자 원화계정에서 발생한 이자를 대외로 지급하기 위해서는 한국은행 총재에게 사전에 신고하여야 한다.

③ 비거주자 자유원계정에서 다른 비거주자의 비거주자 자유원계정으로 자금을 이체하기 위해서는 외국환은행장에게 사전에 신고해야 한다.

④ 비거주자 원화계정에서 비거주자 자유원계정으로 자금을 이체하기 위해서는 외국환은행장에게 사전에 신고하여야 한다.

24 비거주자 원화계정에 대한 설명이다. 적절하지 않은 것은?

① 내국지급수단으로 인출이 가능하다.

② 타 거주자의 원화계정으로 이체가 가능하다.

③ 비거주자가 국내에서 취득한 자금을 예치할 수 있다.

④ 계좌에서 발생한 이자는 국내소비는 가능하나 이체할 수 없다.

정답 및 해설

21 ③   미화 1만불 이하의 지급수단을 휴대수출하는 경우 신고예외사항이다.

22 ①   무역대금의 지급을 전신환송금으로 하지 않는 이유를 물을 것이니 신고하라는 것이다.

23 ①   ② 비거주자 원화계정에서 발생한 이자는 신고 없이 대외로 지급 가능하다.

　　　　　③, ④ 한국은행 총재에게 신고한다.

24 ④   계좌에서 발생한 이자는 자금출처가 명확하여 이체할 수 있다.

25 외화예금 계정 간 국내이체에 대한 설명이다. 가장 적절하지 않은 것은?

① A의 비거주자 자유원계정에서 A의 대외계정으로 이체할 수 있다.

② A의 거주자계정에서 B의 대외계정으로 이체 시 인정된 거래에 한한다.

③ A의 비거주자원화계정에서 본인 A의 대외계정으로 제한 없이 이체할 수 있다.

④ A의 대외계정에서 B의 거주자계정으로 이체 시 B는 취득사유를 입증하여야 한다.

26 다음은 거주자의 해외차입에 대한 설명이다. 옳지 않은 것은?

① 비영리법인·개인사업자, 정유·천연가스사업자의 차입금액은 제한이 없다.

② 정유·천연가스사업자의 신고기관은 지정거래외국환은행이 아닌 수입거래은행이다.

③ 거주자의 외화차입규정은 거주자의 외국에서의 외화증권발행에도 준용된다.

④ 개인 및 비영리법인의 해외차입은 지정거래외국환은행을 경유하여 기획재정부에 신고한다.

27 다음은 '교포 등의 여신'에 대한 설명이다. 적절하지 않은 것은?

① 영주권자가 차주가 될 수 있다.

② 교포은행의 대출은 해당되지 않는다.

③ 국내의 보증이나 담보가 있는 경우에 한한다.

④ 국내에 담보 제공받은 금액이 50만불 초과 시 지정외국환은행에 신고한다.

28 거주자와 비거주자 간의 원화대차거래에 대한 설명으로 적절하지 않은 것은?

① 거주자가 비거주자자유원계정으로 차입할 경우 지정거래 외국환은행에 신고해야 한다.

② 거주자가 비거주자에게 대출하고자 하는 경우 한국은행에 신고해야 한다.

③ 상기 ①의 금액이 10억원을 초과하면 지정거래은행을 경유하여 한국은행에 신고해야 한다.

④ 상기 ②의 금액이 10억원을 초과하면 차입자인 비거주자가 직접 한국은행에 신고해야 한다.

정답 및 해설

25 ③   A의 비거주자원화계정에서 본인 A의 대외계정으로 이체하는 것은 사실상 해외송금에 해당하므로 인정된 거래에 한한다.

26 ④   지정거래외국환은행을 경유하여 한국은행에 신고한다.

27 ④   국내에 담보를 제공받은 금액이 50만불을 초과할 경우 한국은행에 신고한다.

28 ③   상기 ①의 금액이 10억원을 초과하여 차입하면 지정거래은행을 경유하여 기획재정부에 신고해야 한다(원화는 10억원, 외화는 5천만불 초과 시 기획재정부에 신고).

29 다음은 비거주자의 증권 발행에 대한 내용이다. 기재부장관 신고 대상이 아닌 것은?

① 국내에서 원화증권 발행
② 국내에서 외화증권 발행
③ 외국에서 원화증권 발행
④ 외국에서 외화증권 발행

30 다음 중 외국인 투자자의 국내 원화증권 투자절차에 대한 설명으로 적절하지 않은 것은?

① 외국환은행에 투자전용 대외계정을 개설하여야 한다.
② 투자자금의 송금과 회수 시에 일정한 절차가 있다.
③ 자기명의의 또는 투자중개업자 명의의 투자전용 대외계정을 통해서만 거래할 수 있다.
④ 상장·등록주식의 경우 금융감독원에 투자자 등록을 하여야 한다.

31 다음은 자본거래에 대한 설명이다. 적절하지 않은 것은?

① 거주자가 해외예금을 하는 경우 일정 금액 이상을 송금할 때에는 신고하여야 한다.
② 외국법인 발행주식 총수의 10% 이상의 주식을 취득하면 해외 직접투자에 해당한다.
③ 자본거래는 정형화된 거래의 경우 등은 신고면제대상으로 분류될 수 있다.
④ 거주자가 외국 부동산을 취득하는 경우 면제를 제외하고는 신고대상이 된다.

32 다음 중 신고대상이 되는 파생상품거래가 아닌 것은?

① 투자중개업자를 통한 장내파생상품 거래
② 옵션프리미엄이 액면금액의 100분의 20 이상인 거래
③ 기체결된 거래에서 발생한 손실을 새로운 파생상품거래의 가격에 반영하는 거래
④ 파생상품거래를 외국환거래법령에서 정한 신고절차를 회피하기 위해 행하는 경우

정답 및 해설

29 ④   '외국에서 외화증권 발행'은 적용대상이 아니다.
30 ④   자본시장법 시행령 개정으로 외국인 투자자 등록제도가 폐지되었다.
31 ④   거주자가 외국 부동산을 취득하는 경우 면제를 제외하고는 <u>신고수리</u> 대상이 된다.
32 ①   투자중개업자를 통한 장내파생상품거래는 신고 없이 할 수 있다.

33 직접 또는 자회사 등을 통하여 증권, 채권 및 파생금융상품에 투자하거나 수익을 얻을 목적으로 외국법에 따라 설립된 회사로서 설립 준거 법령지역에 실질적인 경영활동을 위한 영업소를 설치하지 않은 회사를 무엇이라 하는가?

① 해외사무소　　　　　　　　　② 해외현지법인
③ 해외지사　　　　　　　　　　④ 역외금융회사

34 다음 괄호 안에 들어갈 적절한 내용은 무엇인가?

> ㉠ 거주자가 역외금융회사에 투자 시 역외금융회사 총자산의 (　　)% 이상인 경우 한은총재에 신고한다.
> ㉡ 외국환은행의 일반계정과 역외계정과의 자금이체는 직전회계연도 역외 외화자산 평잔의 (　　)% 이내에 자금이체만 허용한다.

① ㉠ 10, ㉡ 10　　　　　　　　② ㉠ 10, ㉡ 20
③ ㉠ 20, ㉡ 10　　　　　　　　④ ㉠ 20, ㉡ 20

35 다음은 해외직접투자 시 보고서에 대한 내용이다. 올바르지 않은 것은?

① 해외증권 취득 시 증권취득보고서를 제출해야 한다.
② 미화 200만불 이하의 경우는 연간실적보고서를 제출하지 않는다.
③ 미화 200만불~300만불의 경우는 연간실적보고서를 제출하여야 한다.
④ 해외증권 청산 시 청산보고서를 제출해야 한다.

36 다음 중 거주자가 해외부동산 취득 시 한국은행에 신고수리를 받아야 할 사항은?

① 임차권 취득　　　　　　　　　② 저당권 취득
③ 주거목적의 소유권 취득　　　　④ 투자목적의 분양권 취득

정답 및 해설

33 ④　　역외금융회사에 대한 설명이다.
34 ①　　'㉠ 10, ㉡ 10'이다.
35 ③　　연간실적보고서에 갈음하여 <u>투자현황표</u>를 제출한다.
36 ②　　소유권과 임차권을 제외한 기타 부동산상의 권리는 한국은행 신고사항이다.

37 다음은 비금융회사의 해외지점 및 해외사무소 설립요건에 대한 설명이다. 옳지 않은 것은?

① 해외지점은 과거 1년간 외화획득 실적이 미화 1백만불 이상인 자, 주무부장관 또는 한국무역협회장이 인정하는 자가 외국환은행장에게 신고한 후 설치한다.

② 해외지점이 부동산증권거래를 하거나 비거주자에게 상환기간 1년 초과의 대부를 하는 경우는 한국은행 총재의 신고수리사항이다.

③ 해외사무소는 공공기관, 과거 1년간 외화획득 실적이 미화 30만불 이상인 자, 설립 후 1년이 경과한 무역업자 등이 외국환은행장에게 신고 후 설치한다.

④ 금융회사의 해외지사는 설치 시 금융위원회의 신고수리를 받아야 한다.

38 다음 중 현지금융의 수혜자에 해당하지 않는 것은?

① 거주자(개인 및 개인사업자 포함)

② 거주자의 현지법인

③ 거주자의 현지법인이 50% 이상 출자한 자회사

④ 독립채산제를 적용하는 거주자의 해외지점

39 다음 중 신고대상이 올바르게 연결되지 않은 것은?

① 금융회사의 금융 · 보험업에 대한 투자 – 금융감독원장에게 신고

② 금융회사의 비금융 · 보험업에 대한 투자 – 금융감독원장에게 신고

③ 금융회사의 역외금융회사 투자 – 금융감독원장에게 신고

④ 거주자의 역외금융회사 투자 – 한국은행 총재에게 신고

40 기획재정부 장관에게 신고해야 하는 내용으로 올바르게 묶인 것은?

㉠ 5천만불 초과 해외차입	㉡ 해외원화차입(10억 초과)
㉢ 비거주자 원화증권 발행	㉣ 5천만불 초과 증권발행방식 현지금융

① ㉠, ㉡, ㉢ 　　　　　　② ㉠, ㉡, ㉣

③ ㉠, ㉢, ㉣ 　　　　　　④ ㉠, ㉡, ㉢, ㉣

정답 및 해설

37 ④　　금융회사의 해외지사는 설치 시 금융감독원장의 신고수리를 받아야 한다.

38 ①　　거주자(개인 및 개인사업자는 제외)

39 ①　　금융회사의 금융 · 보험업에 대한 투자 – 금융위원회에 신고수리

40 ④　　모두 해당된다(4가지 무조건 암기).

CHAPTER 04 자기자본 건전성 규제내용

출제내용 및 분석

학습전략 ■ ■ 자기자본 건전성 규제내용은 <u>총 3~4문제</u>가 출제됩니다. 우선 영업용 순자본비율과 순자본비율의 공식을 이해해야 합니다. 세부적으로 들어가서 영업용 순자본의 구성항목 및 재무제표의 계정과목에 대한 명료한 이해가 필요합니다. 차감항목과 예외, 가산항목을 반드시 암기하시고 특히 후순위채의 요건을 이해해야 합니다. 구성항목에 대한 질문은 반드시 출제됩니다. 총위험액의 산정에는 산정대상이 중요합니다. 위험액의 계산방법도 공부해 두어야 합니다. 숫자 문제도 출제될 가능성이 높으니 암기하여야 합니다. 이 정도의 포인트를 준비해 두면 충분히 고득점이 가능할 것입니다.

···TOPIC 1 자기자본 관리제도의 개요

1. 도입배경

① 진입장벽 축소 및 자율화·국제화 진전으로 인한 증권산업 안팎의 경쟁 심화
② 선물·옵션 등 파생금융상품거래 증가로 인한 새로운 위험요인 증대
③ 경영부실회사에 대한 정부의 직접 지원이 곤란해짐
④ 금융투자업의 대외개방 및 국제화에 대비한 외국회사와의 대등한 경쟁 여건을 조성
⑤ 국내금융투자업자의 재무건전성에 대한 국제적 신인도를 제고

2. 자본시장법상의 자기자본 관리제도

① 진입 및 유지 관련 최저 자기자본규제
  ㉠ 인가 : 업무인가 단위별 5억원 이상
  ㉡ 등록 : 업무인가 단위별 1억원 이상

② 재무건전성 유지 관련 자기자본규제 : 영업용 순자본을 총위험액 이상으로 유지하여야 함(자본시장법 제30조)

···TOPIC 2 자기자본 관리제도의 주요 원칙

1. NCR(Net operating Capital Ratio)제도

(1) 기본구조

① 영업용 순자본＝자산총액 － 부채총액 － 차감항목(현금화 곤란자산) ＋ 가산항목(상환이 필요 없는 부채)
② 총위험액＝시장위험액(주식, 금리, 외환, 일반상품) ＋ 신용위험액 ＋ 운영위험액
③ 필요유지자본 : 인가 · 등록한 업무 단위별로 '<u>최저 자기자본의 70%</u>'의 합계금액
④ 영업용 순자본비율＝영업용 순자본/총위험액
⑤ 순자본비율＝(영업용 순자본 － 총위험액)/필요유지자본

핵심요약문제 ✏

01 다음 중 자기자본관리제도의 도입배경에 해당하지 않는 것은?

① 국제화에 대비한 외국사와의 대등한 경쟁 여건을 조성
② 파생금융상품거래 증가로 인한 새로운 위험요인 증대
③ 경영부실회사에 대한 정부의 직접 지원 근거 마련
④ 국내금융투자업자 재무건전성에 대한 국제적 신인도를 제고

02 다음은 자기자본관리제도에 대한 기본 관계식이다. 옳지 않은 것은?

① 영업용 순자본＝자산총액 － 부채총액 － 차감항목 ＋ 가산항목
② 총위험액＝시장위험액 ＋ 신용위험액 ＋ 유동성위험액
③ 영업용 순자본비율＝영업용 순자본/총위험액
④ 순자본비율＝(영업용 순자본 － 총위험액)/필요유지자본

정답 01 ③ 경영부실회사에 대한 정부의 직접 지원이 곤란해짐
        02 ② 총위험액 = 시장위험액 ＋ 신용위험액 ＋ <u>운영위험액</u>

(2) NCR 산정의 기본원칙

① 순자본비율 산정 시 자산, 부채, 자본은 연결재무제표의 장부가액을 기준, 영업용 순자본비
율은 개별재무제표의 장부가액을 기준으로 함

② 시장위험과 신용위험을 내포하는 자산은 시장위험과 신용위험을 모두 산정함

③ 영업용 순자본의 차감항목에 대하여는 위험액을 산정하지 않음

④ 영업용 순자본의 차감항목과 위험액 산정대상 자산 사이에 위험회피효과가 있으면 감액

⑤ 부외자산과 부외부채에 대해서도 위험액을 산정

2. 산정 및 보고시기

① 순자본비율&산출내역을 매월 말 기준으로 1개월 이내에 금융감독원장에게 보고

② 순자본비율 100%(영업용 순자본비율 150%) 미만 시 지체 없이 금융감독원장에게 보고

3. NCR에 따른 적기시정조치

구분	경영개선 권고	경영개선 요구	경영개선 명령
순자본비율	100% 미만 (금감원장 보고)	50% 미만	0% 미만
경영실태 평가	종합평가 3등급 이상 &자본적정성 4등급 이하	자본적정성 4등급 이하	부실금융기관
조치	• 인력 및 조직운용 개선 • 경비 절감 • 점포관리 효율화 • 부실자산 처분	• 조직 축소 • 점포 폐쇄 · 통합, 신설 제한 • 자회사 정리 • 영업의 일부 정지	• 주식의 소각 • 임원의 직무집행 정지 • 합병 • 영업의 양도
경영개선 계획	• 조치일로부터 2개월의 범위 내에서 경영개선계획을 금융감독원장에게 제출 • 제출받은 날로부터 1개월 이내에 승인 여부 결정		

···TOPIC ❸ NCR 세부 산정 방법

1 차감항목(= 현금화 곤란 자산)

① 유형자산

 ※ 차감 제외 : 이미 유동화되었거나 유동화될 수 있는 부동산

② 선급금, 선급법인세, 이연법인세, 선급비용

 ※ 차감 제외 : 채권을 매입하며 지불한 선급경과이자

③ 특수관계인 채권 등

※ 차감 제외 : 이연법인세부채 상당액

④ 자회사 결손액 중 금융투자업자 소유지분 해당액
⑤ 신탁계정대여금 금액의 16/100(부동산신탁에 한함)
⑥ 임차보증금 및 전세금

※ 차감 제외 : 3개월 이내에 해지 또는 월세로 전환할 수 있는 경우

⑦ 무형자산

※ 차감 제외 : 시장성이 인정되는 무형자산

⑧ 담보가액을 초과하는 대출채권

※ 차감 제외 : 잔존만기 3개월 이내 대출채권 등

⑨ 지급의무가 발생한 채무보증액, 지급 예정 현금배당금, 금융투자협회 가입비

2. 가산항목(5개)

① 자산건전성 분류대상에 적립된 대손충당금(고정 이하 충당금 제외)
② 일정요건을 충족하는 후순위차입금(남은 재산이 있는 경우에 상환하는 조건이 있는 차입금)
③ 금융리스부채(현물상환이 가능하고 현금상환 약정이 없는 경우)
④ 자산평가이익
⑤ 부채로 분류되는 상환우선주 중 일정요건을 충족하는 경우

3. 후순위차입금의 4가지 인정요건

① 다른 모든 채무를 변제하고 잔여재산이 있는 경우에 당해 채무를 상환한다는 조건이 명시되어 있을 것
② 차입일부터 원금상환일까지 기간이 5년 이상일 것
③ 순자본비율이 0% 미만이거나 영업용 순자본비율이 100% 미만으로 떨어질 경우에는 원리금을 상환하지 않는다는 약정이 있을 것
④ 채무의 이행을 보증하는 담보의 제공약정이 없고, 상계 및 만기 전 상환을 금지하는 약정이 있고, 기타 후순위차입금의 본질을 해할 우려가 있는 약정이 없을 것
⑤ 유의사항
　㉠ 원금상환일까지 잔존기간이 <u>5년 미만</u>인 경우 연도별로 <u>20%</u>씩 축소함
　㉡ 영업용순자산에 가산하는 후순위차입금 한도는 순재산의 <u>50% 범위</u> 내

핵심요약문제 ✏️

05 다음의 주어진 자료를 이용하여 계산한 <u>순자본비율</u>은 얼마인가?

㉠ 재무상태표상 순재산액	14,000억원	㉤ 고정자산(차감제외 없음)	2,000억원
㉢ 후순위차입금	5,000억원	㉣ 시장위험액	6,000억원
㉥ 금리위험액	3,000억원	㉦ 집합투자증권등 위험액	500억원
㉧ 신용위험액	500억원	㉨ 운영위험액	4,500억원
㉩ 필요유지자기자본	1,000억원		

① 300%　　　　　　　　　　　　　② 400%
③ 500%　　　　　　　　　　　　　④ 600%

06 다음은 후순위차입금(후순위사채)의 인정요건에 대한 설명이다. 올바른 것은?

① 차입일부터 원금상환일까지의 기간이 3년 이상일 것
② 다른 모든 채무보다 우선 변제하는 약정이 있을 것
③ 채무의 이행을 보증하는 담보의 제공약정이 없을 것
④ 상계 및 만기 전 상환을 약속하는 약정이 있을 것

정답

05 ④ ・영업용 순자본 = 순자산액 − 고정자산 + 후순위차입금 = 14,000 − 2,000 + 5,000 = 17,000억원
　　　・총위험액 = 시장 + 신용 + 운영 = 6,000 + 500 + 4,500 = 11,000억원

　　　・순자본비율 = $\dfrac{17,000 - 11,000}{1,000} \times 100 = 600\%$

06 ③ ① 차입일부터 원금상환일까지 기간이 5년 이상일 것
　　　② 다른 채무를 변제하고 잔여재산이 있는 경우에 상환한다는 조건
　　　④ 상계 및 만기 전 상환을 약속하는 약정이 없을 것

···TOPIC 4 총위험액의 산정

1. **시장위험액(= 주식위험 + 금리위험 + 옵션위험 + 집합투자증권위험 + 외환위험 + 일반상품위험)**

   (1) 주식위험액

   ① 산정대상
   - ㉠ 주식, 주식예탁증서 및 기타 이에 준하는 증권
   - ㉡ 주식과 유사한 가격변동성을 가지는 전환사채, 교환사채, 비분리형 신주인수권부사채
   - ㉢ 상장지수집합투자기구(ETF)
   - ㉣ 주식과 관련 파생상품 및 파생결합상품 등

   ② 산정방법 : 국가별 및 시장별로 포지션을 구분하여 개별위험액과 일반시장위험액을 합산
   ③ 개별위험 : 주식 시장별로 보유주식포지션에 대하여 <u>유동성 및 분산도 충족</u> 여부에 따라 개별위험값을 곱하여 산정한 금액
   ④ 일반위험 : 시장별로 매수포지션 합계액과 매도포지션 합계액의 차액의 절댓값에 일반위험값 8%를 곱하여 산정함

   (2) 금리위험액

   ① 산정대상
   - ㉠ 고정/변동금리부 채권, 일정요건을 갖춘 사모사채, CD, CP, ABS, 기타 이에 준하는 증권
   - ㉡ 주식위험액 산정대상이 아닌 전환사채, 교환사채, 비분리형 신주인수권부사채, 최소배당금이 확정고시된 우선주
   - ㉢ 기초자산이 금리위험액 산정대상인 파생상품 및 파생결합상품 등

   ② 산정방법 : 통화별로 금리 관련 포지션을 산정한 후 개별위험액과 일반시장위험액을 합산
   ③ 개별위험 : 시가로 평가된 금리포지션에 해당 위험값을 곱하여 산정한 금액
   ④ 일반위험 : 만기법으로 매입 · 매도포지션을 잔존만기에 따라 기간대에 배정 → 기간대별 위험값을 곱한 가중포지션 산출 → <u>상계분 자본할당액</u>과 <u>상계되지 않은 순위험포지션</u>을 합산

(3) 옵션위험액(= 감마위험액 + 베가위험액 + 깊은 외가격 옵션위험액 가산)

① 산정대상

　㉠ 옵션포지션, 분리형 신주인수권증권

　㉡ 내재파생상품을 주계약과 분리하여 파생상품으로 처리한 신주인수권, 전환권 등

② 산정방법 : 델타플러스법 + 깊은 외가격 옵션에 대한 위험값 가산

　㉠ 옵션위험액은 델타플러스법에 따라 산정하며 감마위험액과 베가위험액의 합으로 산정

　㉡ 델타플러스법에 따른 델타위험액은 해당 기초자산의 위험액 산정방법에 따라 산정하여 기초자산의 위험액에 합산함

　㉢ 옵션위험액 산정 시 적용되는 델타, 감마, 베가는 증권시장, 파생상품시장, 공신력 있는 외부기관 등에서 제공되는 것이어야 함

　㉣ 깊은 외가격 옵션의 매도포지션을 보유하는 금융투자업자에 대하여 기초자산 시가액에 해당 위험값의 20%를 곱하여 구한 금액을 옵션위험액에 가산

2. 신용위험액

(1) 산정대상

　① 예금, 예치금, 콜론/선물, 선도, 스왑 등 파생상품

　② 증권의 대여 및 차입, 환매조건부매도 및 환매조건부매수, 사모사채, 채무보증

　③ 대고객 신용공여, 대출채권, 대여금, 미수금, 미수수익, 기타 금전채권

　④ 잔여계약기간이 3개월 이내인 임차보증금, 전세권

(2) 산정방식

① 산정대상에 따라 별도로 환산하는 <u>신용환산액</u>에 거래상대방별 위험값을 적용하여 산정

② 신용환산액이 음(−)인 경우에는 신용위험액을 산정하지 않음

③ 선물, 선도, 스왑 등 비정형 파생상품은 시장위험과 신용위험을 동시에 산정함

3. 운영위험액(= 아래의 ①과 ② 중 큰 금액을 적용함)

① 최근 3년간 영업별 영업이익의 연평균금액 × 위험값을 합계한 금액

② 법정 최소 자기자본금액 × 10%

핵심요약문제

09 다음 중 옵션위험액 산정대상에 해당하지 않는 것은?

① 옵션포지션
② 분리형 신주인수권증권
③ 주식 관련 파생상품
④ 내재파생상품을 주계약과 분리한 신주인수권

10 다음은 옵션위험액의 산정대상에 대한 설명이다. 적절하지 않은 것은?

① 옵션포지션, 분리형 신주인수권증권 등을 산정대상으로 한다.
② 델타플러스법에 따라 산정하며 감마위험액과 베가위험액의 합으로 산정한다.
③ 옵션위험액 산정 시 적용되는 델타, 감마, 베가는 증권시장, 파생상품시장, 공신력 있는 외부기관 등에서 제공되는 것이어야 한다.
④ 깊은 외가격 옵션의 매도포지션을 보유하는 금융투자업자에 대하여 기초자산 시가액에 해당 위험값의 10%를 곱하여 구한 금액을 옵션위험액에 가산한다.

정답 09 ③ 주식과 관련된 파생상품은 주식위험액 산정대상이다.
　　　 10 ④ 시가액에 해당 위험값의 20%를 곱한다.

01 자본시장법상 금융투자업의 진입을 위한 최저 자기자본에 대한 금액으로 옳은 것은?

① 인가업무단위별＝5억원 이상, 등록업무단위별＝2억원 이상
② 인가업무단위별＝5억원 이상, 등록업무단위별＝1억원 이상
③ 인가업무단위별＝10억원 이상, 등록업무단위별＝2억원 이상
④ 인가업무단위별＝10억원 이상, 등록업무단위별＝1억원 이상

02 다음은 NCR(Net operation Capital Ratio)에 대한 설명이다. 옳지 않은 것은?

① 총위험액은 영업용 순자본보다 크거나 같아야 한다.
② 영업용 순자본비율은 항상 100%보다 크거나 같아야 한다.
③ 순자본비율은 항상 0%보다 크거나 같아야 한다.
④ 위험손실을 감안한 현금화 가능자산의 규모가 상환의무가 있는 부채의 규모보다 커야 한다.

03 다음 괄호 안에 들어갈 항목으로 적절한 것은?

> • 영업용 순자본비율 = 영업용 순자본/(㉠)
> • 순자본비율 = (영업용 순자본 − 총위험액)/(㉡)

① ㉠ 총위험액, ㉡ 필요유지자기자본
② ㉠ 필요유지자기자본, ㉡ 총위험액
③ ㉠ 총위험액, ㉡ 총위험액
④ ㉠ 필요유지자기자본, ㉡ 필요유지자기자본

정답 및 해설

01 ② '인가업무단위별＝5억원 이상, 등록업무단위별＝1억원 이상'이 옳다.
02 ① 영업용 순자본은 총위험액보다 크거나 같아야 한다.
03 ① ㉠ 총위험액, ㉡ 필요유지자기자본

04 다음의 주어진 자료를 이용하여 영업용 순자본을 구하면 얼마인가?

㉠ B/S상의 총자산 : 2,500억원	㉡ B/S상의 총부채 : 1,000억원
㉢ 특수관계인 채권 : 300억원	㉣ 자산평가이익 : 200억원

① 1,300억원   ② 1,400억원

③ 1,500억원   ④ 1,600억원

05 다음의 주어진 자료를 이용하여 산출한 <u>영업용 순자본비율</u>은 얼마인가?

㉠ 자산	11,000억원	㉡ 부채	8,000억원
㉢ 후순위차입금	3,000억원	㉣ 차감항목	1,500억원
㉤ 주식위험액	400억원	㉥ 금리위험액	200억원

① 200%   ② 300%

③ 400%   ④ 500%

06 적기시정조치에 있어서 경영개선권고와 경영개선요구의 순자본비율 요건을 나타낸 것으로 올바른 것은?

① 경영개선권고＝150% 미만, 경영개선요구＝120% 미만
② 경영개선권고＝150% 미만, 경영개선요구＝100% 미만
③ 경영개선권고＝100% 미만, 경영개선요구＝100% 미만
④ 경영개선권고＝100% 미만, 경영개선요구＝50% 미만

정답 및 해설

04 ② 영업용 순자본＝2,500－1,000－300＋200＝1,400억원

05 ④ • 영업용 순자본＝11,000－8,000＋1,500－1,500＝3,000억원(후순위차입금 순재산의 50%)

  • 총위험액＝400＋200＝600억원

  • 순자본비율＝$\frac{3,000}{600} \times 100 = 500\%$

06 ④ 경영개선권고＝100% 미만, 경영개선요구＝50% 미만, 경영개선명령＝0% 미만이다.

07 다음은 순자본비율과 영업용 순자본비율의 산정원칙에 대한 설명이다. 옳지 않은 것은?

① 순자본비율 산정 시 자산, 부채, 자본은 연결재무제표의 장부가액을 기준으로 한다.
② 영업용 순자본비율 산정 시 자산, 부채, 자본은 개별재무제표의 장부가액을 기준으로 한다.
③ 영업용 순자본의 차감항목에 대하여는 위험액을 산정하여야 한다.
④ 시장위험과 신용위험을 내포하는 자산은 시장위험과 신용위험을 모두 산정한다.

08 다음 괄호 안에 들어갈 알맞은 비율을 순서대로 나열한 것은?

> 순자본비율 (　　　) 미만 또는 영업용 순자본비율 (　　　) 미만 시 지체 없이 금융감독원장에게 보고하여야 한다.

① 150%, 100%   ② 100%, 150%
③ 100%, 50%   ④ 50%, 100%

09 다음은 NCR에 따른 적기시정조치에 대한 내용이다. 괄호 안에 들어갈 기간으로 올바른 것은?

> • 조치일로부터 (㉠)의 범위 내에서 경영개선계획을 금융감독원장에게 제출
> • 제출받은 날로부터 (㉡) 이내에 승인 여부 결정

① ㉠ 1개월, ㉡ 2개월   ② ㉠ 2개월, ㉡ 1개월
③ ㉠ 1개월, ㉡ 1개월   ④ ㉠ 2개월, ㉡ 2개월

10 다음 중 경영개선 명령에 따른 조치에 해당하는 것은?

> ㉠ 부실자산 처분   ㉡ 점포 폐쇄 · 통합, 신설 제한
> ㉢ 임원의 직무집행 정지   ㉣ 영업의 양도

① ㉠, ㉡   ② ㉡, ㉣
③ ㉢, ㉣   ④ ㉠, ㉡, ㉢, ㉣

정답 및 해설

07 ③ 　영업용 순자본의 차감항목에 대하여는 위험액을 산정하지 않는다.
08 ② 　순자본비율 '100%' 미만 또는 영업용 순자본비율 '150%' 미만 시 지체 없이 금융감독원장에게 보고하여야 한다.
09 ② 　'㉠ 2개월, ㉡ 1개월'이 옳다.
10 ③ 　㉠ 부실자산처분은 경영개선 권고에, ㉡ 점포폐쇄 · 통합, 신설 제한은 경영개선 요구에 해당한다.

11 다음 중 <u>경영개선 권고</u>에 따른 조치에 해당하지 않는 것은?

① 인력 및 조직운용 개선   ② 경비 절감

③ 조직 축소   ④ 점포관리 효율화

12 다음 중 영업용 순자본의 <u>차감항목</u>에 해당하는 것으로 묶인 것은?

> ㉠ 선급비용
> ㉡ 유동화된 부동산
> ㉢ 특수관계인채권
> ㉣ 이연법인세부채 상당액
> ㉤ 시장성 있는 무형자산
> ㉥ 자회사 결손액 중 금융투자업자 소유지분 해당액

① ㉠, ㉡, ㉢   ② ㉠, ㉢, ㉣

③ ㉠, ㉢, ㉥   ④ ㉠, ㉣, ㉥

13 다음 중 영업용 순자본을 가산항목으로 분류하는 기준으로 적절하지 않은 것은?

① 실질적인 채무이행의무가 없는 항목

② 미래 손실에 대비하여 내부에 유보시킨 항목

③ 현금상환이 가능한 항목

④ 보완자본의 기능을 하는 항목

14 다음 중 영업용 순자본의 <u>가산항목</u>에 해당하는 것은?

① 임차보증금 및 전세금   ② 자산평가이익

③ 무형자산   ④ 지급 예정 현금배당금

정답 및 해설

11 ③   조직축소는 <u>경영 개선 요구</u> 사항이다.

12 ③   ㉡, ㉣, ㉤은 <u>차감제외</u> 항목이다.

13 ③   <u>현물상환</u>이 가능한 항목이다.

14 ②   자산평가이익은 가산항목이다.

15 다음 중 영업용 순자본의 <u>차감제외항목</u>에 해당하지 않는 것은?

① 채권매입하며 지불한 선급경과이자

② 담보가액을 초과하는 대출채권

③ 시장성이 인정되는 무형자산

④ 3개월 이내에 해지되는 전세금

16 다음 중 영업용 순자본의 <u>가산항목</u>에 해당하지 않는 것은?

① 정상, 요주의 대출채권의 대손충당금

② 지급의무가 발생한 채무보증금액

③ 금융리스부채(현물상환 가능 약정, 현금상환 약정 없음)

④ 일정 요건을 충족하는 후순위차입금

17 다음은 후순위차입금(후순위사채)의 인정요건에 대한 설명이다. 옳지 않은 것은?

① 차입일부터 원금상환일까지의 기간이 5년 이상일 것

② 다른 모든 채무를 변제하고 잔여재산이 있는 경우에 당해 채무를 상환한다는 조건이 명시

③ 원금상환일까지 잔존기간이 5년 미만인 경우 연도별로 가산하는 금액을 25%씩 축소함

④ 순자본비율이 0% 미만 또는 영업용 순자본비율이 100% 미만으로 떨어질 경우에는 원리금을 상환하지 않는다는 약정이 있을 것

18 영업용 순자본에 가산하는 후순위차입금 한도는 순자산의 몇 % 범위 내인가?

① 25%   ② 50%

③ 75%   ④ 100%

정답 및 해설

15 ②   담보가액을 초과하는 대출채권은 현금화 곤란 자산에 해당되어 차감한다.
16 ②   지급의무가 발생한 채무보증금액은 <u>차감항목</u>이다.
17 ③   원금상환일까지 잔존기간이 5년 미만인 경우 연도별로 가산하는 금액을 <u>20%</u>씩 축소한다.
18 ②   50% 범위 내이다.

19 다음 중 시장위험을 산정하는 데 포함되는 항목이 아닌 것으로 묶인 것은?

㉠ 주식위험액	㉡ 금리위험액
㉢ 외환위험액	㉣ 유동성 위험액
㉤ 일반상품위험액	㉥ 집합투자증권 위험액
㉦ 옵션위험액	㉧ 운영위험액

① ㉠, ㉢　　　　　　　　　　　　　② ㉡, ㉣

③ ㉣, ㉧　　　　　　　　　　　　　④ ㉦, ㉧

20 다음 중 영업용 순자본비율을 계산하기 위해 필요한 총위험액에 해당하는 것으로 묶인 것은?

㉠ 시장위험액	㉡ 신용위험액
㉢ 운영위험액	㉣ 전략위험액

① ㉠, ㉡, ㉢　　　　　　　　　　　② ㉠, ㉡, ㉣

③ ㉠, ㉢, ㉣　　　　　　　　　　　④ ㉠, ㉡, ㉢, ㉣

21 다음 중 주식위험액의 산정대상에 해당하지 않는 것은?

① 전환사채　　　　　　　　　　　② 교환사채

③ 사모사채　　　　　　　　　　　④ 비분리형 신주인수권부사채

22 다음은 시장위험액의 산정방식에 대한 내용이다. 적절하지 않은 것은?

① 시장위험을 개별위험과 시장위험으로 구분한다.

② 금리 관련 파생상품에 대하여는 옵션위험액을 산정한다.

③ 파생상품의 위험은 기초자산별로 포지션을 통합하여 위험금액을 산정한다.

④ 통화나 만기가 일치하여 금리변동에 의한 손익이 반대되는 금리포지션에 대하여는 서로 상쇄할 수 있다.

정답 및 해설

19 ③　　㉣, ㉧을 제외한 나머지가 시장위험액에 해당한다.

20 ①　　전략위험액은 해당되지 않는다.

21 ③　　사모사채는 <u>금리위험액</u> 산정대상이다.

22 ②　　금리 관련 파생상품에 대하여는 금리위험액을 산정한다.

23 다음 중 금리위험액의 산정대상에 해당하지 않는 것은?

① 고정금리부채권
② 일정요건을 갖춘 사모사채
③ 자산유동화증권 사모사채
④ 분리형 신주인수권부사채

24 다음은 금리위험액의 산정에 대한 설명이다. 적절하지 않은 것은?

① 통화별로 구분하고 개별위험액과 일반위험액을 합산하여 산정한다.
② 금리변동에 따라 손익이 서로 반대되는 포지션이 있는 경우 그 포지션은 서로 상계된다.
③ 금리 관련 파생상품 포지션의 경우 이와 일치하는 기초자산의 반대 포지션과 상계할 수 없다.
④ 계약확정일부터 증권이 발행되어 금융투자회사에 입고되기 전날까지 인수위험을 산정해야 한다.

25 다음 중 옵션위험액 산정에 고려되는 항목이 아닌 것은?

① 감마위험액
② 세타위험액
③ 베가위험액
④ 깊은 외가격 옵션위험액

26 다음은 외환위험액에 대한 설명이다. 옳지 않은 것은?

① 외국통화로 표시된 자산·부채, 파생상품 등이 산정대상이 된다.
② 통화별 순매입과 순매도 포지션을 구한 후 기준일 현재 기준환율을 적용하여 원화 환산한다.
③ 순매입 포지션 합계액과 순매도 포지션 합계액을 합한 후 위험값 8%를 곱하여 산정한다.
④ 금에 대해서는 순포지션에 위험값 8%를 곱하여 외환위험액에 합산한다.

정답 및 해설

23 ④ 분리형 신주인수권부사채는 옵션위험액 산정대상이다.
24 ③ 금리 관련 파생상품 포지션의 경우 이와 일치하는 기초자산의 반대 포지션과 상계할 수 <u>있</u>다.
25 ② 세타위험액을 제외한 나머지가 고려된다.
26 ③ 순매입 포지션 합계액과 순매도 포지션 합계액 중 큰 금액에 위험값 8%를 곱하여 산정한다.

27 다음 중 신용위험액의 산정대상에 해당하지 않는 것으로 묶인 것은?

㉠ 예금, 예치금, 콜론	㉡ 증권의 대여 및 차입
㉢ 대고객 신용공여	㉣ 채무보증
㉤ 대여금/미수금	㉥ 선물, 선도, 스왑 등 파생상품
㉦ 교환사채	㉧ 잔여계약기간이 5개월인 임차보증금, 전세권

① ㉠, ㉢
② ㉡, ㉣
③ ㉣, ㉧
④ ㉦, ㉧

28 다음의 신용위험액 산정원칙에 대한 설명 중 옳지 않은 것은?

① 신용환산액이 음(−)인 경우에는 신용위험액을 산정하지 않는다.
② 신용위험액은 산정대상에 따른 신용환산액에 거래상대방별로 위험값을 적용하여 산정한다.
③ 선물, 선도, 스왑 등의 파생상품에는 시장위험액과 신용위험액 중 큰 금액을 적용한다.
④ 거래상대방의 신용등급이 없으면 상대방의 최근 기업어음 등의 신용등급을 사용할 수 있다.

29 순자본비율을 구하기 위한 필요유지 자기자본의 경우 인가업무 또는 등록업무 단위별 최저 자기자본의 몇 % 이상을 유지하여야 하는가?

① 50%
② 60%
③ 70%
④ 80%

30 다음은 운영위험액 산정방법(둘 중 큰 금액)이다. 괄호 안에 들어갈 숫자로 올바른 것은?

- 최근 (㉠)년간 영업별 영업이익의 연평균금액×위험값을 합계한 금액
- 법정 최소 자기자본금액×(㉡)%

① ㉠ 2, ㉡ 10
② ㉠ 2, ㉡ 20
③ ㉠ 3, ㉡ 10
④ ㉠ 3, ㉡ 20

정답 및 해설

27 ④ ㉦, ㉧을 제외한 나머지는 신용위험액 산정대상이다.
28 ③ 선물, 선도, 스왑 등의 파생상품에는 시장위험액과 신용위험액을 동시에 산정한다.
29 ③ 단위별 최저 자기자본의 70%이다.
30 ③ '㉠ 3, ㉡ 10'이 옳다.

출제내용 및 분석

학습 목표	중요도	주요출제내용
TOPIC 01 내부통제와 컴플라이언스 제도의 필요성	★☆☆	• 필요성에 대한 이해
TOPIC 02 내부통제와 컴플라이언스 제도의 구분	★★★	• 내부통제의 개념 • 내부통제의 목적과 달성 방법 • 컴플라이언스 제도의 개념 • 감사 및 위험관리 조직과의 구분 • 내부통제기준에 포함해야 할 내용 • 준법감시인의 자격요건 • 준법감시인의 금지업무
TOPIC 03 컴플라이언스 제도의 기능과 구축 방안	★★★	• 컴플라이언스 제도의 기능 • Compliance officer의 구분 및 역할 • 컴플라이언스 내부구조와 구축방안
TOPIC 04 컴플라이언스 활동의 주요 대상 및 핵심 내용	★★☆	• 직원의 복무윤리규정 • 정보교류 차단장치 설치 의무 • 컴플라이언스의 일반원칙

학습전략

내부통제 및 컴플라이언스는 <u>총 3~4문제</u>가 출제됩니다. 우선 내부통제에 대한 개념과 내부통제 기준에 포함해야 할 사항에 대한 명확한 이해가 필요합니다. 또한 컴플라이언스와의 관계를 알아야 합니다. 컴플라이언스와 감사 및 위험조직과 차이점을 구분할 수 있어야 합니다. 특히 비교 형태의 문제는 자주 출제됩니다. 그 다음 준법감시인의 자격요건과 금지업무, 컴플라이언스의 기능, 오피서, 내부구축방안을 공부해야 합니다. 마지막으로 정보교류 차단, 직원의 복무규정 등 주요활동대상을 공부하면 자연스럽게 고득점으로 이어질 것입니다.

···TOPIC 1 내부통제와 컴플라이언스 제도의 필요성

1. 금융산업의 특수성

① 자산규모 대형화, 첨단금융상품 및 투자기법 등장, 보수체계 성과지향 등으로 위험 증가

② 법규에 의한 사후적인 감독만으로는 한계 → 잠재된 위험을 사전에 제어할 필요성 존재

2. IMF 관리체제와 OECD 가입

　① 내부통제와 컴플라이언스 제도는 기업의 자체 단속체계를 갖추는 제도
　② 외부의 지배구조개선 압력과 기업투명성 제고를 위한 내부적 노력으로 도입됨

3. 자율규제의 중요성 인식

　① 규제 중심에서 벗어나 금융기관 자율규제에 대한 관심이 고조
　② 내부통제라는 큰 개념하에 감사, 리스크, 컴플라이언스의 상호기능을 확보하려는 노력

···TOPIC 2 내부통제와 컴플라이언스 제도의 구분

1. 내부통제제도

(1) 내부통제의 개념

　① 내부감사는 물론 통제환경의 구축, 위험평가체제, 통제활동, 정보와 전달체계 등 조직 전반에 대한 통제를 포괄하는 개념
　② 이사회, 경영진 기타 직원이 운영의 효율성과 효과성, 재무정보와 비재무정보의 신뢰성, 법규 준수 등의 목적 달성을 위한 합리적인 확신을 제공하는 과정
　③ 컴플라이언스를 포함하는 경영관리 · 통제시스템

(2) 내부통제의 목적 및 달성

　① 업무의 효과성과 효율성 : 경영관리, 위험관리, 업무감사
　② 재무정보의 신뢰성 : 회계감사
　③ 법규의 준수 : 컴플라이언스 관리, 컴플라이언스 감사

핵심요약문제 ✐

01 다음은 내부통제와 컴플라이언스 제도의 필요성에 대한 내용이다. 옳지 않은 것은?

　① 자산규모 대형화, 첨단금융상품 및 투자기법 등장 등으로 위험이 점차 증가하고 있다.
　② 내부통제와 컴플라이언스 제도는 기업의 자체 단속체계를 갖추는 제도이다.
　③ 규제 중심에서 벗어나 금융기관 자율규제에 대한 관심이 고조되고 있다.
　④ 내부통제라는 큰 개념하에서 리스크는 감사, 컴플라이언스와는 분리되는 추세이다.

02 다음은 내부통제의 목적을 달성할 수 있는 방법이다. 바르게 연결된 것으로 묶인 것은?

① 업무의 효과성과 효율성 – 컴플라이언스 감사
② 재무정보의 신뢰성 – 컴플라이언스 관리
③ 법규의 준수 – 회계감사
④ 업무의 효과성과 효율성 – 위험관리

 정답 01 ④ 　 내부통제라는 큰 개념하에 감사, 리스크, 컴플라이언스의 상호기능을 확보하려는 추세이다.
　　　　　　 02 ④ 　 컴플라이언스 감사 및 컴플라이언스 관리는 법규의 준수, 회계감사는 재무정보의 신뢰성이다.

2. 컴플라이언스 제도의 의의

(1) 개념

① 컴플라이언스 : 회사의 임직원 모두가 제반 법규 등을 철저하게 준수하도록 사전 또는 상시적으로 통제·감독하는 것
② 컴플라이언스 제도 : 법규준수의 정책, 컴플라이언스 가이드라인과 기준 절차, 컴플라이언스 조직, 준법감시 매뉴얼, 행위준칙, 점검 및 조사, 교육연수 등을 운영하는 것

(2) 감사조직과의 구분

구분	감사(위원회)	준법감시인
주요 역할	내부통제시스템의 적정성, 경영성과 평가 및 개선방안 제시	임직원의 내부통제기준 점검, 위반사항 발견 시 조사하여 감사(위원회)에 보고
근거 법규	상법 및 금융 관련 법률	금융회사의 지배구조에 관한 법률
주된 업무	• 회계감사 및 업무감사 • 내부통제평가 및 개선방안 제시 • 외부감사인 선임 승인 • 준법감시인 보고사항 조치	• 내부통제기준 준수여부 점검 및 조사 • 준수매뉴얼 작성 및 배포 • 주요 업무에 대한 법규준수 사전검토 • 직원교육, 윤리강령 제정 및 운영
상호 관계	준법감시인 및 보조기구에 대한 감사	내부통제기준 위반 시 감사에 보고의무

(3) 위험관리조직과의 구분

① 금융투자업자는 위험관리조직을 설치하여야 함
② 위험관리조직의 대상업무는 '자산의 운용'에 한정(감사조직/컴플라이어스 조직은 전반적)
③ 내부통제기준에는 위험 관련 사항을 준법감시인이 점검하도록 되어 있으나, 현재 위험관리부서에서 전담
④ 컴플라이언스 및 위험관리조직은 Front office의 활동을 견제, Back office의 보고를 통해 Front office와의 정합성을 모니터링

핵심요약문제

03 다음 중 준법감시인의 주된 업무가 아닌 것은?

① 내부통제기준 준수 여부 점검 및 조사
② 준수 매뉴얼 작성 및 배포
③ 내부통제 평가 및 개선방안 제시
④ 주요 업무에 대한 법규 준수 사전검토

04 다음은 금융투자회사의 위험관리조직에 대한 내용이다. 옳지 않은 것은?

① 금융투자업자는 위험관리조직을 설치하여야 한다.
② 위험관리조직의 대상업무는 업무 전반에 걸쳐 있다.
③ 내부통제기준에는 위험 관련 사항을 준법감시인이 점검하도록 되어 있으나, 현재 위험관리부서에서 전담하고 있다.
④ 컴플라이언스 및 위험관리조직은 Front office의 활동을 견제하는 역할을 하고 있다.

정답
03 ③   내부통제 평가 및 개선방안 제시는 감사위원회의 주된 업무이다.
04 ②   위험관리조직의 대상업무는 '자산의 운용'에 한정되어 있다.

3. 내부통제와 준법감시인 제도

(1) 내부통제기준에 포함해야 할 내용

① 업무의 분장 및 조직구조
② 임직원이 업무를 수행할 때 준수하여야 하는 절차
③ 내부통제와 관련하여 이사회, 임원 및 준법감시인이 수행하여야 하는 역할
④ 내부통제와 관련하여 이를 수행하는 전문성을 갖춘 인력과 지원조직
⑤ 경영의사결정에 필요한 정보가 효율적을 전달될 수 있는 체제의 구축
⑥ 임직원의 내부통제기준 여부를 확인하는 절차·방법과 위반 임직원의 처리
⑦ 내부통제기준의 제정 또는 변경절차/이해상충을 관리하는 방법과 절차
⑧ 준법감시인의 임면 절차

(2) 준법감시인 제도

① 지배구조법 : 금융기관은 준법감시인을 1인 이상 두어야 함
② 준법감시인의 자격요건 : ㉠과 ㉡을 모두 충족하는 사람
  ㉠ 최근 5년간 금융관계법령을 위반하여 금융감독원장 등으로부터 문책경고 또는 감봉요구 이상의 조치를 받은 사실이 없을 것
  ㉡ 다음의 어느 하나에 해당할 것
    • 검사대상기관에서 10년 이상 근무한 사람
    • 석사학위 이상의 학위소지자로서 연구기관 등에서 5년 이상 종사한 사람

- 변호사, 공인회계사가 그 자격의 관련 업무에 5년 이상 종사한 사람
- 기재부 등이 정하여 고시하는 금융관련기관에서 7년 이상 근무한 사람

(3) 준법감시인의 금지업무

① 자산운용에 관한 업무
② 해당 금융회사의 본질적 업무 및 그 부수업무
③ 해당 금융회사의 겸영업무
④ 금융지주회사의 경우에는 자회사 등의 업무(금융지주회사의 위험관리책임자가 그 소속자회사 등의 위험관리업무를 담당하는 경우 제외)

핵심요약문제

05 다음은 내부통제기준에 포함해야 할 내용이다. 이에 해당하지 않는 것은?

① 업무의 분장 및 조직구조
② 준법감시인의 임면 절차
③ 임직원이 업무를 수행할 때 준수하여야 하는 절차
④ 준법감시인의 주주총회 보고 절차

06 다음은 준법감시인의 자격요건에 대한 설명이다. 괄호 안에 들어갈 숫자로 옳은 것은?

> 최근 (　　　)년간 금융관계법령을 위반하여 금융감독원장 등으로부터 문책경고 또는 감봉요구 이상 조치를 받은 사실이 없을 것

① 2   ② 3
③ 4   ④ 5

정답 05 ④   준법감시인의 주주총회 보고 절차는 해당되지 않는다.
06 ④   '5년간'이다.

···TOPIC ❸ 컴플라이언스 제도의 기능과 구축 방안

1. 컴플라이언스의 기능

① 법적 규제 이행 의무에 대해 경영진 및 영업부서에 자문
② 법적 규제 이행 의무가 있는 영업절차 등에 대한 검토, 자문
③ 경영층에 대한 기준 이행에 대한 자문
④ 법적 규제 이행에서의 컴플라이언스 모니터링
⑤ 컴플라이언스 이슈에 대해 컴플라이언스 자문

⑥ 규제기관과의 <u>의사소통</u> 용이
⑦ 관련 경영진에 대해 <u>적기의 보고서 작성</u>
⑧ 법적 규제의 발전과 기준변화에 대해 정기적이고 <u>적절한 교육훈련</u> 제공

2. Compliance officer의 구분 및 역할

(1) Head of Compliance

① Head of Compliance는 Managing director에게 보고
② 정책발전의 책임을 부담, 내부절차 및 내부통제의 독립적인 검토자, 정기보고서를 이사회와 감사위원회에 보고, 규제기관과 소통, 지역적 컴플라이언스 문제를 보고할 책임 등
③ 법 또는 금융에 학위가 있거나 공인회계자격을 가지고 관련분야 최소 8~10년 경험

(2) Compliance manager

① Compliance manager는 Head of Compliance에게 보고
② 컴플라이언스를 이행하기 위한 정기적 모니터링 프로그램을 개발할 책임
③ 법 또는 금융에 학위가 있거나 공인회계자격을 가지고 관련분야 최소 5년 정도 경험

(3) Compliance officer

① Compliance officer는 Compliance manager에게 보고
② 회사의 활동을 법규와 대사하여 분석 · 모니터링프로그램 실행
③ 대졸 정도로서 관련분야 3~4년 정도의 근무 경력

핵심요약문제 ✏

07 다음은 컴플라이언스 제도의 기능에 대한 설명이다. 적절하지 않은 것은?

① 규제기관과의 의사소통 차단
② 경영진에 대해 적기의 보고서 작성
③ 경영층에 대한 기준이행에 대한 자문
④ 법적 규제 이행에서의 컴플라이언스 모니터링

08 다음은 Head of Compliance의 역할에 대한 설명이다. 옳지 않은 것은?

① 정책발전의 책임을 부담
② 정기적 모니터링 프로그램을 개발
③ 내부절차 및 내부통제의 독립적인 검토
④ 정기보고서를 이사회와 감사위원회에 보고

정답 **07** ① 규제기관과의 의사소통은 원활해야 한다.
08 ② '정기적 모니터링 프로그램을 개발'은 Compliance manager의 역할이다.

3. 컴플라이언스 내부구조와 구축방안

① 효과적인 컴플라이언스 내부구조
② 컴플라이언스의 업무수행요건(지배구조법 제30조)
   ㉠ 준법감시인은 그 직무를 수행함에 있어 독립적으로 운영하여야 함
   ㉡ 임직원은 준법감시인의 직무수행과 관련 자료나 정보요구에 성실히 응해야 함
   ㉢ 준법감시인은 그 직무를 수행함에 있어 인사상 불이익을 받지 않아야 함
   ㉣ 금융회사는 준법감시인 선·해임 시 금융위원회에 보고해야 함

③ 컴플라이언스 내부통제 구축
④ 컴플라이언스 정책과 절차
⑤ 컴플라이언스 감시프로그램(법규준수프로그램)
   ㉠ 업무 전반에 대한 준법감시프로그램을 구축·운영해야 함
   ㉡ 개정법규 등에 대한 적시적 보완이 이루어져야 함
   ㉢ 정기적인 조사 및 상시 점검을 위한 준법감시 규정화
   ㉣ 준법감시인은 내부통제보고서를 대표이사에게 정기적으로 보고
   ㉤ 공정한 제재는 물론 인센티브가 있어야 함

··· T O P I C ❹ 컴플라이언스 활동의 주요 대상 및 핵심 내용

1. 금융투자업자 직원의 복무윤리규정이 고려해야 할 사항

① 윤리규정운영
② 판매과정 준수사항/금지사항의 확인 : 표준투자권유준칙을 숙지
③ 임직원 매매 : 준법감시인에 신고, 월별(분기별) 보고
④ 선물 향응 수수 : 일정액 이상의 금품을 수수한 경우 회사에 지체 없이 신고
⑤ 내부제보제도
⑥ 고객불만의 처리

09 다음 중 효과적인 컴플라이언스 시스템의 구축을 위한 컴플라이언스 업무수행요건으로 옳지 않은 것은?

① 금융회사는 준법감시인 선·해임 시 금융감독원에 보고해야 한다.
② 준법감시인은 그 직무를 수행함에 있어 독립적으로 운영하여야 한다.
③ 준법감시인은 그 직무를 수행함에 있어 인사상 불이익을 받지 않아야 한다.
④ 임직원은 준법감시인의 직무수행과 관련 자료나 정보요구에 성실히 응해야 한다.

10 다음은 컴플라이언스 감시프로그램(법규준수프로그램)이 갖추어야 할 내용이다. 올바르지 않은 것은?

① 업무전반에 대한 준법감시프로그램을 구축·운영해야 함
② 인센티브보다는 제재 위주로 운영되어야 함
③ 정기적인 조사 및 상시 점검을 위한 준법 감시를 규정화해야 함
④ 개정법규 등에 대한 적시적 보완이 이루어져야 함

정답 **09** ① 금융회사는 준법감시인 선·해임 시 <u>금융위원회</u>에 보고해야 한다.
10 ② 공정한 제재는 물론 인센티브가 있어야 한다.

2. 정보교류 차단장치 설치 의무

① 이해상충방지 및 투자자 보호를 위해 다음 정보교류를 차단
  ㉠ 미공개중요정보
  ㉡ 투자자의 금융상품 매매 또는 소유현황에 관한 정보로서 공개되기 전의 정보
  ㉢ 집합투자재산, 투자일임재산 및 신탁재산의 구성내역과 운용내역에 관한 정보로서 공개되기 전의 정보

② 정보교류 차단대상 정보에서 제외 : 전자등록주식 등 증권의 <u>총액과 종류별 총액</u>

③ 정보교류 통제담당 조직의 설치 및 운영
  ㉠ <u>정보교류의 차단</u> 및 <u>예외적 교류</u>의 적정성 감독
  ㉡ 총괄하는 책임자를 임명하고, 정보교류 차단 관련 임직원의 위반행위가 발생하더라도 내부통제기준을 충실히 실행 및 운영하는 경우 감독책임이 감면

④ 다음의 방법을 이용하여 상시적 정보교류를 차단
  ㉠ 사무공간의 분리
  ㉡ 정보시스템 접근 권한 제한 등 전산적 분리
  ㉢ 정보교류차단 대상 부분 간 및 정보교류차단 대상 부문과 정보교류차단 비대상 부문 간 임직원의 회의·통신에 대한 상시적 기록유지 또는 제한
  ㉣ 기타 정보교류를 효율적으로 차단할 수 있는 유·무형 정보차단장치의 설치·운영

⑤ 예외적 교류 : 업무상 정당한 사유 또는 사전승인 등을 받은 경우

3. 매매거래에서의 컴플라이언스의 일반원칙

① 컴플라이언스의 구체화

② 문서화된 규제를 수립/의사결정의 문서화

③ 관련 위원회의 설립도 고려

④ 투자부서 · 영업부서와 같이 협력

⑤ 융통성을 적용(미국은 융통성이 없는 규정보다 권고 방법 채택)

⑥ 절차와 규제를 공개(고객에게 공정하게 할당 방법과 절차를 공개)

⑦ 관련 법규 개정 및 절차나 정책변화에 따른 내용은 정확히 공개해야 함

⑧ 준법감시인은 모든 매매중개할당을 정기적으로 조사한 후 이사회에 보고

핵심요약문제 ✏

11 다음은 상시적 정보차단벽 운영기준에 대한 설명이다. 올바르지 않은 것은?

① 사무공간의 분리

② 정보시스템 접근권한 제한 등 전산적 분리

③ 정보교류차단 대상 부분 간 및 정보교류차단 대상 부문과 정보교류차단 비대상 부문 간 임직원의 회의 · 통신의 금지

④ 기타 정보교류를 효율적으로 차단할 수 있는 유 · 무형의 정보차단장치의 설치 · 운영

12 다음은 매매거래에서의 컴플라이언스의 일반원칙에 대한 설명이다. 옳지 않은 것은?

① 의사결정의 문서화

② 투자부서 · 영업부서와 같이 협력

③ 관련법규 개정과 절차나 정책변화에 따른 내용은 정확히 공개

④ 준법감시인은 모든 매매중개할당을 정기적으로 조사한 후 주주총회에 보고

정답

11 ③   정보교류차단 대상 부분 간 및 정보교류차단 대상 부문과 정보교류차단 비대상 부문 간 임직원의 회의 · 통신에 대한 상시적 기록유지 또는 제한이다.

12 ④   준법감시인은 모든 매매중개할당을 정기적으로 조사한 후 <u>이사회</u>에 보고한다.

01 다음 중 내부통제라는 큰 그림과 연관되지 않는 개념은 무엇인가?

① 내부감사　　　　　　　　　　② 리스크관리
③ 컴플라이언스　　　　　　　　　④ 외감법상의 감사

02 다음은 감사, 위험관리 및 컴플라이언스에 대한 일반적인 설명이다. 올바르게 기술한 것은?

① 감사제도는 경영자 입장에서 경영진의 직무를 감시 · 견제하는 제도이다.
② 위험관리조직은 대상 업무를 자산운용에 한정하지 않고, 업무 전반에 걸친 위험을 관리한다.
③ 감사부서는 내부통제 기준 위반행위에 대한 조사 결과를 경영진 및 감사위원회에 보고한다.
④ 컴플라이언스란 임직원 모두가 제반 법규 등을 철저하게 준수하도록 사전 또는 상시적으로 통제 · 감독하는 것을 말한다.

03 다음 괄호에 들어갈 알맞은 용어가 아닌 것은?

> 내부통제란 회사 이사회와 경영진이 (　　　　), (　　　　), (　　　　)의 목적 달성에 관한 합리적 확신을 제공받기 위하여 설계한 정책과 절차를 말한다.

① 업무의 효과성과 효율성　　　　② 재무정보의 신뢰성
③ 법규의 준수　　　　　　　　　　④ 경영전략의 합리성

정답 및 해설

01 ④　　나머지 세 개의 개념과 연관되어 있다.
02 ④　　① 감사제도는 주주의 입장에서 경영진의 직무를 감시 · 견제하는 제도이다.
　　　　　② 위험관리 조직은 대상업무를 자산운용에 한정한다.
　　　　　③ 컴플라이언스 부서에 대한 설명이다.
03 ④　　경영전략의 합리성은 내부통제의 목적에 해당하지 않는다.

04 다음 중 컴플라이언스 제도가 운영하는 업무에 해당하지 않는 것은?

① 법규 준수의 정책
② 컴플라이언스 가이드라인과 기준절차
③ 컴플라이언스 조직
④ 감사 결과의 조치

05 다음은 내부통제의 목적 중 무엇에 대한 설명인가?

> 이 목적을 달성하기 위한 내부통제로는 경영관리, 위험관리, 업무감사가 있다.

① 업무의 효과성과 효율성
② 재무정보의 신뢰성
③ 법규의 준수
④ 비재무적 보고

06 다음은 내부통제의 개념에 대한 설명이다. 적절하지 않은 것은?

① 내부통제와 컴플라이언스는 서로 양립하는 개념이다.
② 내부감사, 통제환경의 구축, 위험평가체제 등 조직 전반에 대한 통제를 포괄하는 개념이다.
③ 내부통제제도, 내부·외부감사제도는 건전한 경영을 위하여 상호보완적 기능을 수행한다.
④ 이사회, 경영진, 감사위원회 및 중간관리자와 일반직원에 이르기까지 모든 구성원들에 의해 운영된다.

07 다음은 내부통제의 목적에 대한 설명이다. 옳지 않은 것은?

① 업무의 효과성과 효율성은 손실로부터 회사자산을 보호하는 것도 포함한다.
② 재무정보의 신뢰성은 재무정보가 목적 적합하고 신뢰성 있게 생산·보고되는지를 포함한다.
③ 법규의 준수는 법규(사규 제외)에 따라 업무집행이 되고 있는지에 관한 내용을 포함한다.
④ 기존의 재무보고 목적에 비재무적 보고까지 포함하는 개념의 보고로 변하였다.

정답 및 해설

04 ④ 감사 결과의 조치는 감사위원회의 주요 업무이다. 컴플라이언스 제도가 운영하는 업무는 나머지 세 가지 외에 준법감시매뉴얼, 행위준칙, 점검 및 조사, 교육연수 등이 있다.
05 ① 업무의 효과성과 효율성에 관한 설명이다.
06 ① 컴플라이언스는 내부통제에 포함되는 개념이다.
07 ③ 법규의 준수는 사규와 윤리규정도 포함한다.

08 준법감시인은 임직원의 내부통제기준을 점검하여 위반사항 발견 시 누구에게 보고하는가?

① 이사회　　　　　　　　　　　② 주주총회
③ 감사위원회　　　　　　　　　④ 금융감독원

09 다음은 감사(위원회)에 대한 설명이다. 적절하지 않은 것은?

① 근거법규는 상법 및 금융 관련 법률이다.
② 회계감사 및 업무감사를 주된 업무로 한다.
③ 직원 교육을 실시하고 윤리강령을 제정 및 운영한다.
④ 준법감시인 보고사항을 조치한다.

10 다음은 준법감시인에 대한 설명이다. 올바르지 않은 것은?

① 근거 법규는 금융회사의 지배구조에 관한 법률이다.
② 내부통제구조의 적정성을 평가한다.
③ 임직원의 내부통제구조 준수 여부를 점검한다.
④ 법규 관련 직원 교육을 실시한다.

11 다음 중 금융투자회사의 위험관리지침에 해당하는 것으로 묶인 것은?

> ㉠ 영업용 순자본비율과 자산부채 비율의 수준
> ㉡ 운용자산의 내용과 위험의 정도
> ㉢ 자산의 운용 방법
> ㉣ 고위험 자산의 기준과 운용 한도

① ㉠, ㉡, ㉢　　　　　　　　　② ㉠, ㉢, ㉣
③ ㉡, ㉢, ㉣　　　　　　　　　④ ㉠, ㉡, ㉢, ㉣

12 다음은 내부통제기준에 포함해야 할 내용을 나열한 것이다. 적절하지 않은 것은?

① 이익 창출 조직의 구축 방법 및 절차
② 준법감시인의 임면 절차
③ 내부통제기준의 제정 또는 변경 절차
④ 이해상충을 관리하는 방법과 절차

13 다음은 준법감시인의 금지업무에 대한 내용이다. 옳지 않은 것은?

① 자산운용에 관한 업무
② 해당 금융회사의 본질적 업무 및 그 부수업무
③ 해당 금융회사의 겸영업무
④ 금융지주회사의 위험관리책임자가 그 소속 자회사의 위험관리업무를 담당하는 경우

14 다음은 준법감시인의 자격요건에 대한 내용이다. 옳지 않은 것은?

① 금융위원회의 설치에 관한 법률에 따른 검사대상기관에서 10년 이상 근무한 사람
② 석사학위 이상의 학위소지자로서 연구기관 등에서 5년 이상 종사한 사람
③ 변호사, 공인회계사가 그 자격의 관련 업무에 5년 이상 종사한 사람
④ 기획재정부, 금융위원회 등이 정하여 고시하는 금융 관련 기관에서 5년 이상 근무한 사람

15 다음은 컴플라이언스 제도의 효과에 대한 설명이다. 적절하지 않은 것은?

① 고객의 신뢰를 얻을 수 있다.
② 법규위반으로 인한 명예실추, 벌금 등의 불이익 사전에 차단할 수 있다.
③ 금융기관의 불공정거래를 내부감시를 통해 피함으로써 명성을 유지할 수 있다.
④ 사후적으로 관련 법규 등을 위반하는 잠재적인 위험요인이나 가능성을 최소화한다.

정답 및 해설

12 ①   이익 창출 조직의 구축 방법 및 절차는 내부통제기준에 해당하지 않는다.
13 ④   금융지주회사의 위험관리책임자가 그 소속 자회사의 위험관리업무를 담당하는 경우는 금지업무의 제외사항이
        다(전사적 위험관리를 인정함).
14 ④   기획재정부 등이 정하여 고시하는 금융 관련 기관에서 <u>7년 이상</u> 근무한 사람이어야 한다.
15 ④   <u>사전적으로</u> 관련 법규 등을 위반하는 잠재적인 위험요인이나 가능성을 최소화한다.

16 지배구조법에 따르면 금융회사는 내부통제기준을 위반하는 경우 이를 조사하는 등 내부통제 관련 업무를 총괄하는 준법감시인을 (   )명 이상 두어야 한다. 다음 중 알맞은 것은?

① 1
② 2
③ 3
④ 4

17 다음은 준법감시인에 대한 금융회사의 의무를 나열한 것이다. 옳지 않은 것은?

① 금융회사는 준법감시인이 그 직무를 협력적으로 수행할 수 있도록 하여야 한다.
② 준법감시인이 직무상 자료나 정보의 제출을 요구할 경우 이에 성실히 응해야 한다.
③ 준법감시인을 임면하였을 때는 그 사실을 금융위원회에 보고하여야 한다.
④ 준법감시인이었던 사람에 대하여 그 직무와 관련하여 인사상의 불이익을 주어서는 안 된다.

18 다음은 컴플라이언스의 기능에 대한 내용이다. 올바르지 않은 것은?

① 경영진에 대한 수익 증대에 대한 자문
② 정기적이고 적절한 교육 훈련 제공
③ 경영진에 대한 기준 이행에 대한 자문
④ 컴플라이언스 이슈에 대해 컴플라이언스 자문

19 다음은 Compliance officer의 구분 및 기능에 대한 설명이다. 옳지 않은 것은?

① Head of Compliance는 Compliance manager에게 보고한다.
② Head of Compliance는 지역적 컴플라이언스 문제를 보고할 책임이 있다.
③ Compliance officer는 Compliance manager에게 보고한다.
④ Compliance officer는 회사의 활동을 법규와 대사하여 분석하는 역할을 한다.

정답 및 해설

16 ①   1인 이상 두어야 한다.
17 ①   금융회사는 준법감시인이 그 직무를 독립적으로 수행할 수 있도록 하여야 한다.
18 ①   경영진에 대한 수익 증대에 대한 자문은 컴플라이언스의 기능이 아니다.
19 ①   Compliance manager는 Head of Compliance에게 보고한다.

20 다음 중 Compliance officer의 역할에 해당하는 것은?

① 규제기관과 소통
② 모니터링 프로그램 실행
③ 내부절차 및 내부통제의 독립적인 검토
④ 정기적 모니터링 프로그램 개발

21 다음은 Compliance manager의 업무수행에 대한 설명이다. 올바른 것은?

① 법 또는 금융에 학위가 있거나 공인회계자격을 가지고 관련분야 최소 8~10년의 경험이 필요하다.
② 법 또는 금융에 학위가 있거나 공인회계자격을 가지고 관련분야 최소 5년 정도의 경험이 필요하다.
③ 법 또는 금융에 학위가 있거나 공인회계자격을 가지고 관련분야 최소 3년 정도의 경험이 필요하다.
④ 대졸 정도로서 관련분야 3~4년 정도의 근무 경험이 필요하다.

22 정부규제와 내부정책에 대해 회사의 컴플라이언스를 이행하기 위한 정기적 모니터링 프로그램을 개발할 책임을 가지는 주체는 누구인가?

① Auditor   ② Head of Compliance
③ Compliance manager   ④ Compliance officer

23 다음은 미국과 영국의 컴플라이언스 제도에 관한 설명이다. 올바른 것은?

① 금융기관의 경우 어느 업종보다 컴플라이언스 기능이 강조되고 있다.
② 미국의 경우 준법을 위한 정당한 노력을 하더라도 형량이 감소되는 것은 아니다.
③ 영국은 금융기관 스스로가 컴플라이언스 체계를 도입해 시행하고 있다.
④ 미국은 감독제계의 일환으로 법제화되어 엄격하게 시행되고 있다.

정답 및 해설

20 ②   모니터링 프로그램을 실행(하위의 일)하는 것이 Compliance officer의 역할이다.
21 ②   ①은 Head of Compliance, ④는 Compliance officer에 해당한다.
22 ③   프로그램 개발 책임은 Compliance manager에게 있다.
23 ①   ② 형량이 감소된다.
         ③ 미국에 대한 설명이다.
         ④ 영국에 대한 설명이다.

24 미국의 경우 법규위반 시 형량을 감량받을 수 있는 '정당한 노력'으로 인정되는 '효과적인 준법 프로그램' 구축의 필수요소로 올바르게 묶인 것은?

㉠ 준법 담당 임원 임명	㉡ 임직원 감독 체계 구축
㉢ 교육프로그램 실시	㉣ 제도 개선 체계 구축

① ㉠, ㉡, ㉢

② ㉠, ㉡, ㉣

③ ㉡, ㉢, ㉣

④ ㉠, ㉡, ㉢, ㉣

25 다음 중 포트폴리오의 운용상 내재되어 있는 이해상충을 최소화하는 방법에 해당하지 않는 것은?

① 정보차단벽(Chinese Walls)

② 직원들의 개인 매매거래에 대한 규제

③ 공개정보의 타부서 이전 방지

④ 강력한 감시체계

26 다음 중 투자권유 준칙에 포함되는 내용이 아닌 것은?

① 전문투자자 및 일반투자자로 분류하고 일반투자자에 대해서는 적합성의 원칙을 적용한다.

② 일반투자자의 경우 투자정보 확인서에의 투자성향을 확인받아 내용을 관리하여야 한다.

③ 파생상품 등과 같이 위험성이 큰 상품을 판매하는 경우 적정성의 원칙을 고려해야 한다.

④ 일반투자자의 파생상품 거래 시 적정성에 어긋나면 판매를 거절해야 한다.

27 다음은 내부통제 관련 각 기능에 대한 설명이다. 적절하지 않은 것은?

① 내부통제의 최종운영책임은 준법감시인에게 있다.

② 내부감사는 내부통제의 원활한 작동 여부를 평가하는 것이다.

③ 외부감사는 주주, 투자자, 감독기관 등에 적기의 보고서를 제공한다.

④ 감독기관은 금융기관 내·외부감사에 의해 인식된 통제의 적정성 등을 평가한다.

정답 및 해설

24 ④   그 외 <u>준법기준제정 및 업무절차 구축, 감시·감사체계 및 법규준수자 보호장치 구축, 위반자 처벌체계 구축</u>이 해당된다.

25 ③   <u>미공개정보</u>의 타부서 이전 방지를 위해 정보차단벽을 설치한다.

26 ④   일반투자자에게 파생상품 판매가 적정하지 않다면 그 사실을 알리고 서명 등의 방법으로 확인을 받아야 한다.

27 ①   내부통제 운영의 최종책임자는 이사회이다.

28 다음은 준법감시와 위험관리에 대한 설명이다. 올바르지 않은 것은?

① 금융투자업자는 내부통제기준, 위험관리 지침을 만들어야 한다.

② 소규모 회사라도 준법감시인이 위험관리책임자를 겸직할 수 없다.

③ 위험관리업무는 감사, 컴플라이언스에 비해 업무가 자산운용에 한정되어 있다.

④ 준법감시인 및 위험관리책임자는 독립적으로 직무를 수행할 수 있어야 한다.

29 다음은 정보교류 통제담당 조직의 설치 및 운영 대한 설명이다. 올바르지 않은 것은?

① 정보교류차단업무를 총괄할 감독자를 임명하여야 한다.

② 불공정거래 예방을 위하여 정보차단장치를 운영하여야 한다.

③ 금융투자업자가 영위하는 금융투자업에 따라 내부통제기준을 정하여 운영할 수 있다.

④ 정보교류 차단 관련 임직원의 위반행위가 발생하였다면 내부통제기준을 충실히 운영하는 경우라도 감독책임을 감면받기 어렵다.

30 다음은 매매거래에 관한 컴플라이언스의 일반원칙에 대한 설명이다. 옳지 않은 것은?

① 직원들의 매매거래는 포트폴리오매매에서 심각한 이해상충의 문제를 일으킨다.

② 포트폴리오 관리자에게 이해상충의 문제가 발생하므로 개인투자를 전면금지한다.

③ 정보차단벽을 통해 미공개정보가 회사 내부 부서에서 타부서로 이전되는 것을 방지한다.

④ 펀드관련 직원들은 명시된 절차에 따라 매매거래를 하기 전에 준법감시인의 사전승인을 받아야 한다.

31 금융투자업자 직원의 복무윤리규정에 대한 내용이다. 적절하지 않은 것은?

① 투자자 보호를 위한 영업행위 윤리규정을 운영한다.

② 판매과정 준수사항을 알기 위해 표준투자권유준칙을 숙지한다.

③ 타인 계산에 의한 임직원 매매는 준법감시인에 매월 신고하여야 한다.

④ 일정액 이상의 금품을 수수한 경우 회사에 지체 없이 신고한다.

정답 및 해설

28 ②　소규모 회사는 준법감시인이 위험관리책임자를 겸임할 수 있다.

29 ④　정보교류 차단 관련 임직원의 위반행위가 발생하더라도 내부통제기준을 충실히 운영하는 경우 감독책임이 감면된다.

30 ②　개인투자를 전면금지하는 것은 정당한 투자기회를 박탈하는 것이며 유능한 인재가 외부로 유출될 수도 있다.

31 ③　자기계산에 의한 임직원 매매는 준법감시인에 매월 신고하여야 한다.

32 다음 중 매매거래에서의 컴플라이언스의 일반원칙에 해당하지 않는 것은?

① 컴플라이언스의 구체화

② 문서화된 규제를 수립

③ 투자부서 · 영업부서와 협력

④ 절차와 규제 비공개

32 ④   고객에게 공정하게 할당 방법과 절차를 공개한다.

출제내용 ■■
및 분석

학습 목표	중요도	주요출제내용
TOPIC 01 파생상품 회계기준 도입배경	★★☆	• 국제회계기준 도입배경 • 금융자산, 금융부채의 분류 • 기타 용어 정리
TOPIC 02 파생상품의 정의	★★☆	• 3가지 기본요건 • K-IFRS 제1109호의 적용범위
TOPIC 03 내재파생상품	★★★	• 내재파생상품의 개요 • 파생상품분리 가능 요건
TOPIC 04 파생상품 위험회피 회계 개요	★★★	• 위험회피 수단과 위험회피 대상항목 • 위험회피 적용요건 • 위험회피의 중단
TOPIC 05 공정가치 및 현금흐름 위험회피 회계	★★★	• 공정가치 위험회피 회계 유형 • 현금흐름 위험회피 회계 유형

학습전략 ■■

장외파생상품 회계는 총 4문제가 출제됩니다. 장외파생상품 회계는 1과목에서 가장 어려운 부분이므로 개념부터 명확하게 이해해야 합니다. 정답을 모두 맞힌다는 전략보다는 개념적 틀을 세우고 이해가 되는 부분을 득점한다고 생각하면 됩니다. 우선 금융자산과 금융부채에 대한 분류를 공부하시고 파생상품의 정의를 공부합니다. 최근에 복합계약이 많이 등장하여 내재파생상품들에 대한 간단한 개념을 이해해야 합니다. 결국 파생상품을 분리해서 회계처리할 것인가의 문제입니다. 가장 중요한 부분은 위험회피 회계를 왜 하는지 이해할 수 있어야 합니다. 이것이 이해가 되었다면 위험회피 수단과 위험회피 대상항목, 위험회피 적용요건, 중단을 학습하면 됩니다. 마지막으로 공정가치 및 현금흐름 위험회피 회계의 유형을 암기하시면 자연스럽게 고득점으로 이어질 것입니다.

···TOPIC 1 파생상품 회계기준 도입배경

1. 우리나라 국제회계 기준의 도입(2011년 전면 도입)

① 우리나라 기업에 대한 국내 및 해외의 회계투명성을 개선시킬 필요가 있음

② 전 세계적인 회계기준 단일화 추세에 적극적으로 대응할 필요가 있음

③ 글로벌 기업들이 재무제표를 이중으로 작성하는 부담을 완화해 줄 필요가 있음

2. K-IFRS 제1109호에서 사용하는 용어의 정의

(1) 금융자산의 분류

계약상 현금흐름	사업모형	분류	후속측정	FV변동
채무상품 (현금흐름 O)	현금흐름수취	AC	상각후원가	n/a
	현금흐름&매매	FVOCI	FV	기타포괄손익
	기타(매매)	FVPL		당기손익
지분상품 (현금흐름 X)	n/a	FVPL		당기손익
		FVOCI(선택)		기타포괄손익

① 금융자산은 계약상 현금흐름과 사업모형에 근거하여 분류함
② 지분상품은 공정가치변동을 기타포괄손익으로 표시하도록 최초에 선택 가능, 취소는 불가

(2) 금융부채의 분류(= 상대방에 현금을 지급할 계약상 의무)

① 당기손익 – 공정가치측정금융부채 : 단기 이익획득 목적으로 취득·부담한 금융부채, 파생부채. 예외적으로 내재파생상품을 포함하고 주계약이 이 기준서의 적용범위에 포함되지 않은 경우 복합계약 전체를 당기손익 – 공정가치측정금융부채로 지정 가능
② 상각 후 원가측정금융부채 : 당기손익 – 공정가치측정금융부채를 제외한 금융부채

(3) 1039호와 비교

① 1039호는 보유목적 및 능력에 따라 당기손익인식 금융자산, 매도가능금융자산, 만기보유금융자산, 대여금 및 수취채권의 4가지로 분류
② 1109호는 계약상 현금흐름 및 사업모형에 따라 FVPL, FVOCI, AC의 3가지로 분류

(4) 기타용어의 정의

① 거래원가 : 금융자산이나 금융부채의 취득, 발행 또는 처분과 직접 관련된 증분원가. 이때 증분원가는 금융자산의 취득, 발행 또는 처분이 없다면 발생하지 않았을 원가를 말함
② 금융보증계약 : 채무상품의 계약조건에 따라 지급기입에 특정 채무자가 지급하지 못하여 보유자가 입은 손실을 보상하기 위해 발행자가 특정금액을 지급하여야 하는 계약
③ 상각 후 원가 : 최초인식시점에 측정한 금융자산이나 금융부채에서 상환된 원금을 차감하고 최초인식금액과 만기금액의 차액에 유효이자율을 적용하여 계산한 상각누계액을 가감한 금액
④ 유효이자율 : 금융자산이나 금융부채의 기대 존속기간에 추정된 미래 현금지급액이나 수취액의 현재가치를 금융자산의 장부금액이나 금융부채의 상각 후 원가와 정확히 일치시키는 이자율

⑤ 유효이자율법 : 금융자산이나 금융부채의 상각 후 원가를 계산하고 관련기간에 이자수익이나 이자비용을 당기손익으로 인식하고 배분하는 방법

⑥ 확정계약 : 미래의 특정시기에 거래대상의 특정 수량을 특정 가격으로 교환하기로 하는 구속력 있는 약정

⑦ 예상거래 : 이행해야 하는 구속력은 없으나, 향후 발생할 것으로 예상되는 거래

핵심요약문제 ✏

01 다음은 우리나라 국제회계기준에 대한 설명이다. 옳지 않은 것은?

① 2011년에 전면적으로 도입되었다.
② 전 세계 회계기준의 다양화 추세에 대응할 필요가 있었다.
③ 국내기업이 회계투명성을 개선시킬 필요가 있었다.
④ 재무제표를 이중으로 작성하는 부담을 완화할 필요가 있었다.

02 다음은 K-IFRS 제1109호에서의 지분상품에 대한 설명이다. 옳지 않은 것은?

① 계약상의 현금흐름이 존재하지 않는다.
② 당기손익-공정가치측정금융자산으로 분류된다.
③ 기타포괄손익-공정가치측정금융자산으로 선택할 수 있다.
④ 기타포괄손익-공정가치측정금융자산으로 선택한 후 다시 취소할 수 있다.

정답 **01** ② 전 세계 회계기준의 단일화 추세에 대응할 필요가 있었다.
02 ④ 기타포괄손익-공정가치측정금융자산으로 선택한 후 계속 적용한다(취소 불가).

···TOPIC 2 파생상품의 정의

1. 3가지 기본요건

① 기초변수에 따른 가치 변동
② 순투자금액이 없거나 적은 순투자
③ 미래에 결제

2. K-IFRS 제1109호의 적용범위

(1) K-IFRS 제1109호 적용이 배제되는 금융상품

① K-IFRS 제1032호의 지분상품(옵션과 주식매입권 포함)의 정의를 충족하는 금융상품
② K-IFRS 제1042호의 보험계약

③ K-IFRS 제1103호의 <u>사업결합</u>에서 피취득대상을 매매하기로 하는 선도계약

④ K-IFRS 제1109호의 적용대상인 대출약정 이외의 <u>대출약정</u>

⑤ K-IFRS 제1102호의 <u>주식기준보상거래</u>에 따른 금융상품

⑥ K-IFRS 제1037호의 이전의 <u>충당부채</u>의 결제와 관련하여 제3자로부터 보상받을 권리

(2) 정형화된 매입이나 매도

① 매매일과 결제일 사이에 거래가격을 고정시키는 거래이며 파생상품의 정의를 충족

② 기간이 짧아 파생상품으로 인식하지 않고, 매매일 또는 결제일 중 선택하여 인식

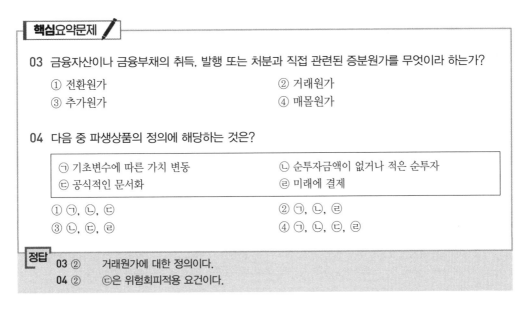

핵심요약문제

03 금융자산이나 금융부채의 취득, 발행 또는 처분과 직접 관련된 증분원가를 무엇이라 하는가?

　　① 전환원가　　　　　　　　　　② 거래원가

　　③ 추가원가　　　　　　　　　　④ 매몰원가

04 다음 중 파생상품의 정의에 해당하는 것은?

㉠ 기초변수에 따른 가치 변동	㉡ 순투자금액이 없거나 적은 순투자
㉢ 공식적인 문서화	㉣ 미래에 결제

　　① ㉠, ㉡, ㉢　　　　　　　　　② ㉠, ㉡, ㉣

　　③ ㉡, ㉢, ㉣　　　　　　　　　④ ㉠, ㉡, ㉢, ㉣

정답 03 ② 　거래원가에 대한 정의이다.

　　　04 ② 　㉢은 위험회피적용 요건이다.

···TOPIC ❸ 내재파생상품

1. 내재파생상품의 개념

(1) 금융자산이 주계약인 복합계약

① 복합계약 = 주계약 + 내재파생상품(예 전환사채, 주가연동예금 등)

② K-IFRS 제1109호의 '금융상품'의 적용범위에 해당되는 자산을 주계약으로 포함하는 경우
　→ 내재파생상품을 분리하지 않고 해당 복합계약 전부를 FVPL로 처리

(2) 그 밖의 복합계약

K-IFRS 제1109호의 '금융상품'의 적용범위에 해당되지 않는 자산을 주계약으로 포함하는 경우 다음의 조건을 모두 충족해야만 내재파생상품을 분리하여 회계처리 가능

① 내재파생상품의 경제적 특성 및 위험이 주계약의 경제적 특성 및 위험과 밀접하게 관련되어 있지 않음
② 내재파생상품과 조건이 같은 별도의 금융상품이 파생상품의 정의를 충족
③ 복합계약의 공정가치 변동을 당기손익으로 인식하지 않음(당기손익-공정가치 측정 금융부채에 내재된 파생상품은 분리하지 아니함)

핵심요약문제 ✏

05 다음 중 K-IFRS 제1109호 적용이 배제되는 금융상품에 해당하지 않는 것은?

① K-IFRS 제1042호의 보험계약
② K-IFRS 제1109호의 상각 후 원가측정금융자산
③ K-IFRS 제1109호의 대출약정 이외의 대출약정
④ K-IFRS 제1103호의 사업결합에서 피취득대상을 매매하기로 하는 선도계약

06 내재파생상품에 포함된 주 계약이 K-IFRS 제1109호 적용대상이 아닌 경우, 내재파생상품을 주계약과 분리해야 하는데 다음 중 이 경우에 해당하는 분리요건이 아닌 것은?

① 내재파생상품의 위험속성이 주계약보다 더 증가할 경우
② 복합상품의 공정가치 변동이 당기손익으로 인식되지 않는 경우
③ 내재파생상품과 조건이 같은 별도의 금융상품이 파생상품의 정의를 충족하는 경우
④ 주계약과 내재파생상품의 경제적 특성 및 위험이 밀접한 관련성이 없는 경우

정답 05 ② 　상각 후 원가측정금융자산은 K-IFRS 제1109호의 적용대상이다.
　　　 06 ① 　K-IFRS 제 1109호에서는 ②~④를 충족시키는 경우 내재파생상품을 분리하도록 하고 있다.

---

2. 밀접한 관련성이 없는 경우

① 채무상품의 만기를 연장할 수 있는 옵션이나 자동연장조항과 주계약인 채무상품
② 주계약인 채무상품이나 보험계약과 내재된 지분연계 이자 또는 원금지급계약
③ 주계약인 채무상품이나 보험계약과 내재된 콜, 풋, 중도상환옵션

3. 밀접한 관련성이 있는 경우

① 주계약인 채무상품이나 보험계약과 이자금액이 변동하는 이자율 기초변수의 내재파생상품
② 주계약인 채무상품이나 보험계약과 금리캡과 금리플로어
③ 주계약인 채무상품과 외화로 표시된 원리금을 지급하는 내재 외화파생상품

4. 내재파생상품 분리판단시점

최초로 계약당사자가 되는 시점

···TOPIC 4 파생상품 위험회피 회계 개요

1. 파생상품회계의 일반원칙

① 파생상품은 '당기손익 – 공정가치측정금융자산' 또는 '당기손익 – 공정가치측정금융부채'로 인식하므로 거래원가 및 평가손익은 <u>당기손익</u>으로 처리

② 금융자산(기타포괄손익) + 파생상품(당기손익) = 회계불일치 발생

③ 위험회피 <u>대상항목</u>과 위험회피 <u>수단</u>의 공정가치 및 현금흐름의 변동을 동일기간의 손익으로 인식함으로써 기간 간 손익불일치를 해소하는 것이 위험회피 회계(선택적)의 목적

2. 위험회피 수단

① 위험회피 <u>대상항목</u>의 공정가치 및 현금흐름의 변동을 상쇄할 수 있는 파생 및 비파생상품

② 위험회피 수단으로 지정할 수 없는 것

    ㉠ 매도옵션

    ㉡ 분리하여 회계처리하지 않는 복합계약에 내재된 파생상품

핵심요약문제 ✏️

07 다음 중 내재파생상품을 분리하여 회계처리 가능한 조건에서 밀접한 관련성이 있는 경우는?

    ① 주계약인 채무상품이나 보험계약과 내재된 콜, 풋, 중도상환옵션

    ② 주계약인 채무상품이나 보험계약과 내재된 지분연계 이자 또는 원금지급계약

    ③ 채무상품의 만기를 연장할 수 있는 옵션이나 자동연장조항과 주계약인 채무상품

    ④ 주계약인 채무상품이나 보험계약과 이자금액이 변동하는 이자율 기초변수의 내재파생상품

08 다음은 위험회피 수단에 대한 설명이다. 옳지 않은 것은?

    ① 위험회피 대상을 위험회피 수단으로 헤지할 때 회계 불일치가 일어날 수 있다.

    ② 위험회피 <u>대상항목</u>과 위험회피 <u>수단</u>의 손익을 동일기간에 인식하는 것이 위험회피 회계이다.

    ③ 위험회피 <u>대상항목</u>의 공정가치 · 현금흐름의 변동을 상쇄할 수 있는 파생상품만을 의미한다.

    ④ 매도옵션은 자체 위험이 커서 위험회피 수단으로 지정할 수 없다.

정답 **07** ④   나머지는 밀접한 관련성이 없는 경우이다.
        08 ③   비파생상품도 가능하다.

3. 위험회피 대상항목

① 위험회피 대상항목

위험회피 대상항목	위험회피종류	
	공정가치 위험회피	현금흐름 위험회피
인식된 자산·부채	O	O
미인식 확정계약	O	X
확정계약 중 외환위험	O	O
발생가능성이 매우 높은 예상거래	X	O

② 위험회피 대상항목으로 지정할 수 없는 것
  ㉠ 사업결합확정계약
  ㉡ 지분법적용투자주식
  ㉢ 종속기업투자주식

4. 위험회피 회계의 적용요건

다음을 모두 충족해야 함
① 위험회피관계는 적격한 위험회피 수단과 적격한 위험회피 대상항목으로만 구성
② 위험관리의 목적과 전략을 공식적으로 문서화
③ 위험회피관계는 다음의 위험회피 효과에 관한 요구사항을 모두 충족
  ㉠ 위험회피 대상항목과 위험회피 수단 사이의 경제적 관계(음의 상관관계)
  ㉡ 신용위험의 효과가 위험회피 대상항목과 위험회피 수단 사이의 경제적 관계로 인한 가치변동보다 지배적이지 않음
  ㉢ 위험회피 비율은 위험회피 대상항목과 위험회피 수단의 수량의 비율과 같음
④ 위험회피의 비효과적인 부분의 측정
⑤ 위험회피 비율의 불균형은 위험회피 회계의 중단사항이 아니라 재조정 대상임

5. 위험회피 회계의 중단

① 위험회피 관계가 적용조건을 하나라도 충족하지 못하게 되는 경우
② 위험회피 수단이 소멸·매각·종료·행사된 경우도 중단
③ 파생상품을 더 이상 위험회피 수단으로 지정하지 않는 경우

09 다음 중 위험회피 대상항목으로 지정할 수 있는 것은?

① 사업결합확정계약   ② 미인식 확정계약
③ 지분법적용투자주식   ④ 종속기업투자주식

10 위험회피 관계는 다음의 위험회피 효과에 관한 요구사항을 모두 충족해야 한다. 이에 해당하지 않는 것은?

① 위험회피 대상항목과 위험회피 수단 사이의 경제적 관계(음의 상관관계)가 있다.
② 신용위험의 효과가 위험회피 대상항목과 위험회피 수단 사이의 경제적 관계로 인한 가치변동보다 지배적이지 않다.
③ 위험회피 비율은 위험회피 대상항목과 위험회피 수단의 수량의 비율과 같다.
④ 위험회피 비율의 불균형은 위험회피 회계의 중단사항이다.

정답 **09** ②   미인식 확정계약은 위험회피 대상항목이다.
       10 ④   위험회피 비율의 불균형은 위험회피 회계의 중단사항이 아니라 재조정 대상이다.

···TOPIC 5 공정가치 및 현금흐름 위험회피 회계

1. 공정가치 위험회피 회계

구분		사례	위험회피 수단
기존 자산·부채 (투자유가증권, 재고자산, 고정금리부차입금 등)	이자율 성격 변경 (고정 → 변동)	고정이자율 수취조건 대출금의 이자율을 변동이자율로 변경(변동차입금과의 금리 mismatch 해소)	이자율 스왑
		고정이지율 지급조건 차입금의 이자율을 변동이자율로 변경(변동대출금과의 금리 mismatch 해소)	이자율 스왑
	가격변동 위험 위험회피	고정금리투자채권의 시장이자율변동에 따른 가격변동위험 회피(자산)	투자채권에 대한 풋옵션 매입으로 최소금액을 고정
		고정금리차입금의 시장이자율변동에 따른 가격변동위험 회피(부채)	금리플로어를 매입함으로써 차입금의 최대금액 고정
		보유재고자산의 가격변동위험 회피	재고자산매출 선도계약
확정계약의 가격변동위험 위험회피		재고자산 매입 확정계약	재고자산매출 선도계약
		재고자산 매출 확정계약	재고자산매입 선도계약
		고정금리부채권 발행확정계약	이자율 선물

2. 현금흐름 위험회피 회계

구분		사례	위험회피 수단
기존 자신 · 부채 (투자유가증권, 재고자산, 변동금리부차 입금 등)	이자율 성격 변경 (변동→고정)	변동이지율 수취조건 대출금의 이자율을 고정 이자율로 변경(고정차입금과의 금리 mismatch 해소)	이자율 스왑
		변동이지율 지급조건 차입금의 이자율을 고정 이자율로 변경(고정대출금과의 금리 mismatch 해소)	이자율 스왑
	가격변동 위험 위험회피	변동이자율 수취조건 대출금의 이자현금흐름 고정(가격변동위험부담)	이자율 스왑
		변동금리 차입금의 시장이자율 변동에 따른 이 자 현금흐름 변동을 고정(부채)	금리캡을 매입하여 최대이자지 급액을 고정
		변동금리채권의 시장이자율 변동에 따른 이자 현금흐름 변동을 고정(자산)	금리플로어를 매입으로 최소이 자수입액을 고정
미래 예상 거래		재고자산 미래 예상 매입	재고자산매입 선도계약
		재고자산 미래 예상 매출	재고자산매출 선도계약
		투자채권 미래 예상 매출	투자채권가격에 대한 풋옵션 매 입으로 예상 최소 매출액 고정

 핵심요약문제

11 다음 중 <u>공정가치 위험회피 회계</u> 적용대상이 되는 위험회피 활동이 아닌 것은?

① 조달 · 운용 간의 금리 mismatch를 해결하기 위하여 고정이자율 수취조건 차입금을 이자율 스
왑계약을 통하여 변동이자율 지급조건 차입금으로 전환하는 경우

② 고정이자율 수취 투자채권의 시장이자율 변동에 따른 가격 변동 위험을 위험회피하기 위하여 이
자율 스왑계약을 통해 변동이자율 수취조건 투자채권으로 전환하는 경우

③ 채권 미래 예상 매출에 대한 향후 매각액 변동위험을 위험회피하기 위하여 투자채권가격에 대한
풋옵션 매입으로 미래 예상 최소 매출액을 고정하는 경우

④ 고정금리부채권 발행 확정계약이 가지게 되는 시장이자율 변동에 따른 가격 변동 위험을 위험회
피하고자 이자율 선물계약을 체결하는 경우

12 변동금리채권의 시장이자율 변동에 따른 이자 현금흐름 변동을 고정(자산)시키기 위한 위험회피 수단
으로 적절한 것은?

① <u>금리캡</u>을 매입하여 최대이자지급액을 고정
② 금리플로어를 매입으로 최소이자수입액을 고정
③ 선도계약
④ 이자율 스왑

정답
11 ③　채권 미래 예상 매출의 고정은 현금흐름위험회피 활동에 해당한다.
12 ②　금리플로어를 매입으로 최소이자수입액을 고정한다.

출제예상문제

01 다음 중 K-IFRS 제1109호의 금융자산분류에 해당하지 않는 것은?

① 만기보유금융자산
② 상각 후 원가측정금융자산
③ 당기손익-공정가치측정금융자산
④ 기타포괄손익-공정가치측정금융자산

02 다음은 K-IFRS 제1109호의 금융자산에 대한 설명이다. 옳지 않은 것은?

① 계약상 현금흐름 특성에 따라 채무상품과 지분상품으로 구분된다.
② 사업모형에 따라 채무상품은 현금흐름수취, 현금흐름수취·매매, 기타로 구분된다.
③ 채무상품으로 현금흐름수취모형은 FVOCI로 분류된다.
④ 지분상품은 FVPL로 분류된다.

03 다음 K-IFRS 제1109호의 금융자산 중 후속측정 방식이 다른 것은?

① 상각 후 원가측정금융자산
② 당기손익-공정가치측정금융자산
③ 기타포괄손익-공정가치측정금융자산
④ 당기손익-공정가치측정금융부채

정답 및 해설

01 ① 　만기보유금융자산은 K-IFRS 제1039호의 분류이다.

02 ③ 　채무상품으로 현금흐름수취모형은 AC로 분류된다.

03 ① 　상각 후 원가측정금융자산은 <u>상각 후 원가</u>로 평가한다.

04 다음 금융자산 중 공정가치(FV)변동분에 대한 손익인식 방법이 다른 것은?

① 사업모형이 현금흐름과 매매인 채무상품
② 단기 매매하는 채무상품
③ 지분상품
④ 파생상품

05 다음은 거래소 옵션거래의 회계처리에 관한 내용이다. 위탁증거금 등 옵션거래를 위한 예치금은 재무상태표(B/S)에 어떤 항목으로 분류하는가?

① 유동자산   ② 투자자산
③ 유형자산   ④ 무형자산

06 한국거래소의 선물옵션의 회계처리방법에 대한 설명이다. 옳지 않은 것은?

① 선물옵션 거래를 위한 위탁증거금은 유동자산으로 처리한다.
② 옵션 매입 시 지불하는 옵션프리미엄은 즉시 당기비용으로 처리한다.
③ 옵션이 미행사되어 소멸할 경우 유동자산에 계상된 옵션은 손실로 처리한다.
④ 선물의 결산일 현재 발생한 미지급 일일정산 차액은 미지급금으로 처리한다.

07 다음은 무엇에 대한 내용인가?

> 미래의 특정시기에 거래대상의 특정 수량을 특정 가격으로 교환하기로 하는 구속력있는 약정을 말한다.

① 확정계약   ② 예상거래
③ 특별계약   ④ 정형화된 거래

정답 및 해설

04 ①   사업모형이 <u>현금흐름수취과 매매차익</u>인 채무상품의 손익은 기타포괄손익으로 인식하고 나머지는 당기손익으로 인식한다.
05 ①   유동자산으로 분류한다.
06 ②   옵션매입 시 지불하는 옵션프리미엄은 '유동자산'으로 처리한다.
07 ①   확정계약에 대한 설명이다.

08 다음 중 K – IFRS 제1109호 적용이 배제되는 금융상품에 해당하는 것으로 묶인 것은?

> ㉠ 보험계약
> ㉡ 사업결합에서 피취득대상을 매매하기로 하는 선도계약
> ㉢ 주식기준보상거래
> ㉣ 대출약정의 제거에 관한 회계처리

① ㉠, ㉡, ㉢　　　　　　　　　　　　② ㉠, ㉡, ㉣
③ ㉡, ㉢, ㉣　　　　　　　　　　　　④ ㉠, ㉡, ㉢, ㉣

09 다음 중 위험회피 수단으로 지정할 수 있는 것은?

① 매도옵션
② FVOCI 채무항목
③ 당기손익 – 공정가치 측정 비파생금융상품
④ 분리하여 회계처리하지 않는 복합계약에 내재된 파생상품

10 다음 중 파생상품의 정의에 따라 파생상품에 해당하지 않는 것은?

① 옵션이 외가격 상태이기 때문에 행사될 것으로 기대되지 않는다.
② 기업 A는 기업 B에 5년간 고정금리로 대여하는 동시에 기업 B는 기업 A에 동일한 금액을 5년간 변동금리로 대여한다. 기업 A와 기업 B의 상계약정에 따라 대여 시점에 수수되는 원금은 없다.
③ 기능통화가 미국달러인 A회사는 유로화가 표시된 제품을 프랑스에 판매하고 있다. 계약에 A회사는 프랑스에서 매출규모에 기초하여 유로화를 송금하여야 하며 확정환율로 미국달러와 교환될 것이다.
④ 1년 후에 선도가격으로 주식을 매수하는 선도계약을 체결하면서, 최초계약시점에 주식의 현행가격에 기초하여 지급의무를 선급하였다.

정답 및 해설

08 ①　대출약정의 제거에 관한 회계처리는 K – IFRS 제1109호를 적용한다.
09 ③　당기손익 – 공정가치 측정 비파생금융상품은 수단으로 가능하다.
10 ④　'순투자금액이 필요하지 않거나 적은 순투자금액'의 조건을 위배한다.

11 다음은 파생상품의 정의에 관한 내용이다. 옳지 않은 것은?

① 이자율 스왑에서 이자금액을 총액 결제하는지 또는 순액 결제하는지의 여부는 정의에 영향을 주지 않는다.

② 고정금리를 지급하고 변동금리를 수취하는 이자율 스왑의 최초계약시점에 기업의무를 선급하는 경우에도 파생상품에 해당한다.

③ 최초 인식시점 후 고정금리 지급의무를 선급하여도 이자율 스왑이 파생상품에 해당한다.

④ 선물 거래소에서 옵션을 매도를 위한 증거금은 파생상품에 대한 최초 계약 시 순투자금액에 해당한다.

12 만약 확정계약 중에 외환위험이 존재한다면 어떤 유형의 위험회피 회계를 적용할 수 있는가?

① 공정가치 위험회피 회계 또는 현금흐름 위험회피 회계

② 현금흐름 위험회피 회계만 적용

③ 공정가치 위험회피 회계만 적용

④ 위험회피 회계를 적용하지 않음

13 다음 중 현금흐름 위험회피 회계 적용대상이 되는 위험회피 활동이 아닌 것은?

① 채권 미래 예상 매출에 대한 향후 매각액 변동위험을 위험회피하기 위하여 투자채권가격에 대한 풋옵션 매입으로 미래 예상 최소 매출액을 고정하는 경우

② 재고자산 미래 예상 매출에 대한 향후 매각액의 변동위험을 회피하기 위해 재고자산매출 선도계약을 체결하는 경우

③ 변동이자율 수취조건 대출금의 이자율을 고정이자율로 변경하는 경우

④ 보유재고자산의 가격변동위험을 회피하기 위해 재고자산매출 선도계약을 체결하는 경우

정답 및 해설

11 ④ 선물의 거래소에서 옵션을 매도를 위한 증거금은 파생상품에 대한 최초 계약 시 순투자금액의 일부가 아니다.

12 ① 공정가치 위험회피 회계 또는 현금흐름 위험회피 회계 둘 중 하나를 적용할 수 있다.

13 ④ 공정가치 위험회피 회계에 해당한다.

14 다음은 거래의 순서를 따라 적용한 위험회피의 종류에 대한 내용이다. 옳지 않은 것은?

① 발생가능성이 매우 크지는 않은 예상거래 : 위험회피 회계를 적용하지 않음

② 발생가능성이 매우 큰 예상거래 : 공정가치 위험회피 회계

③ 확정계약 : 공정가치 위험회피 회계

④ 확정계약이행 : 위험회피 회계를 적용하지 않음

15 위험회피 회계의 적용요건 중 문서화에 포함될 내용으로 묶인 것은?

> ㉠ 위험회피 수단
> ㉡ 위험회피 대상항목
> ㉢ 위험회피의 비효과적 부분의 원인분석
> ㉣ 위험회피 비율의 결정방법

① ㉠, ㉡, ㉢   ② ㉠, ㉡, ㉣

③ ㉡, ㉢, ㉣   ④ ㉠, ㉡, ㉢, ㉣

16 다음 중 위험회피 수단이 다른 것은 어느 것인가?

① 변동이자율 수취조건 대출금의 이자율을 고정이자율로 변경

② 변동이자율 지급조건 차입금의 이자율을 고정이자율로 변경

③ 변동금리채권의 시장이자율 변동에 따른 이자 현금흐름 변동을 고정

④ 변동이자율 수취조건 대출금의 이자현금흐름 고정

17 다음 중 공정가치 위험회피 회계처리에 대한 설명이다. 적절하지 않은 것은?

① 위험회피 수단의 손익은 당기손익으로 인식한다.

② FVOCI로 선택한 지분상품에 대한 위험회피 수단의 손익은 기타포괄손익으로 인식한다.

③ FVOCI 채무상품 같은 위험회피대상 항목의 손익은 기타포괄손익으로 인식한다.

④ FVOCI로 선택한 지분상품의 손익은 기타포괄손익에 남겨둔다.

정답 및 해설

14 ② 발생가능성이 매우 큰 예상거래는 현금흐름 위험회피 회계이다.

15 ④ 모두 해당된다.

16 ③ 금리플로어를 매입으로 최소이자수입액을 고정하고 나머지는 이자율 스왑을 한다.

17 ③ FVOCI 채무상품 같은 위험회피 대상항목의 손익은 당기손익으로 인식한다.

18 K-IFRS 제1109호에 따른 대여금 및 수취채권은 시장이자율 변동에 따른 평가손익을 인식하지 않는다. 그런데 A 기업은 고정금리 대출금을 유동화시키려고 하는바 유동화목적으로 고정금리 조건 대출금의 시장이자율 변동에 따른 가격변동위험을 헤지하고자 위험회피 효과가 100%인 이자율 스왑 계약을 체결하였으며 위험회피 회계의 요건을 충족하고 있다. 고정이자율의 지급하고 변동이자율을 수취하는 스왑의 공정가치가 200원 하락하였을 때 공정가치 위험회피 회계를 적용할 경우 올바른 회계처리는?

	고정이자율 대출금		이자율 스왑	
①	(차) 대출금	200	(차) 이자율 스왑 평가손실(OCI) 200	
	(대) 대출금 평가이익(N/I) 200		(대) 이자율 스왑	200
②	(차) 대출금	200	(차) 이자율 스왑 평가손실(N/I) 200	
	(대) 대출금 평가이익(N/I) 200		(대) 이자율 스왑	200
③	(차) 대출금	200	(차) 이자율 스왑 평가손실(N/I) 200	
	(대) 대출금 평가이익(OCI) 200		(대) 이자율 스왑	200
④	(차) 대출금	200	(차) 이자율 스왑 평가손실(OCI) 200	
	(대) 대출금 평가이익(OCI) 200		(대) 이자율 스왑	200

19 다음은 위험회피 회계의 중단에 대한 내용이다. 적절하지 않은 것은?

① 위험회피관계가 적용조건을 하나라도 충족하지 못하게 되는 경우
② 위험회피 수단이 소멸 · 매각 · 종료 · 행사된 경우
③ 파생상품을 더 이상 위험회피 수단으로 지정하지 않는 경우
④ 다른 위험회피 수단으로 대체되거나 만기 연장하는 것이 문서에 포함된 경우

20 다음 중 위험회피 효과를 평가하는 경우 위험회피 수단인 파생상품의 시간가치는 제외할 수 있다. 이와 같이 위험회피 효과 평가에서 제외된 시간가치는 공정가치 위험회피 회계와 현금흐름 위험회피 회계에서 각각 어떻게 포괄손익계산서에 인식되는가?

① 당기손익 – 당기손익　　　　② 당기손익 – 기타포괄손익
③ 기타포괄손익 – 당기손익　　　④ 기타포괄손익 – 기타포괄손익

정답 및 해설

18 ② 　이자율 스왑 평가손익과 동일금액은 대출금 평가이익으로 당기손익(N/I)에 반영한다.
19 ④ 　다른 위험회피 수단으로 대체 또는 만기 연장하는 것이 문서에 포함된 경우 중단사유가 아니다.
20 ① 　위험회피회계 효과 평가에서 제외된 시간가치는 즉시 당기손익으로 인식해야 한다.

21 다음 중 위험회피 회계의 위험회피 대상항목에 해당하지 않는 것은?

① 인식된 자산부채

② 미인식 확정계약

③ 발생가능성이 매우 높은 예상거래

④ 사업결합확정계약

22 한국거래소에서 옵션을 매도했다면 재무제표에 무엇으로 인식되는가?

① 유동자산   ② 유동부채

③ 비유동자산   ④ 비유동부채

23 12월 결산법인 A 기업은 20×1년 10월 1일 $100를 6개월 후 상환하는 조건으로 차입하였으며 외화차입금의 원화에 대한 환율변동위험 회피를 위해 다음 통화선도거래계약을 체결하였다.

> • 통화선도계약 체결일 : 20×1년 10월 1일
> • 계약기간 : 6개월(20×1년 10월 1일~20×2년 3월 31일)
> • 계약조건 : $100을 계약 체결일 시점의 선도환율로 매입하기로 함

20×1년 10월 1일부터 12월 31일 사이에 미달러화의 강세로 인하여 1달러당 원화로 표시된 현물환율과 선도환율이 모두 상승하였다. 위 차입거래와 통화선도 거래가 20×1년 말 현재 A 기업이 재무상태표에 미치는 영향을 기술한 다음 설명 중 옳은 것은?

① 통화선도라는 항목이 재무상태표상 자산으로 계상된다.

② 통화선도 평가손익은 외화차입금 환율 변동으로 인한 평가금액과 정확히 일치한다.

③ 통화선도 평가이익은 기타포괄이익으로 표시된다.

④ 회화차입금으로부터 발생되는 환율변동손실은 기타포괄손익으로 표시한다.

정답 및 해설

---

21 ④   사업결합확정계약은 여러 가지 경영위험에 노출되어 있다.

22 ②   유동부채에 해당한다.

23 ①   선도환율 상승 → 매입포지션인 통화선도가 자산, 통화선도평가이익이 당기손익으로 인식한다.

A기업은 20×2년 11월 1일 미국으로부터 원재료를 $100에 수입하고 대금은 5개월 후에 지급하기로 하였다. 회사는 5개월 후에 $100를 ₩1,200/$에 매입하는 통화선도계약을 체결하였다. 회사의 결산일은 12월 31일이며 모든 거래에서 현재가치 할인은 무시한다.

일자	현물환율	선도환율
20×2년 11월 1일	1,180/$	₩1,200/$(5개월)
20×2년 12월 31일	1,200/$	₩1,230/$(3개월)
20×3년 3월 31일	1,170/$	

24 현물환율 및 선도환율 정보가 위와 같다면, 20×2년 손익계산서에 미치는 영향은 얼마인가?

① 1,000원 이익
② 1,000원 손실
③ 5,000원 이익
④ 5,000원 손실

25 20×3년 3월 31일에 손익계산서에 통화선도거래손익으로 인식할 금액은 얼마인가?

① 3,000원 이익
② 3,000원 손실
③ 6,000원 이익
④ 6,000원 손실

정답 및 해설

24 ① 20×2년 손익계산서에 미치는 영향 = ₩(2,000) + ₩3,000 = ₩1,000 이익
25 ④ $100 × (1,170 − 1,230) = 6,000원 손실

일자	원재료 매입거래		통화선도거래	
20×2년 11월 1일	재고자산 118,000 　매입채무 118,000		회계처리 없음	
20×2년 12월 31일	환율변동손실 2,000 　매입채무 2,000 → $100 × (1,180−1,200) = (2,000)		통화선도(B/S) 3,000 　통화선도평가이익(I/S) 3,000 → $100 × (1,230−1,200) = 3,000	
20×3년 3월 31일	매입채무 120,000 　현금($) 117,000 　환율변동이익 3,000 → $100 × ₩1,170 = 117,000		통화선도거래손실(I/S) 6,000 　통화선도 6,000 → $100 × (1,170−1,230) = (6,000) 현금($) 117,000 　통화선도 3,000 　현금 120,000	

26 다음 중 공정가치 위험회피 회계만 적용이 가능한 위험회피 대상항목은 무엇인가?

① 인식된 자산 · 부채

② 미인식 확정계약

③ 발생가능성이 매우 높은 예상거래

④ 확정계약 중 외환위험

[27~28] 다음 자료를 보고 물음에 답하시오.

12월 결산법인인 A기업이 위험회피를 목적으로 파생상품을 운용하고 있으며 20×2년과 20×3년 2개년도에 대한 파생상품 관련자료는 다음과 같다.

파생상품 보유목적	예상매출에 대한 현금흐름 위험회피	
위험회피 수단 지정연도	20×2년	
파생상품의 공정가치 변동 및 위험회피 대상의 현금흐름변동액	20×2년 파생상품평가이익	₩100,000
	20×2년 위험회피 대상의 현금흐름 변동으로 인한 손실	₩80,000
	20×3년 파생상품평가이익	₩60,000
	20×3년 위험회피 대상의 현금흐름 변동으로 인한 손실	₩70,000

27 A기업의 20×3년 포괄손익계산서에 반영되는 파생상품관련 손익효과는 얼마인가?

① 10,000원 이익   ② 10,000원 손실

③ 15,000원 이익   ④ 15,000원 손실

28 A기업의 20×3년 말 재무상태표상의 자본항목으로 표시되는 파생상품평가이익은 얼마인가?

① 150,000원   ② 160,000원

③ 170,000원   ④ 180,000원

정답 및 해설

26 ② ①, ④는 두 가지 중 선택 적용이 가능하고, ③은 현금흐름 위험회피 회계만 가능하다.

27 ② 파생상품평가손실 10,000원이 포괄손익계산서에 반영된다.

28 ① 현금흐름 위험회피적립금이 누적기타포괄손익에 150,000원 반영된다.

일자	회계처리		
20×2년 말	파생상품	100,000	
	현금흐름 위험회피적립금(B/S)		80,000
	파생상품평가이익(I/S)		20,000
20×3년 말	파생상품	60,000	
	파생상품평가손실(I/S)	10,000	
	현금흐름 위험회피적립금(B/S)		70,000

[29~30] 다음 자료를 보고 물음에 답하시오.

12월 결산법인인 A기업은 20×2년 10월 1일에 $10,000의 계약을 수주하고 6개월 후 제품인도 및 현금수취 계약을 체결하였다. 동 계약일에 A기업은 환율변동의 위험을 회피하기 위하여 6개월 후 $10,000를 달러당 ₩1,200에 매도하기로 하는 통화선도계약을 체결하였다. 환율자료는 다음과 같다(단, 매출계약은 확정계약의 정의를 충족, 수익은 제품인도 시점에 인식, 현재가치 계산은 생략. 또한 해당 위험회피 관계는 위험회피요건을 충족, 위험회피에 비효과적인 부분은 없음).

일자	현물환율	선도환율
20×2년 10월 1일	1,150/$	₩1,200/$(5개월)
20×2년 12월 31일	1,180/$	₩1,205/$(3개월)
20×3년 3월 31일	1,210/$	

29 A기업이 위와 같은 확정계약의 위험회피에 대하여 현금흐름 위험회피 회계를 적용한다. 위험피 거래에 대한 회계처리가 20×2년 12월 31일 현재의 재무제표에 미치는 영향에 대한 설명으로 옳지 않은 것은?

① 자산항목은 불변이다.　　　　　② 부채항목은 증가한다.
③ 자본항목은 감소한다.　　　　　④ 당기순이익은 감소한다.

30 위험회피 거래에 대한 회계처리로 20×2년 12월 31일 포괄손익계산서에 인식할 통화선도 평가손익은 얼마인가?

① 10,000원 이익　　　　　② 10,000원 손실
③ 50,000원 이익　　　　　④ 50,000원 손실

정답 및 해설

29 ④　　당기순이익은 영향이 없고 총포괄손익이 감소한다.
30 ④　　통화선도평가손실 50,000원을 포괄손익계산서에 인식한다.

일자	회계처리
20×2년 10월 1일	회계처리 없음
20×2년 12월 31일	통화선도평가손실(B/S)　　50,000 통화선도(B/S−부채)　　50,000

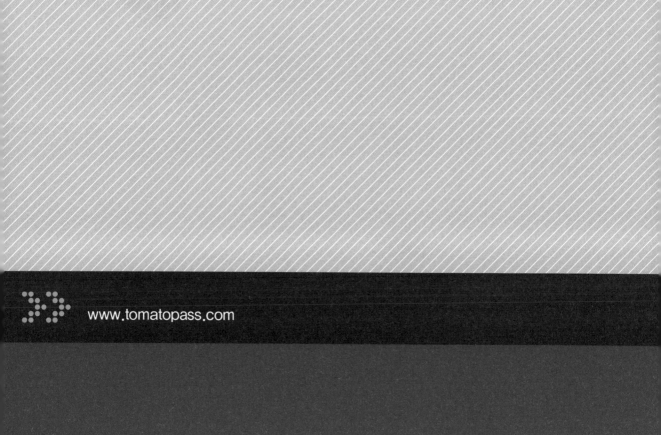

PART **02**

금융선물 및 옵션

CONTENTS

01 주가지수, 개별주식선물

학습전략 ■■ 주가지수, 개별주식 선물은 총 3문제가 출제됩니다. 이는 파생상품의 가장 기초가 되는 부분으로 개념을 명확히 익혀야 합니다. 증거금 계산 문제와 선물과 선도 구분 문제는 단골로 출제됩니다. 주가지수선물의 경우 지수 계산 방법의 특징을 알고 있어야 합니다. 그리고 선물에서 가장 중요한 이론인 보유모형이론을 정확히 이해해야 합니다. 선물에서는 특히 베이시스 개념을 명확히 해야 손익관계를 확정지을 수 있습니다. 선물의 거래 유형 4가지는 중요 개념으로 금리선물 등 다른 선물에서 반복하여 등장합니다. 계산문제는 베타조정헤지 문제가 자주 등장합니다. 몇 개의 문제를 풀어보면 쉽게 이해가 될 것입니다. 그러면 자연스럽게 고득점으로 이어질 것입니다.

···TOPIC 1 주식관련선물 개요

1. 파생상품의 개념과 유형

(1) 개념

기초자산의 가격에 의해 그 가치가 결정되는 계약으로 주가, 금리, 환율, 상품가격의 변동위험 및 신용위험을 관리할 수 있는 효율적인 수단

(2) 유형 : 손익구조의 형태에 따라 분류

① 선도형 : 선도, 선물, 스왑
② 옵션형 : 콜옵션, 풋옵션, 캡, 플로어, 이색옵션
③ 합성형 : 선물옵션, 스왑션

2. 장내파생상품의 경제적 기능

① 리스크의 전가 : 가격변동 리스크는 헤저로부터 투기자로 전가될 뿐임(소멸되는 것은 아님)
② 가격발견 : 현재시점에서 예상한 시장참가자들의 합리적 기대치를 나타냄
③ 자원배분의 효율성 증대 : 기업에 위험관리수단, 투자자들에게 레버리지가 높은 투자기회 제공
④ 시장 효율성 제고 : 적정 가격을 찾기 위한 노력의 절감, 거래비용도 상대적으로 저렴

3. 장내파생상품거래 메커니즘

(1) 장내파생상품의 특징

① 표준화된 계약
② 청산기관에 의한 채무이행
③ 결제안정화제도(반대매매, 일일정산, 증거금제도)

핵심요약문제 ✏

01 다음은 파생상품의 손익구조의 형태에 따른 분류이다. 옵션형에 해당하는 것으로 묶인 것은?

① 선도, 선물, 콜옵션, 이색옵션
② 콜옵션, 풋옵션, 캡, 플로어
③ 스왑, 스왑션, 캡, 플로어
④ 선물옵션, 스왑션, 캡, 플로어

02 장내파생상품의 경제적 기능에 대한 설명이다. 옳지 않은 것은?

① 선물거래는 가격발견, 리스크헤지, 거래비용절감 등의 기능을 제공한다.
② 향후 현물가격상승 기회비용을 회피하기 위해 선물을 미리 매수하는 것을 매도헤지라 한다.
③ 기업에게 위험관리수단을, 투자자에게 레버리지가 높은 투자기회를 제공한다.
④ 선물시장과 현물시장의 가격불균형이 발생하면 저평가자산 매수, 고평가자산 매도를 통하여 균형가격을 찾아 시장을 효율적으로 만든다.

정답
01 ② 콜옵션, 풋옵션, 캡, 플로어, 이색옵션이 옵션형에 해당한다.
02 ② 향후 현물가격상승 기회비용을 회피하기 위해 선물을 미리 매수하는 것을 <u>매수헤지</u>라 한다.

(2) 증거금제도

① 최초 계약체결 시 1계약당 증권회사에 납부하는 증거금을 <u>개시증거금</u>이라 함

② 계좌에서 유지해야 되는 잔액(일반적으로 개시증거금의 약 2/3 수준)을 <u>유지증거금</u>이라 함

③ 일일정산 결과 잔액이 유지증거금 수준 이하로 떨어지면 증권회사는 '마진콜'을 통보

④ 고객은 다음 날 12시까지 증권회사에 <u>추가증거금</u>을 개시증거금 수준으로 <u>현금</u> 납입

⑤ 추가증거금을 납부하지 못하면 증권회사는 고객의 미결제약정에 대하여 즉시 '반대매매'

4. 장내파생상품거래의 구성요소

(1) 거래대상 또는 기초자산

① 만기일에 인도되는 상품 또는 자산으로 파생상품 <u>거래의 대상물</u>

② 주가지수, 금리, 채권, 통화, 상품선물과 옵션의 거래대상(S&P500, T−Bond, 미국달러 등)

(2) 계약단위

① 파생시장에서 거래되는 상품의 기본 거래단위로서 계약 1건의 크기를 의미

② KOSPI200선물의 1계약단위 : <u>지수포인트에 거래승수 25만원을 곱한 것</u>

③ 국채선물(3년, 5년, 10년)의 계약단위 : <u>1억원</u>, 미국달러선물 : <u>10,000달러</u>

(3) 결제월

① 파생상품계약이 만기가 되어 실물인수도나 현금결제가 이행되는 달(인도월이라고도 함)

② KOSPI200선물의 결제월 : <u>분기월(3월, 6월, 9월, 12월)</u>

(4) 가격표시방법

① 장내파생상품의 가격표시방법은 현물시장의 가격표시방식을 기준으로 거래소에서 규정

② 유로달러선물＝100−금리(IMM Index방법), T−Bond, KTB선물＝액면 100인 채권의 가격을 %로 표시하는 방법 사용

(5) 최소호가단위

① 파생상품의 매입·매도 주문 시 제시하는 가격의 최소변동폭(KOSPI200＝0.05)

② Tick Value : 호가단위에 계약단위를 곱하면 최소호가단위의 1단위 변동 시 계약당 손익 변동금액이 산출됨

(6) 일일가격제한폭

① 거래소에서는 시장상황이 과열되는 것을 방지하기 위해 가격제한폭 설정

② 우리나라는 제한폭을 설정하나, CME Group의 주요금리선물, 통화선물은 제한폭이 없음

(7) 거래량과 미결제약정

① 어느 특정일 현재 만기일 도래에 의한 실물인수도 또는 반대매매에 의해 청산되지 않고 남아 있는 매도포지션 또는 매수포지션의 총합

② 크기 증가 시 추세 지속 암시, 크기 감소 시 추세 반전 암시

핵심요약문제 ✏

03 다음은 선물거래의 증거금 및 일일정산제도에 관한 설명이다. 옳지 않은 것은?

① 최초 계약체결 시 1계약당 증권회사에 납부하는 증거금을 개시증거금이라 한다.
② 계좌에서 유지해야 되는 잔액(일반적으로 개시증거금의 약 2/3 수준)을 유지증거금이라 한다.
③ 고객은 다음 날 12시까지 증권회사에 추가증거금을 현금 또는 대용증권으로 납입한다.
④ 추가증거금을 개시증거금 수준으로 납입한다.

04 다음 중 파생상품거래의 구성요소에 대한 설명이다. 옳지 않은 것은?

① 거래소에서는 거래가 신속히 이루어지도록 파생상품별로 계약단위를 표준화하고 있다.
② 파생상품이 만기가 되어 실물인수도나 현금결제가 이루어지는 달을 결제월(인도월)이라 한다.
③ KOSPI200선물, 국채선물의 계약단위는 지수포인트에 25만원을 곱한 것이다.
④ 장내파생상품의 가격표시방법은 현물시장의 가격표시방식을 기준으로 거래소에서 규정한다.

정답
03 ③ 고객은 다음 날 12시까지 증권회사에 추가증거금을 현금으로만 납입한다.
04 ③ 국채선물의 계약단위는 1억원이다.

---

5. 선물의 개요

① 개념 : 계약체결 시점에 정한 가격으로 미래 일정시점에 기초자산을 인수도하기로 하는 계약
② 선물과 선도

구분	선물(futures)	선도(forward)
거래장소	거래소	특별한 장소가 없음
거래방법	공개호가방식/전자거래시스템	거래당사자 간의 계약
거래단위	표준단위	제한없음
가격형성	시장에서 형성됨	거래당사자 간의 협의
신용위험	청산기관이 계약이행보증	계약불이행위험 존재
증거금과 일일정산	증거금 납부, 일일정산	필요에 따라 증거금 요구(만기정산)
인수도	실물인수도 비율 낮음	대부분 실물인수도(예외 : NDF)
만기일	특정 월의 특정 일	거래당사자 간 협의

05 다음은 국내의 KOSPI200선물과 주식선물에 대한 설명이다. 적절하지 않은 것은?

① KOSPI200선물의 거래대상은 KOSPI200지수, 주식선물의 거래대상은 개별주식이다.
② KOSPI200선물의 거래단위는 1계약×25만원, 주식선물의 거래단위는 1계약×10주이다.
③ KOSPI200선물의 호가단위는 0.05pt, 주식선물의 호가단위는 개별주식의 호가에 따라 다르다.
④ KOSPI200선물의 결제방법은 현금결제, 주식선물의 결제방법은 현물결제이다.

06 다음은 선물거래와 선도거래에 관한 설명이다. 옳지 않은 것은?

	선물거래	선도거래
①	장내거래 파생상품	장외거래 파생상품
②	일반적으로 현금결제	실물인수도만 가능
③	거래소가 계약이행보증	계약불이행위험 존재
④	증거금 반드시 납부	필요시에만 납부

정답
05 ④   KOSPI200선물, 주식선물의 결제방법은 모두 현금결제이다.
06 ②   선물거래는 현금결제와 실물인수도 모두 가능하며, 선도는 NDF를 제외하고 대부분 실물인수도가 이루어진다.

••• TOPIC 2 주가지수선물

1. 주가지수선물의 특징

거래비용이 저렴하고 주식시장 전반의 체계적 위험관리수단이며 현금결제한다.

2. 주가지수

(1) 시가총액 가중지수

① 산출방식 : 주가지수＝(비교시점의 시가총액/기준시점의 시가총액)×기준시점
② 장점 : 시가총액 가중지수는 기업가치의 변동을 잘 나타내주는 특징이 있음
③ 2007.12.14부터 순수하게 '유동주식수'만 가중한 시가총액 가중방식으로 산출
④ S&P500, KOSPI200, KOSDAQ150 등

(2) 가격 가중지수

① 산출방식 : 가격가중지수＝구성종목의 주가합계/제수(구성종목의 가격에 가중치를 둠)

② 장점

　㉠ 우량주 위주로 유지하기 때문에 핵심종목을 한 눈에 볼 수 있음

　㉡ 평균적인 주가를 산출하므로 주가의 등락을 민감하게 반영하며, 계산방식이 단순

③ 단점

　㉠ 일부 종목만을 채용하므로 업종 간의 편차가 심함

　㉡ 전체 시장을 한꺼번에 볼 수 없다는 문제

④ DJIA, Nikkei225 등

핵심요약문제

07 다음은 Nikkei225의 주가지수 산출방식에 대한 설명이다. 옳지 않은 것은?

① 기업가치의 변동을 잘 나타내 주는 특징이 있다.
② 우량주 위주로 구성되어서 핵심종목을 한 눈에 볼 수 있다.
③ 평균적인 주가를 산출하므로 주가의 등락을 민감하게 반영한다.
④ 전체 시장을 한꺼번에 볼 수 없다는 문제가 있다.

08 다음 중 주가지수 산출방식이 나머지 것 다른 것은?

① S&P500
② KOSPI200
③ DJIA
④ KOSDAQ150

정답
07 ①　　시가총액 가중지수에 대한 설명이며 나머지는 가격 가중지수에 대한 설명이다.
08 ③　　DJIA는 가격가중지수를 적용한다.

---

3. 국내 주식관련 선물

구분	KOSPI200선물	개별주식선물
거래대상	KOSPI200지수	개별주식
거래단위	1계약×25만원	1계약×10주
호가단위	0.05pt(12,500원)	개별주식의 호가에 따라 다름
가격제한폭	8%, 15%, 20%	10%, 20%, 30%
결제월물	3, 6, 9, 12월물	
최종거래일	결제월 두 번째 목요일(두목)	
결제방법	현금결제	

1. 보유비용모형

(1) 선물가격＝현물가격＋순보유비용(이자비용＋보관비용－현금수입－편의수익)

$$F_t = S_t + S_t(r-d)\frac{(T-t)}{365}$$

① 순보유비용이 (＋) : 선물이론가격 ＞ 현물가격 → 주가지수선물
② 순보유비용이 (－) : 선물이론가격 ＜ 현물가격 → 채권선물
③ 금융선물 : c＝y＝0

(2) 수익과 비용

거래	내용	현물 매수	선물 매수
비용	자본조달비용	현물 매수에 소요되는 자본조달 이자비용	발생하지 않음
	보관비용	현물 매수한 후 일정 기간 동안의 보관비용	
수익	현금수입	주식의 배당금/채권의 이자소득/외국통화의 이자소득	
	편의수익	현물을 보유할 때의 수급변동에 따른 탄력적 대응 편익	

핵심요약문제

09 현재의 단기 이자율은 4%, 주가지수의 배당수익률은 2%, 주가지수는 100.00, 선물만기가 6개월인 주가지수선물의 시장가격은 103.00이다. 거래비용은 없다고 가정할 때 다음의 설명 중 옳지 않은 것은?

① 보유비용모형에 따르면 주가지수 선물의 이론가격은 101.00이다.
② 선물을 매도하고 주식현물을 매수하는 매수차익거래가 가능하다.
③ 주가지수선물이 저평가되어 있어 역현물보유전략을 취하는 것이 바람직하다.
④ 선물가격이 현물가격보다 크므로 콘탱고 상황이다.

10 다음은 선물 가격결정에 관한 설명이다. 옳지 않은 것은?

① 보유비용모형에 의하면 선물 이론가격은 현물가격에 순보유비용을 더하여 결정된다.
② 보유비용모형에 의하면 금융선물의 경우 순보유비용은 항상 양(＋)의 값을 갖는다.
③ 편의수익은 현물을 보유할 때의 수급변동에 따른 탄력적 대응 편익을 말한다.
④ 금융선물의 가격결정 시 현물가격에 이자비용을 더하고 현금수입을 차감한다.

정답 **09** ③ 　주가지수선물이 고평가되어 있어 현물보유전략을 취하는 것이 바람직하다.
　　　10 ② 　금융선물인 채권선물의 경우 단기이자비용이 장기이표수입보다 적으면 순보유비용이 음(－)이며, 선물이론가격이 현물가격보다 낮게 형성된다.

2. 콘탱코&백워데이션

① 선물가격이 현물가격보다 높은 상황 : 콘탱고(contango)
② 선물가격이 현물가격보다 낮은 상황 : 백워데이션(backwardation)

3. 베이시스(보유비용의 개념)

① 선물이론가격－현물가격＝이론베이시스, 선물시장가격－현물가격＝시장베이시스
② 만기일 전에 헤지포지션을 청산하는 경우 베이시스 리스크에 노출
③ 손익＝현물손익＋선물손익＝$(S1-S0)+(F0-F1)=(F0-S0)-(F1-S1)=B0-B1$
④ 베이시스 감소$(B0-B1>0)$ 시 이익 발생, 베이시스 증가$(B0-B1<0)$ 시 손실 발생

···TOPIC 4 주식관련선물의 거래유형

1. 투기거래

(1) 정의

현물포지션을 보유하지 않은 상태에서 선물가격 상승을 예상하면 계약을 매입, 선물가격 하락이 예상되면 계약을 매도하여 시세차익을 얻으려는 거래전략

(2) 특징

① 거래하는 데에 계약가치의 일부에 해당하는 증거금만 필요하여 투자금액 대비 손익규모가 확대되는 '손익확대 효과' 또는 '레버리지 효과'가 존재
② 일일정산으로 선물포지션 보유기간 중 상당한 현금흐름 발생

(3) 선물을 이용한 투기거래

방향성 거래(지수 상승 예상 시 지수선물 매수, 지수 하락 예상 시 지수선물 매도)

11 다음은 선물시장의 베이시스(Basis)에 대한 설명이다. 적절하지 않은 것은?

① 선물시장과 현물시장의 차이로 보유비용의 개념이다.
② 만기가 가까울수록 보유비용이 감소하므로 '0'으로 수렴한다.
③ 선물가격이 현물가격보다 높은 상황을 '콘탱고'라 하고, 반대 상황을 '백워데이션'이라 한다.
④ 선물시장가격에서 현물가격을 차감한 것을 '이론베이시스'라 한다.

12 다음은 투기거래에 대한 설명이다. 적절하지 않은 것은?

① 선물가격 상승을 예상하면 계약을 매입, 선물가격 하락이 예상되면 계약을 매도하는 전략이다.
② 거래하는 데 계약가치의 일부에 해당하는 증거금만 필요하므로 '레버리지 효과'가 있다.
③ 선물시장 참여자의 상당수가 보유현물에 대한 헤지거래에 주력하고 있다.
④ 일일정산으로 선물포지션 보유기간 중 상당한 현금흐름이 발생한다.

정답
11 ④ 선물시장가격에서 현물가격을 차감한 것을 '시장베이시스'라 한다.
12 ③ 선물거래는 레버리지 효과가 커서 선물시장 참여자의 상당수가 투기거래에 주력한다.

2. 헤지거래와 시장리스크 관리(베타조정헤지)

(1) 정의

미래 현물가격의 불확실한 변동으로부터 발생할 수 있는 가격변동위험을 관리하기 위하여 선물·옵션시장에서 현물포지션과 반대되는 포지션을 취하는 거래

(2) 헤지거래

① 매도헤지 : 현재 현물에 대응되는 주식선물을 매도함으로써 향후 가격하락위험 제거
② 매수헤지 : 향후 현물가격 상승 기회비용을 회피하기 위해 선물을 미리 매수
③ 직접헤지 : 헤지 대상 현물과 동일한 기초자산을 가진 선물로 헤지
④ 교차헤지 : 가격 움직임이 유사하나 다른 특성을 가진 선물로 헤지

(3) 헤징의 목적

미래의 현물가격의 불확실한 변동으로부터의 위험을 줄이는 것(이익 확대가 아님)

(4) 시장리스크 관리(베타조정헤지)

① 지수선물을 이용하여 개별주식의 교체 없이 주식 포트폴리오의 체계적 위험을 조정함으로써 효율적으로 시장시기 선택전략을 구사할 수 있음

② 산출공식 : N이 양(+)이면 매수포지션, 음(−)이면 매도포지션을 취해야 할 계약수

$$N = (\beta_T - \beta_P) \times \frac{P}{F}$$

(β_T : 목표베타, β_P : 기존베타, P : 포트폴리오 현재가치, F : 지수선물 한 계약의 현재가치)

3. 차익거래

(1) 정의

선물의 시장가격과 이론가격을 비교하여 고평가된 선물 또는 현물을 매도하는 동시에 상대적으로 저평가된 현물 또는 선물을 매수하여 무위험차익을 추구하는 거래

(2) 주가지수 차익거래

① 매수차익거래 : 선물시장가격 > 이론가격, 고평가된 선물 매도와 동시에 저평가된 현물 매수
② 매도차익거래 : 선물시장가격 < 이론가격, 저평가된 선물 매수와 동시에 고평가된 현물 매도
③ 선물 만기시점이나 저평가가 해소되는 시점에 청산하여 무위험 차익을 얻음

---

13 현재 1,000억원 규모의 인덱스펀드를 운용하는 펀드매니저는 향후 주식시장이 단기적으로 조정받을 가능성이 높다고 판단하여 펀드의 목표 베타를 0.75로 줄이기로 결정했다. 이에 따라 매도해야 할 주가지수선물 계약수는(KOSPI200의 선물가격은 200)?

① 400   ② 500
③ 600   ④ 700

14 다음은 차익거래에 관한 설명이다. 적절하지 않은 것은?

① 선물시장가격과 이론가격을 비교하여 고평가된 것은 매도, 저평가된 것은 매수하는 거래이다.
② 선물시장가격이 이론가격보다 클 때 매수차익거래가 발생한다.
③ 선물시장가격이 이론가격보다 작을 때, 저평가된 선물 매도와 고평가된 현물 매수가 발생한다.
④ 거래 시 제반수수료, 세금 등 명시적 비용과 시장충격비용 등의 암묵적 비용을 고려한다.

정답 **13** ②   계약수(N) = (0.75 − 1)(1000억원/200 × 25만원) = − 500계약
        14 ③   선물시장가격이 이론가격보다 작을 때, 저평가된 선물 매수와 고평가된 현물 매도가 발생한다.
                   → 매도차익거래

---

(3) 유의점

① 주가지수의 복제
     ㉠ 완전복제법 : 대상 주가지수를 정확히 추적하므로 거래비용이 큼
     ㉡ 부분복제법 : 일부 종목으로 주가지수를 최대한 추적(층화추출법, 최적화법, 복합법)
② 차익거래 리스크 : 추적오차, 유동성리스크, 시장충격비용

(4) 거래비용과 차익거래 불가영역

① 거래비용
  ㉠ 명시적 비용 : 제반수수료와 세금
  ㉡ 암묵적 비용 : 호가 스프레드(매도와 매수호가 차이에서 발생하는 기회비용), 시장충격
    비용, 제도적 마찰요인(차입과 공매에 대한 제약, 조달비용과 운용수익의 차이 등)에 따
    른 비용

② 불가능가격대 : 선물이론가격 ± 거래비용
③ 전략 : 하한선 미만인 경우 매도차익거래, 상한선 초과하는 경우는 매수차익거래

4. 스프레드 거래

(1) 선물스프레드 거래

① 상품 내 스프레드 거래 : 동일한 선물의 서로 다른 결제월 간 스프레드의 변화를 예측하여
  한 결제월물을 매수하고 다른 결제월물을 매도하는 거래(**예** 선물의 근월물과 원월물)
② 상품 간 스프레드 거래 : 기초자산은 다르지만 가격움직임이 유사한 두 선물계약의 동일 결
  제월물 간 가격차이의 변화를 예측하여 한 선물의 결제월물을 매수하고 다른 동일 결제월물
  을 매도하는 거래(**예** 원유선물과 천연가스선물)

(2) 선물스프레드 거래 전략(스프레드 = 원월물가격 − 근월물가격)

① 스프레드 확대 예상 : 근월물 매도 + 원월물 매수 → 스프레드 매수전략(약세 스프레드 전략)
② 스프레드 축소 예상 : 근월물 매수 + 원월물 매도 → 스프레드 매도전략(강세 스프레드 전략)

핵심요약문제 ✏️

15 현재 KOSPI200은 100.00pt이며, KOSPI200선물의 이론가격은 101.00pt이다. 만일 선물거래 수수
   료가 0.03pt(매수 + 매도), 주식거래수수료가 0.06pt(매수 + 매도)라면 차익거래 불가능한 구간은?

   ① 100.91~101.09   ② 100.92~101.08
   ③ 100.93~101.07   ④ 100.94~101.06

16 선물을 활용한 스프레드 거래에 대한 설명이다. 옳지 않은 것은?

   ① 스프레드 거래는 상품 내(결제월 간) 스프레드 거래와 상품 간 스프레드 거래가 있다.
   ② 상품 내 스프레드 거래는 동일한 선물의 서로 다른 결제월 간 스프레드의 변화를 예측하여 한 결
     제월물을 매수하고 다른 결제월물을 매도하는 거래를 말한다.
   ③ 주식관련선물의 경우 보유비용이 양(+)이므로 원월물이 근월물보다 가격이 더 높다.
   ④ 향후 스프레드 확대가 예상될 경우 근월물 매수, 원월물 매도의 스프레드 매도전략을 취한다.

정답 15 ①   불가능가격구간 = 선물이론가격 ± 거래비용, 101.00 − 0.09 ≤ 차익거래 불가능구간 ≤ 101.00 + 0.09
        16 ④   향후 스프레드 확대가 예상될 경우 근월물 매도, 원월물 매수의 스프레드 매수전략을 취한다.

---

01 다음은 선도거래와 선물거래에 대한 설명이다. 옳지 않은 것은?

① 선도거래는 가격과 거래에 대한 제한이 있으나 선물거래는 가격과 거래에 제한이 없다.

② 선도거래는 거래가 표준화되어 있지 않으므로 개인별로 맞춤거래가 가능하다는 장점이 있다.

③ 선도거래는 당사자 간의 직접계약이므로 선물거래에 비해 유동성이 떨어진다.

④ 선도거래는 거래소 이외의 장소에서 거래하며 선물거래에 비해 계약불이행 가능성이 높다.

02 다음 중 장내파생상품의 경제적 기능이라고 볼 수 없는 것은?

① 리스크의 소멸   ② 가격발견기능

③ 자원배분의 효율성 증대   ④ 시장 효율성 제고

03 장내파생상품의 특징 중 결제안정화제도에 대한 내용으로 묶인 것은?

㉠ 표준화계약	㉡ 반대거래
㉢ 일일정산	㉣ 증거금제도

① ㉠, ㉡, ㉢   ② ㉠, ㉢, ㉣

③ ㉡, ㉢, ㉣   ④ ㉠, ㉡, ㉢, ㉣

정답 및 해설

01 ①   선도거래는 가격과 거래에 대한 제한이 없으나 선물거래는 가격과 거래에 제한이 있다.

02 ①   리스크의 소멸이 아니라 전가이다.

03 ③   표준화계약은 유동성을 높이는 기능이 있으나 결제안정화제도와 직접적인 관련은 없다.

04 개시증거금이 200이고 유지증거금이 150이라고 할 때 일일정산 결과 고객계좌의 잔액이 110이 되었다. 증권회사가 마진콜을 할 경우 고객이 납부해야 하는 추가증거금은 얼마인가?

① 50

② 90

③ 150

④ 200

05 시가총액가중방식에 의한 주가지수에 대한 설명이다. 적절하지 않은 것은?

① 계산이 상대적으로 간편하다.

② 기업가치의 변동을 잘 설명해주는 장점이 있다.

③ 지수의 연속성 유지로 장기적 추세 파악이 유리하다.

④ 대형주가 주가지수에 미치는 영향이 크다.

06 다음은 주식관련 선물에 대한 설명이다. 적절하지 않은 것은?

① 주가지수선물은 시장리스크를 관리할 수 있는 적절한 수단이다.

② 주가지수선물은 분산투자로 주식포트폴리오의 체계적 위험을 제거할 수 있다.

③ 주식 공매도 시 공매도 제한을 받지만, 주식선물은 제한을 받지 않는다.

④ 주식선물은 거시변수보다는 해당 주식가격을 결정하는 미시변수에 더 큰 영향을 받는다.

07 A회사 주식의 현재 가격이 10만원, 주식의 연 배당수익률이 2%, 선물만기가 3개월(90일), 이자율이 6%라고 할 때 주식선물의 이론가격은(1년 360일 가정)?

① 100,000

② 101,000

③ 102,000

④ 103,000

정답 및 해설

04 ② 고객이 추가로 납부해야 할 금액은 유지증거금 수준이 아닌 개시증거금 수준까지 납부해야 한다.

05 ① 가격가중방식에 의한 주가지수의 장점이다.

06 ② 주가지수선물은 분산투자로 주식포트폴리오의 비체계적 위험을 제거할 수 있기 때문에 체계적 위험을 관리하는 데 이용한다.

07 ② 주식선물 이론가격 $= 100,000 \times [1 + (0.06 - 0.02)(90/360)] = 101,000$

08 다음은 주가지수 선물의 이론가격과 가격결정요인의 관계에 대한 설명이다. 옳지 않은 것은?

① KOSPI200이 상승하면 선물이론가격은 상승한다.

② 이자율이 하락하면 선물이론가격은 하락한다.

③ 배당수익률이 상승하면 선물이론가격은 상승한다.

④ 잔존만기가 감소하면 선물이론가격은 하락한다.

09 다음은 이론베이시스(Basis)에 대한 설명이다. 옳지 않은 것은?

① 현물가격이 상승하면 이론베이시스는 증가한다.

② 이자율이 상승하면 이론베이시스는 증가한다.

③ 배당수익률이 상승하면 이론베이시스는 감소한다.

④ 만기일이 가까워질수록 이론베이시스는 증가한다.

10 주식시장의 하락위험을 대비하기 위하여 펀드매니저가 취할 수 있는 헤지전략은(현재 포트폴리오는 15억원, 포트폴리오의 베타는 1.2, KOSPI200선물가격은 120을 가정)?

① KOSPI200선물 60계약 매도   ② KOSPI200선물 66계약 매도

③ KOSPI200선물 60계약 매수   ④ KOSPI200선물 65계약 매수

11 현재 KOSPI200 주가지수는 202.00pt, 이론선물지수는 204.00pt, 시장선물지수는 203.00pt 이다. 만기까지의 잔존일수가 30일일 때 현재 시장상황과 선물의 시장가격을 평가한다면?

① 콘탱고 상황, 저평가 상태   ② 콘탱고 상황, 고평가 상태

③ 백워데이션 상황, 저평가 상태   ④ 백워데이션 상황, 고평가 상태

정답 및 해설

08 ③   배당수익률(d)이 상승하면 선물이론가격은 하락한다. $F_t = S_t + S_t(r-d)\dfrac{(T-t)}{365}$

09 ④   만기일이 가까워질수록 이론베이시스($F_t - S_t$)는 감소한다. $F_t - S_t = S_t(r-d)\dfrac{(T-t)}{365}$

10 ①   선물계약수 = (1.2 × 15억)/(120 × 25만원) = 60계약

11 ①   선물의 시장가격이 현물가격보다 높으므로 '콘탱고' 상황이며, 시장선물지수가 이론선물지수보다 낮으므로 '저평가' 상태이다.

12 A회사 주식선물을 8,000원에 10계약 매도한 후, 3일 후 5,000원에 모두 반대매매로 청산하였다. 이 거래에 대한 설명으로 적절하지 않은 것은(위탁증거금률은 20%로 가정)?

① 선물을 매수할 때 1계약 금액은 주식선물가격×10주(거래승수)이다.

② 선물을 매수할 때 요구되는 증거금은 160,000이다.

③ 선물거래 후 발생 이익은 300,000이다.

④ 증거금 대비 투자수익률은 178.5%이다.

13 KOSPI200지수선물을 325.05pt에 10계약 매수한 후, 321.15pt에 청산하였다. 이 거래의 손익을 구하면 얼마인가?

① 8,750,000 손실

② 8,750,000 이익

③ 9,750,000 손실

④ 9,750,000 이익

14 다음은 베이시스 리스크(Basis Risk)에 대한 설명이다. 적절하지 않은 것은?

① 만기일 전에 헤지포지션을 청산하는 경우 노출되는 위험을 말한다.

② 이론베이시스가 0보다 크다는 것은 순보유비용이 양(+)이라는 것을 의미한다.

③ 베이시스 리스크가 헤지포지션을 개선시킬 수도 있고 악화시킬 수도 있다.

④ 선물가격이 저평가되어 있으면 시장베이시스가 이론베이시스보다 큰 상태이다.

15 다음은 헤지거래에 대한 설명이다. 옳지 않은 것은?

① 매도헤지 : 현재 현물에 대응되는 주식선물을 매도함으로써 향후 가격하락위험 제거

② 매수헤지 : 향후 현물가격하락 위험을 회피하기 위해 선물을 미리 매수

③ 직접헤지 : 헤지대상 현물과 동일한 기초자산을 가진 선물로 헤지

④ 교차헤지 : 가격 움직임이 유사하나 다른 특성을 가진 선물로 헤지

정답 및 해설

12 ④ 투자수익률=300,000/160,000=187.5%, 증거금=8,000×10계약×10×20%=160,000, 선물이익
=(8,000−5,000)×10계약×10=300,000

13 ③ (321.15−325.05)×10계약×250,000=9,750,000 손실

14 ④ 선물가격이 저평가되어 있으면 시장베이시스가 이론베이시스보다 작다.

15 ② 매수헤지는 향후 현물가격상승 기회비용을 회피하기 위해 선물을 미리 매수한다.

[16~18] 다음 자료를 보고 물음에 답하시오.

20×1년 12월 15일 현재 펀드매니저 A가 보유하고 있는 주식포트폴리오의 현재가치가 20억원이고 베타는 0.9이다. 만기가 3개월 후인 지수선물 가격은 현재 100.00이다

16 펀드매니저 A는 시장이 상승할 것을 예상하여 주식포트폴리오의 베타를 0.9에서 1.4로 증가시키길 원한다. 거래해야 할 지수선물 계약수는?

① 30계약 매수   ② 30계약 매도

③ 40계약 매수   ④ 40계약 매도

17 펀드매니저 A는 시장이 하락할 것을 예상하여 주식포트폴리오의 베타를 0.9에서 0.4로 감소시키길 원한다. 거래해야 할 지수선물 계약수는?

① 30계약 매수   ② 30계약 매도

③ 40계약 매수   ④ 40계약 매도

18 펀드매니저 A가 포트폴리오의 시장리스크를 완전히 제거하고 싶을 때, 즉, 최소분산헤지를 위해 거래해야 할 지수선물 계약수는?

① 62계약 매수   ② 62계약 매도

③ 72계약 매수   ④ 72계약 매도

정답 및 해설

16 ③ $N = (1.4 - 0.9) \times (20억원)/(100 \times 25만원) = 40계약$

17 ④ $N = (0.4 - 0.9) \times (20억원)/(100 \times 25만원) = -40계약$

18 ④ $N = (0 - 0.9) \times (20억원)/(100 \times 25만원) = -72계약$

19 투자자 A씨는 보유하고 있는 주식포트폴리오를 헤지하기 위해 선물로 매도헤지를 하였다. 예상대로 주가가 하락하여 헤지 포트폴리오 모두를 청산하였다면 투자자 A씨의 손익은 어떻게 되는가?

① 손익에 변화가 없다.
② 주가 하락으로 순이익이 발생한다.
③ 베이시스가 증가하면 순손실이 발생한다.
④ 베이시스가 감소하면 손익에 변화는 없다.

20 현재 KOSPI200지수는 250.00pt에 거래되고 있다. 투자자 A씨는 주식을 완전히 복제하는 인덱스펀드에 200억원을 투자하고 있다. 향후 주식시장이 하락할 것을 예상하여 KOSPI200 지수선물을 이용하여 헤지하려면 몇 계약을 매도하여야 하는가?

① 280계약
② 300계약
③ 320계약
④ 340계약

21 차익거래의 현물보유전략(cash&carry strategy)에 대한 설명이다. 옳지 않은 것은?

① 시장의 불균형을 이용하는 전략으로 '매수차익거래'라고 한다.
② 선물의 시장베이시스가 이론베이시스보다 클 때 발생 가능하다.
③ 선물가격이 현물가격과 보유비용을 합한 값보다 작을 때 발생한다.
④ 현물을 매수하고 선물을 매도한 후 만기에 정산할 경우 수익이 생기는 상황에서 발생한다.

22 만기가 3개월 남은 KOSPI200주가지수 선물가격이 201.00이고 현물지수는 200.00이다. 금리가 연 6%이고 주가지수의 배당수익률이 연 2%라고 할 때 확실한 무위험수익을 얻을 수 있는 전략은?

① 선물매수거래
② 선물매도거래
③ 매수차익거래
④ 매도차익거래

정답 및 해설

19 ③   손익은 헤지 개시시점의 베이시스와 청산시점의 베이시스 차이로 발생한다. 따라서 베이시스가 감소하면 이익이 발생하고 베이시스가 증가하면 순손실이 발생한다.

20 ③   계약수 = 주식포트폴리오가치/선물 1계약의 가치 = 200억원/(250pt × 25만원) = 320계약

21 ③   선물가격이 현물가격과 보유비용을 합한 값보다 클 때 발생한다.

22 ④   선물가격이 201.00이고, 선물이론가격 = 200 + 200(0.06 − 0.02) × 3/12 = 202.00, 선물가격이 저평가되어 있으므로 매도차익거래가 가능하다.

23 다음은 주가지수를 추적하는 현물바스켓을 구성하는 방법에 대한 설명이다. 옳지 않은 것은?

① 주가지수 복제 방법은 완전복제법과 부분복제법(층화추출법, 최적화법, 복합법)이 있다.

② 완전복제법은 이론상 완벽한 방법이지만 많은 비용이 발생할 수 있다.

③ 업종별로 대표종목을 선별하여 구성하는 방법을 층화추출법이라 한다.

④ 업종 특성치로 종목을 선정한 뒤에 제약조건을 만족시키는 종목으로 구성한다면 복합법이다.

24 KOSPI200주가지수선물을 사용하여 차익거래를 한다면 발생할 수 있는 리스크가 아닌 것은?

① 추적오차
② 유동성위험
③ 시장충격위험
④ 신용위험

25 KOSPI200주가지수선물을 이용하여 차익거래를 할 경우 여러 가지 명시적, 암묵적 비용이 발생한다. 다음 중 암묵적 비용에 해당하지 않는 것은?

① 수수료 및 세금
② 호가 스프레드
③ 시장충격비용
④ 제도적 마찰요인

26 다음은 선물을 이용한 스프레드 거래에 대한 설명이다. 옳지 않은 것은?

① 두 선물의 가격 차이를 이용한 거래이며, 반대 방향으로 거래한다.

② 단순투기거래와 비교하여 상대적으로 이익과 위험이 작다.

③ 스프레드 거래의 손익은 두 선물의 절대가격 변화가 아닌 상대가격 변화로 결정된다.

④ 삼성전자선물과 KOSPI200선물 간의 거래는 결제월 간 스프레드 거래이다.

27 현재 단기이자율은 6%이고 배당수익률은 3%이다. KOSPI200선물시장에 결제월 간 스프레드가 확대될 것으로 예상한다면 어떠한 전략을 취해야 하는가?

① 근월물 매수＋원월물 매도
② 근월물 매도＋원월물 매수
③ 근월물 매수＋원월물 매수
④ 근월물 매도＋원월물 매도

정답 및 해설

23 ④ 업종 특성치로 종목을 선정한 뒤에 제약조건을 만족시키는 종목으로 구성하는 것은 최적화법이다.

24 ④ 신용위험은 해당하지 않는다.

25 ① 수수료와 세금은 정확하게 알 수 있는 명시적 비용이다.

26 ④ 삼성전자선물과 KOSPI200선물 간의 거래는 결제월 간(상품 내) 스프레드 거래가 아닌 상품 간 스프레드 거래이다.

27 ② 보유비용이 양(＋)의 값임을 알 수 있다. 스프레드 확대 시 근월물 매도＋원월물 매수를 한다.

28 다음 중 상품 간 스프레드 거래에 해당하지 않는 것은?

① KOSPI200선물의 6월물을 매수하고 9월물을 매도하였다.

② 삼성전자선물을 매수하고 KOSPI200선물을 매도하였다.

③ T-Note선물을 매수하고, T-Bond선물을 매도하였다.

④ CME Group의 7월물 대두선물을 매수하고 7월물 옥수수선물을 매도하였다.

29 다음은 스프레드 거래에 대한 설명이다. 어떤 유형의 스프레드인가?

> 강세장에서 원월물이 근월물보다 많이 오르고, 약세장에서는 근월물이 원월물보다 많이 떨어질 것으로 예측될 때 사용하는 스프레드 전략이다

① 수직 스프레드   ② 수평 스프레드

③ 강세 스프레드   ④ 약세 스프레드

30 20×1년 5월 15일 현재 최근월물(6월물=200pt)과 차근월물(9월물=202pt)의 스프레드가 2pt이다. 향후 스프레드가 5pt로 확대될 것으로 예상한다면 어떠한 스프레드 거래가 가능한가?

① 6월물 매수+9월물 매도   ② 6월물 매도+9월물 매수

③ 6월물 매수+9월물 매수   ④ 6월물 매도+9월물 매도

정답 및 해설

28 ①   KOSPI200선물의 6월물을 매수하고 9월물을 매도하였다면 결제월 간(상품 내) 스프레드 거래이다.

29 ④   약세 스프레드에 대한 설명이다.

30 ②   스프레드 확대 시 9월물이 더 오르거나 더 적게 하락하므로 6월물 매도+9월물 매수를 한다.

CHAPTER 02 주가지수, 개별주식옵션

출제내용 및 분석

학습전략 주가지수, 개별주식옵션은 총 4문제가 출제됩니다. 옵션과 선물을 비교하여 차이점을 숙지하여야 하며, 옵션의 가격결정요인을 알고 있어야 합니다. KOSPI200옵션과 개별주식옵션의 비교할 수 있어야 합니다. 이항분포옵션 가격결정모형은 계산문제가 무조건 출제되어 매우 중요하므로 공식을 정확히 암기하고 있어야 합니다. 풋-콜 패리티의 동등성과 차익거래인 컨버전과 리버설에 관한 문제가 자주 등장합니다. 마지막으로 옵션의 민감도 및 매도 시 각각 어떠한 부호를 가지는지 등을 정확히 공부하면 자연스럽게 고득점으로 이어질 것입니다.

···TOPIC 1 주식관련옵션의 개요

1. 옵션의 개념

(1) 정의

미래의 일정시점에 일정한 가격으로 주식, 통화, 상품 등의 기초자산을 매수(콜옵션)하거나 매도(풋옵션)할 수 있는 권리

(2) 옵션매수자 : 옵션가격을 지불하고 옵션을 매수하는 사람

① 기초자산의 가격이 자산에게 유리하게 움직일 경우 옵션 행사를 통해 상당한 이익
② 반대의 경우 옵션 행사를 포기하고 지불한 옵션가격만큼 손실

(3) 옵션매도자 : 기초자산을 행사가격에 매수하거나 매도해야 할 의무가 있는 사람

① 이익은 매수자로부터 받는 프리미엄으로 한정
② 기초자산 가격의 움직임에 따라 막대한 손실도 가능

(4) 옵션거래의 특징

① 유리한 리스크(이익회득의 기회)와 불리한 리스크(손실위험)를 분리
② 옵션은 매도자가 매수자에게 권리를 부여하는 대가로 프리미엄을 수수(선물은 없음)

(5) 선물&옵션의 비교

구분	옵션거래	선물거래
권리와 의무	매수자는 권리/매도자는 의무를 가짐	매수자와 매도자 모두 계약이행 의무를 짐
거래의 대가	매수자가 매도자에게 권리에 대한 대가(옵션프리미엄)지급	계약 대가를 지불할 필요가 없음(계약 당시의 기대이익이 서로 같아 계약의 가치가 0이 됨)
위탁증거금	매도자에게만 부과	매도자와 매수자 모두에게 부과
일일정산	매도자만 일일정산	매도자와 매수자 모두 일일정산

핵심요약문제 ✏️

01 다음은 유럽형 옵션에 대한 설명이다. 적절하지 않은 것은?

① 옵션매수자는 만기일에 권리를 행사할 수 있다.
② 옵션에서 모든 권리는 옵션매수자에게 있다.
③ 옵션매도자는 옵션매수자의 권리 행사에 반드시 응해야 하는 것은 아니다.
④ 풋옵션의 매수자가 권리를 행사할 경우 풋옵션 매도자는 기초자산을 매입할 의무가 있다.

02 다음은 선물과 옵션에 관한 설명이다. 옳지 않은 것은?

① 내가격(ITM) 콜옵션의 내재가치는 기초자산가격에서 행사가격을 차감하여 결정된다.
② 풋옵션은 기초자산이 행사가격보다 클 때 내재가치는 영(0)의 값을 갖는다.
③ 선물은 매수자와 매도자 모두 증거금을 납부하나 옵션은 매도자만 납부한다.
④ 선물은 옵션과 마찬가지로 매수자는 권리, 매도자는 의무를 갖는다.

정답
01 ③   옵션매도자는 옵션매수자의 권리 행사에 반드시 응해야 한다.
02 ④   선물은 매수자와 매도자가 모두 계약이행 의무를 갖지만 옵션의 경우 매수자는 권리, 매도자는 의무를 갖는다.

2. 옵션의 유형

(1) 콜옵션과 풋옵션

① 콜옵션 : 행사가격으로 미래의 일정시점/일정기간 내에 기초자산을 매수할 수 있는 권리
② 풋옵션 : 행사가격으로 미래의 일정시점/일정기간 내에 기초자산을 매도할 수 있는 권리

(2) 현물옵션과 선물옵션

① 기초자산이 현물인 경우 현물옵션, 선물인 경우에는 선물옵션
② 선물 콜옵션 매수자가 권리를 행사하면 선물의 매수포지션을 취하고, 선물 풋옵션 매수자가 권리를 행사하면 선물의 매도포지션을 취하게 됨

(3) 미국형 옵션과 유럽형 옵션

옵션 만기일 이전에 언제든지 행사 가능한 경우 미국형 옵션, 옵션 만기일에만 옵션을 행사할 수 있는 경우에는 유럽형 옵션

3. 옵션의 가격결정

(1) 옵션가격의 구성요소

① 프리미엄(옵션가격) = 내재가치 + 시간가치
② 콜옵션의 내재가치 = $\max(S-K, 0)$
③ 풋옵션의 내재가치 = $\max(K-S, 0)$
④ 시간가치 : 기초자산가격이 옵션 만기 시까지 옵션 매수자에게 유리한 방향으로 움직일 가능성에 대한 가치

(2) 내가격, 등가격, 외가격

구분	콜옵션	풋옵션
내가격(ITM)	S>K	S<K
등가격(ATM)	S=K	S=K
외가격(OTM)	S<K	S>K

03 다음은 옵션의 유형에 대한 설명이다. 옳은 것은?

① 선물 콜옵션 매수자가 권리를 행사하면 선물의 매도포지션을 취한다.
② 선물 풋옵션 매수자가 권리를 행사하면 선물의 매수포지션을 취한다.
③ 옵션 만기일 이전에 언제든지 행사 가능한 경우 버뮤다옵션이다.
④ 옵션 만기일에만 옵션을 행사할 수 있는 경우에는 유럽형 옵션이다.

04 다음은 옵션가격의 구성요소에 대한 설명이다. 적절하지 않은 것은?

① 옵션의 프리미엄은 내재가치와 시간가치로 구성된다.
② 옵션의 프리미엄은 내가격 상태일 때 내재가치와 시간가치로 구성된다.
③ 옵션의 프리미엄은 외가격 상태일 때 내재가치와 시간가치로 구성된다.
④ 시간가치는 기초자산가격이 옵션 만기 시까지 옵션 매수자에게 유리한 방향으로 움직일 가능성에 대한 가치를 말한다.

정답
03 ④　①은 매수포지션, ②는 매도포지션, ③은 미국형 옵션에 대한 설명이다. 버뮤다옵션은 미리 정한 특정한 일자 중에 행사 가능하다.
04 ③　옵션의 프리미엄은 외가격 상태일 때 시간가치로만 구성된다.

(3) 옵션가격의 결정요인

구분	콜옵션	풋옵션
S↑	상승	하락
K↑	하락	상승
T↑	상승	상승
σ↑	상승	상승
r↑	상승	하락
d↑	하락	상승

···TOPIC ❷ 국내 주식관련옵션(종류)

구분	KOSPI200옵션	개별주식옵션
거래대상	KOSPI200지수	개별주식
거래단위	KOSPI200×25만원	주식가격×10주
결제월	매월	
권리행사	유럽형(만기에만 행사 가능)	
최종거래일	결제월 두 번째 목요일('두목')	
결제방법	현금결제	

05 다음은 옵션가격의 결정요인에 대한 내용이다. 옳지 않은 것은?

	구분	콜옵션	풋옵션
①	$S\uparrow$	상승	하락
②	$T\uparrow$	하락	하락
③	$\sigma\uparrow$	상승	상승
④	$r\uparrow$	상승	하락

06 다음은 국내 주식관련옵션에 대한 설명이다. 옳지 않은 것은?

① KOSPI200 주가지수옵션의 거래승수는 25만원, 개별주식옵션의 거래승수는 10주이다.
② 우리나라 주가지수옵션은 현금결제, 주식옵션은 실물 인수도이다.
③ 주식옵션이 주가지수옵션과 다른 점은 기초자산이 개별주식이라는 점이다.
④ 최종거래일은 각 결제월 두 번째 목요일이다.

정답
05 ② 　잔존만기가 클수록 콜옵션과 풋옵션의 가치가 상승한다.
06 ② 　국내 주식관련옵션은 현금결제이다.

···TOPIC 3 　**주식관련옵션의 가격결정**

1. 이항분포옵션 가격결정모형

(1) 정의

기본적으로 0시점과 1시점만 존재하는 1기 모형으로, 옵션의 기초자산인 주식이 만기에 두 가지의 가격만을 가질 수 있다고 가정하여 옵션가격을 구하는 방법

(2) 가정

① 주식가격은 이항분포 생성과정을 따름
② 주식가격은 상승과 하락의 두 가지 경우만 계속해서 반복함
③ '1 + 주가 상승률'은 '1 + 무위험 수익률'보다 크고, '1 + 주가 하락율'은 '1 + 무위험 수익률'보다 작음
④ 주식보유에 따른 배당금 지급은 없으며, 거래비용, 세금 등이 존재하지 않음

(3) 옵션가격 계산방법

① 무위험 투자를 가정하고 리스크 중립확률(p)을 구함

  [별해] $p = (r-d)/(u-d)$

② 리스크 중립확률(p)을 이용하여 옵션의 만기 기대가치를 구함

③ 무위험수익률을 이용하여 옵션의 현재가치를 구함

2. 블랙 – 숄즈 모형 가격결정모형

① Black과 Scholes는 '불확실성의 주식에서 불확실성의 옵션을 빼면 무위험채권'이라는 논리에서 시작 → '주식 – 채권 = 옵션가격'의 모형을 유도해 냄

② 가정 : 만기까지 배당이 없고, 유럽형 옵션에만 적용함

③ 옵션의 가격결정요인으로 옵션가격결정모형을 유도함

핵심요약문제

07 이항분포 옵션 가격결정모형의 가정에 관한 설명이다. 옳지 않은 것은?

① 주식가격은 이항분포 생성과정을 따른다.
② 주식가격은 상승과 하락의 두 가지 경우만 계속해서 반복한다.
③ '1 + 주가 상승률'은 '1 + 무위험 수익률'보다 작고, '1 + 주가 하락율'은 '1 + 무위험 수익률'보다 크다.
④ 주식보유에 따른 배당금지급은 없으며, 거래비용, 세금 등이 존재하지 않는다.

08 현재 주식가격은 100, 만기 시 주식가격은 160의 값을 갖거나 60의 값을 가지며 행사가격이 100인 유럽식 콜옵션이 있다. 이항분포 가격결정모형에 의하면 1년 만기 유럽식 콜옵션의 현재가치는 얼마인가(무위험수익률은 15%, 이산복리를 가정)?

① 25.7   ② 26.7
③ 27.7   ④ 28.7

정답 **07** ③   '1 + 주가 상승률'은 '1 + 무위험 수익률'보다 크고, '1 + 주가 하락율'은 '1 + 무위험 수익률'보다 작다.
     08 ④   ㉠ $100(1 + 0.15) = 160 \times p + 60 \times (1 - p)$, 리스크 중립확률(p) = 0.55
              ㉡ 옵션의 만기기대가치 = $(60 \times 0.55) + (0 \times 0.5) = 33$
              ㉢ 옵션의 현재가치 = $33/(1 + 0.15) = 28.70$

··· TOPIC 4 옵션가격의 관계

1. 풋 - 콜 패리티 정의

동일한 기초자산, 만기, 행사가격을 갖는 콜옵션과 풋옵션의 가격 사이에 관계식이 성립

2. 풋 - 콜 패리티 증명

포트폴리오 구성	만기에서의 수익(payoff)	
	S<X인 경우	S>X인 경우
주식 매입(S) 콜옵션 발행(-c) 풋옵션 매입(p)	S 0 X-S	S -(S-X) 0
포트폴리오 가치 (S+p-c)	X	X

① 위의 수익구조에서 $(S+p-c)(1+r_f)=X$임을 알 수 있음

② 결국, 현물 풋-콜 패리티인 $S+p=c+X/(1+r_f)$ 관계가 성립

③ 선물 풋-콜 패리티는 $F/(1+r_f)+p=c+X/(1+r_f)$ 관계가 성립

3. 풋 - 콜 패리티 변형

① $c-p=S-X/(1+r_f)$로 변형이 가능

② 등가격옵션의 경우 콜옵션의 가치가 풋옵션의 가치보다 큼$[c-p=S-X/(1+r_f)>0]$

※ 단, 선물 풋-콜 패리티는 콜옵션의 가치가 풋옵션의 가치와 같음

4. 주식배당금을 고려한 풋 - 콜 패리티

배당금 지급으로 인한 주가 하락은 콜옵션 가치에 음의 효과, 풋옵션 가치에 양의 효과를 나타냄

핵심요약문제 ✎

09 다음은 풋-콜 패리티에 관한 설명이다. 적절하지 않은 것은?

① 동일한 기초자산, 만기, 행사가격을 갖는 콜옵션과 풋옵션의 가격 사이의 관계식을 말한다.
② 등가격옵션의 경우 현물옵션은 콜옵션의 가치가 풋옵션의 가치보다 크다.
③ 등가격옵션의 경우 선물옵션은 콜옵션의 가치가 풋옵션의 가치와 같다.
④ 배당금 지급으로 인한 주가 하락은 콜옵션 가치에 양(+)의 효과를 나타낸다.

10 다음은 풋-콜 패리티를 이용한 옵션포지션 간의 관계를 설명한 것이다. 옳지 않은 것은?

① 기초자산을 매수하고 풋옵션을 매수한 것은 콜옵션을 매수한 포지션과 같다.
② 콜옵션을 매수하고 기초자산을 매도한 것은 풋옵션을 매수한 포지션과 같다.
③ 콜옵션을 매수하고 풋옵션을 매도한 것은 기초자산을 매수한 것과 같다(합성 매수).
④ 콜옵션을 매도하고 풋옵션을 매수한 것은 기초자산을 매도한 것과 같다(합성 매도).

정답
09 ④ 배당금 지급으로 인한 주가 하락은 콜옵션 가치에 음(−)의 효과를 나타낸다.
10 ① 기초자산을 매수하고 풋옵션을 매수한 것은 콜옵션을 매수한 포지션과 같다.

···TOPIC 5 옵션의 민감도 분석

1. 델타

① 정의 : 옵션가격 변화분/기초자산가격 변화분
② 옵션가격과 기초자산가격 간 관계를 나타내는 곡선의 기울기(즉, 옵션가격의 변화속도 의미)
③ 콜옵션 델타는 0~1, 풋옵션 델타는 −1~0 사이의 값을 가짐
④ 해당 행사가격의 콜옵션이 내가격으로 만기를 맞을 확률로 해석
⑤ 기초자산을 헤지할 때 헤지비율로 사용(헤지비율=1/델타)
⑥ |콜델타|+|풋델타|=1
⑦ 델타중립헤지 : 델타가 0.4인 옵션의 경우 델타중립을 만들기 위해 −0.4의 델타를 갖는 기초자산을 매매

2. 감마

① 정의 : 델타의 변화분/기초자산가격 변화분
② 감마의 값이 크면, 델타는 기초자산가격 변동에 더 민감하게 반응(변화의 가속도)
③ 감마는 콜옵션, 풋옵션 모두 매수일 때는 양(+)의 값, 매도일 때는 음(−)의 값을 가짐
④ 델타는 선형적인 민감도를 표시, 감마는 비선형적인 민감도 표시
⑤ 감마는 ATM에서 가장 크고, 특히 잔여 만기가 짧을수록 ATM에서 더 큼

3. 세타

① 정의 : 옵션가격 변화분/시간의 변화분
② 옵션의 만기일이 가까워질수록 옵션의 시간가치는 하락, 이를 시간가치 감소라 함
③ 만기에 가까워질수록 ATM 옵션의 시간가치는 빠르게 잠식. 즉, ATM에서 옵션의 세타가 가장 크고 OTM, ITM으로 갈수록 작아짐

11 다음 옵션의 델타에 대한 설명 중 적절하지 않은 것은?

① 기초자산가격 변화분에 대한 옵션가격 변화분을 의미한다.
② 옵션가격과 기초자산가격 간 관계를 나타내는 곡선의 기울기를 의미한다.
③ 콜델타의 절댓값과 풋델타의 절댓값의 합은 0이다.
④ 기초자산을 헤지할 때 헤지비율로도 사용한다.

12 다음은 옵션의 민감도에 대한 설명이다. 옳지 않은 것은?

① 감마는 콜옵션, 풋옵션 모두 매도일 때는 음(−)의 값을 갖는다.
② 감마는 특히 잔여 만기가 짧을수록 ATM에서 더 크다.
③ 세타는 시간의 변화분에 대한 옵션가격 변화분을 의미한다.
④ 만기에 가까워질수록 ATM에서 옵션의 세타가 가장 작다.

정답
11 ③   콜델타의 절댓값과 풋델타의 절댓값의 합은 1이다.
12 ④   만기에 가까워질수록 ATM에서 옵션의 세타가 가장 크다.

4. 베가

① 정의 : 옵션가격 변화분/변동성의 변화분
② ATM에서 내가격으로 전환 가능성이 높으므로 옵션의 베가가 가장 크고 OTM, ITM으로 갈수록 작아짐
③ 잔존만기가 많이 남아 있을수록 변동 가능성이 높고 짧을수록 변동폭은 줄어듦

5. 로

① 정의 : 옵션가격 변화분/금리의 변화분
② 이자율의 상승은 행사가격의 현재가치를 감소시키므로 콜옵션의 가치 증가, 풋옵션의 가치 감소를 일반적으로 초래
③ 반면, 이자율 상승은 주가 하락으로 콜옵션 가치가 하락하는 효과도 존재, 결국, 이자율 변동효과는 작음

6. 민감도 특징&활용

(1) 옵션민감도 종합

① 감마, 세타, 베가는 ATM에서, 델타, 로는 ITM에서 최대
② 잔여만기가 짧아질수록 ATM의 감마와 세타는 커지고, 베가는 작아짐
③ 옵션의 포지션 부호(매도는 반대 부호)

구분	콜옵션	풋옵션
델타	+	−
감마	+	+
세타	−	−
베가	+	+
로	+	−

(2) 민감도의 가법성

콜옵션과 풋옵션이 혼재하는 포지션인 경우에도 민감도 크기를 구할 수 있음

핵심요약문제

13 다음은 옵션의 민감도 대한 설명이다. 옳지 않은 것은?

① 베가는 ATM에서 가장 크고 OTM, ITM으로 갈수록 작아진다.
② 베가는 잔존만기가 많이 남아 있을수록 낮은 값을 갖는다.
③ 이자율의 상승은 행사가격의 현재가치를 감소시키므로 콜옵션의 가치를 증가시킨다.
④ 이자율 상승은 주가 하락으로 콜옵션 가치가 하락하는 효과도 있어 변동효과가 작다.

14 델타가 0.50이고, 감마가 0.02인 콜옵션 10계약 매수와 델타가 −0.4이고 감마가 0.03인 풋옵션 5계약 매수의 포지션에서 기초자산 가격이 1단위 상승하는 경우 포트폴리오의 델타는?

① 3.05로 변함   ② 3.15로 변함
③ 3.25로 변함   ④ 3.35로 변함

정답   13 ②   베가는 잔존만기가 많이 남아 있을수록 변동 가능성이 높기 때문에 높은 값을 갖는다.
       14 ④   민감도의 가법성은 $(0.5+0.02) \times 10 + (-0.4+0.03) \times 5 = 3.35$로 변한다.

1. 방향성 매매

(1) 강세 전략

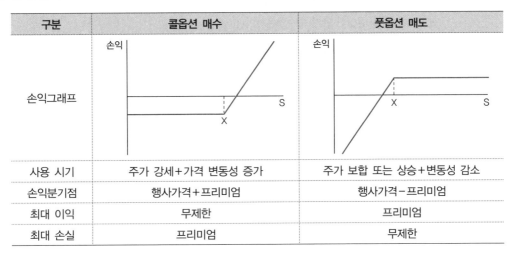

구분	콜옵션 매수	풋옵션 매도
손익그래프		
사용 시기	주가 강세+가격 변동성 증가	주가 보합 또는 상승+변동성 감소
손익분기점	행사가격+프리미엄	행사가격−프리미엄
최대 이익	무제한	프리미엄
최대 손실	프리미엄	무제한

(2) 약세 전략

구분	풋옵션 매수	콜옵션 매도
손익그래프		
사용 시기	주가 약세+변동성 증가	주가 보합 또는 하락+변동성 감소
손익분기점	행사가격−프리미엄	행사가격+프리미엄
최대 이익	무제한	프리미엄
최대 손실	프리미엄	무제한

15 투자자 A씨는 KOSPI200 콜100을 2pt에 1계약을 매수하였으며, 만기에 KOSPI200이 105가 되었다. 이 투자에 대한 설명 중 옳지 않은 것은?

① 손익분기점은 102이다.
② 만기에 최대손실은 2이다.
③ 만기에 KOSPI200이 100 이하라면 권리행사를 포기한다.
④ 프리미엄을 감안한 만기 순수익은 4이다.

16 투자자 A씨는 주가가 하락할 가능성이 낮을 것으로 예상하고 가격변동성도 증가하지 않을 것으로 내다보고 있다. 이런 경우 바람직한 옵션투자전략은?

① 근월물 등가격 콜옵션 매수
② 원월물 외가격 콜옵션 매도
③ 원월물 등가격 풋옵션 매수
④ 근월물 등가격 풋옵션 매도

정답
15 ④ 프리미엄을 감안한 만기 순수익은 (105 − 100) − 2 = 3이다.
16 ④ 주가보합/가격변동성이 낮을 경우 풋옵션을 매도하고 변동성이 높은 근월물/등가격을 이용한다.

2. 스프레드 거래

(1) 수직 스프레드

구분	강세 스프레드	약세 스프레드
손익그래프		
사용 시기	강세 예상, 확신이 크지 않을 때	약세 예상, 확신이 크지 않을 때
포지션 구성	• 낮은 행사가격 콜 매수＋높은 행사가격 콜 매도＝프리미엄 지불 • 낮은 행사가격 풋 매수＋높은 행사가격 풋 매도＝프리미엄 수취	• 낮은 행사가격 콜 매도＋높은 행사가격 콜 매수＝프리미엄 수취 • 낮은 행사가격 풋 매도＋높은 행사가격 풋 매수＝프리미엄 지불
최대 손익	제한(보수적 투자)	제한(보수적 투자)

(2) 수평 스프레드 : 시간 스프레드, 캘린더 스프레드

① 행사가격 동일, 만기가 다른 콜옵션이나 풋옵션을 조합
② 일반적으로 만존만기가 짧은 근월물을 매도하고 잔존만기가 긴 원월물을 매수
③ 상대적으로 시간가치 감소폭은 근월물 > 원월물이라는 것을 이용
④ 원월물 매수로 구성된 포지션은 시간 스프레드 매수, 그 반대는 시간 스프레드 매도라 함

⑤ 주가가 안정될 것으로 예상되는 상황에서는 시간 스프레드 매수, 주가변동성이 클 것으로 예상될 때는 시간 스프레드 매도가 유리

핵심요약문제

17 다음 중 옵션 스프레드 전략에 대한 설명으로 틀린 것은?

① 시간 스프레드는 동일한 행사가격, 만기가 다른 콜옵션이나 풋옵션을 조합한 것이다.
② 강세 콜 스프레드는 초기에 수입이 발생하지만, 풋 스프레드는 비용이 발생한다.
③ 강세 콜 스프레드는 낮은 콜을 매입하고, 높은 콜을 매도하는 전략이다.
④ 강세 풋 스프레드는 낮은 풋을 매입하고, 높은 풋을 매도하는 전략이다.

18 투자자 A는 KOSPI200 풋 350을 2pt에 1계약 매수함과 동시에 풋 355를 5pt에 1계약 매도하였다. 이 거래에 대한 설명 중 옳지 않은 것은?

① 시장의 강세가 예상되나 확신이 높지 않을 때 이용하는 보수적 전략이다.
② 이 거래의 손익분기점은 352pt이다.
③ 초기에 프리미엄 순수취 2pt이다.
④ 최대이익은 3pt, 최대손실은 2pt이다.

정답 17 ②   강세 콜 스프레드는 초기에 프리미엄을 지불하고, 풋 스프레드는 프리미엄을 수취한다.
18 ③   초기에 프리미엄 순수취는 5 − 2 = 3pt이다. 손익분기점 = 355 − (5 − 2) = 352, 최대이익 = 5 − 2 = 3, 최대손실 = (355 − 350) − (5 − 2) = 2

3. 변동성 매매

(1) 변동성 매수

구분	스트래들 매수	스트랭글 매수	버터플라이 매도
손익그래프			
사용 시기	변동성이 클 때	변동성이 클 때	변동성이 클 때
포지션 구성	동일 행사가격 콜 매수+풋 매수	다른 행사가격 콜 매수+풋 매수	다른 행사가격 콜옵션 1매도+2매수+1매도
손익분기점	행사가격±프리미엄 합	낮은 행사가격−프리미엄 합, 높은 행사가격+프리미엄 합	낮은 행사가격+프리미엄 합, 높은 행사가격−프리미엄 합
최대 이익	무제한	무제한	제한
최대 손실	프리미엄 합	프리미엄 합	제한

(2) 변동성 매도

구분	스트래들 매도	스트랭글 매도	버터플라이 매수
손익그래프	손익 그래프	손익 그래프	손익 그래프
사용 시기	변동성이 작을 때	변동성이 작을 때	변동성이 작을 때
포지션 구성	동일 행사가격 콜 매도+풋 매도	다른 행사가격 콜 매도+풋 매도	다른 행사가격 콜옵션 1매수+2매도+1매수
손익분기점	행사가격±프리미엄 합	낮은 행사가격−프리미엄 합, 높은 행사가격+프리미엄 합	낮은 행사가격+프리미엄 합, 높은 행사가격−프리미엄 합
최대 이익	프리미엄 합	프리미엄 합	제한
최대 손실	무제한	무제한	제한

핵심요약문제

19 다음은 옵션을 이용한 변동성 거래에 대한 설명이다. 옳지 않은 것은?

① 기초자산의 가격변동성이 커질 것으로 예상할 때 사용 전략을 변동성 매수 전략이라 한다.
② 기초자산의 가격변동성이 작아질 것으로 예상할 때 사용 전략을 변동성 매도 전략이라 한다.
③ 대표적인 변동성 매수 전략은 스트래들 매수, 스트랭글 매수, 버터플라이 매수가 있다.
④ 스트래들 매수는 동일만기와 동일 행사가격의 콜옵션과 풋옵션을 동시에 매수하는 전략이다.

20 투자자 A는 KOSPI200 콜 350을 3pt에 1계약 매도함과 동시에 풋 350을 2pt에 1계약 매도하였다.
이 거래에 대한 설명 중 옳지 않은 것은?

① 향후 주가가 현재 수준으로 횡보할 것으로 예상될 때 이용하는 전략이다.
② 시간가치 소멸효과를 극대화하기 위하여 근월물 옵션을 매도하는 것이 적합하다.
③ 최대 이익은 콜옵션과 풋옵션을 매도하며 수취한 프리미엄 합인 5pt이다.
④ 만기 손실은 수취한 프리미엄 합인 5pt이다.

정답
19 ③　　대표적인 변동성 매수 전략은 스트래들 매수, 스트랭글 매수, 버터플라이 매도가 있다.
20 ④　　만기 손실은 무제한이다.

4. 방향성 매매와 변동성 매매의 결합(비율 스프레드＋strip&strap)

구분	콜비율 스프레드	풋비율 스프레드
손익그래프		
사용 시기	변동성이 크고 주가흐름을 확신한 상황	변동성이 크고 주가흐름을 확신한 상황
포지션 구성	낮은 행사가격 콜옵션 매수＋ 높은 행사가격 콜옵션 X배 매도	높은 행사가격 풋옵션 매수＋ 낮은 행사가격 풋옵션 X배 매도
구분	스트립	스트랩
손익그래프		
사용 시기	변동성 확대 예상＋주가 하락 예상	변동성 확대 예상＋주가 상승 예상
포지션 구성	동일 행사가격의 풋옵션 2개 매수＋콜옵션 1개 매수	동일 행사가격의 콜옵션 2개 매수＋풋옵션 1개 매수

5. 헤지거래

구분	보호적 풋	커버드 콜
손익그래프		
사용 시기	주가가 하락할 위험＋변동성 큼	주가 횡보/약보 합이 예상＋변동성 작음
포지션 구성	주식 매수＋풋옵션 매수＝콜옵션 매수	주식 매수＋콜옵션 매도＝풋옵션 매도

21 향후 변동성이 확대되고 주가도 상승할 것으로 예상된다면 사용할 수 있는 전략은 무엇인가(행사가격은 동일하다고 가정)?

① 풋옵션 1개 매수+콜옵션 1개 매수
② 콜옵션 1개 매도+풋옵션 1개 매도
③ 풋옵션 2개 매수+콜옵션 1개 매수
④ 콜옵션 2개 매수+풋옵션 1개 매수

22 헤지거래인 보호적 풋과 커버드 콜에 대한 설명이다. 적절하지 않은 것은?

① 보호적 풋의 사용 시기는 주가가 하락할 위험이 있거나 변동성 큰 경우이다.
② 커버드 콜의 사용 시기는 주가상승이 예상되거나 변동성이 작은 경우이다.
③ 보호적 풋의 포지션은 주식 매수+풋옵션 매수이다.
④ 커버드 콜의 포지션은 주식 매수+콜옵션 매도이다.

정답
21 ④ 스트랩 전략이다. ① 스트래들 매수, ② 스트래들 매도, ③ 스트립 전략
22 ② 커버드 콜의 사용 시기는 주가 횡보/약보 합이 예상되거나 변동성이 작은 경우이다.

6. 합성포지션 구성

구분	합성포지션 구성 방법
합성 콜 매수(+C)	풋 매수(+P)+기초자산 매수(+S)
합성 콜 매도(−C)	풋 매도(−P)+기초자산 매도(−S)
합성 풋 매수(+P)	콜 매수(+C)+기초자산 매도(−S)
합성 풋 매도(−P)	콜 매도(−C)+기초자산 매수(+S)
합성 기초자산 매수(+S)	콜 매수(+C)+풋 매도(−P)
합성 기초자산 매도(−S)	콜 매도(−C)+풋 매수(+P)

7. 차익거래

(1) 옵션 및 기초자산을 이용한 차익거래

구분	컨버전	리버설
사용 시기	콜 고평가, 풋 저평가 $S+p<c+X/(1+rf)$	콜 저평가, 풋 고평가 $S+p>c+X/(1+rf)$
포지션 구성	합성 기초자산 매도 (콜 매도+풋 매수)+기초자산 매수	합성 기초자산 매수 (콜 매수+풋 매도)+기초자산 매도

(2) 옵션만을 이용한 차익거래

구분	크레딧 박스	데빗 박스
사용 시기	높은 행사가격의 합성선물 <낮은 행사가격의 합성선물	높은 행사가격의 합성선물 >낮은 행사가격의 합성선물
포지션 구성	높은 행사가격의 합성선물 매수 (콜 매수/풋 매도)+낮은 행사가격의 합성선물 매도(콜 매도/풋 매수)	높은 행사가격의 합성선물 매도 (콜 매도/풋 매수)+낮은 행사가격의 합성선물 매수(콜 매수/풋 매도)
특징	초기 현금유입 발생(selling a box)	초기 현금유출 발생(buying a box)

 핵심요약문제

23 풋-콜 패리티를 활용하여 합성포지션을 구성하였다. 옳지 않은 것은?

① 합성 콜 매수(+C)=풋 매수(+P)+기초자산 매수(+S)
② 합성 풋 매도(-P)=콜 매도(-C)+기초자산 매도(-S)
③ 합성 기초자산 매수(+S)=콜 매수(+C)+풋 매도(-P)
④ 합성 기초자산 매도(-S)=콜 매도(-C)+풋 매수(+P)

24 배당금을 지급하지 않는 주식의 가격이 50,000원, 30일 만기 유럽형 콜옵션(행사가격 : 50,000원)의 가격이 5,000원, 무위험이자율을 12%로 가정할 때, 동일한 만기와 동일한 행사가격을 가지는 차익거래가 발생하지 않는 풋옵션의 가격은 어떻게 형성되는가(이산복리, 1년은 360일 가정)?

① 4,500 ② 4,505
③ 4,510 ④ 4,515

정답
23 ② 합성 풋 매도(-P)=콜 매도(-C)+기초자산 매수(+S)
24 ② 풋-콜 패리티를 활용한다. $5,000+50,000/(1+0.12\times30/360)=p+50,000$, $p=4,505$

CHAPTER 02 출제예상문제

01 다음은 유럽형 옵션에 대한 일반적인 설명이다. 옳지 않은 것은?

① 옵션매수자는 기초자산가격이 오르면 옵션행사를 통해 상당한 이익을 얻는다.
② 옵션매수자는 기초자산가격이 내리면 옵션행사를 포기하고 지불한 가격만큼 손실을 본다.
③ 옵션매도자의 이익은 매수자로부터 받는 프리미엄으로 한정한다.
④ 옵션매도자는 기초자산가격의 움직임에 따른 막대한 손실도 제한된다.

02 다음은 옵션에 관한 설명이다. 옳지 않은 것은?

① 유럽형 옵션의 시간가치는 옵션가격과 내재가치의 차이이다.
② 옵션의 내재가치는 옵션이 내가격 상태에서 거래될 때만 발생한다.
③ 옵션거래자는 증거금을 납부하고 일일정산이 이루어진다.
④ 내가격 풋옵션은 행사가격에서 기초자산가격을 차감하여 결정한다.

03 다음 중 옵션가격의 결정요인으로 올바르게 묶인 것은?

㉠ 기초자산가격	㉡ 만기까지 기간
㉢ 베이시스	㉣ 기초자산가격의 변동성

① ㉠, ㉡, ㉢
② ㉠, ㉡, ㉣
③ ㉡, ㉢, ㉣
④ ㉠, ㉡, ㉢, ㉣

정답 및 해설

01 ④   옵션매도자는 기초자산가격의 움직임에 따라 막대한 손실도 가능하다.
02 ③   옵션거래는 매도자의 경우에만 증거금을 납부하고 일일정산이 이루어진다.
03 ②   베이시스는 선물과 현물의 가격차이를 말한다.

04 다음 중 기초자산가격이 크게 변할 때 이론적으로 가장 큰 손실이 가능한 옵션의 포지션은 무엇인가?

① 콜옵션 매수
② 콜옵션 매도
③ 풋옵션 매수
④ 풋옵션 매도

05 A회사 주식옵션의 투자자는 만기 3개월, 행사가격 50만원인 콜옵션을 2만원에 매수하였다. 현재 A회사 주식가격이 47만원이라고 할 때 콜옵션의 시간가치는?

① 2만원
② 3만원
③ 4만원
④ 5만원

06 다음은 선물거래와 옵션거래에 대한 내용이다. 옳지 않은 것은?

① 옵션거래에서 매수자는 권리를, 매도자는 의무를 갖는다.
② 선물거래의 경우 매도자와 매수자 모두 계약이행의무를 부담한다.
③ 옵션거래자의 경우 매도자만 위탁증거금을 부과한다.
④ 선물거래자 및 옵션거래자는 모두 일일정산을 한다.

07 현재의 KOSPI200의 지수가 250pt이다. 행사가격이 255pt인 KOSPI200지수 풋옵션의 현재 프리미엄이 6.5pt일 때 내재가치와 시간가치는 각각 얼마인가?

① 4pt, 1pt
② 4pt, 2pt
③ 5pt, 1.5pt
④ 5pt, 2pt

정답 및 해설

04 ② 콜옵션 매도 포지션은 기초자산가격이 무한대로 커질 수가 있어 무한대 손실이 가능하다.
05 ① 내재가치＝max[47만원－50만원, 0]＝0, 시간가치＝옵션가치－내재가치＝2만원－0＝2만원
06 ④ 옵션매수자는 일일정산을 하지 않는다.
07 ③ 풋옵션의 내재가치＝max(0, 255－250)＝5pt이고, 시간가치＝6.5－5＝1.5pt이다.

08 현재의 KOSPI200의 지수가 215pt이다. 행사가격이 210pt인 KOSPI200지수 풋옵션의 현재 프리미엄이 2pt일 때 시간가치는 얼마이며 옵션의 현재 상태는 무엇인가?

① 1pt, ITM
② 1pt, OTM
③ 2pt, ITM
④ 2pt, OTM

09 다음은 옵션가격 결정요인과 옵션가격 간의 관계에 대한 설명이다. 옳지 않은 것은?

① 기초자산 가격의 변동성이 클수록 콜옵션과 풋옵션의 가치는 상승한다.
② 옵션의 잔존만기가 줄어들수록 콜옵션과 풋옵션의 가치는 하락한다.
③ 이자율이 상승하면 콜옵션 가치는 상승하고 풋옵션 가치는 하락한다.
④ 기초자산에 배당금 수입이 발생하면 콜옵션 가치는 상승하고 풋옵션 가치는 하락한다.

10 다음은 선물과 옵션의 가격결정요인에 대한 설명이다. 적절하지 않은 것은?

① 만기가 길어지면 선물가격과 옵션가격은 상승한다.
② 기초자산 가격이 상승하면 선물가격과 옵션가격은 상승한다.
③ 변동성이 커지면 선물가격과 옵션가격은 상승한다.
④ 주식의 배당이 커지면 선물가격과 옵션가격은 하락한다.

11 다음은 유럽형 옵션가격의 상·하한선에 대한 설명이다. 적절하지 않은 것은?

① 콜옵션의 가격은 음(−)의 값을 가질 수 없고, 기초자산 가격보다 크지 않다.
② 콜옵션의 가격은 기초자산 가격에서 행사가격의 현재가치를 차감한 값보다 작지 않다.
③ 풋옵션의 가격은 음(−)의 값을 가질 수 없고, 기초자산 가격보다 크지 않다.
④ 풋옵션의 가격은 행사가격의 현재가치에서 기초자산 가격을 차감한 값보다 작지 않다.

정답 및 해설

08 ④ 풋옵션의 내재가치 = max(0, 210−215) = 0pt이고, 시간가치 = 2−0 = 2pt이다. 따라서 내재가치는 없고 시간가치만 있으므로 OTM 상태이다.

09 ④ 기초자산에 배당금 수입이 발생하면 콜옵션 가치는 하락하고 풋옵션 가치는 상승한다.

10 ③ 보유비용모형을 참고한다. $F_t = S_t + S_t(r-d)\dfrac{(T-t)}{365}$

11 ③ 풋옵션의 가격은 음(−)의 값을 가질 수 없고, 행사가격보다 크지 않다.

12 배당이 없는 유럽형 옵션으로 기초자산의 현재가격이 200, 행사가격이 204인 콜옵션의 현재가격이 5일 때, 만기와 행사가격이 동일한 풋옵션의 가격은 얼마인가(이자율은 2%이며, 이산복리가정)?

① 2

② 3

③ 4

④ 5

13 다음은 우리나라 주식관련 옵션에 대한 설명이다. 적절하지 않은 것은?

① KOSPI200지수옵션은 국내 장내파생상품 중에서 가장 많은 거래량을 기록하고 있다.

② KOSPI200주가지수를 기초자산으로 하는 유럽형 옵션을 만기일에 권리행사가 가능하다.

③ KOSPI200주가지수선물과 달리 주가지수옵션의 거래승수는 계약당 10만원이다.

④ 우리나라 주가지수선물과 주가지수 옵션은 만기에 모두 현금결제한다.

14 다음은 옵션의 가치평가모형인 이항분포 모형과 블랙 – 숄즈 모형에 대한 설명이다. 옳지 않은 것은?

① 이항분포모형은 자산가격이 일정한 비율로 상승 · 하락하는 이항분포를 따른다고 가정한다.

② 블랙 – 숄즈 모형에서 옵션가격은 기초자산가격, 행사가격, 이자율, 변동성, 잔존만기의 함수이다.

③ 한국거래소는 옵션의 이론가격 산출에 블랙 – 숄즈 모형을 이용한다.

④ 블랙 – 숄즈 모형은 미국식 옵션에는 사용할 수 없는 단점이 있다.

15 현재 주식 가격은 50만원이고, 1년 후에 70만원으로 상승하거나 30만원으로 하락한다고 가정하며, 무위험 이자율은 연 10%이다. 이 주식에 대한 유럽형 풋옵션의 현재가치는(만기는 1년, 행사가격은 40만원)?

① 33,091

② 34,091

③ 35,091

④ 36,091

정답 및 해설

12 ④ 풋 – 콜 패리티를 사용하면 $p + 200 = 5 + \dfrac{204}{(1 + 0.02)}$, $p = 5$이다.

13 ③ KOSPI200주가지수선물과 주가지수옵션의 거래승수는 모두 계약당 25만원이다.

14 ③ 한국거래소는 옵션의 이론가격 산출은 이항분포모형을 이용한다.

15 ② • 상승배수(u) = 1.4, 하락배수(d) = 0.6, 무위험 이자율(r) = 1 + 0.1 = 1.1
 • 리스크 중립확률(p) = (r − d)/(u − d) = 0.625
 • 풋옵션의 가치 = [0.625 × 0 + (1 − 0.625) × 10만원]/(1 + 0.1) = 34,091

16 현재시점 t에서 기초자산의 가격을 S, 만기일이 T, 행사가격이 K인 유럽형 콜옵션과 풋옵션의 가격을 각각 c와 p이다. 주식옵션의 만기까지 지급하는 배당금을 D라고 할 때 이러한 상황을 감안한 풋 – 콜 패리티를 새롭게 구하는 식은?

① $S-D+p=c+X/(1+r_f)$　　　② $p-S-D=c+X/(1+r_f)$
③ $S+D+p=c+X/(1+r_f)$　　　④ $c+p=S+X/(1+r_f)+D$

17 투자자 A씨는 합성선물 매도 포지션을 구성하려 한다. 올바른 방법은 무엇인가?

① 콜옵션 매수 + 풋옵션 매수　　　② 콜옵션 매수 + 풋옵션 매수
③ 콜옵션 매수 + 풋옵션 매도　　　④ 콜옵션 매도 + 풋옵션 매수

18 기초자산과 행사가격이 모두 101일 때 유럽형 풋옵션의 가격이 3이다. 시장이 균형상태라고 가정하면 만기와 행사가격이 같은 배당이 없으며 잔존만기가 1개월인 유럽형 콜옵션의 가격은 얼마인가(무위험 이자율은 연 12%로 가정)?

① 2　　　　　　　　　　② 3
③ 4　　　　　　　　　　④ 5

19 다음은 옵션의 델타에 관한 설명이다. 적절하지 않은 것은?

① 델타는 기초자산으로 옵션을 헤지할 때 헤지비율로 사용된다.
② 델타는 해당 행사가격의 콜옵션이 내가격으로 만기를 맞을 확률로도 해석할 수 있다.
③ 풋옵션의 델타는 기초자산가격이 상승하면 0의 값에, 하락하면 −1의 값에 접근한다.
④ 만기가 긴 옵션의 델타는 주식가격이 변함에 따라 급하게 변하는 반면, 만기가 짧은 옵션의 델타는 완만하게 변하는 특성이 있다.

정답 및 해설

16 ①　배당락이 발생하면 배당금만큼 주가가 하락한다. $S-D+p=c+X/(1+r_f)$
17 ④　콜옵션 매도 + 풋옵션 매수는 합성선물 매도 포지션의 구성이다. 콜옵션 매수 + 풋옵션 매도는 합성선물 매수 포지션이다.
18 ③　$3+101=c+101/(1+0.12/12)$, $c=4$
19 ④　주가변화에 따라 잔존만기가 긴 옵션의 델타는 완만하게, 짧은 옵션의 델타는 급하게 변한다.

20 선물 3계약을 매수하고 델타가 0.3인 콜옵션 5계약을 매도하였으며, 델타가 -0.5인 풋옵션 7계약 매수하였다. 포지션 전체의 델타는 얼마인가?

① +2

② -2

③ +3

④ -3

21 다음은 옵션의 민감도 지표인 감마(Gamma)에 대한 설명이다. 옳지 않은 것은?

① 옵션 수익구조의 특성인 비선형적인 민감도를 측정하는 지표이다.

② 옵션 매수 포지션은 양(+)의 감마, 매도 포지션은 음(-)의 감마를 갖는다.

③ 감마는 ITM에서 가장 높고 OTM, ATM일수록 작아진다.

④ 감마의 절댓값이 클수록 델타중립 포지션을 유지하기 어렵다.

22 다음은 옵션의 민감도 지표인 델타와 감마에 대한 비교 설명이다. 옳지 않은 것은?

① 델타는 선형 민감도이고, 감마는 비선형 민감도를 의미한다.

② 델타는 1차 미분값이고, 감마는 2차 미분값을 의미한다.

③ 델타는 기울기의 변화이고, 감마는 기울기를 의미한다.

④ 델타는 옵션가격 변화속도이고, 감마는 변화속도의 가속도를 의미한다.

23 다음은 옵션의 민감도 지표인 세타(Theta)에 대한 설명이다. 옳지 않은 것은?

① 옵션의 시간가치 감소를 의미한다.

② 잔존만기가 짧아질수록 세타는 작아진다.

③ 세타값은 ATM일 때 가장 크다.

④ 옵션 매도 시 세타값은 양(+)의 부호를 갖는다.

정답 및 해설

20 ② 옵션의 민감도의 가법성을 이용하면, 전체델타 $= 1 \times (+3) + 0.3 \times (-5) + (-0.5) \times (+7) = -2$이다.

21 ③ 감마는 ATM에서 가장 높다.

22 ③ 델타는 기울기이며, 감마는 기울기의 변화이다.

23 ② 잔존만기가 짧아질수록 시간가치가 급격히 소멸하므로 세타는 커진다.

24 다음은 옵션민감도 지표인 베가(Vega)에 관한 설명이다. 적절하지 않은 것은?

① 변동성이 상승하면 옵션가격이 상승한다.

② 베가는 ATM에서 가장 크다.

③ 잔존기간이 길수록 베가는 작아진다.

④ 가격 변동성의 상승 또는 하락 예상 시 ATM 옵션을 매매한다.

25 다음은 옵션포지션에 대한 민감도 부호이다. 음(-)의 부호로만 나열된 것은?

① 콜옵션 매수 : 델타, 감마

② 콜옵션 매도 : 감마, 베가

③ 풋옵션 매수 : 감마, 베가

④ 풋옵션 매도 : 델타, 세타

26 투자자 A씨가 향후 주가가 강세일 것으로 예상하고 가격 변동성도 증가할 것으로 예상한다면 어떠한 방향성 매매를 하는 것이 바람직한가?

① 콜옵션 매수

② 콜옵션 매도

③ 풋옵션 매수

④ 풋옵션 매도

27 KOSPI200 옵션시장에서 행사가격이 350pt인 5월물 콜옵션 5계약을 2.5pt에 매도하고, 동시에 같은 행사가격의 6월물 콜옵션 5계약을 5.0pt에 매수하였다. 이러한 거래는 어떠한 전략에 해당하는가?

① 강세 콜옵션 스프레드

② 약세 콜옵션 스프레드

③ 강세 풋옵션 스프레드

④ 캘린더 스프레드

정답 및 해설

24 ③ 잔존기간이 길수록 베가는 커진다.

25 ② ①, ③, ④는 모두 양(+)의 부호이다.

26 ① 콜옵션 매수로 향후 기초자산의 상승이익을 무한대로 취할 수 있다.

27 ④ 동일 행사가격의 상태에서 만기가 짧은 옵션을 매도하고 만기가 긴 옵션을 매수하였다면 시간 스프레드(캘린더 스프레드) 전략이라 한다.

28 투자자 A씨는 KOSPI200 풋 100을 2pt에 1계약을 매도하였으며, 만기에 KOSPI200이 95가 되었다. 이 투자에 대한 설명 중 옳지 않은 것은?

① 손익분기점은 95이다.
② 만기에 최대 이익은 2이다.
③ 만기에 KOSPI200이 100 이상이면 권리행사를 포기한다.
④ 프리미엄을 감안한 만기 순손실은 3이다.

29 다음은 옵션을 이용한 스프레드 거래에 대한 설명이다. 적절하지 않은 것은?

① 수평 스프레드는 만기가 서로 다른 두 개의 옵션으로 구축한다.
② 수직 스프레드는 행사가격이 서로 다른 두 개 이상의 옵션으로 구축한다.
③ 대각 스프레드는 만기와 행사가격이 서로 다른 두 개 이상의 옵션으로 구축한다.
④ 수평 스프레드는 시장 상승 시 강세 스프레드, 시장 하락 시 약세 스프레드 전략을 취한다.

30 투자자 A씨는 콜옵션 100 매수와 콜옵션 110매도를 통한 스프레드 전략을 취하려 한다. 무엇에 대한 설명인가?

① 콜 베어 스프레드   ② 풋 베어 스프레드
③ 콜 불 스프레드   ④ 풋 불 스프레드

31 다음은 베어 스프레드(약세 스프레드)에 대한 설명이다. 옳지 않은 것은?

① 기초자산 가격의 하락이 예상될 때 구축하는 전략이다.
② 콜 베어 스프레드는 초기 구축 비용이 발생하지 않는다.
③ 행사가격이 서로 다른 옵션을 이용하여 구축하는 전략이다.
④ 행사가격이 낮은 풋옵션을 매수하고 높은 풋옵션을 매도하여 구축한다.

정답 및 해설

28 ①   손익분기점은 100－2(수령한 프리미엄)＝98이다.
29 ④   <u>수직 스프레드</u>는 시장 상승 시 강세 스프레드, 시장 하락 시 약세 스프레드 전략을 취한다.
30 ③   콜 불 스프레드는 시장가격이 상승할 것으로 예상할 때 취하는 전략이다.
31 ④   행사가격이 낮은 풋옵션을 <u>매도</u>하고 높은 풋옵션을 <u>매수</u>하여 구축한다.

32 투자자 A씨는 어느 정도 주가 상승을 예상하고 있으나 확신이 없어 이익과 손실을 제한하고 싶다. 초기에 현금 유입을 원한다면 어떠한 투자전략이 바람직한가?

① 행사가격 350 콜 1계약 매수＋행사가격 355 콜 1계약 매도
② 행사가격 350 풋 1계약 매수＋행사가격 355 풋 1계약 매도
③ 행사가격 350 콜 1계약 매도＋행사가격 350 풋 1계약 매도
④ 행사가격 355 콜 1계약 매도＋행사가격 350 풋 1계약 매도

33 다음은 변동성 매수전략에 대한 설명이다. 옳지 않은 것은?

① 변동성 매수전략은 기초자산가격이 크게 움직이면 이익이 발생한다.
② 스트래들 매수, 스트랭글 매수, 버터플라이 매도가 이 전략에 해당한다.
③ 스트랭글 매수는 스트래들 매수보다 프리미엄 지출 및 기대이익이 작다.
④ 스트랭글 매수과 스트래들 매수는 행사가격이 같은 콜옵션과 풋옵션을 매수한다.

34 향후에 시장 변동성이 커질 것으로 예상되는 한편, 주가는 하락할 것으로 예상된다면 다음의 어떤 것이 바람직한 전략인가?

① 행사가격 350 콜 1계약 매수＋행사가격 350 풋 1계약 매수
② 행사가격 350 콜 1계약 매수＋행사가격 350 풋 2계약 매수
③ 행사가격 350 콜 2계약 매수＋행사가격 350 풋 1계약 매수
④ 행사가격 350 콜 1계약 매수＋행사가격 352.5 풋 2계약 매도＋행사가격 355 콜 1계약 매수

35 다음 중 옵션 투자전략이 나머지 셋과 다른 것은?

① 강세 스프레드　　　　　　② 스트래들 매수
③ 스트랭글 매도　　　　　　④ 버터플라이 매수

정답 및 해설

32 ②　강세 풋옵션 스프레드 내용이다. ① 강세 콜옵션 스프레드, ③ 스트래들 매도, ④ 스트랭글 매도
33 ④　스트랭글 매수는 다른 행사가격의 콜옵션과 풋옵션을 매수한다.
34 ②　스트립전략이 주가하락 국면에 큰 수익이 발생한다. ① 스트래들 매수, ③ 스트랩 전략(주가상승 시 유리), ④ 버터플라이 매수 전략
35 ①　강세 스프레드만 <u>방향성 전략</u>이고 나머지 셋은 <u>변동성 전략</u>이다.

36 다음 중 기초자산 가격의 급격한 하락이 예상될 경우 가장 위험한 거래 전략은 무엇인가?

① 풋옵션 매수   ② 약세 스프레드

③ 스트랭글 매수   ④ 스트래들 매도

37 다음은 스트래들과 스트랭글을 비교 설명한 것이다. 옳지 않은 것은?

① 스트래들 매수는 동일한 만기와 행사가격을 갖는 콜옵션과 풋옵션을 매수하는 전략이다.

② 스트랭글 매수는 동일한 만기와 다른 행사가격을 갖는 콜옵션과 풋옵션을 매수하는 전략이다.

③ 스트래들 매수와 스트랭글 매수는 모두 초기 구축비용이 필요하다.

④ 스트래들과 스트랭글은 시장가격의 상승방향을 예상하여 구축하는 전략이다.

38 다음은 커버드 콜 전략에 대한 설명이다. 옳지 않은 것은?

① 커버드 콜 전략은 주식 포트폴리오 보유＋콜매도 포지션이다.

② 향후 시장이 횡보국면을 유지하거나 하락할 가능성이 있을 때 사용한다.

③ 약세장에서 높은 수익률은 얻고 강세장에서는 더 큰 수익을 얻는 구조이다.

④ 커버드 콜 전략의 최대이익은 수취한 콜옵션 프리미엄이다.

39 옵션만을 이용한 차익거래 전략에서 차익거래포지션을 설정할 때 옵션 프리미엄의 유입이 발생하는 전략은?

① 컨버전 전략   ② 리버설 전략

③ 데빗 박스   ④ 크레딧 박스

정답 및 해설

36 ④   스트래들 매도는 기초자산가격이 급락할 경우 큰 손실을 볼 수 있다.

37 ④   스트래들과 스트랭글은 시장가격의 <u>변동성</u>을 예상하여 구축하는 전략이다.

38 ③   강세장에서는 기초자산의 상승이익이 콜매도의 손실과 상쇄되어 불리하다.

39 ④   크레딧 박스는 현금 유입이, 데빗 박스는 현금 유출이 일어난다.

40 옵션과 기초자산을 이용한 차익거래에 대한 설명으로 옳지 않은 것은?

① 컨버전은 콜옵션 매도, 풋옵션 매수, 주식 매수를 결합한 차익거래이다.

② 리버설은 콜옵션 매수, 풋옵션 매도, 주식 매도를 결합한 차익거래이다.

③ 리버설은 콜옵션이 고평가, 풋옵션이 저평가되어 있는 경우 적용한다.

④ 컨버전의 만기순이익은 (콜옵션가격 − 풋옵션가격) − (기초자산가격 − 행사가격)이다.

정답 및 해설

40 ③   리버설은 콜옵션이 저평가, 풋옵션이 고평가되어 있는 경우 적용한다.

03 금리선물 · 옵션

학습전략 ■ ■ ■ 금리선물 · 옵션은 총 7문제가 출제됩니다. 채권은 듀레이션과 볼록성 개념을 먼저 이해한 후에 금리선물과 옵션에 대한 학습이 가능합니다. 또한 금리선물은 단기채권으로 유로달러선물을 집중적으로 학습하고, 장기채권으로 T-Bond를 학습해야 합니다. 특히, T-Bond는 만기에 실물인수도가 이루어져 그 과정이 복잡하기 때문에 전환계수, 청구금액, 최저가 인도채권의 개념을 철저히 학습해야 합니다. 또한 우리나라 국채선물의 상품내역을 이해하고 헤지거래(듀레이션조정헤지), 스프레드 거래, 차익거래의 특성을 학습해야 합니다. 마지막으로 금리옵션은 금리리스크가 무엇이고 그 위험의 헤지전략을 학습하는 것이 중요합니다.

···TOPIC 1 금리 및 채권의 기초개념

1. 금리의 유형

① 현물금리 : n년 만기 현물금리는 현재부터 n년간의 투자로부터 얻을 수 있는 금리 → 투자기간 동안 현금의 지급이 없는 투자를 의미

② 선도금리 : 현재의 선물금리에 내재되어 있는 미래의 일정기간에 대한 금리 → 내재선도금리

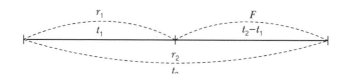

③ 선도금리 공식 : 선도금리(FR) = $\dfrac{r_2 \times t_2 - r_1 \times t_1}{(t_2 - t_1)}$

2. 수익률 곡선

① 의미 : 채권의 수익률과 만기와의 관계를 나타내는 것
② 이표채 수익률 곡선과 무이표채 수익률 곡선
    ㉠ 수익률 곡선이 우상향하는 경우 : 선도금리 > 무이표채 > 이표채
    ㉡ 수익률 곡선이 우하향하는 경우 : 이표채 > 무이표채 > 선도금리

핵심요약문제

01 다음은 현물금리(spot rate)와 선도금리(forward rate)에 대한 설명이다. 적절하지 않은 것은?

    ① n년 만기 현물금리는 현재부터 n년간의 투자로부터 얻을 수 있는 금리를 말한다.
    ② n년 만기 현물금리는 투자기간 동안 현금의 지급이 없는 투자를 말한다.
    ③ 내재선도금리는 현재의 선물금리에 내재되어 있는 미래의 일정 기간에 대한 금리를 말한다.
    ④ 투자기간 동안 현금의 지급이 없는 투자는 이표채를 포함하는 개념이다.

02 현재시점에서 1개월 LIBOR금리가 2%, 4개월 LIBOR금리가 4%라고 가정할 때 향후 1개월 후에 3개월 LIBOR금리는 얼마인가?

    ① 3.00%   ② 3.67%
    ③ 4.00%   ④ 4.67%

정답   **01 ④**   투자기간 동안 현금의 지급이 없는 투자는 무이표채의 수익률을 말한다.
        02 ④   1개월 후 3개월 선도금리 = $\dfrac{4\% \times 120 - 2\% \times 30}{(120 - 30)} = 4.67\%$

---

③ 수익률 곡선의 형태에 관한 이론
    ㉠ 기대가설 : 시장금리 움직임에 대한 투자자들의 예상에 의해 결정. 금리가 장기적으로 현재
      와 같을 것을 예상 → 수익률 곡선은 수평, 향후 금리 상승 예상 → 수익률 곡선은 우상향
    ㉡ 유동성선호가설 : 장기채는 단기채에 비해 위험이 크며, 현금화될 수 있는 유동성도 작은 것
      이 일반적이므로 유동성에 대한 프리미엄을 요구하게 되어 장기금리가 올라 우상향
    ㉢ 시장분할가설 : 채권시장이 만기에 따라 장기채, 중기채, 단기채 시장으로 분할되어 있으
      며, 채권수익률도 그 해당기간의 시장에 참가하는 투자자들에 의해서 독립적으로 결정

3. 금리리스크 측정

(1) 듀레이션

① 개념

ㄱ 현금흐름기간의 가중평균

$$\text{Macaulay duration}(D) = \frac{\sum_{t=1}^{N} \dfrac{CF_t \times t}{(1+y)^t}}{P}$$

ㄴ 금리탄력성(＝금리변화율에 따른 채권가격의 변화율)

$$\frac{dP}{P} = -\frac{D}{(1+y)} \times dy, \ \text{Modified duration}(D_m) = \frac{1}{\left(1+\dfrac{y}{n}\right)} \times D$$

ㄷ 현금흐름의 현재가치의 무게중심

② 특징

ㄱ 채권의 만기가 길어질수록 듀레이션 증가
ㄴ 채권 수익률이 높아지면 듀레이션 감소
ㄷ 표면금리가 높아지면 듀레이션 감소
ㄹ 이자 지급빈도가 증가할수록 듀레이션 감소
ㅁ 이표의 지급이 없는 순수할인채의 경우 듀레이션은 만기

핵심요약문제

03 다음은 채권의 수익률 곡선에 대한 설명이다. 옳지 않은 것은?

① 기대가설은 시장금리 움직임에 대한 투자자들의 예상에 의해 결정된다는 가설이다.
② 채권시장금리 또는 수익률 곡선이 하락한 것을 채권시장의 약세로 표현한다.
③ 우상향 곡선을 설명하는 가설은 유동성선호가설이다.
④ 시장분할가설은 분할된 시장에 참가하는 투자자들에 의해 독립적으로 결정된다는 가설이다.

04 다음은 듀레이션의 특징을 설명한 자료이다. 옳은 항목끼리 묶은 것은?

> ㄱ 채권의 만기가 길어질수록 듀레이션 증가
> ㄴ 채권 수익률이 높아지면 듀레이션 감소
> ㄷ 표면금리가 높아지면 듀레이션 감소
> ㄹ 이자 지급빈도가 증가할수록 듀레이션 감소

① ㄱ, ㄴ, ㄷ   ② ㄱ, ㄴ, ㄹ
③ ㄴ, ㄷ, ㄹ   ④ ㄱ, ㄴ, ㄷ, ㄹ

정답
03 ②   채권시장금리 또는 수익률 곡선이 하락한 것을 <u>채권시장의 강세</u>로 표현한다.
04 ④   모두 옳은 설명이다.

(2) 베이시스 포인트 가치(BPV)

① 정의 : 1 베이시스 포인트(basis point, bp)의 수익률 변화에 따른 채권가격의 변화

② 공식 : BPV = −수정듀레이션×1 basis point×P

③ 특징

ㄱ 수정듀레이션의 개념이 수익률 1%의 변화에 따른 채권가격의 변화율(1%=100bp)

ㄴ BPV는 채권가격의 리스크를 채권가격의 변화율이 아닌 <u>채권가격(액면가 100 기준)의 변화</u>로 측정

(3) 볼록도

① 정의

ㄱ 채권가격의 수익률 곡선은 원점에 대해 볼록(비선형)하여, 듀레이션에 의해 설명될 수 없는 가격변동의 오차가 볼록성에 의해 설명됨

ㄴ 볼록성은 수익률 상승 시 듀레이션에 의해 측정한 가격의 하락폭을 축소시키고, 수익률 하락 시에는 듀레이션에 근거하여 추정한 가격의 상승폭을 확대시킴

② 공식

$$\frac{dP}{P} = -D_m \times dy + \frac{1}{2} \times C \times dy^2$$

핵심요약문제 ✓

05 3년 만기 국채의 현재가치가 100이고 수정듀레이션(modified duration)이 2.6년이다. 이 채권의 수익률이 2% 상승할 때 채권의 가치는 얼마나 하락하는가?

① 5.0　　　　　　　　　　　　② 5.2

③ 5.4　　　　　　　　　　　　④ 5.6

06 수정듀레이션(modified duration)이 5이고, 볼록성(convexity)이 50인 채권의 경우, 이자율이 0.1% 상승하였을 때 가격의 변화율은 얼마인가?

① −0.398%　　　　　　　　　② −0.498%

③ 0.398%　　　　　　　　　　④ 0.498%

정답 **05** ②　　채권가격의 변화 = 수정듀레이션×수익률 변화×채권가치 = 2.6×0.02×100 = 5.2

06 ②　　$\frac{dP}{P} = -D_m \times dy + \frac{1}{2} \times C \times dy^2 = -5 \times 0.001 + 0.5 \times 50 \times 0.001^2 = -0.498\%$

1. 금리선물의 개념

① 정의 : 금리 또는 금리에 의해 가격이 결정되는 채권을 기초자산으로 하는 선물계약
② 금리선물의 종류

만기	종류	거래대상	결제방식
단기	유로달러선물	금리	현금결제
	연방기금금리선물	금리	현금결제
중기	KRX국채선물	채권	현금결제
	T-Note선물	채권	실물인수도
장기	T-Bond선물	채권	실물인수도

2. 유로달러선물(단기금리선물)

① 미국 밖에서 거래되는 달러를 말하며 그 중심은 런던
② IMM방식 사용 : 이자율을 연율로 표시한 후 100에서 차감한 값을 가격으로 거래하는 방식
③ 상품내역

구분	내용
거래대상	3개월 유로달러 정기예금 금리(LIBOR)
거래단위	$1,000,000(가격표시 : IMM지수방식＝100－3개월 LIBOR)
호가단위	1bp(1tick의 가치)＝$25＝$1,000,000×0.01%×(90/360)
최종거래일	최근 연속 4개월＋3, 6, 9, 12월의 세 번째 수요일 2영업일 전 런던은행 영업일
최종결제방법	현금결제

핵심요약문제 ✏

07 다음의 금리선물 중 현금결제 방법으로 묶인 것은?

> ㉠ 유로달러선물 　　　　　　　㉡ 연방기금금리선물
> ㉢ 한국국채선물 　　　　　　　㉣ T-Bond선물

① ㉠, ㉡, ㉢ 　　　　　　　② ㉠, ㉡, ㉣
③ ㉡, ㉢, ㉣ 　　　　　　　④ ㉠, ㉡, ㉢, ㉣

08 다음은 유로달러선물(Eurodollar Futures)에 대한 설명이다. 옳지 않은 것은?

① 유로달러는 미국이 아닌 지역의 금융기관에 예치된 달러를 말한다.
② 미국 CME Group에서 거래되는 유로달러선물의 거래대상은 6개월 LIBOR이다.
③ 거래단위는 $1,000,000이며, IMM지수방식＝100－3개월 LIBOR로 표시한다.
④ 만기에 현금결제한다.

3. 채권선물

(1) 미국 국채선물

① T-bond선물 상품 내역

구분	내용
거래대상	T-Bond(표면금리 6%, 만기 30년)
계약단위	$100,000
가격표시방법	액면가의 백분율
호가단위	1/32%(계약당 $31.25＝$100,000×1/32%)
최종결제방법	실물인수도
인도가능채권	잔존만기 15년(인도월 첫 영업일 기준) 이상~25년 미만인 T-Bond

② 전환계수

　㉠ T-bond선물의 거래대상은 30년 만기, 6% 표면금리의 국채인 반면 인도되는 채권은 만기와 표면금리가 다양하기 때문에 인도채권은 전환계수를 적용하여 표준채권 기준으로 전환

　㉡ 전환계수는 표준채권에 대한 인도대상채권의 가격비율

③ 청구금액

　㉠ 선물의 매도자가 매수자로부터 받게 되는 금액

　㉡ 청구금액＝선물 매도자의 수령금액(선물 매수자의 지급금액)＝(정산가격×인도채권의 전환계수)＋경과이자＝조정선물가격＋경과이자

④ 최저가 인도채권(CTD ; Cheapest To Deliver)

　㉠ 인도채권은 잔여만기가 15년 이상 25년 미만인 국채라면 표면금리와 상관없이 가능

　㉡ 선물 매도자는 인도채권을 선택할 권리가 있으며, 가장 유리한(저렴한) 것을 인도 → 최저가 인도채권이라 함(CTD)

09 다음은 미국 T−bond선물에 대한 설명이다. 적절하지 않은 것은?

① 거래대상은 표면금리 6%, 만기 30년인 T−Bond이다.
② 계약단위는 $100,000이다.
③ 최소 호가단위는 1/32%(계약당 $31.25＝$100,000×1/32%)이다.
④ 만기에 잔존만기 10년 이상인 T−Bond로 실물인수도 한다.

10 T−Bond선물 20X1년 6월물의 정산가격(EDSP)이 120−08이고, CTD에 관한 정보가 다음과 같이 주어졌을 때 청구금액은 얼마인가?

• CTD : 5.25% US T−Bond(만기 : 20년)
• 경과이자 : 0.3709%
• 전환계수 : 0.9014

① $106,764   ② $107,764
③ $108,764   ④ $109,764

정답

09 ④   만기에 잔존만기 15년 이상~25년 미만인 T−Bond로 실물인수도한다.
10 ③   [(120＋8/32)×0.9014＋0.3709]/100×$100,000＝$108,764

⑤ 매도자 인도옵션

㉠ 품질옵션 : 선물 매도자가 인도 가능한 채권 중에서 선택할 수 있는 권리(CTD 채권인도)
㉡ 인도시점옵션 : 매도자는 인도월 중 인도일을 임의로 선택하여 정할 수 있음
㉢ 월말옵션 : 매도자는 최종거래일 후 7영업일 중 유리한 시기에 이미 확정가격으로 인도
㉣ 와일드카드옵션 : 선물시장 폐장시간(오후 2시)과 인도통지 최종시간(오후 8시)이 상이하여 발생

(2) 한국국채선물

구분	내용
거래대상	표면금리 5%, 6개월 이자지급방식의 3, 5, 10년 만기 국고채
거래단위	액면 1억원(가격표시 : 액면가 100원을 기준으로 소수 둘째 자리까지 표시) 예 102.50의 가치 : 1억×102.50%＝1억 250만원
호가단위	1bp(1틱의 가치)＝10,000원＝1억원×0.01%
최종거래일	3, 6, 9, 12월의 세 번째 화요일('세화')
최종결제방법	현금결제

4. 금리선물의 거래 유형

(1) 차익거래

① 유로달러선물 차익거래

㉠ 유로달러 고평가(=선물시장가격＞이론가격) : 고평가된 선물 매도(차입)&단기차입＋장기운용

㉡ 유로달러 저평가(=선물시장가격＜이론가격) : 저평가된 선물 매수(운용)&단기운용＋장기차입

② 국채선물 차익거래

㉠ 매수차익거래 : 선물시장가격＞이론가격, 고평가된 선물 매도와 동시에 저평가된 현물 매수

㉡ 매도차익거래 : 선물시장가격＜이론가격, 저평가된 선물 매수와 동시에 고평가된 현물 매도

㉢ 향후 선물포지션의 만기시점이나 저평가가 해소되는 시점에 청산하여 무위험 차익을 얻음

11 다음은 한국국채선물에 대한 설명이다. 적절하지 않은 것은?

① 거래대상은 표면금리 6%, 6개월 이자지급방식의 3, 5, 10년 만기 국고채이다.

② 거래단위는 액면 1억원이다.

③ 최소호가단위는 0.01이며, 1틱의 가치는 10,000원이다.

④ 최종거래일은 결제월의 세 번째 화요일이며, 현금결제한다.

12 현재시점에서 1개월 LIBOR가 2%, 4개월 LIBOR가 3%라고 가정할 때 향후 1개월 후에 만기되는 유로달러 선물의 시장가격이 97.00라고 하면 다음 설명 중 옳지 않은 것은?

① 유로달러선물의 이론가격은 96.67이다.

② 유로달러선물은 시장가격＞이론가격이므로 고평가되어 있다.

③ 향후 1개월 후 3개월 선도금리는 3.33%이다.

④ 유로달러선물 1계약 매수하고, 100만 달러를 30일간 2%로 운용하고, 120일간 3%로 차입하는 차익거래가 가능하다.

정답 11 ① 거래대상은 이표율 5%, 6개월 이자지급방식의 3, 5, 10년 만기 국고채이다.
12 ④ 고평가된 유로달러선물 1계약 매도(3% 차입)하고, 100만 달러를 30일간 2%로 차입하고, 120일간 3%로 운용하는 차익거래가 가능하다.

(2) 방향성 거래

① 강세 전략

㉠ 금리 하락 예상 시 듀레이션을 매수하는 전략

㉡ 금리선물 및 채권선물 매수, 장기채 매수

② 약세 전략

  ㉠ 금리 상승 예상 시 듀레이션을 매도하는 전략

  ㉡ 금리선물 및 채권선물 매도, 단기금융상품 또는 현금 보유

(3) 듀레이션 조정(시장시기 선택)

① 듀레이션 거래 전략 실행 시 보유 채권포트폴리오의 듀레이션을 현물로 직접 조정하는 대신 채권선물을 이용하여 듀레이션 조정

② 산출 공식

$$N = \frac{(D_T - D_P)}{D_F} \times \frac{P}{F}$$

(D_T : 목표듀레이션, D_P : 채권포트폴리오의 평균듀레이션, D_F : 채권선물의 듀레이션, P : 채권포트폴리오의 현재 가치, F : 채권선물 1계약의 가치, N : 채권선물 계약 수)

(4) 헤지거래

① 매도헤지와 매수헤지

  ㉠ 매도헤지 : 금리 상승 리스크를 헤지하기 위해 선물을 매도

  ㉡ 매수헤지 : 금리 하락 리스크를 헤지하기 위해 선물을 매수

② 직접헤지와 교차헤지

  ㉠ 직접헤지 : 현물을 기초자산으로 하는 금리파생상품을 이용하여 헤지하는 방법

  ㉡ 교차헤지 : 현물과 유사한 가격변동을 보이는 파생상품을 이용하여 헤지하는 방법

③ 스트립헤지와 스택헤지

  ㉠ 스트립헤지 : 각 결제월의 단기금리선물을 동일 수량만큼 매수 또는 매도하여 전체적으로 균형화하는 헤지기법(원월물의 유동성 저하문제 발생)

  ㉡ 스택헤지 : 헤지대상물량 전체에 해당하는 최근 월물을 모두 매수(매도)한 후 만기가 되었을 때 해당 기간 경과분만큼을 제외한 나머지를 그 다음의 최근 월물로 롤오버하는 방법(수익률 곡선의 기울기가 크면 헤지오차가 커짐)

④ 금리리스크 헤지전략

현물거래상황	금리리스크	헤지전략
채권 투자 중	금리 상승(가격 하락)	채권선물 매도
고정금리 차입 중	금리 하락(기회 손실)	금리선물 매수
채권투자 예정	금리 하락(기회 손실)	채권선물 매수
차입 예정	금리 상승(차입비용 상승)	금리선물 매도
채권발행 예정	금리 상승(차입비용 상승)	채권선물 매도

13 다음의 괄호 안에 들어갈 용어를 순서대로 나열한 것은?

> 금리 하락을 예상하는 강세 전략은 수익률 곡선의 단기영역에 해당하는 채권을 (　　　)하고 수익률 곡선의 장기영역에 해당하는 채권을 (　　　)함으로써 보유하고 있는 채권포트폴리오의 듀레이션을(　　　) 시키는 전략이다.

① 매도, 매수, 감소   ② 매수, 매도, 감소
③ 매도, 매수, 증가   ④ 매수, 매도, 증가

14 펀드매니저 A씨는 20×1년 2월 19일 현재 600억원의 채권포트폴리오를 관리하고 있으며, 현재 포트폴리오의 평균 듀레이션은 2년, 3월 만기 3년 국채선물의 호가는 100이다(3년 국채선물의 듀레이션은 4년이라고 가정). A씨가 향후 금리 상승을 우려하여 국채선물 3년물을 이용하여 매도헤지하는 경우 몇 계약을 매도해야 하는가?

① 100계약   ② 200계약
③ 300계약   ④ 400계약

정답 **13** ③   순서대로 매도, 매수, 증가이다.

14 ③ $N = \dfrac{(D_T - D_P)}{D_F} \times \dfrac{P}{F} = \dfrac{(0-2)}{4} \times \dfrac{600}{1} = -300$

(5) 스프레드 거래

① 결제월 간 스프레드 거래

    ㉠ 정의 : 동일한 선물의 <u>서로 다른 결제월 간</u> 스프레드의 변화를 예측하여 한 결제월물을 매수하고 다른 결제월물을 매도하는 거래(**예** 선물의 근월물과 원월물)

    ㉡ 강세 스프레드 : 근월물 선물가격이 원월물에 비해 상대적으로 더 많이 상승하거나 더 적게 하락할 것으로 예상 → 근월물 매수, 원월물 매도

    ㉢ 약세 스프레드 : 원월물 선물가격이 근월물에 비해 상대적으로 더 많이 상승하거나 더 적게 하락할 것으로 예상 → 근월물 매도, 원월물 매수

핵심요약문제

15 다음 금리리스크 헤지전략 중 옳지 않은 것은?

	현물거래상황	금리리스크	헤지전략
①	채권 투자 중	금리 상승	채권선물 매도
②	고정금리 차입 중	금리 하락	금리선물 매수
③	채권투자 예정	금리 상승	채권선물 매도
④	차입 예정	금리 상승	금리선물 매도

16 수익률 곡선이 우상향하는 상황을 가정할 때 채권선물의 결제월 간 스프레드에 대한 다음의 설명 중 적절하지 않은 것은?

① 스프레드 확대가 예상되는 경우 매도 스프레드 전략을 사용한다.
② 스프레드 확대가 예상되는 경우 근월물을 매수하고 원월물을 매도한다.
③ 스프레드 축소가 예상되는 경우 약세 스프레드 전략을 사용한다.
④ 스프레드 축소가 예상되는 경우 근월물을 매도하고 원월물을 매수한다.

정답
15 ③   채권투자 예정 시, 금리 하락(채권가격 상승)이 리스크이다.
16 ①   스프레드 확대가 예상되는 경우 <u>매수</u> 스프레드 전략을 사용한다.

② 상품 간 스프레드

　㉠ 정의 : 기초자산은 다르지만 가격움직임이 유사한 두 선물계약의 <u>동일 결제월물 간 가격 차이</u>의 변화를 예측하여 한 선물의 결제월물을 매수하고 다른 동일 결제월물을 매도하는 거래(예 T－Note선물과 T－Bond선물)
　㉡ 금리 상승 예상 : T－Note선물 매수＋T－Bond선물 매도＝NOB 스프레드 매수
　㉢ 금리 하락 예상 : T－Note선물 매도＋T－Bond선물 매수＝NOB 스프레드 매도

(6) 수익률 곡선 거래전략

① 스티프닝 전략(steepening strategy) : 단기물 매수＋장기물 매도＝NOB 스프레드 매수
② 프래트닝 전략(flattening strategy) : 단기물 매도＋장기물 매수＝NOB 스프레드 매도
③ 국채선물 계약수 : 장기국채선물 계약수＝(단기국채선물D/장기국채선물D)×단기국채선물 계약수

핵심요약문제

17 다음은 상품 간 스프레드에 관한 설명이다. 적절하지 않은 것은?

① 움직임이 유사한 두 선물계약의 동일 결제월물 간 가격차이로부터 이익을 얻으려는 전략이다.
② 거래방법은 한 선물의 결제월물을 매수하고 다른 동일 결제월물을 매도하는 방식이다.
③ 금리 상승이 예상될 때 NOB 스프레드 매도 전략을 선택한다.
④ 금리 하락이 예상될 때 T－Note선물을 매도하고 T－Bond선물을 매수한다.

18 국채선물 3년물과 국채선물 10년물 간 스프레드를 이용하여 수익률 곡선 거래전략을 실행하고자 한다. 장기물의 수익률 상승폭이 커서 스티프닝(steepening)해질 것으로 예상한다면, 다음 중 바람직한 포지션은 어느 것인가?

① 국채선물 3년물 매도＋국채선물 10년물 매도
② 국채선물 3년물 매수＋국채선물 10년물 매수
③ 국채선물 3년물 매수＋국채선물 10년물 매도
④ 국채선물 3년물 매도＋국채선물 10년물 매수

···TOPIC 3 금리옵션

1. 금리옵션의 개념

① 정의 : 금리옵션은 옵션의 손익이 금리수준에 의해 결정되는 옵션을 말함

② 종류

종류	내용
채권옵션	• 기초자산 : 현물채권 • 수의상환채권, 수의상환청구채권, T−Bond옵션, T−Note옵션 등
금리선물옵션	• 기초자산 : 선물 • 유로달러선물옵션, T−Bond선물옵션, T−Note선물옵션 등
장외금리옵션	• 기초자산 : 금리 • 캡, 플로어, 칼라, 스왑션 등

2. 금리선물옵션

(1) 선물 콜옵션

① 정의 : 선물을 매수할 수 있는 권리

② 매수자 : 행사가격으로 선물을 매수하는 포지션 취득

③ 매도자 : 선물을 매도하는 포지션 취득

④ 금리 하락 예상 시 금리(채권) 콜옵션 매수

(2) 선물 풋옵션

① 정의 : 선물을 매도할 수 있는 권리

② 매수자 : 행사가격으로 선물을 매도하는 포지션 취득

③ 매도자 : 선물을 매수하는 포지션 취득

④ 금리 상승 예상 시 금리(채권) 풋옵션 매수

19 채권형 펀드매니저 A씨는 금리 하락 시 채권가격 상승에 따른 이익이 줄더라도 금리 상승에 따른 손실을 제한하는 목표를 실현하고자 한다. 이때 유효한 전략으로 옳은 것은?

① 채권선물 콜옵션 매수   ② 채권선물 풋옵션 매수

③ 채권선물 콜옵션 매도   ④ 채권선물 풋옵션 매도

20 투자자 A씨가 선물 콜옵션을 매수하고 권리행사를 하였다면 어떠한 보상이 주어지는가?

① 선물 매수포지션 취득＋(행사가격 − 선물가격) 수령

② 선물 매수포지션 취득＋(선물가격 − 행사가격) 수령

③ 선물 매도포지션 취득＋(행사가격 − 선물가격) 수령

④ 선물 매도포지션 취득＋(선물가격 − 행사가격) 수령

정답
19 ②   금리 상승에 따른 손실을 제한하려면 채권선물 풋옵션을 매수하여 하락위험을 헤지한다.
20 ②   권리행사 후 선물 매수포지션을 취득하고, 선물가격과 행사가격의 차액을 수령한다.

3. 금리옵션의 거래유형

(1) 금리 리스크 관리

구분	금리 상승위험	금리 하락위험
위험노출대상	• 변동금리부채 • 미래의 자금조달 • 고정금리자산(채권 등)	• 장기고정금리부채 • 미래의 투자/대출계획 • 변동금리자산
위험관리방법	• 캡 매수 • 캡 매수＋플로어 매도(칼라 매수) • 플로어 매도 • 채권(선물) 풋옵션 매수 • 채권(선물) 풋옵션 매수＋채권(선물) 콜옵션 매도 • 채권(선물) 콜옵션 매도	• 플로어 매수 • 칼라 매도 • 캡 매도 • 채권(선물) 콜옵션 매수 • 채권(선물) 콜옵션 매수＋채권(선물) 풋옵션 매도 • 채권(선물) 풋옵션 매도

(2) 금리 상승 리스크 관리

① 금리캡 : 계약상의 <u>최고금리 이상으로 상승</u> → 캡 매도자가 매수자에게 차액만큼 지급하는 계약

② 금리플로어 : 계약상의 <u>최저금리 이하로 하락</u> → 플로어 매도자가 매수자에게 차액만큼 지불하는 계약

③ 금리칼라(Interest Rate Collar) : 금리캡과 금리플로어가 결합된 형태

   ㉠ 금리칼라(5%~9%) 매수 : 금리캡(9%) 매수＋금리플로어(5%) 매도

   ㉡ 금리칼라(5%~9%) 매도 : 금리캡(9%) 매도＋금리플로어(5%) 매수

   ㉢ 캡금리 이상으로 또는 플로어금리 이하로 금리가 변동할 경우의 위험 제거 가능

   ㉣ 금리칼라 매수는 캡 매수비용을 플로어 매도가격이 상쇄함으로써 비용이 절감됨

(3) 채권선물/옵션 차익거래(컨버전 · 리버설)

구분	컨버전	리버설
사용 시기	콜 고평가, 풋 저평가 $c-p>(F-X)/(1+rf)$	콜 저평가, 풋 고평가 $c-p<(F-X)/(1+rf)$
포지션 구성	합성선물 매도 (콜 매도+풋 매수)+선물 매수	합성선물 매수 (콜 매수+풋 매도)+선물 매도

핵심요약문제 ✎

21 다음 중 금리 상승의 위험노출대상이 아닌 것은?

   ① 변동금리부채   ② 미래의 투자계획

   ③ 미래의 자금조달   ④ 고정금리자산

22 다음 중 금리 하락 위험에 대한 위험관리방법이다. 옳지 않은 것은?

   ① 플로어 매도

   ② 채권(선물) 콜옵션 매수

   ③ 채권(선물) 풋옵션 매도

   ④ 채권(선물) 콜옵션 매수+채권(선물) 풋옵션 매도

정답   21 ②   미래의 투자계획은 금리 하락의 위험노출대상이다.

            22 ①   플로어 매수로 금리 하락 위험을 제지할 수 있다.

01 무이표채의 수익률 곡선이 우상향하는 경우 수익률 곡선의 관계로 올바른 것은?

① 선도금리 > 이표채금리 > 무이표채금리

② 선도금리 > 무이표채금리 > 이표채금리

③ 이표채금리 > 무이표채금리 > 선도금리

④ 무이표채금리 > 이표채금리 > 선도금리

02 다음 중 채권의 수익률 곡선이 대체로 우상향의 형태라는 것을 가장 잘 설명하는 것은?

① 기대가설   ② 유동성프리미엄가설

③ 시장분할가설   ④ 효율적 시장가설

03 다음은 채권의 듀레이션과 볼록성에 관한 설명이다. 옳지 않은 것은?

① 채권의 수익률이 높아지면 듀레이션이 감소한다.

② 이자지급 빈도가 증가하면 듀레이션이 감소한다.

③ 표면이율이 낮을수록 볼록성은 작아진다.

④ 만기수익률이 높을수록 볼록성은 작아진다.

정답 및 해설

01 ②   이표채 투자자는 만기 이전에 이자를 지급받는데, 이때의 적용 이자율이 만기에 적용하는 금리보다 낮으므로 무이표채금리 > 이표채금리의 순서이다. 우상향 곡선에서 선도금리는 무이표채금리보다 높다.

02 ②   장기채는 장기투자에 따른 유동성프리미엄을 감안해야 하기 때문에 단기채보다 수익률이 높아야 한다는 가설이다.

03 ③   표면이율이 낮을수록 볼록성은 커진다.

04 채권에 관한 내용이 다음과 같을 때 수정듀레이션(modified duration)으로 옳은 것은?

> • 표면이율 6%(연말 1회 지급)
> • 채권수익률 12%
> • 맥컬레이듀레이션 2.80

① 2.48 　　　　　　　　　　　　② 2.50

③ 2.52 　　　　　　　　　　　　④ 2.54

05 다음 중 금리 리스크를 측정하는 방법으로 옳지 않은 것으로 묶인 것은?

> ㉠ 베이시스포인트가치(BPV)　　　㉡ 수정듀레이션
> ㉢ 델타　　　　　　　　　　　　㉣ 볼록도(convexity)
> ㉤ 베타

① ㉠, ㉡ 　　　　　　　　　　　② ㉢, ㉤

③ ㉣, ㉤ 　　　　　　　　　　　④ ㉢, ㉣, ㉤

06 투자자 A씨는 향후 금리가 하락할 것으로 예상하고 있다. 다음의 여러 가지 대안 중 A씨가 선택할 수 있는 가장 바람직한 대안은 무엇인가?

① 채권1 : 만기 5년, 이자지급 횟수 2회, 표면이율 5%
② 채권2 : 만기 15년, 이자지급 횟수 2회, 표면이율 5%
③ 채권3 : 만기 5년, 이자지급 횟수 4회, 표면이율 7%
④ 채권4 : 만기 15년, 이자지급 횟수 4회, 표면이율 7%

07 다음은 금리선물과 채권투자에 대한 설명이다. 적절하지 않은 것은?

① 금리선물은 금리 또는 금리에 의해 가격이 결정되는 채권을 거래대상으로 하는 선물계약이다.
② 향후 금리 상승이 예상되면 금리선물을 매도하여 채권포트폴리오의 듀레이션을 증가시킨다.
③ 향후 금리 상승이 예상되면 표면금리가 높은 채권에 대한 투자를 늘린다.
④ 향후 금리 상승이 예상되면 장기채에 대한 투자를 줄이고 단기채에 대한 투자를 증가시킨다.

정답 및 해설

04 ②　　수정듀레이션＝맥컬레이듀레이션/(1＋채권수익률)＝2.80/1.12＝2.50
05 ②　　델타는 옵션, 베타는 주식의 리스크 측정 수단이다.
06 ②　　듀레이션이 큰 대안에 투자한다. 즉, 만기가 길고, 이자지급 횟수는 적으며, 표면이율은 낮을수록 듀레이션이 커진다.
07 ②　　향후 금리 상승이 예상되면 금리선물을 매도하여 채권포트폴리오의 듀레이션을 감소시킨다.

08 다음 금리선물 중에서 '가격 = 100 − 금리'의 형태로 표시하는 선물은?

① 유로달러선물　　　　　　　　　② 연방기금 금리선물

③ T−Note　　　　　　　　　　　④ T−Bond

09 다음 금리선물 중에서 기초자산의 실물인수도가 없고 채권가격으로 거래되는 선물은?

① T−Note　　　　　　　　　　　② T−Bond

③ 유로달러선물　　　　　　　　　④ 한국국채선물

10 다음은 단기금리선물에 대한 내용이다. 옳지 않은 것은?

① 단기금리선물은 금리를 연율로 표시한 후 100에서 차감한 값을 가격으로 거래한다.

② 단기금리선물은 일반적으로 현금결제방식을 택하고 있다.

③ IMM Index방식은 선물가격이 금리와 반대방향으로 움직이도록 만들어졌다.

④ 유로달러선물은 6개월 LIBOR금리를 거래하고, IMM Index방식으로 호가한다.

11 투자자 A씨가 가격이 97.0인 유로달러 선물을 매도하였다면 어떠한 효과를 기대할 수 있는가?

① 현재부터 90일간 차입금리를 3%로 고정하는 효과

② 현재부터 90일간 대출금리를 3%로 고정하는 효과

③ 선물만기부터 90일간 차입금리를 3%로 고정하는 효과

④ 선물만기부터 90일간 대출금리를 3%로 고정하는 효과

12 현재시점에 90일 LIBOR금리가 4%, 180일 LIBOR금리가 6%라고 가정할 때, 향후 90일 후 만기인 유로달러선물의 이론적 가격은 얼마인가(1년은 360일로 가정)?

① 92.00　　　　　　　　　　　　② 94.00

③ 96.00　　　　　　　　　　　　④ 98.00

정답 및 해설

08 ①　　유로달러선물은 'IMM Index방식 = 100 − 금리'로 표시한다.

09 ④　　한국국채선물의 특징에 대한 내용이다.

10 ④　　유로달러선물은 3개월 LIBOR금리를 거래한다.

11 ③　　유로달러선물 매도의 효과에 대한 설명이다.

12 ①　　90일 후 만기에 90일 선도금리 $= \dfrac{6\% \times 180 - 4\% \times 90}{(180 - 90)} = 8\%$, 선물이론가격 $= 100 - 8 = 92.000$이다.

13 다음은 미국 재무부 발행 T – Bond선물에 대한 설명이다. 적절하지 않은 것은?

① 거래대상은 표면이율 5%, 만기 20년인 T – Bond이다.

② 계약단위는 $100,000이다.

③ 호가단위는 1/32%이다.

④ 인도가능채권은 잔존만기 15년 이상 25년 미만인 T – Bond이다.

14 T – Bond선물의 호가가 95 – 16일 경우 이를 가격으로 환산하면 얼마인가?

① $94,000
② $94,500

③ $95,000
④ $95,500

15 T – Bond선물의 전환계수(CF ; Conversion Factor)에 대한 설명이다. 적절하지 않은 것은?

① 인도채권이 다양하기 때문에 표면금리 6%인 표준물 가격으로 전환시킬 목적으로 사용한다.

② 전환계수는 인도대상채권의 가격을 표준물 가격으로 나눈 것이다.

③ 채권의 이표율이 6%(표준물)이면 전환계수는 1이다.

④ 채권의 이표율이 6%보다 작으면 전환계수는 1보다 크고, 6%보다 크면 전환계수는 1보다 작다.

16 T – Bond선물의 정산가격이 100 – 08, 인도채권(CTD)의 경과이자가 0.3355, 전환계수가 0.9일 경우 청구금액에 대한 내용이다. 옳지 않은 것은?

① $90,225
② $90,325

③ $90,561
④ $90,765

정답 및 해설

13 ①　거래대상은 표면이율 6%, 만기 30년인 T – Bond이다.

14 ④　95 + 16/32 = 95.5%를 의미하며, $100,000 × 95.5% = $95,500이다.

15 ④　채권의 이표율이 6%보다 작으면 전환계수는 1보다 작고, 6%보다 크면 전환계수는 1보다 크다.

16 ③　조정선물가격 = 선물의 정산가격 × 전환계수 = (100 + 8/32) × 0.9 = 90.225, 청구금액 = 조정선물가격 + 경과이자 = 90.5605% → $100,000 × 90.5605% = $90,561이다.

17 최저가인도채권(CTD)에 대한 설명이다. 적절하지 않은 것은?

① 선물 매도자는 매수자에게 유리한 채권을 인도하여야 한다.

② 채권수익률이 6%보다 높으면 듀레이션이 긴 채권을 인도하는 것이 유리하다.

③ 채권수익률이 6%보다 낮으면 듀레이션이 짧은 채권을 인도하는 것이 유리하다.

④ 수익률 곡선이 우상향하면 만기가 긴 채권을 인도하는 것이 유리하다.

18 다음 선물 매도자의 인도옵션 중에서 최종거래일 후 7영업일 중 유리한 시기에 이미 확정가격으로 인도할 수 있는 옵션은?

① 품질옵션(quality option)　　　　② 인도시점옵션(timing option)

③ 월말옵션(end-month option)　　④ 와일드카드옵션(wild card option)

19 다음 선물 매도자의 인도옵션 중에서 선물시장 폐장시간(오후 2시)과 인도통지 최종시간(오후 8시)이 상이하여 선물 매도자가 선물시장 종료 후에 현물가격 추이를 보며 시간적 여유를 가질 수 있는 옵션은?

① 품질옵션(quality option)　　　　② 인도시점옵션(timing option)

③ 월말옵션(end-month option)　　④ 와일드카드옵션(wild card option)

20 향후 수익률 곡선의 기울기가 급해질 전망에서 펀드매니저 A씨가 상품 간 스프레드 전략을 구사하고자 하는데 3년 국채선물(듀레이션 2.8)과 5년 국채선물(듀레이션 5.6)을 이용하고자 한다. 이때 3년 국채선물 60계약 매수에 대한 5년 국채선물 매도 계약수는 얼마인가?

① 30계약　　　　　　　　　　　② 35계약

③ 40계약　　　　　　　　　　　④ 45계약

정답 및 해설

17 ①　　선물 매도자는 매도자 자신에게 유리한 채권을 인도하여야 한다.

18 ③　　월말옵션(end-month option)에 대한 설명이다.

19 ④　　와일드카드옵션(wild card option)에 대한 설명이다.

20 ①　　5년 국채선물 계약수 = (2.8/5.6)×60 = 30계약

21 투자자 A씨는 국채선물 3년물을 103.25에 3계약 매도한 후 100.25에 환매수하였다. 이 거래로 인해 투자자 A씨가 얻을 수 있는 이익은?

① 225만원   ② 450만원

③ 675만원   ④ 900만원

22 펀드매니저 A씨는 100억원의 채권포트폴리오를 운용하고 있으며, 향후 금리가 하락할 것으로 예상되어 듀레이션을 2년에서 3년으로 늘리고자 한다. 현재 시장의 국채선물 호가가 100.00이고 듀레이션은 2.5년이라고 할 때, 펀드매니저 A씨가 체결할 국채선물 계약수와 포지션은 무엇인가?

① 38계약 매수   ② 38계약 매도

③ 40계약 매수   ④ 40계약 매도

23 다음 한국 국채선물시장에 대한 설명 중 적절하지 않은 것은?

① 거래대상은 표면이율 5%, 6개월 이표지급방식의 가상국채이다.

② 현재 3년물, 5년물, 10년물이 상장되어 거래되고 있다.

③ 1틱의 가치는 1,000원이다.

④ 현금결제 방법을 취하고 있다.

24 유로달러선물의 차익거래에서 선물이 고평가되어 있을 때 어떤 전략을 취하는가?

① 선물 매도＋단기금리 조달＋장기금리 운용

② 선물 매수＋단기금리 운용＋장기금리 조달

③ 선물 매도＋단기금리 운용＋장기금리 조달

④ 선물 매수＋단기금리 조달＋장기금리 운용

정답 및 해설

21 ④ $(103.25-100.25) \times 3$계약＝9%, 1억×0.09＝900만원

22 ③   계약수＝$(3-2)/2.5 \times (100$억원/1억원)＝40계약 매수, 국채선물가격 100은 1억원의 100%를 의미한다.

23 ③   1틱의 가치＝1억원×0.01×1/100＝10,000원이다.

24 ①   선물 매도(차입)＋단기금리 조달(차입)＋장기금리 운용(대출)

25 투자자 A씨는 액면가 $1,000,000인 T-Bond를 보유하고 있는데 T-Bond선물(액면 $100,000)을 이용하여 헤지하려고 한다. 보유채권의 전환계수가 1.3일 때 A씨가 매도해야 하는 T-Bond선물의 계약수는 얼마인가?

① 10계약 ② 12계약
③ 13계약 ④ 14계약

26 다음 중 금리선물 또는 채권선물을 이용하여 금리(선물) 매도헤지를 해야 하는 경우는?

① 변동금리채권 투자자 ② 변동금리 차입자
③ 고정금리 차입자 ④ 채권투자 예정자

27 다음은 스트립헤지와 스택헤지에 대한 설명이다. 옳지 않은 것은?

① 스트립헤지는 금리변동위험을 거의 제거한다.
② 스택헤지는 스트립헤지의 원월물 유동성문제를 해결할 수 있다.
③ 스트립헤지는 사후관리가 불필요하다.
④ 스택헤지는 수수료 문제나 실수 가능성이 적다.

28 다음은 스트립헤지에 대한 설명이다. 옳은 것은?

① 투기적인 요소가 포함되어 있다.
② 원월물의 유동성 문제가 발생하지 않는다.
③ 해당 기간 동안 금리변동위험이 제거된다.
④ 만기마다 사후관리가 필요하다.

29 다음 중 금리 리스크 헤지모형으로서 금리선물의 헤지비율을 결정하는 방법에 해당하지 않는 것은?

① 베타헤지모형 ② 듀레이션헤지모형
③ 전환계수모형 ④ 베이시스포인트가치모형(BPV)

정답 및 해설

---

25 ③   계약수 = (현물액면/선물1계약금액) × 전환계수 = (1,000,000/100,000) × 1.3 = 13계약
26 ②   변동금리 차입자 → 금리 상승 리스크 → 금리선물 매도
27 ④   스택헤지는 수수료 문제나 실수 가능성이 크다.
28 ③   나머지는 모두 스택헤지의 장점이다.
29 ①   베타헤지모형은 주가의 변동위험을 헤지하기 위한 모형이다.

30 T-Note선물과 T-Bond선물을 이용한 스프레드 거래를 하는 경우 금리 상승이 예상된다면 어떠한 전략을 선택해야 하는가?

① T-Note선물 매도+T-Bond선물 매수　　② T-Note선물 매수+T-Bond선물 매도
③ T-Note선물 매수+T-Bond선물 매수　　④ T-Note선물 매도+T-Bond선물 매도

31 채권선물의 결제월 간 스프레드 거래에서 스프레드 축소 예상 시 취하는 전략에 해당하는 내용은?

① 근월물 가격이 원월물 가격보다 더 상승한다.
② 근월물을 매도하고 원월물을 매수한다.
③ 강세 스프레드 전략에 해당한다.
④ 매수 스프레드 전략에 해당한다.

32 채권선물의 상품 간 스프레드 거래 중에 NOB 스프레드 거래에 대한 설명 중 옳지 않은 것은?

① 중기채권인 T-Note선물과 장기채권인 T-Bond선물 간의 가격차이를 이용하는 거래이다.
② 장기채권선물이 단기채권선물보다 금리변화에 민감한 특성을 이용한다.
③ 장단기금리가 동일하게 상승할 때 NOB 스프레드를 매도, 반대일 때 NOB 스프레드를 매수한다.
④ NOB 스프레드 매수의 포지션 구성은 T-Note선물 매수+T-Bond선물 매도이다.

33 투자자 A씨는 현재 국채 액면가 100억원인 보유포트폴리오의 가격하락위험을 헤지하고자 3년 만기 국채선물을 이용하고자 한다. 한국거래소에 거래되는 국채 3년물의 현물가격과 선물가격이 다음 같을 때 거래해야 할 국채 계약수는 얼마인가?

구분	국채현물가격	3년 만기 국채선물가격
가격	102.55	114.25
수정듀레이션	2.52	2.92

① 67계약 매수　　　　　　　　② 67계약 매도
③ 77계약 매수　　　　　　　　④ 77계약 매도

정답 및 해설

30 ② 　금리 상승이 예상되면 장기채인 T-Bond선물이 더 많이 하락한다.
31 ② 　나머지는 스프레드 확대 예상 시 전략에 대한 설명이다.
32 ③ 　장단기금리가 동일하게 상승할 때 NOB 스프레드를 매수한다. NOB 스프레드 매수=T-Note선물 매수+T-Bond선물 매도(T-Bond선물이 상대적으로 가격 하락이 큼)이다.
33 ④ 　헤지 시 필요한 선물계약수=(100억×102.55/100)(114.25×1,000,000)×(2.52/2.92)=77.46

34 다음은 금리옵션에 관한 설명이다. 적절하지 않은 것은?

① 금리옵션은 금리 또는 채권 및 채권선물을 거래대상으로 하는 금리파생상품이다.
② 현물옵션은 채권을, 선물옵션은 선물을 기초자산으로 한다.
③ 선물옵션이 현물옵션보다 거래비용이 작다는 장점이 있다.
④ 선물 풋옵션을 매수한 투자자가 권리행사를 하면 선물매수포지션을 얻게 된다.

35 투자자 A씨는 3개월 LIBOR에 연동되어 이자가 지급되는 변동금리부채권(FRN)에 투자하였다. 향후 발생할 금리변동 리스크를 헤지하고자 한다면 어떤 전략을 선택하는 것이 유리한가?

① 유로달러 콜옵션 매수　　　　　　② 유로달러 콜옵션 매도
③ 유로달러 풋옵션 매수　　　　　　④ 유로달러 풋옵션 매도

36 다음 중 금리 하락의 경우 위험노출대상이 아닌 것은?

① 고정금리부채　　　　　　　　　　② 미래의 대출계획
③ 미래의 자금조달　　　　　　　　　④ 변동금리자산

37 다음 중 금리 상승 위험에 대한 위험관리방법으로 적절하지 않은 것은 어느 것인가?

① 캡 매수　　　　　　　　　　　　　② 칼라 매수
③ 채권선물 콜옵션 매수　　　　　　④ 채권선물 풋옵션 매수

38 다음은 장외금리옵션에 대한 설명이다. 적절하지 않은 것은?

① 금리캡은 최고금리 이상으로 상승 시 캡 매도자가 캡 매수자에게 차액을 지불한다.
② 금리플로어는 최저금리 이하로 하락 시 플로어 매도자가 플로어 매수자에게 차액을 지불한다.
③ 금리칼라 매수는 금리캡을 매도하고 금리플로어를 매수하는 것이다.
④ 금리칼라 매수는 캡 매수비용을 플로어 매도가격이 상쇄함으로써 비용이 절감된다.

정답 및 해설

34 ④　선물 풋옵션을 매수한 투자자가 권리행사를 하면 <u>선물 매도포지션</u>을 얻게 된다.
35 ①　FRN은 금리 하락 위험을 대비하기 위하여 금리 하락 시 이익을 보는 유로달러 콜옵션을 매수한다.
36 ③　미래의 자금조달은 금리 하락 시 위험에 덜 노출된다.
37 ③　채권선물 콜옵션 매수은 금리 하락 위험에 대한 위험관리방법이다.
38 ③　금리칼라 매수는 금리캡을 매수하고 금리플로어를 매도하는 것이다.

39 투자자 A씨는 투자자금을 마련하기 위하여 변동금리로 차입하였다. 향후 금리 상승 위험을 헤지하기 위하여 사용할 수 있는 장외옵션 전략은?

① 금리플로어 매수   ② 금리플로어 매도
③ 금리캡 매수   ④ 금리캡 매도

40 채권선물/옵션차익거래에서 선물을 매도하고 합성선물을 매수(콜 매수＋풋 매도)하는 차익거래를 무엇이라 하는가?

① 컨버전   ② 리버설
③ 매수차익거래   ④ 매도차익거래

정답 및 해설

39 ③   금리캡을 매수하여 최고금리 이상에 대한 위험을 제거한다.
40 ②   리버설에 대한 설명이다.

CHAPTER

04 통화선물 · 옵션

학습전략

통화선물 · 옵션은 총 6문제가 출제됩니다. 외환은 기본개념을 충실히 이해한 후 선물과 옵션으로 들어가야 합니다. 직접표시방법과 간접표시방법, 평가절상 및 평가절하 개념 및 선물환, 통화선물, 통화옵션 등의 기본개념을 우선 익혀야 합니다. 또한 선물환의 할증과 할인, 선물환 고시 방법 문제 및 NDF개념과 차액결제금액을 계산하는 문제도 자주 출제됩니다. 특히 이 장에서 어려운 부분은 차익거래 과정을 익히고, 거래 후 어떠한 효과가 발생하는지에 대한 이해로, 우리나라 통화옵션의 상품내역을 익히고 선물환/통화선물/단기자금시장/통화옵션을 활용하여 환리스크를 관리하는 방법을 알아야 합니다. 이를 통해 전반적인 내용을 알게 되고 자연스럽게 고득점으로 이어질 것입니다.

1. 환율의 표시방법

방법	내용	환율 상승 의미
직접표시법	• 외국통화 한 단위의 가치를 자국통화로 표시하는 방법 예 1$=1,200원 또는 100¥=1,000원 • 유럽식 표시→미 달러의 가치를 다른 통화로 표시하는 방법	자국통화 가치 하락 (원화 평가 절하)
간접표시법	• 자국통화 한 단위의 가치를 외국통화로 표시하는 방법 예 1원=$1/1,200 또는 1원=¥100/1,000 • 미국식 표시→다른 통화의 가치를 미 달러로 표시하는 방법→영국 파운드화, 유로화, 호주 달러, 뉴질랜드 달러	자국통화 가치 상승 (원화 평가 절상)

2. 외환시장

(1) 외환시장의 구조와 기능

① 특징

ㄱ 외환시장은 전 세계에서 가장 규모가 큰 금융시장

ㄴ 주요 외환시장의 경우 각 시장의 개장과 폐장이 겹쳐져 24시간 거래 가능

ㄷ 일종의 장외사장(OTC)이며, 런던, 뉴욕, 도쿄시장에서 70% 거래

② 딜러의 호가 제시

ㄱ 매수율(bid rate) : 딜러가 외환을 매수하게 될 때 적용하는 환율

ㄴ 매도율(offer rate) : 딜러가 외환을 매도하게 될 때 적용하는 환율

ㄷ 매수율은 매도율보다 항상 낮으므로 스프레드가 딜러의 이익이 됨

ㄹ 거래규모가 크고 빈번한 통화일수록 딜러의 유동성위험이 감소하므로 스프레드 감소

핵심요약문제

01 다음은 환율의 표시방법에 대한 설명이다. 적절하지 않은 것은?

① 외국통화 한 단위의 가치를 자국통화로 표시하는 방법은 직접표시법이다.
② 자국통화 한 단위의 가치를 외국통화로 표시하는 방법은 간접표시법이다.
③ 직접표시법은 유럽식 표시법이며 영국의 파운드화가 대표적인 예이다.
④ 간접표시법은 미국식 표시법이며 유로화, 호주 달러 등이 해당한다.

02 다음은 외환시장의 딜러의 호가에 대한 내용이다. 옳지 않은 것은?

① 매수율(bid rate)은 딜러가 외환을 매수하게 될 때 적용하는 환율이다.
② 매도율(offer rate)은 딜러가 외환을 매도하게 될 때 적용하는 환율이다.
③ 매수율은 매도율보다 항상 낮으므로 스프레드가 딜러의 이익이 된다.
④ 거래규모가 크고 빈번한 통화일수록 스프레드는 증가한다.

③ 거래의 종류

선물환거래	계약이 성립되는 시점에서 합의된 환율에 따라 미래 특정일에 한 통화에 대해 다른 통화의 일정량을 인수도하기로 약속하는 거래
차액결제선물환 (NDF)	만기에 환율변동에 따른 차액만 정산하는 형태의 선물환거래이며, 장외에서 거래되고 결제위험이 낮음
통화선물	장내 거래소에서 거래되며, 거래단위, 만기 등의 계약조건이 표준화되어 있고, 증거금 계정을 통한 일일정산 제도가 존재함
통화옵션	선물환이나 통화선물에 비해 거래비용이 적고 여러 옵션상품 또는 현물환, 선물환, 통화선물 등과 결합하여 고객이 요구하는 다양한 손익 패턴 창출
외환스왑	단기거래로, 현물환 매수+선물환 매도 또는 현물환 매도+선물환 매수 형태로 거래하며, 리스크 없이 통화 간 자금의 과부족을 조절하는 수단
통화스왑	일정 기간 동안 한 나라의 통화로 표시된 현금흐름을 다른 나라의 통화로 표시된 현금흐름으로 서로 교환하기로 하는 계약

(2) 외환포지션과 환리스크

① 의미

　⊙ 외환포지션은 환리스크에 노출된 금액

　ⓒ 딜러들은 외환거래를 한 후 반대거래가 이루어지기 전까지는 환리스크에 노출

② 외환포지션의 종류

포지션	내용
매수포지션	외환을 매수한 경우
매도포지션	외환을 매도한 경우
초과매수포지션	외화자산이 외환부채보다 큰 경우
초과매도포지션	외화자산이 외환부채보다 작은 경우
스퀘어포지션	외화자산과 외환부채가 같은 경우

핵심요약문제

03 다음은 외환시장에 대한 내용이다. 옳지 않은 것은?

　① 거래의 종류는 선물환거래, 통화선물, 통화옵션, 외환스왑, 통화스왑 등의 시장으로 분류된다.

　② 선물환거래는 장외시장에서, 통화선물은 거래소에서 거래된다.

　③ 선물환거래는 주로 실물인수도하고, 차액결제선물환(NDF)은 만기에 차액만 결제한다.

　④ 통화스왑은 단기거래이며, 리스크 없이 통화 간 자금의 과부족을 조절하는 수단으로 활용된다.

04 다음은 외환포지션에 대한 설명이다. 가장 올바른 것은?

① 스퀘어포지션의 경우 포지션 청산 전까지 환율변동에 대한 리스크에 노출된다.

② 매수포지션에 있을 경우 자국통화가 평가절하되면 환손실이 발생한다.

③ 초과매도포지션은 외화자산이 외환부채보다 큰 경우를 말한다.

④ 딜러들은 외환거래를 한 후 반대거래가 이루어지기 전까지는 환리스크에 노출된다.

정답 **03** ④   외환스왑은 단기거래이며, 리스크 없이 통화 간 자금의 과부족을 조절하는 수단으로 활용된다.

   04 ④   ① 스퀘어포지션의 경우 환율변동에 영향을 <u>받지 않는다</u>.
      ② 매수포지션에 있을 경우 자국통화가 평가절하되면 <u>환이익</u>이 발생한다.
      ③ <u>초과매수포지션</u>은 외화자산이 외환부채보다 큰 경우이다.

···TOPIC **2** 선물환과 통화선물

1. 선물환

(1) 선물환거래

① 현물환거래 : 거래일로부터 <u>2영업일 이내</u>에 결제가 이루어지는 외환거래

   ㉠ Value today : 당일 결제(T) → 당일물

   ㉡ Value tomorrow : 익일 결제(T+1) → 익일물

   ㉢ Value spot : 익익일 결제(T+2) → 익익일물

② 선물환거래 : 현물일 <u>이후</u>를 결제일로 하는 외환거래

   ㉠ 선물환할증 : 선물환율이 현물환율보다 큰 경우

   ㉡ 선물환할인 : 선물환율이 현물환율보다 작은 경우

   ㉢ 선물환기간을 산정할 때 기산일은 거래일이 아니라 현물일(T+2)임

(2) 선물환율의 고시방법

① 선물환포인트(스왑포인트)와 선물환율

   ㉠ 선물환할증의 경우(매수율<매도율) : 선물환율=현물환율+선물환포인트

   ㉡ 선물환할인의 경우(매수율>매도율) : 선물환율=현물환율-선물환포인트

② 선물환율의 할증률(할인율)=(선물환율-현물환율)/현물환율×12/선물환만기 → (+)이면 할증, (-)이면 할인

---

05 다음 중 현물환거래의 결제일에 관한 용어에 해당하지 않는 것은?

① Value today
② Value tomorrow
③ Value spot
④ Value forward

06 현재 외환시장에서 현물환율이 1,220.20~1,225.30일 때 1개월 선물환포인트가 120−610인 경우와 1,700−710인 경우의 선물환율은 얼마인가(1tick = 0.01)?

① $(1,220.20 + 1.2)\sim(1,225.30 + 6.1)/(1,220.20 - 17)\sim(1,225.30 - 7.1)$
② $(1,220.20 - 1.2)\sim(1,225.30 - 6.1)/(1,220.20 + 17)\sim(1,225.30 + 7.1)$
③ $(1,220.20 + 1.2)\sim(1,225.30 - 6.1)/(1,220.20 + 17)\sim(1,225.30 - 7.1)$
④ $(1,220.20 - 1.2)\sim(1,225.30 + 6.1)/(1,220.20 - 17)\sim(1,225.30 + 7.1)$

정답
05 ④   T + 2일 이후 특정일에 결제가 이루어지면 선물환거래에 해당한다.
06 ①   선물환할증 = 현물환율 + 선물환포인트, 선물환할인 = 현물환율 − 선물환포인트

(3) 원−달러 차액결제선물환(NDF ; Non−Deliverable Forward)

① 정의 : 만기시점에 계약통화의 교환 없이 계약 당시의 선물환율과 만기시점의 현물환율(지정환율)의 차이만큼을 특정 통화(통상 미달러)로 정산하는 계약

② 특징
ㄱ 차액만을 결제하므로 결제위험이 일반선물환에 비해 낮음
ㄴ 작은 금액으로 거래 가능하므로 레버리지 효과가 높아 헤지뿐만 아니라 투기적 거래에도 활용
ㄷ 정형화된 만기(1주일~3년)의 형태로 다양하게 존재하지만 1개월물이 가장 많이 거래
ㄹ 거래금액의 제한은 없으나 관행상 100만달러 단위로 거래
ㅁ 결제환율(지정환율)은 직전 영업일의 기준환율을 적용, 차액정산 시 미달러화 사용

③ 결제금액
ㄱ $\dfrac{(\text{지정환율} - \text{계약 시 선물환율})}{\text{지정환율}} \times \text{계약금}$
ㄴ 지정환율 > 계약 시 선물환율 → 매수자 이익, 지정환율 < 계약 시 선물환율 → 매도자 이익

2. 선물환율의 결정

(1) 선물환율 결정모형

① 이자율평형이론(IRPT) : 선물환율은 현물환율과 양국의 이자율 수준에 따라 결정

$$F = S \times \frac{(1+r_d)}{(1+r_f)}$$

$(S :$ 현물환율, $r_d :$ 국내이자율, $r_f :$ 해외이자율$)$

② 관행상 원화는 actual/365, 달러는 actual/360 사용
③ 국내 이자율 > 해외 이자율 → 선물환율 > 현물환율 → 선물환율은 할증
④ 국내 이자율 < 해외 이자율 → 선물환율 < 현물환율 → 선물환율은 할인

핵심요약문제

07 K은행이 1개월 만기 원－달러 차액결제선물환(NDF)을 1,000만 달러 매수하였다. 계약 시 선물환율은 달러당 1,210원, 1달 후 결제일 전의 기준환율은 달러당 1,223원이라면 결제금액은 얼마인가?

① $106,296   ② $106,396
③ $107,296   ④ $107,396

08 다음은 단기금융시장과 외환시장에 관한 내용이다. 만기가 3개월(92일)인 원/달러 선물환율의 이론가격은 달러당 얼마인가?

- 현물환율 : $1 = 1,300원
- 한국 3개월 이자율 : 연 4%
- 미국 3개월 이자율 : 연 8%

① 1,274원   ② 1,287원
③ 1,292원   ④ 1,298원

정답 **07** ① 결제금액 = (1,223 － 1,210)/1,223 × $10,000,000 = $106,296
      지정환율 > 계약환율이므로 매수자인 K은행이 결제일에 $106,296을 수취한다.
   08 ② 이론가격 = 1,300 × (1 + 0.04 × 1/4)/(1 + 0.08 × 1/4) = 1,287원

---

(2) 무위험 이자율 차익거래

① 시장선물환율(F)이 이론선물환율(F^*)보다 <u>고평가</u>된 경우
 ㉠ 자국통화 차입(원화 차입) : 원화 이자율 증가
 ㉡ 현물환 매수(₩를 $로 교환) : 원－달러 현물환율 상승
 ㉢ 달러 운용(예금 또는 대출) : 달러 이자율 하락
 ㉣ 선물환 매도($를 ₩로 교환) : 달러 선물환율 하락

② 시장선물환율(F)이 이론선물환율(F^*)보다 <u>저평가된 경우</u>

 ㉠ 외국통화 차입(달러 차입)

 ㉡ 현물환 매도($를 ₩로 교환)

 ㉢ 원화 운용(예금 또는 대출)

 ㉣ 선물환 매수(₩를 $로 교환)

3. 우리나라 통화선물

구분	달러선물	엔화선물	유로화선물	위안화선물
거래대상	미국달러	일본엔화	유로화	위안화
거래단위	10,000달러	1,000,000엔	10,000유로	100,000위안
거래표시방법	1달러당	100엔당	1유로당	1위안당
최소가격변동	0.1원, 1,000원			0.01원, 1,000원
최종거래일	결제월의 세 번째 월요일(공휴일인 경우 앞당김)			
최종결제방법	실물인수도			

핵심요약문제 ✎

09 현재 외환시장과 단기금융시장에서 원/달러 환율과 한국과 미국의 단기이자율에 관한 내용이 다음과 같을 때 적절하지 않은 것은?

> • 현물환율 : $1＝1,320원
> • 3개월 선물환율 : $1＝1,300원
> • 한국 3개월 이자율 : 연 4%
> • 미국 3개월 이자율 : 연 6%

 ① 3개월 선물환율은 할인상태에 있다.
 ② 실제 선물환율이 이론 선물환율보다 저평가되어 있다.
 ③ 무위험차익 거래 시 원화 차입, 달러화 대출이 발생한다.
 ④ 이자율평형이론에 따르면 3개월 선물환율은 할인되어야 한다.

10 다음은 우리나라 통화선물에 대한 설명이다. 옳지 않은 것은?

 ① 미국달러선물, 엔화선물, 유로화선물, 위안화선물이 상장되어 거래되고 있다.
 ② 거래표시방법은 엔화(100엔당)를 제외하고 1외화당 원화로 표시한다.
 ③ 틱가치는 1,000원이다.
 ④ 최종결제방법은 만기에 현금결제한다.

정답
09 ③   선물환율은 할인상태이며, 달러를 차입하여 원화로 바꾸어 예금하고, 달러선물환을 매수하는 차익거래가 가능하다.
10 ④   최종결제방법은 만기에 실물인수도한다(우리나라의 유일한 실물인수도 상품이다).

4. 선물환과 통화선물을 이용한 환리스크 관리

(1) 선물환을 이용한 환리스크 관리

① 매수헤지 : 미래 매수해야 할 통화의 가치가 상승하여 손실이 생길 가능성에 대비(수입업자)

② 매도헤지 : 미래에 매도해야 할 통화가 있을 때 이 통화의 가치가 하락할 것을 우려(수출업자)

(2) 통화선물을 이용한 환리스크 관리

① 선물환거래가 불가능하거나 낮은 거래비용, 소규모의 헤지포지션을 취할 때 이용

② 개시증거금 및 추가증거금 등 지속적인 증거금입출금을 관리해야 하는 불편 발생

③ 계약이 표준화되어 헤지규모나 기간 등이 현물거래 조건과 불일치 → 베이시스 리스크 발생

구분	매수헤지 (선물 매수+현물 매도)	매도헤지 (선물 매도+현물 매수)
양(+)의 베이시스 (선물가격>현물가격)	손실	이익
음(−)의 베이시스 (선물가격<현물가격)	이익	손실

(3) 단기자금시장을 이용한 환리스크 관리

① 특징 : 이자율평형이론은 좌변은 선물거래, 우변은 현물 및 두 통화를 이용한 차입 또는 예금거래를 의미(현물거래와 두 통화를 이용하여 선물거래의 복제 가능)

② 선물의 매수포지션=자국통화 차입+현물환으로 외국통화 매수+외국통화로 운용

③ 선물의 매도포지션=외국통화 차입+현물환으로 자국통화 매수+자국통화로 운용

···TOPIC 3 통화옵션

1. 통화옵션의 개요

① 통화옵션 : 불리한 환율 변동으로부터의 손실 위험을 제거할 수 있을 뿐만 아니라 동시에 유리한 환율변동으로부터의 이익 기회를 유지할 수 있는 장점

핵심요약문제

11 다음은 선물환과 통화선물에 대한 내용이다. 옳지 않은 것은?

① 선물환은 필요에 맞춰 거래가 이루어지므로 헤지효과가 비교적 높다.
② 선물환은 현물거래 조건과 불일치하여 베이시스 리스크가 발생하는 단점이 있다.
③ 통화선물은 낮은 거래비용을 선호하거나 소규모의 헤지포지션을 취할 때 이용한다.
④ 통화선물은 지속적인 증거금입출금을 관리해야 하는 불편이 있다.

12 단기자금시장을 이용하여 선물의 매수포지션을 복제한다면 어떻게 구성하는가?

① 자국통화 차입 + 현물환으로 외국통화 매수 + 외국통화로 차입
② 외국통화 차입 + 현물환으로 자국통화 매수 + 자국통화로 차입
③ 자국통화 차입 + 현물환으로 외국통화 매수 + 외국통화로 운용
④ 외국통화 차입 + 현물환으로 자국통화 매수 + 자국통화로 운용

정답
11 ② 통화선물은 현물거래 조건과 불일치하여 베이시스 리스크가 발생하는 단점이 있다.
12 ③ 자국통화 차입 + 현물환으로 외국통화 매수 + 외국통화로 운용 → 선물의 매수포지션과 동일

② 우리나라 통화옵션

구분	달러옵션
거래대상	미국달러(USD)
거래단위	$10,000
호가단위	0.10원(1tick = 10,000 × 0.1 = 1,000원)
행사유형	유럽식
최종결제일	결제일의 세 번째 월요일(공휴일인 경우 앞당김)
최종결제방법	현금결제

2. 통화옵션 가격결정 모형

① 가먼 – 콜하겐 모형 : 블랙 – 숄즈 모형을 통화옵션에 적합하도록 수정한 모형
② 통화옵션에서는 동일한 기초자산(환율)에 대한 콜옵션과 풋옵션은 서로 대칭적이어서 어느 한 통화의 콜옵션은 상대통화의 풋옵션이 됨

예 A국 통화를 주고 B국 통화를 받는 옵션거래를 한다면?
→ A국 통화를 기준으로 하면 풋옵션, B국 통화를 기준으로 하면 콜옵션

3. 통화옵션을 이용한 환리스크 헤지

구분	외국통화 결제예정자(수입업자)	외환통화 수취예정자(수출업자)
리스크 요인	환율 상승 리스크	환율 하락 리스크
헤지방법	선물환 매수 통화선물 매수 콜옵션 매수 풋옵션 매도	선물환 매도 통화선물 매도 콜옵션 매도 풋옵션 매수

 핵심요약문제

13 다음은 한국거래소에 상장된 통화옵션에 대한 설명이다. 적절하지 않은 것은?

   ① 거래대상은 미국달러(USD)이다.
   ② 행사유형은 만기에만 행사하는 유럽형옵션이다.
   ③ 1틱의 가치는 $100,000 × 0.1 = 10,000원이다.
   ④ 최종결제방법은 현금결제이다.

14 다음은 통화옵션에 관한 일반적 내용이다. 적절하지 않은 것은?

   ① 블랙-숄즈 모형을 통화옵션에 적합하도록 수정한 가먼-콜하겐 모형으로 가격결정을 한다.
   ② 조기행사가 이루어지는 미국형옵션을 전제로 모형이 만들어진다.
   ③ 어느 한 통화의 콜옵션 매수는 상대 통화의 풋옵션 매수와 동일하다.
   ④ 어느 한 통화의 풋옵션 매도는 상대 통화의 콜옵션 매도와 동일하다.

정답
13 ③   1틱의 가치는 $10,000 × 0.1 = 1,000원이다.
14 ②   조기행사가 이루어지지 않는 유럽형옵션을 전제로 모형이 만들어진다.

01 다음은 외환시장의 환율의 표시방법 중 직접표시법에 대한 설명이다 옳지 않은 것은?

① 직접표시법은 외국통화를 기준통화, 자국통화를 비교통화로 표시하는 방식이다.

② 원화, 엔화 등 대부분의 통화가 사용하고 있는 방식이다.

③ 미 달러화 한 단위를 기준으로 다른 통화의 가치를 표시하는 방식이며 유럽식이다.

④ 영국 파운드화를 $1.2356/£ 방식으로 표현하는 것이다.

02 다음은 외환거래시장의 특성을 나타낸 것이다. 옳지 않은 것은?

① 장내거래시장 ② 딜러중심시장

③ 호가선행시장 ④ 양방향호가시장

03 다음은 외환시장에 대한 설명이다. 올바르지 않은 것은?

① 외환시장은 전 세계에서 가장 규모가 큰 금융시장이다.

② 주요 외환시장들은 각 시장의 개장과 폐장이 겹쳐져 24시간 거래가 가능하다.

③ 일종의 장외사장(OTC)이며, 런던, 뉴욕, 도쿄시장에서 주로 거래된다.

④ 외환은행은 일반고객과 은행 간의 거래가 일어나는 소매시장이 도매시장보다 크다.

정답 및 해설

01 ④   영국 파운드화는 다른 통화 한 단위를 기준으로 미 달러화의 가치를 표시(미국식)한다.

02 ①   외환시장은 장외거래시장이다.

03 ④   외환은행은 은행 간의 거래인 도매시장의 규모가 소매시장의 규모보다 크다.

[04~05] 다음은 외환시장의 현물 및 선물환율에 관한 내용이다. 물음에 답하시오.

- 원 – 달러 현물환율이 $1 = 1,200원
- 3개월 선물환율이 $1 = 1,250원
- 6개월 선물환율은 $1 = 1,150원

04 3개월 선물환율의 할증률 또는 할인률은 얼마인가?

① 15.7% 할증
② 15.7% 할인
③ 16.7% 할증
④ 16.7% 할인

05 6개월 선물환율의 할증률 또는 할인률은 얼마인가?

① 8.33% 할증
② 8.33% 할인
③ 9.33% 할증
④ 9.33% 할인

06 달러/파운드 환율이 $1.3429/£에서 $1.4253/£으로 상승했을 때, 이에 대한 설명으로 옳지 않은 것은?

① 파운드화 가치 상승
② 파운드화 평가절상
③ 파운드화 가치 하락
④ 달러화 가치 하락

07 현재 B은행의 현물환 달러 매입률과 매도율이 각각 1,200.00원과 1,200.50원이며, 1개월 스왑 매입률과 매도율이 각각 5.0원과 5.5원이다. 투자자 A씨가 B은행으로부터 1개월 선물환을 매입하려고 할 때, 적용되는 환율은 무엇인가?

① 1,20
② 1,204
③ 1,205
④ 1,206

정답 및 해설

04 ③ 3개월 선물환율 : $(1,250-1,200)/1,200 \times 12/3 = 0.1667$(16.7% 할증)

05 ② 6개월 선물환율 : $(1,150-1200)/1,200 \times 12/6 = -0.0833$(8.33% 할인)

06 ③ 환율의 상승은 파운드화 가치 상승(파운드화 평가절상)을, 달러화의 가치 하락을 의미한다.

07 ④ 고객이 선물환을 매입할 때는 선물환 매도율을 적용한다. 선물환 매도율 = 1,200.50 + 5.5 = 1,206

08 현재 외환시장의 환율이 ₩1,100/$, $1.4000/€인 경우 A기업이 유럽 거래처부터 받은 수출대금 100만 유로를 원화로 환전할 때 적용되는 ₩/€환율은 얼마인가?

① 1,520원

② 1,530원

③ 1,540원

④ 1,550원

09 현재 외환시장에서 거래되는 원/달러 현물환율은 1,000원이며, 3개월 만기의 원/달러 선물환율이 6% 할인되어 거래된다. 이때의 3개월 만기 원/달러 선물환율을 구하면?

① 975

② 985

③ 1,020

④ 1,025

10 다음 단기금융시장과 외환시장에 관한 내용을 토대로 만기가 3개월(92일)인 원/달러 선물환율을 구하면?

- 현물환율 : $1 = 1,200원
- 한국 3개월 이자율 : 연 2%(act/365)
- 미국 3개월 이자율 : 연 1%(act/360)

① 1,200

② 1,201

③ 1,202

④ 1,203

11 다음의 외환포지션 중에서 특정 외화표시부채가 외화표시자산보다 큰 경우를 무엇이라 하는가?

① 외화 스퀘어포지션

② 외화 초과 매수포지션

③ 외화 초과 매도포지션

④ 외화 매수포지션

정답 및 해설

---

08 ③   ₩/€ = ₩1,100/$ × $1.4000/€ = 1,540원

09 ② $\dfrac{F-1,000}{1,000} \times \dfrac{12}{3} = -0.06$, $F = 985$

10 ④ $F = 1,200 \times \dfrac{1+0.02 \times \dfrac{92}{365}}{1+0.01 \times \dfrac{92}{360}} = 1,203$

11 ③   외화 초과 매도포지션이라 한다.

12 일반적으로 3개월 만기 선물환의 거래일이 6월 25일일 때 선물환 결제일은 언제인가?

① 9월 25일   ② 9월 26일

③ 9월 27일   ④ 9월 28일

13 현재의 원/달러 현물환율이 1,100.00 - 1,110.00이고 3개월 선물환율의 선물환포인트가 600 - 300일 때 다음 설명 중 옳지 않은 것은?

① 선물환율은 할인상태에 있다.

② 선물환포인트의 매도율이 매수율보다 작다.

③ 3개월 선물환율의 매도율은 1,107원이다.

④ 3개월 선물환율의 매수율은 1,084원이다.

14 다음 원/달러 차액결제선물환(NDF)시장에 대한 설명 중 옳지 않은 것은?

① 만기시점에 계약 당시 선물환율과 지정환율의 차이만큼을 미 달러화로 정산하는 거래이다.

② NDF는 차액만을 결제하므로 결제위험이 일반선물환보다 작다.

③ 레버리지 효과가 높아 환리스크 헤지뿐만 아니라 투기적 거래에도 이용된다.

④ 매수자의 경우 지정환율이 계약환율보다 높다면 결제금액을 지급하게 된다.

15 다음 원/달러 차액결제선물환(NDF)시장에 대한 설명 중 옳지 않은 것은?

① 결제통화는 미 달러화이며 해당국의 통화가 통용되지 않더라도 역외시장에서 거래가 가능하다.

② 작은 금액으로 거래가 가능하며 레버리지 효과가 높아 환율리스크 헤지 및 투기거래에도 사용한다.

③ 만기는 정형화된 만기의 형태로 거래되지만 3개월물이 가장 많이 거래된다.

④ 거래금액은 제한이 없으나 관행상 100만달러 단위로 거래된다.

정답 및 해설

12 ③   선물환 결제일은 거래일부터 2영업일 후인 현물일(spot date)부터 계산하므로 9월 27일이 된다.

13 ④   선물환포인트 매도율이 매수율보다 작으므로 선물환율은 현물환율보다 할인상태이다. 3개월 선물환율의 매수율 = 1,100 - 6 = <u>1,094</u>, 3개월 선물의 매도율 = 1,110 - 3 = 1,107이다.

14 ④   매수자의 경우 지정환율이 계약환율보다 높다면 결제금액을 수취하고, 반대라면 결제금액을 지급한다.

15 ③   만기는 정형화된 만기의 형태로 거래되지만 <u>1개월물</u>이 가장 많이 거래된다.

16 국내 A은행이 홍콩에 있는 B은행에 1개월 만기 원/달러 NDF를 60만달러 매도하였다. 계약 시 선물환율은 달러당 1,000이고 1개월 후 지정환율이 1,200이라면, A은행 입장에서의 결제금액은 어떻게 처리되는가?

① 국내 A은행이 홍콩의 B은행에 $100,000를 지급해야 한다.
② 국내 A은행이 홍콩의 B은행에 $10,000를 지급해야 한다.
③ 국내 A은행이 홍콩의 B은행에 $20,000를 지급해야 한다.
④ 국내 A은행이 홍콩의 B은행에 $2,000를 지급해야 한다.

17 원/달러 현물환율이 1,000이고, 1년 만기 원/달러 선물환율이 1,050일 때, 한국과 미국의 금리를 비교한 것으로 옳은 설명은?

① 한국 금리에서 미국 금리를 차감하면 4%이다.
② 미국 금리에서 한국 금리를 차감하면 4%이다.
③ 한국 금리에서 미국 금리를 차감하면 5%이다.
④ 미국 금리에서 한국 금리를 차감하면 5%이다.

18 다음은 선물환과 통화선물에 대한 내용이다. 적절하지 않은 것은?

① 선물환은 계약불이행위험이 존재하지만 통화옵션은 거래소에서 계약이행을 보증한다.
② 선물환은 실물인수도 결제하지만 통화선물은 만기 전 반대매매로 청산된다.
③ 선물환의 거래비용은 브로커 수수료이지만 통화선물은 딜러의 매수/매도스프레드이다.
④ 선물환의 거래조건은 당사자의 필요에 맞추지만 통화옵션은 표준화되어 있다.

19 다음은 우리나라 통화선물에 대한 내용이다. 옳지 않은 것은?

① 미국 달러선물의 거래단위는 $100,000이다.
② 위안화를 제외한 나머지 통화선물의 호가가격 단위는 모두 0.1원이다.
③ 우리나라에서 거래되는 통화의 1틱의 가치는 모두 1,000원이다.
④ 결제방법은 실물인수도 결제이다.

정답 및 해설

16 ①　매도자는 '지정환율 > 계약 시 선물환율'이면 결제금액을 지급한다. 결제금액 = (지정환율 − 계약 시 선물환율)/
　　　　지정환율 × 계약금액 = $100,000
17 ③　한국 금리가 미국 금리보다 5% 더 높다. 이 공식은 균형선물환율 공식을 변형한 근사치이며, 양국의 금리
　　　　차를 구할 수 있다.
18 ③　선물환의 거래비용은 딜러의 매수/매도스프레드이지만 통화선물은 브로커 수수료이다.
19 ①　미국 달러선물의 거래 단위는 $10,000이다.

20 KRX에서 거래되는 미국 달러선물 10계약을 1달러당 1,100원에 매도한 후, 일주일 후에 1달러당 1,120원에 반대매매를 통해 포지션을 모두 청산하였을 때, 이 거래의 손익을 구하면?

① 150만원 이익

② 150만원 손실

③ 200만원 이익

④ 200만원 손실

21 다음은 통화선물의 헤지에 대한 내용이다. 적절하지 않은 것은?

① 매수헤지는 선물을 매수하고 현물을 매도하는 전략이다.

② 매도헤지는 선물을 매도하고 현물을 매수하는 전략이다.

③ 양(+)의 베이시스일 때 매수헤지는 이익이다.

④ 음(−)의 베이시스일 때 매도헤지는 손실이다.

22 A기업은 3개월 후에 대출금 $2,000,000을 회수할 예정이다. 대출금 회수 시 달러가치변동으로 인한 손실을 회피하고자 KRX에 상장된 미국 달러선물을 이용하기로 했다면 이때 어떠한 포지션을 취할 수 있는가?

① 달러선물 100계약 매수

② 달러선물 100계약 매도

③ 달러선물 200계약 매수

④ 달러선물 200계약 매도

23 대한항공은 보잉사로부터 비행기를 구입하고 1년 후 잔금 200만 달러를 지급하기로 하였다. 현재 시장상황이 다음과 같으며 대한항공은 단기자금시장을 이용하여 환위험을 헤지하고자 한다면 이 경우 대한항공이 1년 후에 지불해야 하는 원화금액은?

• 현물환율 : $1 = 1,200원

• 한국 이자율 : 연 6%

• 미국 이자율 : 연 4%

---

① 23억 7,700만원

② 23억 9,800만원

③ 24억 2,300만원

④ 24억 4,600만원

정답 및 해설

---

20 ④ $(1,100 - 1,120) \times 10,000 \times 10$계약 $= -2,000,000$

21 ③ 양(+)의 베이시스일 때 선물가격은 떨어지고 현물가격은 올라가기 때문에, 매수헤지(선물매수＋현물매도) 전략은 손실이다.

22 ④ 달러선물 200계약($= \$2,000,000 / \$10,000$)을 매도한다.

23 ④ $F = 1,200 \times 1.06 / 1.04 = 1,223$, $1,223 \times 200$만달러 $= 24$억 4,600만원

24 다음 중 선물환이나 통화선물을 이용하여 매도헤지를 할 필요가 있는 기업은?

① 달러화 표시 자산을 많이 보유하고 있는 기업

② 3개월 후 해외부동산을 투자할 기업

③ 6개월 후 수입대금을 달러로 지급해야 하는 기업

④ 유로화 부채를 많이 보유하고 있는 기업

25 다음은 단기금융시장과 외환시장에 관한 내용이다. 시장상황에 대한 다음 설명 중 적절하지 않은 것은?

- 현물환율 : $1 = 1,000원
- 3개월 선물환율 : $1 = 1,001원
- 한국 3개월 이자율 : 연 2%(act/365)
- 미국 3개월 이자율 : 연 1%(act/360)

① 이론선물환율은 1,002.39원/$이다.

② 시장선물환율은 할증상태이다.

③ 실제선물환율이 이론선물환율보다 저평가되어 있다.

④ 원화를 차입하여 달러로 바꾸어 예금하고, 달러선물환을 매수하는 차익거래가 가능하다.

26 원/달러 시장선물환율이 이론선물환율보다 고평가되어 있는 경우 차익거래 발생효과에 따른 변화로 옳지 않은 것은?

① 국내이자율 증가　　　　　　　　② 미국이자율 하락

③ 현물환율 상승　　　　　　　　　④ 선물환율 상승

정답 및 해설

24 ①　달러화 표시 자산의 환율 하락으로 인한 손실을 회피하기 위해 선물환 등을 매도할 필요가 있다.

25 ④　$F = 1,000 \times \dfrac{1 + 0.02 \times \dfrac{92}{365}}{1 + 0.01 \times \dfrac{92}{360}} = 1,002.39$, 할증률 $= \dfrac{(1,001 - 1,000)}{1,000} \times \dfrac{360}{92} = 0.0039(0.39\%)$이므로

　　달러를 차입하여 원화로 바꾸어 예금하고, 달러선물환을 매수하는 차익거래가 가능하다.

26 ④　달러선물환 매도가 발생하므로 선물환율이 하락한다.

27 통화옵션에서 어느 한 통화의 풋 매수는 상대통화의 어떤 포지션과 동일한 효과를 내는가?

① 풋 매수   ② 풋 매도

③ 콜 매수   ④ 콜 매도

28 다음 중 통화옵션에 대한 설명으로 적절하지 않은 것은?

① 외환거래의 특성상 장내옵션보다 장외옵션의 거래규모가 더욱 크다.

② 통화옵션은 환율변동의 손실위험을 제거하고 유리한 환율변동의 이익기회도 유지할 수 있다.

③ 외국통화 보유나 외환대금 수취 예정의 경우 환율변동의 위험을 회피하기 위해 풋옵션을 매수한다.

④ 풋옵션 매수는 환율의 상한선 설정효과, 콜옵션 매수는 환율의 하한선 설정효과를 가져온다.

29 다음은 통화옵션 활용에 대한 설명이다. 올바르지 않은 것은?

① 원/달러 현물환율이 950원일 때 행사가격이 900인 달러 콜옵션은 이익이다.

② 미국 수출기업이 원/달러 리스크를 헤지하려면 달러 콜옵션을 매입해야 한다.

③ 미국기업이 수입대금을 엔화로 결제한다면 엔/달러 리스크 헤지를 위해 달러 풋옵션을 매입한다.

④ 환율의 하한은 풋옵션 행사가격에서 프리미엄을 뺀 값이고, 상한은 콜옵션 행사가격에 프리미엄을 더한 값이다.

30 수출업자 A씨는 6개월 후 100만 달러의 수출대금을 수령할 예정이다 A씨가 원/달러 통화옵션을 이용하여 환리스크를 헤지하고자 할 때의 바람직한 전략은 무엇인가?

① 달러 콜옵션 매수   ② 달러 콜옵션 매도

③ 달러 풋옵션 매수   ④ 달러 풋옵션 매도

정답 및 해설

27 ③   통화옵션에서는 동일한 기초자산(환율)에 대한 콜옵션과 풋옵션이 서로 대칭적이다.

28 ④   풋옵션 매수는 환율의 <u>하한선</u> 설정효과, 콜옵션매수는 환율의 <u>상한선</u> 설정효과를 가져온다.

29 ②   미국 수출기업이 원/달러 리스크를 헤지하려면 <u>달러 풋옵션</u>을 매입해야 한다.

30 ③   수출업자는 원/달러 하락위험에 대비하여 <u>달러 풋옵션을 매수</u>하여 달러 매입가액을 고정시킨다.

31 다음은 베이시스 리스크와 헤지손익에 대한 내용이다. 적절하지 않은 것은?

① 베이시스가 양(+)일 때 매수헤지에는 헤지손실이 발생한다.

② 베이시스가 양(+)일 때 매도헤지에는 헤지이익이 발생한다.

③ 선물가격이 현물가격보다 작을 때 매도헤지에는 헤지이익이 발생한다.

④ 원화금리가 달러금리보다 크면 양(+)의 베이시스가 발생하여 만기로 갈수록 감소한다.

32 다음 중 단기자금시장을 이용하여 선물의 매도포지션을 복제할 때의 구성으로 옳은 것은?

① 자국통화 차입 + 현물환으로 외국통화 매수 + 외국통화로 차입

② 외국통화 차입 + 현물환으로 자국통화 매수 + 자국통화로 차입

③ 자국통화 차입 + 현물환으로 외국통화 매수 + 외국통화로 운용

④ 외국통화 차입 + 현물환으로 자국통화 매수 + 자국통화로 운용

33 단기자금시장을 이용한 환율위험에 대한 설명 중 옳지 않은 것은?

① 시장균형상태에 이자율평형이론이 성립하면 선물(환)&단기자금시장의 헤지결과는 모두 동일하다.

② 실제 시장선물환율이 고평가된 경우 매수헤지는 단기자금시장을 이용한 헤지가 유리하다.

③ 실제 시장선물환율이 고평가된 경우 매도헤지는 선물(환)을 이용한 헤지가 유리하다.

④ 실제 시장선물환율이 이론환율보다 작은 경우 매도헤지는 선물(환)을 이용한 헤지가 유리하다.

34 수출업자 A씨는 현재 환율 하락 위험에 노출되어 있다. 이 위험에 대한 수출업자 A씨의 올바른 헤지방법이 아닌 것은?

① 달러 콜옵션 매수   ② 달러 풋옵션 매수

③ 달러 선물환 매도   ④ 달러 선물 매도

정답 및 해설

31 ③ 선물가격이 현물가격보다 작을 때 매도헤지에는 헤지손실이 발생한다.

32 ④ 외국통화 차입 + 현물환으로 자국통화 매수 + 자국통화로 운용 → 선물의 매도포지션과 동일

33 ④ 실제 시장선물환율이 이론환율보다 작은 경우는 실제 시장선물환율이 저평가된 경우로서 단기자금시장을 이용한 헤지가 유리하다.

34 ① 달러 콜옵션 매수는 수입업자의 환율 상승 위험에 대한 헤지방법이다.

35 투자자 A씨는 KRX에서 거래되는 엔선물 1계약을 100엔당 1,550원에, 유로선물 1계약을 1유로당 1,790원에 매도하고 일주일 후 엔선물은 100엔당 1,600원에, 유로선물은 1유로당 1,700원에 포지션을 청산하였다. 이때 거래비용이 없다면 투자자 A씨의 손익은 얼마인가?

① 30만원 손실
② 30만원 이익
③ 40만원 손실
④ 40만원 이익

36 현재 행사가격이 1,200원/\$이고 만기가 1개월인 원/달러 콜옵션이 65원에, 동일한 행사가격과 만기를 가진 원/달러 풋옵션은 10원에 거래되고 있다. 원/달러 현물환율이 달러당 1,260원/\$일 때 콜옵션과 풋옵션의 내재가치의 합은 얼마인가?

① 40원
② 50원
③ 60원
④ 70원

37 현재 행사가격이 1,200원/\$, 만기가 1개월인 원/달러 콜옵션의 가격이 20원이고, 동일한 행사가격과 만기를 가진 풋옵션이 10원에 거래되고 있다. 원/달러 현물환율이 달러당 1,210원/\$일 때 콜옵션과 풋옵션의 시간가치의 합은 얼마인가?

① 10원
② 15원
③ 20원
④ 25원

38 투자자 A씨는 미국달러옵션을 매수하여 만기 때 옵션을 권리행사하였다. 이때 원화 수취와 달러 지급의 당사자가 될 수 있는 포지션은 무엇인가?

① 콜옵션 매수, 풋옵션 매수
② 콜옵션 매도, 풋옵션 매도
③ 콜옵션 매수, 풋옵션 매도
④ 콜옵션 매도, 풋옵션 매수

정답 및 해설

35 ④ 엔선물 : $1,000,000 \times 0.01 \times (1,550 - 1,600) = -500,000$원
　　　유로선물 : $10,000 \times (1,790 - 1,700) = 900,000$원, 투자자는 40만원의 이익을 얻는다.
36 ③ 콜옵션 내재가치 = 60, 풋옵션의 내재가치 = 0이므로 합은 60이다.
37 ③ 콜옵션 시간가치 = 20 - 10 = 10, 풋옵션의 시간가치 = 10 - 0 = 10이므로 합은 20이다.
38 ④ 옵션을 행사했을 때 달러를 지급하는 포지션은 콜옵션 매도, 풋옵션 매수이다.

39 수입업자 A씨는 미국으로부터 원자재를 수입하고 3개월 후 수입대금을 달러로 지급하기로 하였다. 이때 수입업자 A씨가 당면한 위험과 헤지전략은 무엇인가?

① 환율 상승 위험 – 달러 콜옵션 매수
② 환율 상승 위험 – 달러 풋옵션 매수
③ 환율 하락 위험 – 달러 콜옵션 매도
④ 환율 하락 위험 – 달러 풋옵션 매도

40 현재 시장상황을 토대로 행사가격이 1,205원/$인 원/달러 콜옵션이 10원에 거래되고 있을 때, 시장에 차익거래기회가 발생하지 않으려면 동일한 행사가격과 만기를 가진 풋옵션은 얼마에 거래되어야 하는가(이산복리 가정)?

- 현물환율 : $1 = 1,200원
- 1개월 선물환율 : $1 = 1,212원
- 한국 이자율 : 연 2%
- 미국 이자율 : 연 1%

① 2.01   ② 3.01
③ 4.10   ④ 5.01

---

39 ①   환율 상승 위험에 대비하기 위해 행사가격에 달러를 취득할 수 있는 달러 콜옵션을 매수한다.

40 ② $c - p = \dfrac{F - K}{(1 + r)}$, $10 - p = \dfrac{1,212 - 1,205}{1 + 0.02 \times \dfrac{1}{12}}$, $p = 3.01$

www.tomatopass.com

출제내용 ■■
및 분석

학습 목표	중요도	주요출제내용
TOPIC 01 스왑거래의 생성과 발전	★☆☆	• 스왑거래의 개요 • parallel loan과 back to back loan • 스왑시장의 변천 • 스왑거래의 생성 이유
TOPIC 02 스왑거래의 기초개념	★☆☆	• 스왑거래의 기본형태 • 스왑거래의 적용금리 및 가격고시 • FRA와 선도금리의 결정
TOPIC 03 금리스왑	★★★	• 금리스왑의 개요 및 가격고시 • 금리스왑의 거래동기 및 활용
TOPIC 04 통화스왑	★★★	• 통화스왑의 개요 및 가격고시 • 통화스왑의 거래동기 및 활용
TOPIC 05 변형스왑거래	★★☆	• 변형스왑의 종류 • Spot rate의 변형
TOPIC 06 스왑가격의 결정	★★☆	• 스왑가격결정의 기초개념 • 스왑가격결정

학습전략 ■■■ 스왑에서는 총 8문제가 출제됩니다. 스왑의 변천 과정, 가격고시, FRA와 선도금리계산 등의 문제
가 출제되고, 핵심 부분인 금리스왑과 통화스왑에 대한 심도 있는 공부가 필요합니다. 특히 비교
우위에 의한 자금조달의 내용은 정확히 숙지하셔야 합니다. 환율 및 금리변동에 따른 스왑전략
등의 문제는 복잡하여 쉽게 망각할 수도 있으니 집중학습을 하셔야 합니다. 변형스왑의 다양한
종류들을 숙지하시고 기본적인 스왑의 가격결정 과정을 한 번은 학습할 필요가 있습니다. 전반적
으로 스왑은 계산문제가 많고 어렵게 출제하면 쉽게 접근하기 어려울 수 있습니다. 다만 모든 공
부가 그렇듯이 우선적으로 전반적인 틀이 머릿속에 세워져야 합니다. 그러기 위해서는 항상 반복
이 최선입니다. 그리고 나면 자연스럽게 고득점으로 이어질 것입니다.

···TOPIC 1 스왑거래의 생성과 발전

1. 스왑거래의 개요

(1) 정의

두 당사자가 각기 지니고 있는 미래의 서로 다른 자금흐름을 일정 기간 동안 서로 교환하기로
계약하는 거래

(2) 스왑거래 동기

① 기업자금흐름의 특성은 일반화시킬 수 없는 매우 개별적인 것이며, 외환·조세·금융상의 규제가 지역·시장 간 서로 다르기 때문에 시장 비효율성 초래
② 시장 비효율성이 존재함에 따라 기업이 차입조건상의 비교우위 발생 → 스왑거래

2. 스왑거래의 생성 과정

(1) 스왑거래의 기원

1970년대 대부분의 국가는 엄격한 외환통제로 해외투자활동이 매우 제한된 상태였으며 외환통제 회피수단으로 parallel loan, back−to−back loan이 거래되었던 것이 스왑거래의 기원이 됨

(2) parallel loan

① 각자 자국 내에서 영업 중인 상대 기업의 자회사에 대출해 주는 방식
② 상대방이 채무불이행할 경우 상계가 인정되지 않고, 대출계약 간 쌍방담보도 불인정

(3) back−to−back loan

① 국제은행을 이용하여 모회사의 예금에 근거하여 해외 자회사에 대출해주는 방식(예 모회사 달러예금과 자회사 원화대출을 교환하는 방식)
② 상대방이 채무불이행할 경우 상계가 인정되어 신용위험이 감소

(4) 최초의 정형화된 스왑거래

국제금융기관인 World Bank와 IBM 사이에 체결된 미국의 달러와 독일 마르크 및 스위스 프랑 채무 간의 고정금리 통화스왑계약

3. 초기 스왑시장과 현재 스왑시장의 비교

구분	초기 스왑시장	현재 스왑시장
비교우위 존재의 당위성	양 당사자 간의 비교우위의 차이가 있어야 함	양 당사자 간의 비교우위의 차이가 전제조건은 아님
차입거래 수반 여부	당사자의 차입거래가 필요	당사자의 차입거래는 필수가 아님
신용도 차이	당사자 간의 신용도 차이가 있어야 거래	당사자 간의 신용도 차이는 필수적이지 않음
기본 구조	중개기관에 의해 스왑 당사자들이 연결되는 구조(matched swap)	은행이 시장위험·신용위험을 감당하며 거래(swap warehouse)

01 스왑(swap)거래에 관한 설명이다. 옳지 않은 것은?

① 스왑거래는 파생상품이므로 부외자산으로 처리된다.
② 두 개의 서로 다른 현금흐름을 일정 기간 동안 서로 교환하기로 계약하는 거래이다.
③ 위험관리뿐만 아니라 자금조달비용을 낮추려는 목적으로도 사용된다.
④ 통화스왑에서는 원금교환이 없으나 금리스왑은 원금교환이 이루어진다.

02 통화스왑의 원초적 형태로 볼 수 있는 parallel loan과 back – to – back loan에 관한 설명이다. 옳지 않은 것은?

① 두 거래 모두 원천징수 부담의 문제가 있다.
② parallel loan는 두 건의 대출계약이 실행되지만 채무상계 문제가 발생한다.
③ back – to – back loan 채무불이행의 경우 상계가 가능하여 신용위험의 개선효과가 있다.
④ 두 거래 모두 파생상품이므로 재무상태표에 기록되지 않는 부외거래가 가능하다

정답

01 ④ 통화스왑에서는 원금교환이 이루어지나(초기 원금교환은 생략 가능하지만, 만기 원금교환은 필수), 금리스왑은 원금교환 없이 계약기간 동안 이자 교환만 이루어진다

02 ④ 두 거래 모두 파생상품이 아니라 대출계약이기 때문에 재무상태표에 자산과 부채로 기록된다

···TOPIC **2** 스왑거래의 기초개념

1. 스왑거래의 적용금리

(1) 고정금리

① 통상 스왑거래의 가격은 변동금리와 교환되는 고정금리수준을 말함
② 스왑거래에 적용할 고정금리는 스왑기간과 만기가 동일한 국채수익률에 적정가산금리를 더하여 결정
③ 만기 1~2년의 단기 스왑거래의 가격은 유로달러선물거래의 스트립(strip)을 이용하여 고시

(2) 변동금리

① 일반적으로 금리스왑의 변동금리는 만기 6개월의 LIBOR금리를 사용
② 우리나라의 경우 3개월 만기의 CD유통수익률을 사용

2. 금리계산 기준(연간 이자지급횟수와 일수계산방식을 기준으로)

(1) 이자지급횟수

annual(연 1회), semi-annual(연 2회), quarterly(연 4회)

(2) 일수계산방식

① bond basis : 일년을 360일 기준으로 계산

    ㉠ bond (coupon) : 이자지급일의 휴일 여부와 관계없이 일정한 금액의 이자를 지급

    ㉡ bond (30/360) : 이자지급일이 휴일인 경우 지연일수를 고려하여 이자를 지급

② money market basis : 'actual/360' 계산방식을 사용(원화의 경우 'actual/365'를 사용)

③ actual/365 : 이자계산 시 1년을 365일로 계산(윤년인 경우 366일 사용)

④ actual/365 fixed : 윤년을 고려하지 않고 이자계산 시 1년을 365일로 계산

(3) 금리기준전환공식

① annual & semi-annual(quarterly) : $(1 + R_a) = \left(1 + \dfrac{R_{sa}}{2}\right)^2$, $(1 + R_a) = \left(1 + \dfrac{R_q}{4}\right)^4$

② bond basis & money market basis : $R_{BB} \times \dfrac{360}{360} = R_{MMB} \times \dfrac{365}{360}$

3. 스왑가격의 고시

(1) 스왑딜러들의 스왑금리고시

① Offer rate(매도율) = receive rate

스왑딜러가 고객에게 변동금리를 지급하고 고정금리를 수취할 때 적용하는 금리

② Bid rate(매입율) = pay rate

스왑딜러가 고객에게 고정금리를 지급하고 변동금리를 수취할 때 적용하는 금리

③ 스왑딜러는 고정금리를 많이 받고 작게 지급하여 호가 스프레드만큼 이익(고객과 반대)

(2) 스왑금리의 고시방식

T+spread 방식	• '재무부채권수익률+스왑 spread'의 표시하는 방식(例 T+25/21) → 은행 간 사용 • Offer rate=재무부채권 Bid수익률+스왑 Offer spread → 높은 수익률끼리 합산 • Bid rate=재무부채권 Offer수익률+스왑 Bid spread → 낮은 수익률끼리 합산
All-in 방식	실제 거래할 최종금리로 직접 표시하는 방식(例 2.28/2.25) → 은행·고객 간 사용

핵심요약문제

05 A기업은 변동금리조건의 미달러화 부채를 가지고 있으며 향후 미달러화 금리가 상승할 것으로 예상하여 고정금리조건으로 전환하고자 한다. 스왑딜러로부터 제공받은 다음 스왑금리 조건 중 A기업에 가장 유리한 경우는?

① annual, money market basis 3.38%
② semi-annual, money market basis 3.38%
③ annual, bond basis 3.38%
④ semi-annual, bond basis 3.38%

06 만기 3년짜리 미국재무부채권수익률이 5%이고, 스왑딜러가 고시한 3년 만기 미달러화 금리스왑의 가격이 T+40/37일 경우, 스왑딜러와 payer swap 거래를 하고자 하는 고객에게 적용되는 스왑금리는 무엇인가?

① 5.00% ② 5.37%
③ 5.40% ④ 6.00%

정답 **05** ③ • A기업은 실효금리가 낮은 것을 선택한다.
• annual기준의 bond basis가 유리하다.
• money market basis의 3.38%은 bond basis의 3.43%이다.
06 ③ 스왑딜러 입장에서 고정금리를 수취하는 포지션이므로 Offer rate인 T+40이 적용된다

4. FRA와 선도금리의 결정

(1) FRA(Forward Rate Agreement) 개요

① 선도금리 계약으로서 미래의 특정 기간에 적용될 미래의 금리를 사전에 확정하는 거래
② FRA 매입자 : 변동금리 차입자 입장으로서 장래의 금리 상승위험을 헤지하려는 당사자
③ FRA 매도자 : 변동금리 투자자 입장으로서 장래의 금리 하락위험을 헤지하려는 당사자
④ FRA는 금리위험을 헤지하려는 목적 또는 금리변동을 예상하고 투기의 목적으로 이용 가능

(2) FRA 관련 용어 및 FRA의 기간 구성

dealing date	계약금리를 결정하는 날
fixing date	결제금리가 결정되는 날(통상 settlement date의 2영업일 전)
settlement date	명목상 차입/예금이 개시되는 날(관행상 결제금액을 수수하는 시점)
Deferment date	Spot date와 fixing date 사이의 기간
Contract date	settlement date와 maturity date 사이의 기간

(3) FRA의 결제금액 및 거래 예시

① 결제금액
  ㉠ 관행에 따르면 결제금액을 만기일이 아니고 계약기간이 시작되는 결제일에 지급
  ㉡ 결제금액 $= \dfrac{(L-F) \times A \times \left(\dfrac{t}{360}\right)}{1 + \left[L \times \left(\dfrac{t}{360}\right)\right]}$

   (L : 결제금리, F : 계약금리, A : 명목원금, t : 계약기간일수)

② 예제 : 3×6 FRA를 2.05%의 계약금리로 매입한 변동금리차입자의 경우(명목원금 : $10,000,000)
  ㉠ 3개월 후에 3개월 LIBOR를 2.05%로 계약하였음(계약금리)
  ㉡ 3개월 후 실제 LIBOR가 3.0%인 경우 FRA 매수자는 2.05%를 주고 3.0%를 수취함
  ㉢ 금리수취금액 : (3%−2.05%)×$10,000,000=92/360=$24,278
  ㉣ 결제금액 : 24,278/(1+0.03×92/360)=$24,093(관행상 계약이 시작되는 결제일에 지급)

07 A기업은 향후 6개월 후에 6개월 만기로 차입 예정인 자금의 조달금리를 현시점에 확정하기를 원한다. A기업이 해야 하는 FRA 거래는 무엇인가?

① 6×6 FRA 매입 ② 6×6 FRA 매도

③ 6×12 FRA 매입 ④ 6×12 FRA 매도

08 FRA(Forward Rate Agreement)에 관한 설명으로 옳지 않은 것은?

① 미래의 특정 기간에 적용될 미래의 금리를 사전에 확정하는 거래를 말한다.

② 만기에 NDF(현금결제선물환)와 같이 차액결제방식을 적용한다.

③ 변동금리 차입자 입장으로서 장래의 금리 상승위험을 헤지하려면 FRA 매입이 필요하다.

④ 만기에 결제금리가 계약금리보다 상승할 경우 FRA 매도자가 이익을 본다.

정답

07 ③ 향후 6개월 후에 6개월 만기의 기간을 표시할 때는 6×12로 표기하며, 차입예정인 자금의 조달금리를 현시점에 확정하기 위해 FRA 매입을 해야 한다.

08 ④ 만기에 결제금리가 계약금리보다 상승할 경우 상승한 결제금리를 향유하는 FRA 매입자가 이익을 본다.

(4) FRA 가격의 결정원리

① 지금부터 1년의 기간 중 현재 시점부터 6개월간의 금리가 4%이고, 지금부터 12개월간의 금리가 5%이면, 6개월 후부터 12개월 후까지의 기간(6×12)의 금리가 선도금리, 즉 FRA의 가격임

$$\left[1+R_1\times\left(\frac{t_1}{360}\right)\right]=\left[1+R_2\times\left(\frac{t_2}{360}\right)\right]\times\left[1+F\times\left(\frac{t_1-t_2}{360}\right)\right]$$

$(t_1 : 장기의\ 시간,\ t_2 : 단기의\ 시간,\ R_1 : 장기금리,\ R_2 : 단기금리,\ F: FRA\ rate)$

② 이론적으로 장기의 이자율은 단기이자율에 투자하고, FRA 이자율에 재투자하는 것과 동일

(5) FRA 가격의 고시

① 가격고시의 예 : 6×12 5.75−5.80(bid−offer)

② Bid rate(매입율)은 스왑딜러가 고객에게 FRA를 매입할 때 적용하고, Offer rate(매도율)은 스왑딜러가 고객에게 매도할 때 적용함

1. 금리스왑의 개요

① 두 거래당사자가 미래의 일정한 계약기간 동안 동일 통화의 서로 다른 이자기준에 따라 정해지는 이자지급을 주기적으로 교환하는 것 → 원금은 교환하지 않음

② 금리스왑 형태
  ⊙ 쿠폰스왑 : 변동금리와 고정금리를 교환
  ⓛ 베이시스스왑 : 한 변동금리와 다른 변동금리를 교환

③ 상황별 거래

시장 상황	Off-balance sheet (쿠폰스왑거래)	On-balance sheet (채권발행/투자)
금리 상승을 우려	고정금리 지급 변동금리 수취	고정금리채 발행 변동금리채 투자
금리 하락을 우려	고정금리 수취 변동금리 지급	변동금리채 발행 고정금리채 투자

핵심요약문제 ✎

09 미달러화 3개월 만기 시장금리는 3.0%이고, 6개월 만기 시장금리가 3.2%인 경우에 3×6 FRA 거래의 이론적 가격은?

① 3.374%   ② 3.388%
③ 3.398%   ④ 3.400%

10 A기업은 현재 변동금리기준의 US$ 외화부채를 가지고 있으며 향후 달러화의 강세와 원화금리의 하락을 예상하고 있다. A기업이 가지고 있는 재무적 위험을 헤지하기 위하여 할 수 있는 거래는 무엇인가?

① US$ 변동금리 수취/원화 변동금리 지급
② US$ 변동금리 수취/원화 고정금리 지급
③ US$ 변동금리 지급/원화 변동금리 수취
④ US$ 변동금리 지급/원화 고정금리 수취

정답

09 ① $FRA = \left[\dfrac{1 + 0.032 \times \left(\dfrac{182}{360} \right)}{1 + 0.03 \times \left(\dfrac{91}{360} \right)} - 1 \right] \times \dfrac{360}{182 - 91} = 3.374\%$

10 ①
- 원화금리의 하락을 예상하므로 원화 변동금리 지급을 선택한다.
- 외화부채의 지급조건인 외화 변동금리를 수취한다.
- 변동금리 간의 교환으로서 basis swap이라 한다.

2. 금리스왑의 거래 동기 및 활용

(1) 금리 상승 우려

① 변동금리 차입자 : 고정금리 지급자로 금리스왑을 실행 → 차입비용 감소
② 고정금리 투자자 : 변동금리 수취자로 금리스왑을 실행 → 이자수입 증대

(2) 금리 하락 우려

① 고정금리 차입자 : 변동금리 지급자로 금리스왑을 실행 → 차입비용 감소
② 변동금리 투자자 : 고정금리 수취자로 금리스왑을 실행 → 이자수입 증대

(3) 차입비용 절감

① 차입상의 비교우위를 이용하여 차입한 후 금리스왑을 이용하여 유리한 차입조건을 달성
② 차입조건이 한쪽이 두 시장에서 모두 유리할 경우
   ㉠ 상대적으로 더 유리한 금리와 상대적으로 덜 불리한 금리가 각각 비교우위가 있음
   ㉡ 비용절감의 크기 : 고정금리차 – 변동금리차

③ 차입조건이 양쪽이 두 시장에서 각각 유리할 경우
   ㉠ 각각 유리한 금리에 비교우위가 있음
   ㉡ 비용절감의 크기 : 고정금리차 + 변동금리차

핵심요약문제

11 원화 금리스왑을 통해 5.25%를 수취하고 변동금리 3개월 CD금리를 지급하기로 하였다면 이 거래를 실행한 A기업의 입장은?

① 3개월 변동금리로 자금 차입하여 5.25%의 고정금리상품에 투자한 것과 같다.
② 5.25%의 고정금리로 자금 차입하여 3개월 만기 변동금리자산에 투자한 것과 같다.
③ 위험을 관리하기 위해 변동금리로 자금 차입하여 고정금리자산에 투자해야 한다.
④ 위험을 관리하기 위해 변동금리로 자금 차입하여 다른 변동금리자산에 투자해야 한다.

12 자금조달시장의 요구금리는 다음과 같다. 두 기업이 비교우위에 있는 시장에서 각각 자금을 조달한 후, 서로 4.5%와 LIBOR를 교환하는 금리스왑을 한다면 각 기업의 금리절감은?

	고정금리조달	변동금리조달
A기업	4.0%	LIBOR
B기업	6.0%	LIBOR+1.0%

① A기업 0.3%, B기업 0.7%   ② A기업 0.4%, B기업 0.6%
③ A기업 0.5%, B기업 0.5%   ④ A기업 0.6%, B기업 0.4%

···TOPIC 4 통화스왑

1. 통화스왑의 개요

① 두 거래당사자가 미래의 일정한 계약기간 동안 이종 통화의 이자지급을 주기적으로 교환하고, 계약만기 시 원금을 서로 교환하기로 하는 계약(계약초기 원금교환은 선택사항)

② 만기 시 원금교환에 적용되는 환율은 거래초기 원금교환에 적용했던 환율임

③ 통화스왑 형태

　㉠ currency swap : 이종통화 간 고정금리와 고정금리를 교환

　㉡ cross currency coupon swap : 이종통화 간 변동금리와 고정금리를 교환

　㉢ cross currency basis swap : 이종통화 간 변동금리와 변동금리를 교환

2. 장기선물환과 통화스왑의 비교

구분	통화스왑	장기선물환	외환스왑
이자와 원급의 교환 여부	이자와 원금교환	이자교환 없이 원금교환	이자교환 없이 원금교환
원금의 교환	초기 원금교환은 선택적, 만기 원금교환은 필수적	초기 원금교환 없으며 만기에만 원금교환	초기 및 만기에 반드시 원금교환(주로 단기거래)
적용환율	초기 및 만기 모두 현물환율 적용	선물환율 적용	초기교환은 현물환율, 만기교환은 선물환율

3. 통화스왑의 기본적 이용

(1) 차입자 입장에서의 이용

① 외화부채 보유 시 환율 상승이 리스크임

② 만약 원화금리가 하락한다면 → 원화의 변동금리 지급자로 전환

③ 만약 원화금리가 상승한다면 → 원화의 고정금리 지급자로 전환

13 통화스왑 거래의 특징에 관한 설명이다. 옳지 않은 것은?

① 초기 원금의 교환방향과 이자의 교환방향은 반대로 이루어진다.
② 초기의 원금교환은 선택적이나, 만기의 원금교환은 반드시 이루어진다.
③ 초기의 적용환율은 거래시점의 환율, 만기시점의 적용환율은 만기의 환율이 적용된다.
④ 미국 달러화와 원화 간 통화스왑은 미달러화 6개월 리보flat금리와 교환되는 원화의 고정금리로 고시된다.

14 달러화/원화의 현물환율이 1,120원, 2년 만기 선물환율이 1,150원이라고 가정할 때, 다음의 설명 중 옳지 않은 것은?

① 달러화의 금리는 원화의 금리보다 낮을 것이다.
② 2년 만기 장기선물환의 적용환율은 1,150원이다.
③ 외환스왑은 비교적 단기거래에 사용된다.
④ 2년 만기 외환스왑은 초기 및 만기거래 시 초기환율인 1,120원을 적용한다.

정답
13 ③ 통화스왑 거래의 원금교환 시 적용환율은 초기 또는 만기 모두 거래시점의 환율이 적용된다.
14 ④ 2년 만기 **통화스왑**은 초기 및 만기 거래 시 초기환율인 1,120원을 적용한다.

(2) 투자자 입장에서의 이용

① 외화자산 보유 시 환율 하락이 리스크임
② 만약 원화금리가 하락한다면 → 원화의 고정금리 수취자로 전환
③ 만약 원화금리가 상승한다면 → 원화의 변동금리 수취자로 전환

4. 통화스왑의 거래 동기 및 활용

① 최고의 비교우위가 있는 자본시장을 통한 자금 조달
② 장기외화부채의 환리스크 관리
③ 환리스크의 우려 없이 자산구성의 다양화

···TOPIC 5 변형스왑거래

1. 개요

① 거래조건이 여러 가지의 형태로 변형된 비표준스왑으로 거래금액, swap rate, 거래개시시점 등에 있어 변형된 형태로 거래

② 변형스왑거래 형태

　　㉠ accreting swap : 계약기간 동안 명목원금이 단계적으로 증가하는 스왑

　　㉡ amortizing swap : 계약기간 동안 명목원금이 단계적으로 감소하는 스왑

　　㉢ roller－coaster swap : 계약기간 동안 명목원금이 증가 또는 감소하는 스왑

2. Swap rate의 변형

① step－up swap : 스왑 초기에 낮은 swap rate을 적용하다가 나중에 높이는 구조

② step－down swap : 스왑 초기에 높은 swap rate을 적용하다가 나중에 낮추는 구조

3. 거래개시 시점의 변형

① spot start swap : 스왑거래 계약 후 2영업일째에 스왑거래 효력이 시작되는 경우

② forward start swap : 2영업일 이후 특정 시점에 스왑거래 효력이 개시되는 경우

핵심요약문제

15 외국기업 A가 국내채권시장에서 원화로 채권을 발행한 후에 통화스왑을 통해 원화부채를 미국달러화 변동금리 부채로 전환하고자 한다면, A기업이 실행해야 할 통화스왑은?

　① 초기 달러원금 수취/만기 달러원금 지급 － 원화 고정금리 수취/달러 변동금리 지급

　② 초기 달러원금 지급/만기 달러원금 수취 － 원화 고정금리 수취/달러 변동금리 지급

　③ 초기 달러원금 수취/만기 달러원금 지급 － 원화 고정금리 지급/달러 변동금리 수취

　④ 초기 달러원금 지급/만기 달러원금 수취 － 원화 고정금리 지급/달러 변동금리 수취

16 A기업은 분할상환조건의 미달러화 부채를 가지고 있으며 향후 원/달러환율의 상승을 예상하고 통화스왑거래를 통해 원화부채로 전환하려고 한다. 이러한 경우 A기업이 실행해야 할 스왑 형태는?

　① step－up swap　　　　　　　　　② step－up swap

　③ accreting swap　　　　　　　　　④ amortizing swap

정답

15 ①　　원금의 경우 초기 달러원금 수취/만기 달러원금 지급하고, 거래기간 중 원화 고정금리 수취/달러 변동금리 지급으로 금리교환을 하여야 한다.

16 ④　　외화부채의 원금상환과 함께 스왑의 원금도 감소하는 형태의 스왑거래를 amortizing swap이라 한다.

···TOPIC **6** 스왑가격의 결정

1. 스왑가격결정(Swap Pricing)의 과정

① 자금시장, 국채시장, 선물환시장, 선물시장을 통해 각 만기별 시장의 대표금리를 구함
② 만기별 금리를 사용하여 수익률곡선을 확정한 후 각 만기별 할인계수를 구함
③ 고정금리 현금흐름과 내재선도금리를 이용한 변동금리 현금흐름을 확정
④ 할인계수를 이용하여 고정금리 및 변동금리 현금흐름의 현재가치를 구함
⑤ 양쪽의 현금흐름의 현재가치의 합계가 동일하도록 고정금리수준을 역산하는 일련의 과정

2. Swap Pricing을 위한 기초개념

(1) zero−coupon rate(Spot rate)

① 해당 기간의 정확한 수익률곡선(yield curve)을 구하는 데 가장 적합한 수익률(만기수익률은 쿠폰의 재투자위험, 쿠폰이 달라지면 만기수익률도 달라지는 점이 문제임)
② 부트스트래핑(bootstrapping) : 현실적으로 모든 기간에 해당하는 만기를 지닌 할인채는 존재하지 않으므로 현재 존재하는 최단기의 spot rate를 이용하여 순차적으로 보다 긴 만기의 spot rate를 구해나가는 방법

(2) 선도금리(Forward rate)

① 변동금리 현금흐름은 수익률 곡선을 이용하여 미래의 각 이자기간별 선도금리를 계산하여 pricing 시점에 확정
② 선도금리 계산

$$(1+S_T)^T = (1+S_t)^t \times (1+FB_{t,T})^{T-t}$$

$(S_t : t$시점까지의 spot rate, $S_T : T$시점까지의 spot rate,

$FR_{t,T} : T-t$ 동안 적용될 forward rate)

17 스왑의 가격결정에 관한 설명이다. 옳지 않은 것은?

① 교환하는 미래 현금흐름을 현재가치로 환산하여 두 현금흐름이 동일한 가치를 가져야 한다.

② 일정 시점 이후의 일정 기간 동안의 금리를 '선도이자율'이라고 한다.

③ 미래 특정 시점의 할인계수를 곱하여 해당 시점의 현금흐름의 현재가치를 구한다.

④ 스왑가격 결정 시 변동금리 쪽의 현금흐름은 최종적으로 결정된다.

18 다음은 스왑의 가격결정과 관련된 정의에 관한 설명이다. 적절하지 않은 것은?

① 부트스트래핑(bootstrapping)은 현재 존재하는 최단기의 spot rate을 이용하여 순차적으로 보다 긴 만기의 spot rate을 구해나가는 방법이다.

② 보간법(interpolation)은 주어진 두 기간의 금리를 이용하여 그 사이의 기간에 대한 금리를 각각 비례에 의해 계산하는 방법이다.

③ 선도금리는 미래의 특정 시점에서 시작하여 일정기간 동안의 수익률을 말한다.

④ 할인계수를 구하기 위하여 재투자위험이 없는 만기수익률(YTM)을 사용한다.

정답 **17** ④ 변동금리 쪽의 현금흐름은 각 이자기간별 선도금리를 이용하여 가격결정 시 확정한다.
18 ④ 재투자위험이 없는 수익률은 만기수익률(YTM)이 아니라, 제로쿠폰수익률이다.

(3) 보간법

① 주어진 두 기간의 금리를 이용하여 그 사이의 기간에 대한 금리를 각각 비례에 의해 계산하는 방법

② 통상 직선보간법(linear interpolation)이 많이 사용됨($T_a < T^* < T_b$ 시점의 금리 R^*)

$$R^* = \frac{(T_b - T^*)R_a + (T^* - T_a)R_b}{(T_b - T_a)}$$

3. 통화 Swap pricing의 유의사항

① 계약기간 동안 발생하는 현금흐름의 현재가치를 계약시점 현재의 수익률곡선을 이용해 확정한 후 비교한다는 점에서 금리스왑과 동일하나, 비교되는 대상이 서로 다른 통화이므로 두 통화의 환율이 가격결정에 영향을 미침

② 환율적용

㉠ 선물환율을 이용하여 미래의 각 기간마다 교환되는 두 통화를 어느 한 통화로 바꾸어 놓고 그 통화의 기간별 수익률곡선을 이용하여 현재가치를 구한 후 비교하는 방법 → 선물환율 적용방법

㉡ 교환되는 두 통화 각각의 수익률 곡선을 이용해 각 통화별로 cash flow를 구성한 후 각 통화별 수익률 곡선에 의한 현재가치를 계산하고, 현물환율을 이용, 양쪽의 가치를 어느 한 통화로 일치시켜 비교하는 방법 → 현물환율 적용방법

③ 원화의 경우처럼 관련 시장의 규모나 효율성 등이 충분히 성숙되지 않은 경우는 선물환율을 이용한 환전이 먼저 이루어진 후 pricing이 더 효율적

핵심요약문제

19 4년 만기 채권수익률이 4.5%이고, 6년 만기 채권수익률이 5%라고 가정할 때, 선형보간법을 사용하여 5년 만기 채권수익률을 구하면 얼마인가?

① 4.60% ② 4.65%
③ 4.70% ④ 4.75%

20 통화스왑 가격결정에 관한 설명이다. 옳지 않은 것은?

① 계약기간 동안 발생하는 현금흐름의 현재가치를 계약시점 현재의 수익률곡선을 이용해 확정한 후 비교한다는 점에서 금리스왑과 동일하다.
② 비교되는 대상이 서로 다른 통화이므로 두 통화의 환율이 가격결정에 영향을 미친다.
③ 선물환율 적용법은 선물환율을 이용하여 미래의 각 기간마다 교환되는 두 통화를 어느 한 통화로 바꾸어 놓고 그 통화의 기간별 수익률곡선을 이용하여 현재가치를 구한 후 비교하는 방법이다.
④ 원화의 경우처럼 관련 시장이 성숙되지 않은 경우에는 현물환율을 이용하는 것이 바람직하다.

정답
19 ④ 5년 만기 채권수익률 = $[(6 - 5) \times 4.5\% + (5 - 4) \times 5\%]/(6 - 4) = 4.75\%$
20 ④ 원화의 경우처럼 관련 시장이 성숙되지 않은 경우에는 <u>선물환율</u>을 이용하는 것이 바람직하다.

01 다음 스왑거래에 대한 설명으로 옳지 않은 것은?

① 금리스왑은 장기 자본시장 스왑거래이다.

② 통화스왑은 일정 기간마다 정기적으로 이자를 교환한다.

③ 통화스왑거래에서 만기현금흐름은 거래시점의 현물환율에 의해 결정된다.

④ parallel loan은 back-to-back loan이 갖는 신용위험 문제를 상당히 개선했다.

02 스왑거래의 발전 과정에 관한 설명이다. 적절하지 않은 것은?

① 초기 스왑시장에서 은행은 중개인의 역할을 할 뿐이었다.

② 통화스왑은 parallel loan 과 back-to-back loan의 형태로 시작되었다.

③ 장기자본시장의 대표적 스왑거래는 금리스왑과 외환스왑이다.

④ 유로채시장에서 장기금리 리스크 관리를 위한 과정에서 금리스왑 거래가 발전했다.

03 스왑거래의 기본 형태에 관한 설명이다. 옳은 것으로 묶인 것은?

> ㄱ. 금리스왑은 원금을 교환한다.
> ㄴ. 통화스왑은 원금을 교환한다.
> ㄷ. 금리스왑은 장기이며 이자를 교환한다.
> ㄹ. 통화스왑은 장기이며 이자를 교환한다.

① ㄴ, ㄷ, ㄹ

② ㄱ, ㄴ, ㄷ

③ ㄱ, ㄴ, ㄹ

④ ㄱ, ㄴ, ㄷ, ㄹ

정답 및 해설

01 ④   back-to-back loan은 parallel loan이 갖는 신용위험 문제를 상당히 개선하였다.

02 ③   장기자본시장의 대표적 스왑거래는 금리스왑과 <u>통화스왑</u>이다. 외환스왑은 만기 1년 이내인 단기자금시장에서 거래된다.

03 ①   ㄱ. 금리스왑은 원금을 교환하지 않는다.

04 스왑거래에서 매수포지션(long swap)을 취했다면 어떤 포지션을 의미하는가?

① 변동금리 지급＋고정금리 수취

② 변동금리 수취＋고정금리 지급

③ 변동금리 지급＋변동금리 수취

④ 고정금리 지급＋고정금리 수취

05 이자계산일수가 182일이고 그 해가 윤년이라고 가정할 때 스왑에서의 이자계산 방법으로 옳지 않은 것은?

① bond basis : 원금×금리×180/360

② money market basis : 원금×금리×182/365

③ act/365 : 원금×금리×182/366

④ act/365 fixed : 원금×금리×182/365

06 윤년에 한 달(31일) 기준의 수익률을 계산할 때 가장 높은 실효수익률을 갖는 이자계산 방식은?

① bond basis   ② money market basis

③ act/365   ④ act/365 fixed

07 Money Market Basis(MMB) 방식의 금리가 2.05%일 경우 bond basis 방식으로 전환한다면 대략 얼마인가?

① 2.05%   ② 2.08%

③ 2.12%   ④ 2.32%

정답 및 해설

04 ②   매수포지션은 변동금리를 수취하고 고정금리를 지급하는 포지션을 말한다.

05 ②   Money Market Basis : 원금×금리×182/360

06 ②   가장 높은 실효수익률을 갖는 이자계산 방식은 money market basis이다. ① 30/360, ② 31/360, ③ 31/366, ④ 31/365

07 ②   2.05%×365/360＝2.078(≒2.08%)

08 (연 1회, act/365) 기준의 12% 금리를 (연 2회, act/365) 또는 (연 2회, act/360)로 전환한다면 각각 몇 %의 금리로 전환되는가?

① (연 2회, act/365) = 10.66%, (연 2회, act/360) = 10.50%
② (연 2회, act/365) = 11.66%, (연 2회, act/360) = 11.50%
③ (연 2회, act/365) = 12.66%, (연 2회, act/360) = 12.50%
④ (연 2회, act/365) = 13.66%, (연 2회, act/360) = 13.50%

09 다음 중 receiver 금리스왑과 동일한 현금흐름을 갖는 채권거래는?

① 고정금리채권 매수 + 변동금리채권 매도
② 고정금리채권 매도 + 변동금리채권 매수
③ 고정금리채권 매수 + 변동금리채권 매수
④ 고정금리채권 매도 + 변동금리채권 매도

10 미달러화 금리스왑거래의 가격을 고시할 때 사용하는 대표금리는 무엇인가?

① 유로달러수익률   ② 6개월 만기 LIBOR
③ A등급 회사채 수익률   ④ 미국 재무성증권 수익률

11 A기업은 금리 상승 리스크를 헤지하기 위하여 보유하고 있는 변동금리부채를 고정금리부채로 전환하려 한다. 이러한 상황에서 은행이 다음과 같은 스왑가격을 제시하였을 때, A기업에게 가장 유리한 가격은?

① 8.12~8.07   ② 8.13~8.08
③ 8.34~8.30   ④ 8.35~8.20

정답 및 해설

08 ② • (연 2회, act/365) : $(1+0.12) = \left(1 + \dfrac{r_{sa}}{2}\right)^2$, $r_{sa} = 11.66\%$

　　　　　 • (연 2회, act/360) : $11.66\% \times \dfrac{act}{365} = r \times \dfrac{act}{365}$, $r = 11.50\%$

09 ① receiver 금리스왑은 고정금리채권 매수(고정금리 수취)와 변동금리채권 매도(변동금리 지급)를 한다.

10 ④ 미달러화 금리스왑거래의 가격은 미국 재무성증권 수익률(T-Bond)에 스프레드를 가산하여 고시한다.

11 ① 고객의 입장에서는 매도율(offer rate)이 낮은 8.12를 선택하는 것이 유리하다.

12 시장금리가 상승할 때 FRA 매입과 receiver swap의 손익관계를 바르게 표시한 것은?

① FRA 매입 : 이익, receiver swap : 이익

② FRA 매입 : 이익, receiver swap : 손실

③ FRA 매입 : 손실, receiver swap : 손실

④ FRA 매입 : 손실, receiver swap : 이익

13 A기업이 6개월 후 6개월 만기로 대출 예정일 때, A기업이 대출이자율을 현시점에서 확정하기 위하여 체결해야 하는 거래는?

① 6×6 FRA 매입   ② 6×6 FRA 매도

③ 6×12 FRA 매입   ④ 6×12 FRA 매도

14 다음 FRA에 대한 설명으로 옳지 않은 것은?

① 3×6 FRA의 만기일은 현재로부터 6개월 시점이다.

② 3×6 FRA 결제일은 현재로부터 3개월 시점이다.

③ 시리즈 FRA 매입은 payer금리스왑과 동일한 현금흐름이 발생한다.

④ FRA 매입자는 계약금리를 받고 결제금리를 지불한다.

15 현재 시장에서 6×9 FRA 가격이 6.45~6.55로 고시되어 있다. A기업이 차입금의 헤지를 위하여 FRA를 매입하다면 적용되는 금리는 무엇인가?

① 6.45%   ② 6.55%

③ 6.50%   ④ 7.50%

정답 및 해설

12 ②   • FRA 매입 : 낮은 고정금리 주고, 높은 변동금리 수령

         • receiver swap : 높은 변동금리 주고, 낮은 고정금리 수령

13 ④   6개월 후 6개월 만기 기간은 6×12로 표시하며, 고정이자 수입을 확보하기 위해 FRA 매도를 한다.

14 ④   FRA 매입자는 결제금리를 받고 계약금리를 지불한다.

15 ②   고객의 입장에서는 높은 금리(offer rate)인 6.55%가 적용된다.

16 A기업은 $10,000,000의 외화차입금의 금리 상승위험을 커버하기 위하여 3×6 FRA를 2.05%의 계약금리로 매입하였다. 3개월 후 실제 LIBOR가 3.0%인 경우 A기업이 수취해야 할 금리 결제금액은(계약기간 = 92일)?

① $24,093   ② $24,193

③ $24,293   ④ $24,393

17 다음 중 가장 일반적인 금리스왑의 형태로, 변동금리와 고정금리에 따른 이자지급을 교환하는 것은?

① 베이시스 스왑(basis swap)   ② 인덱스 스왑(index swap)

③ 쿠폰 스왑(coupon swap)   ④ 통화 스왑(currency swap)

18 A기업은 고정금리시장에, B기업은 변동금리시장에 각각 비교우위가 있다. 비교우위를 이용하여 차입한 후 스왑딜러와 금리스왑을 하는 경우 A기업과 B기업의 금리스왑 포지션은?

① A기업 : receiver swap, B기업 : payer swap

② A기업 : payer swap, B기업 : receiver swap

③ A기업 : receiver swap, B기업 : receiver swap

④ A기업 : payer swap, B기업 : payer swap

19 다음 중 '고정금리 수취＋변동금리 지급'과 동일한 현금흐름을 나타내는 현물포지션은?

① 고정금리채권 매도＋변동금리채권 매수

② 고정금리채권 매수＋변동금리채권 매도

③ 고정금리채권 매도＋변동금리채권 매도

④ 고정금리채권 매수＋변동금리채권 매수

정답 및 해설

16 ① • 금리수취금액 : $(3\% - 2.05\%) \times \$10,000,000 \times 92/360 = \$24,278$
      • 결제금액 : $24,278/(1 + 0.03 \times 92/360) = \underline{\$24,093}$(관행상 계약이 시작되는 결제일에 지급)

17 ③ 쿠폰 스왑(coupon swap)의 정의에 해당한다.

18 ① A기업은 고정금리로 차입한 후 스왑딜러와 고정금리를 받고 변동금리를 주는 receiver swap을 해야 원하는 것보다 더 유리한 변동금리차입을 하게 된다. B기업은 변동금리로 차입한 후 스왑딜러와 변동금리를 받고 고정금리를 주는 payer swap을 해야 처음에 원했던 것보다 더 유리한 고정금리 차입을 하게 된다.

19 ② '고정금리 수취＋변동금리 지급'의 현금흐름은 '고정금리채권 매수＋변동금리채권 매도'의 현물포트폴리오의 현금흐름과 동일하다.

20 A기업은 $LIBOR + 2.5%의 변동금리채권을 발행하고 금리스왑을 통해 이자를 고정하려 한다. 현재 은행이 $LIBOR금리에 대해 고시하는 스왑금리가 6.50%~6.45%라고 할 때 A기업이 최종적으로 부담하는 고정금리는 얼마인가?

① 7.00%
② 8.00%
③ 8.95%
④ 9.00%

21 A기업이 자금조달시장에서 2년간 고정금리로 차입할 수 있는 금리는 5.7%이고, 거래은행의 2년간 변동금리 대출금리는 3개월 CD금리 + 1.2%이다. 현재 원화금리 스왑시장의 2년 만기 스왑가격이 '4.20%/4.15%'로 고시되어 있을 때 향후 원화금리 상승 예상 시 A기업에 가장 유리한 차입방법은?

① 고정금리 5.7%로 차입
② 변동금리 CD수익률+1.2%로 차입
③ 고정금리 5.7%로 차입한 후 금리스왑을 통해 변동금리조건으로 전환
④ 변동금리 CD수익률+1.2%로 차입한 후 금리스왑을 통해 고정금리조건으로 전환

22 A기업은 1년 전에 발행한 고정금리(6%) 조건의 3년 만기 회사채 채무를 가지고 있다. 시장금리가 하향 추세로 예상되어 금리스왑 거래를 하여 변동금리조건으로 전환하려 하며, 스왑딜러는 금리스왑 가격을 '2년 만기 금리스왑 3.80 - 3.70, 3년 만기 금리스왑 4.20 - 4.10'으로 제시하였다. 이때 금리스왑 거래 후 A기업의 변동금리비용은?

① 3개월 CD수익률+2.3%
② 3개월 CD수익률+2.2%
③ 3개월 CD수익률+1.9%
④ 3개월 CD수익률+1.8%

정답 및 해설

20 ④ A기업이 은행에 지급해야 하는 고정금리는 6.5%이며 변동금리채권 투자자에게 지급하는 금리의 스프레드 부분인 2.5%를 합한 9%를 최종적으로 지급한다.

21 ④ 고정금리 차입보다 변동금리 차입 후 금리스왑을 행하면 5.7%−4.2%−1.2%=0.3%의 비용절감이 된다.

22 ① 1년이 지나 bid rate 3.7을 적용하면, 3.7%−3개월 CD수익률−6.0%= −(3개월 CD수익률+2.3%)

23 미국 국채수익률을 이용한 스왑금리(swap rate)를 계산하는 일반적인 관계식은?

① swap offer rate＝국채 bid수익률＋swap offer spread

② swap offer rate＝국채 offer수익률＋swap offer spread

③ swap bid rate＝국채 bid수익률＋swap bid spread

④ swap bid rate＝국채 offer수익률＋swap offer spread

24 '변동금리 수취＋고정금리 지급'의 payer금리스왑을 이용하는 목적과 거리가 먼 것은?

① 금리 상승이 예상되는 경우

② 고정금리수입을 변동금리수입으로 전환하려는 경우

③ 변동금리부채를 고정금리부채로 전환하려는 경우

④ 장기적인 금리 하락이 예상되는 경우

25 스왑 스프레드(swap spread)를 구하는 공식으로 옳은 것은?

① 회사채수익률－국채수익률   ② 스왑 offer rate－스왑 bid rate

③ 스왑금리－국채수익률   ④ 고정금리－변동금리

26 다음 상황에서 A기업의 고정금리 차입에 따른 차입비용 절감의 효과를 구하면?

> A기업은 고정금리차입을 원하고 있으며 고정금리 6.00%에 차입이 가능하다. 그러나, 차입금리 절감을 위하여 A기업은 변동금리 3개월 CD＋1.0% 조건에 우선차입을 하고 거래은행과 금리스왑을 체결하여 고정금리 4.0%를 지급한 후 변동금리 CD를 수취하기로 결정하였다.

① 0.15 %   ② 0.25 %

③ 1.00 %   ④ 1.25 %

정답 및 해설

23 ①   채권의 bid가격이 offer가격보다 작으므로 수익률은 bid수익률이 더 크다. 따라서, 스왑의 offer rate는 채권의 bid수익률을, 스왑의 bid rate에는 채권의 offer수익률을 사용한다.

24 ④   장기적인 금리 하락이 예상되는 경우는 스왑을 통해 오히려 손해를 보게 된다.

25 ③   스왑금리＝국채수익률＋스왑스프레드

26 ③   이자수입(CD)%－이자지급(4＋CD＋1)%＝－5%이며, 따라서 6%－5%＝1%만큼 절감하게 된다.

27 다음은 통화스왑에 대한 설명이다. 적절하지 않은 것은?

① 초기원금과 이자의 교환 방향은 반대이다.

② 거래시작과 만기에 원금교환이 반드시 일어난다.

③ 서로 다른 통화에 대해 각 통화의 원금과 이자를 동시에 교환하는 거래이다.

④ 만기의 원금교환 시 적용환율은 거래 초기의 현물환율을 그대로 사용한다.

28 다음 중 이종 통화 간 변동금리와 변동금리를 교환하는 통화스왑을 무엇이라 하는가?

① accreting swap ② currency swap

③ cross currency basis swap ④ cross currency coupon swap

[29~30] 다음 자료를 보고 물음에 답하시오.

구분	고정금리조달	변동금리조달
A기업	5.5%	LIBOR+1.0%
B기업	7.0%	LIBOR+1.5%

29 A기업과 B기업은 각각 고정금리조달과 변동금리조달 중 어느 것에 비교우위가 있는가?

① A기업 : 고정금리조달, B기업 : 변동금리조달

② A기업 : 변동금리조달, B기업 : 고정금리조달

③ A기업 : 변동금리조달, B기업 : 변동금리조달

④ A기업 : 고정금리조달, B기업 ; 고정금리조달

30 현재 A기업과 B기업이 자금을 차입하려 하는데 자금시장에서 요구되는 금리는 다음과 같다. 두 기업이 비교우위가 있는 방식으로 자금을 조달하고 금리스왑을 하는 경우 두 기업이 절약할 수 있는 금리는 총 얼마인가?

① 0.25% ② 0.50%

③ 0.75% ④ 1.00%

정답 및 해설

27 ② 거래시작의 경우 원금교환은 생략될 수 있으나 만기에 원금교환이 반드시 일어난다.

28 ③ cross currency basis swap의 정의에 해당한다.

29 ① A기업은 모든 시장에서 유리하지만 고정금리조달이 더 유리하고, B기업은 모든 시장에서 불리하지만 변동금리조달이 덜 불리하다.

30 ④ 절약할 수 있는 금리총액은 고정금리차 1.5% − 변동금리차 0.5% = 1%이다.

31 A기업은 현재 잔존만기가 3년인 미국 달러화 변동금리(6개월 LIBOR + 1.5%) 부채를 가지고 있으나 향후 달러화 금리 상승을 대비하여 고정금리로 전환하려고 한다. 스왑딜러가 제시하는 스왑금리가 '2.75%/2.65%'라고 할 때, A기업의 금리스왑 후 확정되는 고정금리는?

① 2.65%   ② 2.75%
③ 4.25%   ④ 4.15%

32 달러 고정금리 부채를 가지고 있는 경우 환율상승 및 원화금리 상승을 예상하고 있다면 차입자는 어떠한 스왑거래를 해야 하는가?

① 달러 변동금리 수취, 원화 고정금리 지급
② 달러 고정금리 수취, 원화 변동금리 지급
③ 달러 고정금리 수취, 원화 고정금리 지급
④ 달러 변동금리 수취, 원화 변동금리 지급

33 달러 변동금리 자산을 가지고 있는 경우 환율하락 및 원화금리 하락을 예상하고 있다면 투자자는 어떠한 스왑거래를 해야 하는가?

① 달러 변동금리 지급, 원화 고정금리 수취
② 달러 고정금리 지급, 원화 변동금리 수취
③ 달러 고정금리 지급, 원화 고정금리 수취
④ 달러 변동금리 지급, 원화 변동금리 수취

34 A기업은 향후 2년간 미달러화를 차입할 예정이다. A기업의 차입 가능 시장금리는 미달러화의 경우 6개월 리보 + 2.0%이며, 원화의 경우 고정금리 5.0%이다. 현재의 통화스왑 시장에서 2년 만기 스왑가격이 '3.40%/3.20%'로 고시되어 있다면, A기업이 원화차입 후 통화스왑을 통해 미달러화로 교환하는 경우 미달러화의 실효 차입금리는?

① 6개월 LIBOR + 2.0%   ② 6개월 LIBOR + 1.8%
③ 6개월 LIBOR + 1.6%   ④ 6개월 LIBOR + 1.4%

정답 및 해설

31 ③   높은 금리(offer rate)인 2.75%를 스왑딜러에게 제공해야 한다. 총고정금리 = 2.75 + 1.5 = 4.25%
32 ③   달러 고정부채를 원화 고정부채로 전환해야 한다.
33 ①   달러 변동자산을 원화 고정자산으로 전환해야 한다.
34 ②   • 원화차입 후 달러와 통화스왑하여 달러화를 차입하는 것이 효과적이다.
        • 이자수입(3.2%) − 이자지급(리보 + 5%) = −(리보 + 1.8%)

35 A기업은 향후 미달러화의 금리 상승 추세가 지속될 것으로 예상하고 현재 보유 중인 변동금리 미달러화 부채의 금리조건을 전환하기로 하였다. 스왑딜러가 제시한 해당 만기의 금리스왑가격이 T+57/54일 때 A기업이 스왑딜러에게 지불해야 하는 스프레드는?

① 60bp
② 57bp
③ 54bp
④ 50bp

36 다음 중 스왑기간이 경과함에 따라 명목원금이 증가하기도 하고 감소하기도 하는 것으로, 특정 프로젝트를 위한 자본조달을 위해 처음에는 차입액을 늘리다가 단계적으로 차입금을 상환해나가는 프로젝트 파이낸싱에 적합한 스왑구조는?

① step−up swap
② step−down swap
③ amortizing swap
④ rollercoaster swap

37 A기업은 스왑금리가 스왑계약 기간 동안 점점 커지는 형태로서 초기의 고정금리부담을 줄이기 위한 변형된 스왑을 이용하려고 한다. 이것에 알맞는 스왑구조는?

① step−up swap
② step−down swap
③ amortizing swap
④ rollercoaster swap

38 A기업은 향후 3개월 후에 $1,000,000를 차입하기로 은행과 계약을 하였다. 3개월 후에 발생할 금리 리스크를 헤지하려고 할 때 이용할 수 있는 스왑구조은?

① step−up swap
② step−down swap
③ amortizing swap
④ forward start swap

정답 및 해설

35 ② 스왑딜러에게 고정금리 offer rate=57bp를 지불하고 변동금리를 받아온다.
36 ④ rollercoaster swap에 대한 설명이다.
37 ① step−up swap에 대한 설명이다.
38 ④ 선도스왑(forward start swap)은 미래에 발생할 것으로 예상되는 금리리스크를 헤지하려고 할 때 사용한다.

39 다음 중 payer 금리스왑 포지션을 헤지하기 위한 방법으로 옳지 않은 것은?

① 시리즈 FRA 매도
② 국채선물 매도 헤지
③ 유로달러선물 스트립 매수 헤지
④ receiver 이자율스왑거래

40 순할인채의 수익율이 3개월 순할인채 = 8%, 6개월 순할인채 = 8.8%일 때, 3개월 후에 시작하여 만기가 3개월인 내재선도금리(IFR)는 얼마인가(bond basis로 계산)?

① 9.31%
② 9.41%
③ 9.51%
④ 9.61%

41 다음은 선물환 및 통화스왑, 외환스왑에 관한 설명이다. 적절하지 않은 것은?

① 선물환과 외환스왑은 원금만 교환한다.
② 통화스왑은 장기이나, 외환스왑은 단기이다.
③ 원금교환시기는 통화스왑은 시초와 만기에, 외환스왑은 만기에 교환한다.
④ 통화스왑은 시초와 만기 모두 초기 현물환율을 적용한다.

42 다음 중 모든 기간에 해당하는 만기를 지닌 할인채는 존재하지 않으므로 현존하는 최단기 spot rate를 이용하여 순차적으로 보다 긴 만기의 spot rate를 구해나가는 방법은?

① Trial and error
② boot-strapping
③ linear interpolation
④ mapping

43 시장에서 3년 만기 원화스왑 금리가 4.12~4.08로 고시되고 있다. 이때 A기업이 스왑딜러와 1.5억원의 up-front-fee를 수취하는 조건으로 3개월 CD금리를 지급하고 고정금리를 수취하는 스왑계약을 체결하려 한다면, 스왑딜러가 제시하는 스왑금리는 얼마인가?

① 4.08%보다 높다.
② 4.08%보다 낮다.
③ 4.12%보다 높다.
④ 4.12%보다 낮다.

정답 및 해설

39 ②　payer 금리스왑의 경우 금리 하락의 위험에 노출되어 있다. 따라서 국채선물을 매수 헤지해야 한다.

40 ②　$\left(1 + 0.08 \times \dfrac{90}{360}\right) \times \left(1 + r \times \dfrac{90}{360}\right) = \left(1 + 0.088 \times \dfrac{180}{360}\right)$, $r = 9.41\%$

41 ③　원금교환시기는 통화스왑은 만기에, 외환스왑은 시초와 만기에 모두 교환한다.

42 ②　boot-strapping에 관한 설명이다.

43 ②　A기업은 고정금리(bid rate)를 수취하는데, 이미 일부 수수료를 받았기 때문에 4.08%보다 낮아질 것이다.

44 다음 중 금리스왑이나 통화스왑의 등의 스왑가격 결정에 사용되는 각 기간별 시장금리로서 가장 알맞은 것은?

① 회사채수익률　　　　　　　　② 국채수익률

③ 제로쿠폰금리　　　　　　　　④ 만기수익률

45 다음 중 스왑가격 결정 단계에 관한 내용이 순서대로 바르게 나열된 것은?

> ㄱ. 만기별 금리를 사용하여 수익률곡선을 확정한 후 각 만기별 할인계수를 구함
> ㄴ. 고정금리 현금흐름과 내재선도금리를 이용한 변동금리 현금흐름을 확정
> ㄷ. 할인계수를 이용하여 고정금리 및 변동금리 현금흐름의 현재가치를 구함
> ㄹ. 양쪽의 현금흐름의 현재가치의 합계가 동일하도록 고정금리수준을 역산하는 일련의 과정

① ㄴ → ㄷ → ㄹ → ㄱ　　　　② ㄱ → ㄷ → ㄴ → ㄹ

③ ㄱ → ㄴ → ㄹ → ㄷ　　　　④ ㄱ → ㄴ → ㄷ → ㄹ

정답 및 해설

44 ③　　스왑가격 결정에 사용되는 각 기간별 시장금리는 이자의 재투자위험의 문제가 없는 제로쿠폰금리가 사용된다.

45 ④　　ㄱ → ㄴ → ㄷ → ㄹ의 순서로 스왑가격을 결정하게 된다.

CHAPTER 02 장외옵션

출제내용 및 분석

학습전략

장외옵션은 총 7문제가 출제됩니다. 옵션 부분은 2과목과 중복되는 부분이 있어 학습이 쉬울 것으로 생각되지만 그중 이항모형 가격결정 부분은 심도 있게 이해해야 합니다. 장외옵션 부분은 암기 내용이 많지만 출제 문항수 또한 많아 모두 득점하는 전략으로 가야 합니다. 이는 난도가 그리 높지 않아서 충분히 가능할 것으로 예상됩니다. 장외옵션의 신용위험 부분은 처음 접하는 분들은 내용이 까다로울 수 있습니다. 그러므로 과거에 배운 부분을 바탕으로 해서 꼼꼼하게 정리해야 합니다. 학습자들의 이해를 돕기 위해 상대적으로 신용위험 관련 문제를 많이 수록하였습니다. 요약 정리 내용을 전반적으로 꼼꼼히 읽어보시고 문제를 반복 학습하신다면 만족스러운 성과를 낼 것입니다.

···TOPIC 1 옵션의 기초와 응용전략

1. 옵션의 정의와 특징

(1) 정의

주어진 자산(기초자산)을 미래의 일정 시점(만기)에서 미리 정한 가격(행사가격)에 매도하거나 매수할 수 있는 권리로, 매수할 권리는 콜옵션, 매도할 권리는 풋옵션이라 함

(2) 특징

① 옵션은 유리한 리스크와 불리한 리스크를 분리시킴(비대칭적 손익구조)

② 옵션의 매수자는 권리만 있고, 매도자는 의무만 있음

③ 옵션은 매도자 매수자에게 권리를 부여하는 대가로 프리미엄을 수취하나 선물은 프리미엄 수수가 없음

2. 옵션의 프리미엄 사이에 성립하는 기본 관계식

(1) 유럽식 콜옵션의 현재 시점 프리미엄($S_t - B_t \leq c_t \leq S_t$)

① 기초자산가격보다는 클 수 없음

② 기초자산 현재가에서 채권(만기에 행사가격만큼 지급하는 채권)의 현재 할인가를 뺀 값보다 작을 수 없음

(2) 유럽식 풋옵션의 현재 시점 프리미엄($B_t - S_t \leq p_t \leq B_t$)

① 만기시점에서 행사가격만큼을 지급하는 순수할인채의 현재 할인가보다 클 수 없음

② 만기시점에서 행사가격만큼을 지급하는 순수할인채의 현재 할인가에서 기초자산 현재가를 뺀 값보다 작을 수 없음

핵심요약문제 ✏️

01 옵션거래의 특징에 관한 설명이다. 옳지 않은 것은?

① 옵션은 유리한 리스크와 불리한 리스크를 분리시킨다.
② 옵션은 대칭적 손익구조를 갖는다.
③ 옵션의 매수자는 권리만 있고, 매도자는 의무만 있다.
④ 옵션은 매도자 매수자에게 권리를 부여하는 대가로 프리미엄을 수취하나 선물은 프리미엄 수수가 없다.

02 유럽식 옵션 프리미엄의 상·하한선에 대한 설명이다. 옳지 않은 것은?

① 콜옵션의 가격은 현재의 기초자산가격보다는 클 수 없다.
② 콜옵션의 가격은 기초자산 현재가에서 채권의 현재 할인가를 뺀 값보다 작을 수 없다.
③ 풋옵션의 가격은 만기시점에서 행사가격만큼을 지급하는 순수할인채의 현재 할인가보다 클수 없다.
④ 풋옵션의 가격은 만기시점에서 행사가격만큼을 지급하는 순수할인채의 현재 할인가에서 기초자산 현재가를 뺀 값보다 클 수 없다.

정답 01 ② 옵션은 비대칭적 손익구조를 가지고 있다.
02 ④ 풋옵션의 가격은 만기시점에서 행사가격만큼을 지급하는 순수할인채의 현재 할인가에서 기초자산 현재가를 뺀 값보다 작을 수 없다.

---

3. 풋 – 콜 패리티와 그 응용

(1) 풋 – 콜 패리티 조건의 기술

① 만기와 행사가격이 동일한 유럽식 풋옵션과 콜옵션 프리미엄 사이에 성립하는 관계식

$$p_t + S_t = c_t + B_t$$

② 각종 차익거래전략을 만드는 데 이용되며, 포트폴리오 보험전략을 개발하는 데에도 상당한 의미를 지님

(2) 포지션의 동등성

① 콜옵션 매수＋채권 매수＋주식 대차 거래＝풋옵션 매수
② 콜옵션 매수＋채권 매수＋풋옵션 발행＝주식 매수
③ 풋옵션 매수＋주식 매수＋채권 발행＝콜옵션 매수
④ 풋옵션 매수＋주식 매수＋콜옵션 발행＝채권 매수

4. 포트폴리오 보험과의 연결

(1) 포트폴리오 보험(PI ; Portfolio Insurance)의 정의

포트폴리오의 가치가 상승할 경우 상승한 만큼 다 챙기되 일정 수준 이하로 하락 시 방어벽을 구축하는 전략(상승 잠재력과 하락 방어벽 구축 전략)

(2) 방어적 풋 전략

① 주식 매수＋풋옵션 매수
② 보험효과가 확실한 만큼 프리미엄 지출 규모도 큼

(3) 현금 뽑아내기 전략

① 콜옵션 매수＋채권 매수
② 전환사채나 신주인수권부사채의 매입은 현금 뽑아내기 전략으로 해석하며, 포트폴리오 보험 전략임

(4) 동적자산 배분 전략 : 협의의 포트폴리오 보험 전략

① 주식 매수＋채권 매수
② 프리미엄을 따로 지불할 필요 없음
③ 주가 상승 시 주식 편입 비율을 늘리고 하락 시 편입 비율을 줄여서 나머지 자금을 채권에 투입(편입 비율을 콜옵션의 델타값과 동일하게 유지하면 대략 행사가격 수준에서 방어)
④ 자산비율을 재조정하는 간격에 문제가 있음

(5) 동적 헤징 전략 : 채권 대신 선물을 이용하기

① 주식 매수＋선물 매도＝합성채권 매수전략
② 채권시장 유동성이 좋지 않은 경우 사용하며 포트폴리오에 투자하고 주가지수 선물 매도 포지션을 조절함으로써 포트폴리오 보험전략 시행

(6) 옵션을 이용한 차익거래(컨버전, 리버설)

① 컨버전 → 콜 고평가 → 콜 매도＋풋 매수＋주식 매수＋자금 차입을 즉시 실행
② 리버설 → 풋 고평가 → 콜 매수＋풋 매도＋주식 매도＋자금 운용을 즉시 실행

핵심요약문제

03 풋－콜 패리티를 이용한 포지션의 동등성에 관한 설명이다. 옳지 않은 것은?

① 기초자산을 매수하고 풋옵션을 매수한 것은 콜옵션을 매도한 포지션과 같다.
② 콜옵션을 매수하고 기초자산을 매도한 것은 풋옵션을 매수한 포지션과 같다.
③ 콜옵션을 매수하고 풋옵션을 매도한 것은 기초자산을 매수한 포지션과 같다.
④ 콜옵션을 매도하고 풋옵션을 매수한 것은 기초자산을 매도한 포지션과 같다.

04 다음은 포트폴리오 보험에 관한 포지션 구성이다. 이에 관한 내용 중 옳지 않은 것은?

① 방어적 풋 전략 → 주식 매수＋풋옵션 매수
② 현금 뽑아내기 전략 → 콜옵션 매수＋채권 매수
③ 동적 자산배분 전략 → 주식 매수＋채권 매수
④ 동적 헤징 전략 → 주식 매수＋선물 매수

정답
03 ① 기초자산을 매수하고 풋옵션을 매수한 것은 <u>콜옵션을 매수</u>한 포지션과 같다.
04 ④ 동적 헤징 전략 → 주식 매수＋<u>선물 매도</u>

---

5. 이항모형 옵션가격의 결정

(1) 정의

기본적으로 0시점과 1시점만 존재하는 1기 모형으로서 옵션의 기초자산인 주식이 만기에 두 가지의 가격만을 가질 수 있다고 가정하여 옵션가격을 구하는 방법

(2) 가정

① 주식가격은 이항분포 생성 과정을 따름
② 주식가격은 상승과 하락의 두 가지 경우만 계속해서 반복
③ '1＋주가 상승률'은 '1＋무위험 수익률'보다 크고, '1＋주가 하락율'은 '1＋무위험 수익률'보다 작음
④ 주식보유에 따른 배당금 지급은 없으며, 거래비용, 세금 등이 존재하지 않음

(3) 옵션가격 계산방법

① 무위험 투자를 가정하고 리스크 중립확률(p)을 구함

→ $p = (r-d)/(u-d)$

② 리스크 중립확률(p)을 이용하여 옵션의 만기 기대가치를 구함

③ 무위험 수익률을 이용하여 옵션의 현재가치를 구함

핵심요약문제

05 옵션을 이용한 차익거래에서 콜이 고평가되었을 때 실행할 수 있는 전략에 해당되는 것은?

① 콜옵션 매도＋풋옵션 매수＋주식 매수＋자금 차입
② 콜옵션 매수＋풋옵션 매도＋주식 매도＋자금 운용
③ 콜옵션 매도＋풋옵션 매수＋주식 매도＋자금 차입
④ 콜옵션 매수＋풋옵션 매도＋주식 매수＋자금 운용

06 주식의 수익률이 이항분포를 따른다고 가정할 때, 기초자산가격＝100, 행사가격＝100, 상승률(u)＝20%, 하락율(d)＝20%, 무위험이자율(r)＝1%일 경우 콜옵션의 현재가치는 얼마인가?

① 10.00   ② 10.04
③ 11.00   ④ 11.04

정답

05 ①   ②는 풋이 고평가되었을 때 취하는 전략이다.

06 ②   • 리스크 중립확률 $p = [(1+0.01)-(1-0.2)]/[(1+0.2)-(1-0.2)] = 0.525$
        • 옵션의 만기 기대가치 $= 20 \times p + 0 \times (1-p) = 20 \times 0.525 + 0 = 10.5$
        • 옵션의 현재가치 $= 10.5/1.01 = 10.4$

---

(4) 옵션가격 결정모형의 특징

① 옵션가격은 주식 가격의 상승 또는 하락 확률과는 독립적으로 결정

② 옵션가격은 투자자의 리스크에 대한 태도와는 독립적으로 결정

6. 옵션의 포지션 분석

(1) 델타

① 정의 : 옵션가격 변화분/기초자산가격 변화분

② 옵션가격과 기초자산가격 간 관계를 나타내는 곡선의 기울기. 즉, 옵션가격의 변화 속도를 의미

③ 콜옵션 델타는 0~1, 풋옵션 델타는 −1~0 사이의 값을 가짐

④ 해당 행사가격의 콜옵션이 내가격으로 만기를 맞을 확률로 해석

⑤ 기초자산을 헤지할 때 헤지비율로 사용(헤지비율＝1/델타)

⑥ |콜델타|＋|풋델타|＝1

⑦ 델타중립헤지 : 델타가 0.4인 옵션의 경우 델타중립을 만들기 위해 −0.4의 델타를 갖는 기초자산을 매매

(2) 감마

① 정의 : 델타의 변화분/기초자산가격 변화분
② 감마의 값이 크면 델타는 기초자산가격 변동에 더 민감하게 반응함(변화의 가속도)
③ 감마는 콜옵션과 풋옵션 모두 매수일 때는 양(+)의 값, 매도일 때는 음(−)의 값을 가짐
④ 델타는 선형적인 민감도를 표시, 감마는 비선형적인 민감도를 표시
⑤ 감마는 ATM에서 가장 크고, 특히 잔여 만기가 짧을수록 ATM에서 더 큼

핵심요약문제

07 옵션의 민감도 지표인 델타(delta)에 관한 설명이다. 적절하지 않은 것은?

① 콜의 델타는 기초자산가격 상승 시 1에 접근하며 하락 시 0에 접근한다.
② 풋의 델타는 기초자산가격 상승 시 0에 접근하며 하락 시 −1에 접근한다.
③ 델타는 기초자산으로 옵션을 헤지할 때 헤지비율로도 사용된다.
④ 잔존만기가 긴 옵션의 델타는 주가가 변함에 따라 급하게 변하는 반면 만기가 짧은 옵션의 델타는 완만하게 변한다.

08 옵션의 민감도 지표인 감마(gamma)에 관한 설명이다. 적절하지 않은 것은?

① 델타는 선형적인 민감도를, 감마는 비선형적인 민감도를 측정하는 지표이다.
② 감마는 내가격에서 가장 크고 등가격, 외가격 순으로 작아진다.
③ 감마는 옵션 포지션이 매수일 경우에는 (+)의 값을, 매도일 경우에는 (−)의 값을 갖는다.
④ 감마의 값이 크면 델타는 기초자산가격 변동에 더 민감하게 반응한다.

정답 07 ④ 　잔존만기가 긴 옵션의 델타는 주가가 변함에 따라 완만하게 변하는 반면, 만기가 짧은 옵션의 델타는 급하게 변한다.
08 ② 　감마는 등가격(ATM)에서 가장 크다.

(3) 세타

① 정의 : 옵션가격 변화분/시간의 변화분
② 옵션의 만기일이 가까워질수록 옵션의 시간가치는 하락하며 이를 '시간가치 감소'라고 정의함
③ 만기에 가까워질수록 ATM 옵션의 시간가치는 빠르게 잠식. 즉, ATM에서 옵션의 세타가 가장 크고 OTM, ITM으로 갈수록 작아짐

(4) 베가

① 정의 : 델타＝옵션가격 변화분/변동성의 변화분

② ATM에서 내가격으로 전환가능성이 높으므로 옵션의 베가가 가장 크고, OTM, ITM으로 갈수록 작아짐

③ 잔존만기가 많이 남아 있을수록 변동가능성이 높고 짧을수록 변동폭은 줄어듦

(5) 로

① 정의 : 델타＝옵션가격 변화분/금리의 변화분

② 이자율의 상승은 행사가격의 현재가치를 감소시키므로 콜옵션의 가치 증가, 풋옵션의 가치 감소를 일반적으로 초래

③ 반면, 이자율 상승은 주가 하락으로 콜옵션 가치가 하락하는 효과도 존재. 결국, 이자율의 변동효과는 작음

(6) 포지션과 민감도와의 관계

포지션	델타	감마	세타	베가	로
콜옵션	+	+	−	+	+
풋옵션	−	+	−	+	−
스트래들매입	0	+	−	+	0

핵심요약문제 ✏️

09 다음 중 옵션의 민감도 지표에 관한 설명으로 적절하지 않은 것은?

① 옵션의 만기일이 가까워질수록 옵션의 시간가치는 하락한다.
② ATM에서 옵션의 세타가 가장 크고 OTM, ITM으로 갈수록 작아진다.
③ ATM에서 옵션의 베가가 가장 크고 OTM, ITM으로 갈수록 작아진다.
④ 이자율의 상승은 콜옵션의 가치 감소, 풋옵션의 가치 증가를 일반적으로 초래한다.

10 옵션포지션과 민감도와의 관계에 대한 내용이다. 부호가 적절하지 않은 것은?

① 콜옵션 매수 : 델타＋, 베가＋   ② 콜옵션 매도 : 감마−, 세타＋
③ 풋옵션 매수 : 델타＋, 베가＋   ④ 풋옵션 매도 : 감마−, 세타＋

정답　09 ④　　이자율의 상승은 행사가격의 현재가치를 감소시키므로 콜옵션의 가치 증가, 풋옵션의 가치 감소를 일반적으로 초래한다.
　　　　　10 ③　　풋옵션 매수의 델타는 −이다.

1. 경로 의존형

(1) 경계옵션(배리어옵션 = 녹아웃옵션 또는 녹인옵션)

① 징의 : 통상적인 행사가격 이외에 배리어가격이 하나 더 설정되어 있는 옵션 → 옵션이 무효화될 가능성 때문에 표준옵션보다 프리미엄이 저렴

② 녹아웃옵션 : 기초자산가격이 배리어가격에 도달하면 무효화(down-and-out/up-and-out) → 원유생산업자는 up-and-out 풋옵션, 정유회사는 down-and-out 콜옵션이 유용

③ 녹인옵션 : 기초자산가격이 배리어가격에 도달해야만 유효화(down-and-in/up-and-in)

④ 부분경계는 일부 기간에만 적용, 외부경계는 촉발가격을 기초자산이 아닌 다른 변수로 적용, 다중경계는 경계를 양쪽에 설정, 곡률경계는 만기로 갈수록 경계의 폭이 좁아짐

(2) 룩백옵션(look back option)

① 정의 : 옵션만기일까지 기초자산 가격 중 옵션매입자에게 가장 유리한 가격으로 행사가격을 결정(룩백콜 수익 = 만기가격 − 기간 내 최저치, 룩백풋 수익 = 기간 내 최고치 − 만기가격) → 표준옵션에 비해 프리미엄이 비쌈

② 부분 룩백 : 최고, 최저를 설정하는 기간을 전체기간이 아닌 일부 기간에 대해 설정하는 경우

③ 수정 룩백 : 기초자산가격을 최고치와 최저치로 설정하는 경우(콜옵션 수익 = 기간 내 최고치 − 행사가격, 풋옵션 수익 = 행사가격 − 기간 내 최저치)

(3) 래더옵션

① 정의 : 기초자산가격이 미리 설정된 일련의 가격수준(래더) 중에서 어디까지 도달했는가를 행사가격으로 하여 수익구조를 결정(래더콜 수익 = 만기가격 − 기간 내 최저 래더, 래더풋 수익 = 기간 내 최고 래더 − 만기가격)

② 수정 래더 : 기초자산가격을 최고 래더와 최저 래더로 설정하는 경우(콜옵션 수익 = 기간 내 최고 래더 − 행사가격, 풋옵션 수익 = 행사가격 − 기간 내 최저 래더)

③ 스텝록 래더 : 기초자산가격이 래더에 도달할 때마다 중간정산이 이루어지고 행사가격도 변하는 옵션으로 하락하는 경우 행사가격은 낮아지나 상금은 없음

(4) 클리켓 또는 래칫옵션

① 정의 : 행사가격은 미리 정해진 시점에서 기초자산가격이 얼마가 되었는가에 따라 결정
② 미리 정한 시점마다 정산되고 행사가격이 재조정됨(스텝록, 래더, 샤우트옵션도 정산 및 재조정)

(5) 샤우트옵션

① 정의 : 행사가격의 재확정 시점이 아무 때나 가장 유리하다고 생각되는 시점에서 '샤우트'를 함으로써 행사가격을 재확정함
② 클리켓옵션은 행사가격이 사전에 정해진 일자마다 재확정되고, 래더옵션은 사전에 래더를 뚫으면 재확정된다는 점에 차이가 있음

 핵심요약문제

11 다음 중 경로의존형 장외옵션에 관한 설명으로 적절하지 않은 것은?

① 녹인(knock-in)옵션은 기초자산가격이 배리어 가격에 도달해야만 유효화된다.
② 룩백옵션은 옵션만기일까지 기초자산가격 중 옵션매입자에게 가장 유리한 가격으로 행사가격이 결정된다.
③ 래더옵션은 기초자산가격이 미리 설정된 일련의 가격수준(래더) 중에서 어디까지 도달했는가를 행사가격으로 하여 수익구조를 결정한다.
④ 클리켓옵션은 행사가격의 재확정 시점이 아무 때나 가장 유리하다고 생각되는 시점에서 '샤우트'를 함으로써 행사가격을 재확정한다.

12 다음 중 경계(barrier)옵션에 관한 설명으로 적절하지 않은 것은?

① 경계옵션에서 콜옵션의 경우 촉발가격을 행사가격과 기초자산가격보다 낮게 설정한다.
② 많이 사용되는 경계옵션은 down-and-out 콜옵션과 up-and-out 풋옵션이 있다.
③ 원유생산업자는 down-and-out 콜옵션, 정유회사는 up-and-out 풋옵션이 유용하다.
④ 녹아웃(knock-out)옵션은 기초자산가격이 배리어가격에 도달하면 무효화된다.

> **정답** **11** ④ 샤우트옵션은 행사가격의 재확정 시점이 아무 때나 가장 유리하다고 생각되는 시점에서 '샤우트'를 함으로써 행사가격을 재확정한다.
> **12** ③ 원유생산업자는 원유를 수출해야 하므로 up-and-out 풋옵션, 정유회사는 원유를 매입해야 하므로 down-and-out 콜옵션이 유용하다.

---

(6) 평균옵션(아시안옵션)

① 정의 : 일정 기간 동안의 기초자산의 평균가격이 옵션의 수익구조를 결정(평균가격옵션＝평균가격－행사가격, 평균행사가격옵션＝만기가격－평균가격) → 표준옵션보다 프리미엄이 저렴
② 평균산정기간은 전체기간 대신에 부분기간을, 평균가격은 산술평균뿐만 아니라 기하평균을 이용할 수 있음

2. 첨점수익 구조형

(1) 조건부 프리미엄옵션

① 정의 : 옵션이 행사되어야만 프리미엄을 지불하는 옵션(후불옵션)

② 일반옵션 프리미엄＝조건부 후불옵션 프리미엄＋디지털옵션 프리미엄

(2) 디지털옵션(이항옵션, 올오어낫싱옵션, 정액수수옵션)

① 정의 : 정액수수옵션의 수익금은 옵션이 만기일에 내가격 상태이면 사전에 약정된 금액을 지급

② all－or－nothing 방식 : 만기일 당일에 내가격 상태일 때만 정액을 지급

③ one－touch 방식 : 만기일까지 한 번이라도 내가격 상태였으면 지급

핵심요약문제

13 다음 중 클리켓옵션에 관한 설명으로 옳지 않은 것은?

① 래칫옵션(ratchet option)이라고도 한다.

② 시간의존형 장외옵션에 해당한다.

③ 초기에 행사가격을 정해 두지만 일정한 시점이 되면, 그 시점의 시장가격이 새로운 행사가격이 되도록 한다.

④ 행사가격이 재확정될 때마다 그 시점에서의 옵션의 내재가치가 실현된 것으로 하여 차액지급이 보장된다.

14 다음 중 첨점수익 구조형 장외옵션에 관한 설명으로 적절하지 않은 것은?

① 조건부 프리미엄옵션은 옵션이 행사되어야만 프리미엄을 지불하는 옵션(후불옵션)이다.

② 조건부 프리미엄옵션은 표준옵션보다 프리미엄이 싸다.

③ all－or－nothing 디지털옵션은 만기일 당일에 내가격 상태일 때만 정액을 지급한다.

④ one－touch 디지털옵션은 만기일까지 한 번이라도 내가격 상태였으면 정액을 지급한다.

정답 13 ②   경로 의존형 장외옵션에 해당한다.
　　　　 14 ②   조건부 프리미엄옵션은 매도자에게 불리하므로 표준옵션보다 프리미엄이 비싸다.

---

(3) 디지털배리어옵션

① 정의 : 디지털옵션＋배리어옵션＝배리어에 도달하지 않으면 미리 정해져 있는 상금을 수령

② 사례 : 만기까지 7%에 도달하거나 초과하면 무효화되나, 그 대신 7%에 도달하지 못하고 그 이하에서만 움직이면 무조건 10을 줌

3. 시간의존형

① 미국식 옵션 : 만기 이전에 아무 때나 한 번 옵션을 행사할 수 있는 구조를 가지고 있는 경우

② 유사 미국식(버뮤다옵션) : 미리 정한 특정한 일자들 중에서 한 번 행사가 가능 → 변제요구부채권을 발행한 차입자가 활용

③ 선택옵션 : 옵션매입자는 만기일 이전 미래의 특정 시점에서 이 옵션이 풋인지 콜인지 여부를 선택할 수 있는 권리를 가짐 → 스트래들 매수와 유사한 측면이 있으며 비용 관점에서 유리

④ 행사가격결정 유예옵션 : 옵션매입자는 미래 특정 시점에서 당일의 기초자산과 같도록 행사가격이 설정된 또 다른 옵션을 획득하는 권리를 가짐

4. 다중변수옵션

① 무지개옵션 : 둘 이상의 기초자산가격에 의해 수익이 결정 → 독일의 DAX지수와 미국의 S&P500지수 중에서 증가율이 가장 높은 지수의 수익을 수익금으로 하는 무지개 콜옵션

② 포트폴리오옵션 : 바스켓옵션과 거의 동일하지만, 수익구조를 나타내는 공식에 주식의 실제 개수(n)가 들어감($= \max[\sum n \cdot S - X, 0]$)

③ 다중행사옵션 : 여러 개의 기초자산을 놓고 각각에 대하여 다르게 행사가격을 설정하는 옵션

④ 피라미드옵션 : 수익구조가 다른 옵션과는 달리 행사가격과의 차이. 즉, 절대치에 의존하는 특징이 있으며, 기초자산가격이 떨어지든지 오르든지 행사가격으로부터 멀어질수록 수익이 커지는 옵션

⑤ 마돈나옵션 : 피라미드옵션과 비슷한 수익구조이며, (기초자산가격 − 행사가격)의 제곱으로 수익을 결정

⑥ 스프레드옵션 : 두 기초자산의 가격 차이가 옵션의 기초자산이 되는 옵션(예 6개월 만기 파운드화 금리와 유로화 금리의 차이를 기초자산으로 하는 옵션)

⑦ 바스켓옵션 : 수익금이 옵션의 기초자산 가격들의 가중평균(w)에 의해서 결정되는 옵션($= \max[\sum w \cdot S - X, 0]$)

⑧ 퀀토옵션 : 수익은 하나의 기초자산가격에 의해서 결정되지만 위험에 노출된 정도나 크기는 다른 자산의 가격에 의해서 결정(예 수익금이 달러로 지급되는 Nikkei225 지수에 대한 옵션으로 환위험 헤지 효과 기대)

5. 복합옵션

① 정의 : 옵션의 기초자산이 일반적인 자산이 아니라 또 하나의 옵션(기초 옵션)인 옵션
② 종류 : 콜옵션에 대한 콜옵션, 풋옵션에 대한 콜옵션, 콜옵션에 대한 풋옵션, 풋옵션에 대한 풋
옵션
③ 특징 : 위험에 노출이 될지 안 될지 불확실한 상황에서 현실적으로 사용 가능한 위험 대비책이
되며, 기초옵션을 매입하는 것보다 비용이 저렴

6. 레버리지형

① 승수형 : 기초자산에 상수를 곱하거나 기초자산을 제곱하는 수치가 기초자산 위치에 대입되는
경우
② 인버스플로터 : 금리 하락 시 쿠폰이 오히려 커지는 경우(**예** '10%-LIBOR'를 지급하는 구조를
말하며 10%를 행사가격으로 하는 금리에 대한 풋옵션 구조라고 해석할 수 있음)

17 다음 중 복합옵션(compound option)에 관한 설명으로 적절하지 않은 것은?

① 옵션의 기초자산이 일반적인 자산이 아니라 또 하나의 옵션(기초옵션)인 옵션이다.
② 여러 장점을 가지고 있어 기초옵션을 매입하는 것보다 비용이 비싸다.
③ 위험에 노출이 될지 안 될지 불확실한 상황에서 현실적인 위험대비책이 된다.
④ 행사가격유예옵션도 복합옵션의 한 형태라고 볼 수 있다.

18 금리가 10%−CD로 지급되는 채권의 구조를 가지는 레버리지형 장외옵션에 해당하는 것은?

① 아시안옵션   ② 선택옵션
③ 퀀토옵션   ④ 인버스플로터

정답
17 ②   기초옵션을 매입하는 것보다 비용이 저렴하다.
18 ④   인버스플로터는 미리 설정한 금리와 시장금리의 차이를 지급받게 되는 구조이다.

···T O P I C ③ 장외옵션의 신용위험

1. 신용위험의 정의

① 정의 : 상대방의 신용도가 현저히 감소하거나 파산함에 따라 발생하는 위험(신용위험 = 잠재적 시장위험(PMR) + 실제 시장위험(AMR))
② PMR은 거래의 만기기간 동안 최악의 경우를 산정하여 측정한 위험 노출도를 의미하며, 만기가 다가올수록 위험 노출도는 줄어들어 만기가 되면 영(0)이 됨
③ AMR은 지금 당장 상대방이 파산할 경우 발생하는 손해의 크기를 의미하며 계약의 시작에는 시장균형가격으로 거래되므로 영(0)이 되나 이후로는 양수, 음수, 0 중에 임의의 부호를 가짐

2. 위험계수(Risk Factor) 및 위험등가노출치(Risk Equivalent Exposure)

① 위험계수 : $RF = HV \times \sqrt{\tau} \times z$ (HV : 역사적 변동성, τ : 잔여만기를 연단위로 표시한 값, z : 신뢰상수)
② 위험등가노출치 : $REE = HV \times \sqrt{\tau} \times z \times N$ (N : 금액의 크기)

3. 신용위험 산출

(1) 신용위험을 나타내는 REE

① 콜옵션 $REE = c + MAX(0, RF_c \times S_t + S_t - K)$

② 풋옵션 $REE = p + MAX(0, RF_c \times S_t + K - S_t)$

(2) 신용위험이 없는 경우(초기 전략 구축비용이 없는 경우)

① 옵션 매도

② 강세 풋 스프레드, 약세 콜 스프레드

③ 스트래들 매도

④ 나비 스프레드 매도

---

19 다음 중 신용위험에 관한 설명으로 적절하지 않은 것은?

① 상대방의 신용도가 현저히 감소하거나 파산함에 따라 발생하는 위험을 말한다.

② 신용위험은 잠재적 시장위험(PMR)과 실제 시장위험(AMR)의 합이다.

③ PMR은 거래의 만기기간 동안 최악의 경우를 상정하여 측정한 위험노출도를 의미하며, 만기가 다가올수록 서서히 위험 노출도는 늘어나 만기가 되면 양(+)이 된다.

④ AMR은 지금 당장 상대방이 파산할 경우 발생하는 손해의 크기를 의미하며 계약의 시작에는 영(0)이 되나 이후로는 양수, 음수, 0 중에 임의의 부호가 된다.

20 니케이 225지수의 역사적 변동성은 20%/년, 잔여만기는 6개월, 신뢰상수는 1.28(신뢰수준이 90%)이다. 액면이 1,000만 달러인 경우 위험등가노출치(REE)는 얼마인가?

① 1,810,000달러   ② 1,820,000달러

③ 1,830,000달러   ④ 1,840,000달러

정답

19 ③   PMR은 거래의 만기기간 동안 최악의 경우를 상정하여 측정한 위험노출도를 의미하며, 만기가 다가올수록 서서히 위험노출도는 줄어들어 만기가 되면 영(0)이 된다.

20 ①   REE = 20% × $\sqrt{0.5}$ × 1.28 × 10,000,000 = <u>1,810,000달러</u>

01 다음 중 유럽식 옵션에 관한 설명으로 적절하지 않은 것은?

① 옵션의 모든 권리는 매수자에게 있다.

② 옵션매수자는 언제든지 권리행사가 가능하다.

③ 옵션매도자는 항상 옵션매수자의 권리행사에 대한 의무가 있다.

④ 옵션은 권리이므로 매수자가 항상 행사해야 하는 것은 아니다.

02 다음 중 미국식 콜옵션과 유럽식 콜옵션에 대한 설명으로 옳지 않은 것은?

① 미국식 콜옵션은 배당 존재 시 배당락을 피하기 위하여 콜옵션을 행사하는 것이 유리하다.

② 무배당 주식은 배당락이 없기 때문에 권리행사의 이익과 처분의 이익이 차이가 없다.

③ 만기 전 권리를 행사할 수 있는 미국식 콜옵션의 가치가 유럽식 콜옵션의 가치보다 더 높다.

④ 만기 전 콜옵션의 행사는 내재가치만 얻지만 처분은 내재가치와 시간가치를 얻을 수 있어 행사보다는 처분이 유리하다.

03 다음 중 풋 – 콜 패리티에 관한 설명으로 적절하지 않은 것은?

① 만기와 행사가격이 동일한 풋옵션과 콜옵션 가격 사이에 성립되는 일정한 등가관계를 말한다.

② 콜옵션 매수＋주식 매수＋채권 매도의 합은 풋옵션의 가치와 동일하다.

③ 콜옵션 매수＋채권 매수＋풋옵션 매도의 합은 주식매수의 가치와 동일하다.

④ 콜옵션 매도＋주식 매수＝채권 매수＋풋옵션 매도의 관계는 항상 성립한다.

정답 및 해설

01 ②　옵션매수자는 만기일에만 권리행사가 가능하다.

02 ②　무배당 주식이라 하더라도 처분을 통해 내재가치와 시간가치를 얻을 수 있어 권리행사보다는 처분이 유리하다.

03 ②　콜옵션 매수＋주식 매도＋채권 매수의 합은 풋옵션의 가치와 동일하다.

04 다음 중 옵션을 이용한 차익거래에 관한 설명으로 올바른 것은?

① 컨버전은 풋옵션 프리미엄이 상대적으로 고평가된 상태에서 사용하는 전략이다.

② 컨버전 전략은 콜 매도＋풋 매수＋현물 매수포지션이다.

③ 리버설은 콜옵션 프리미엄이 상대적으로 고평가된 상태에서 사용하는 전략이다.

④ 리버설 전략은 콜 매수＋풋 매도＋현물 매수포지션이다.

05 다음 중 포트폴리오 보험 전략에 해당하지 않는 것은?

① 방어적 풋 전략   ② 현금 뽑아내기 전략

③ 동적 자산배분 전략   ④ 커버드콜 전략

06 다음 중 CB 및 BW 매입 전략과 유사한 포트폴리오 보험 전략은?

① 방어적 풋 전략   ② 현금 뽑아내기 전략

③ 동적 자산배분 전략   ④ 동적 헤징 전략

07 다음 중 포트폴리오 보험에 관한 설명으로 옳지 않은 것은?

① 방어적 풋 전략은 주식포트폴리오를 보유한 상태에서 보험을 드는 것처럼 콜옵션을 매입하는 전략을 말한다.

② 현금 뽑아내기 전략은 채권투자로 원금을 확보하고 옵션을 통해 주가상승 이익을 얻는 전략을 말한다.

③ 동적 자산배분 전략은 시장상황에 따라 주식과 채권의 비율을 조절하는 전략을 말한다.

④ 동적 헤징 전략은 동적 자산배분 전략에서 채권 대신 선물을 사용하는 전략을 말한다.

정답 및 해설

04 ②   컨버전은 콜이 고평가, 리버설은 풋이 고평가일 때 사용하는 전략이며, 리버설 전략은 콜 매수＋풋 매도＋현물 매도포지션이다.

05 ④   커버드콜 전략이 아닌 동적 헤징 전략이 포트폴리오 보험 전략이다.

06 ②   투자자는 일정 수익률을 보장받는 동시에 CB 등 발행기업의 주식가격이 상승할 경우 상승분만큼 이익을 본다는 의미에서 현금 뽑아내기 전략으로 볼 수 있다.

07 ①   방어적 풋 전략은 상승 잠재력은 주식으로, 하락 위험은 <u>풋옵션</u>을 사용하여 헤지하는 전략을 말한다.

08 다음 중 동적 자산배분 전략에 관한 설명으로 적절하지 않은 것은?

① 협의의 포트폴리오 전략이라고 한다.

② 프리미엄을 따로 지불해야 하는 단점이 있다.

③ 주식 상승 시 주식투자 비율을 높이고 하락 시 주식투자 비율을 낮춘다.

④ 자산의 비율을 조정하는 간격의 문제가 발생한다.

[09~13] 다음 자료를 보고 물음에 답하시오.

만일 0시점의 주가가 100이고, 1시점의 주가가 120 또는 80이 될 경우, 이항모형 가격결정에 따라 콜옵션의 가격을 구하려 한다. 이때 행사가격은 100이고, 이자율은 계산 편의상 0%로 가정한다.

09 0시점에서 콜옵션을 한 계약 매도하는 동시에 주식을 a개 구입한다면 이러한 전략을 무엇이라 하는가?

① 방어적 풋 전략   ② 현금 뽑아내기 전략

③ 동적 자산배분 전략   ④ 커버드콜 전략

10 콜옵션의 가격결정 과정에 관한 설명으로 적절하지 않은 것은?

① 1시점에 주가가 120일 경우 예상되는 콜옵션 수익은 20이다.

② 1시점에 주가가 80일 경우 예상되는 콜옵션 수익은 0이다.

③ 1시점에 주가가 120일 경우 커버드콜 전략의 수익은 $120a - 20$이다.

④ 1시점에 주가가 80일 경우 커버드콜 전략의 수익은 $80a - 20$이다.

11 1시점의 수익구조가 상황에 관계없이 같아지는 것이 가능하다면 다음 중 어떤 경우인가?

① $a = 0.3$ ② $a = 0.4$

③ $a = 0.5$ ④ $a = 0.6$

정답 및 해설

08 ②   동적 자산배분 전략은 주식과 채권의 자산배분 비율을 의미하므로 별도의 프리미엄을 지불하지 않는다.

09 ④   커버드콜 전략에 대한 설명이다.

10 ④   1시점에 주가가 80일 경우 커버드콜 전략의 수익은 당첨금 20을 지급할 의무가 없으므로 80a이다.

11 ③   1시점의 수익구조가 같아야 하므로 $120a - 20 = 80a$, $a = 0.5$이다.

12 위 전략이 무위험 전략이라면 무위험 수익은 얼마인가?

① 30
② 40
③ 50
④ 60

13 다음 중 콜옵션 가격에 관한 설명으로 옳지 않은 것은?

① 0시점에 $(50-c)$는 초기 투자비용이라 볼 수 있다.

② 1시점에 주어지는 수익구조는 0시점 초기 투자에 대한 최종 수익이라 볼 수 있다.

③ 시장이 균형이라면 무위험 투자의 수익률은 이자율과 동일해진다.

④ 콜옵션의 가격은 균형에서 10.4이다.

14 다음 중 옵션의 델타에 관한 설명으로 적절하지 않은 것은?

① |콜델타| + |풋델타| = 1이다.

② 콜옵션 델타는 0~1, 풋옵션 델타는 -1~0 사이의 값을 갖는다.

③ 풋옵션의 델타가 -0.5, 콜옵션의 델타가 0.5인 경우 현물 5계약의 가격 하락 위험을 헤지하기 위한 델타중립헤지 전략은 콜옵션 10계약 매도, 풋옵션 10계약 매수이다.

④ 콜옵션의 델타가 0.5라면 콜옵션을 이용한 헤지비율은 4이다.

15 콜옵션의 델타가 0.4라면, 동일한 만기와 행사가격을 가지고 있는 풋옵션의 델타는 얼마인가?

① -0.4
② 0.4
③ -0.6
④ 0.6

정답 및 해설

12 ②   1시점에 커버된 콜포지션의 가치는 주식가격의 등락과 무관하게 $120 \times 0.5 - 20 = 80 \times 0.5 = 40$이 된다.

13 ④   콜옵션의 가격은 균형에서 $(50-c)(1+0) = 40$, $c = 10$이다.

14 ④   콜옵션의 델타가 0.5라면 콜옵션을 이용한 '헤지비율 = 1/델타'이므로 2이다.

15 ③ |콜델타| + |풋델타| = 1, 풋의 델타는 음의 부호를 가지고 있다.

16 다음 중 감마의 특성을 고려하여 감마값이 가장 클 것으로 예상되는 경우는?

① 잔존기간 7일, ATM 상태의 콜옵션

② 잔존기간 7일, ITM 상태의 콜옵션

③ 잔존기간 14일, ATM 상태의 콜옵션

④ 잔존기간 14일, ITM 상태의 콜옵션

17 기초자산가격과 행사가격이 동일한 경우 ATM 콜옵션과 풋옵션을 모두 매입한 스트래들 전략의 포지션을 분석하였다. 이에 대한 설명으로 옳지 않은 것은?

① 델타는 양(+)의 값을 갖는다.

② 감마와 베가는 양(+)의 값을 갖는다.

③ 세타는 음(−)의 값을 갖는다.

④ 로값은 대략 0의 값을 갖는다.

18 옵션의 민감도 지표 중에 옵션가격의 변화에 영향을 미치는 정도가 가장 약한 지표는?

① 델타   ② 세타

③ 베가   ④ 로

19 옵션만기까지의 기간 동안 금리가 9% 이상이 될 경우 행사가격이 1,000원/달러인 콜옵션이 무효화된다면 다음의 경계 옵션 중 무엇에 해당하는가?

① 부분경계옵션   ② 외부경계옵션

③ 다중경계옵션   ④ 곡률경계옵션

정답 및 해설

16 ①   감마는 등가격(ATM) 옵션이며 잔존기간이 짧을수록 크다.

17 ①   델타는 대략 0의 값을 갖는다.

18 ④   이자율 상승은 콜옵션의 가치를 증대시키지만 반대로 주가 하락으로 인한 역효과도 존재하여 이자율 변동이 옵션가격에 미치는 영향은 미미하다.

19 ②   조건의 '무엇'을 기초자산이 아닌 다른 변수로 정의해 놓은 경우로 외부경계옵션에 대한 내용이다.

20 다음은 룩백옵션에 관한 설명이다. 옳지 않은 것은?

① 만기일 당일에 행사가격을 결정한다는 측면에서 미국식 옵션보다 더욱 유리하다.

② 콜옵션은 만기까지 기초자산의 최저 가격이, 풋옵션은 최고 가격이 행사가격이 된다.

③ 수정 룩백은 행사가격이 정해져 있고 기초자산가격에 최고치와 최저치를 적용한다.

④ 룩백옵션은 프리미엄이 표준옵션보다 저렴하기 때문에 실제 사용 가능성이 높다.

21 콜옵션을 기초자산으로 하는 콜옵션은 어떤 종류의 옵션에 해당하는가?

① 선택옵션(chooser option) ② 클리켓옵션(cliquet option)

③ 평균옵션(asian option) ④ 복합옵션(compound option)

22 일정 기간 동안의 환율의 평균을 기초자산으로 하여 수익구조를 결정하는 방식의 옵션은?

① 선택옵션(chooser option) ② 클리켓옵션(cliquet option)

③ 아시안옵션(asian option) ④ 복합옵션(compound option)

23 옵션만기일까지의 기초자산가격 중 옵션매입자에게 가장 유리한 가격으로 행사가격이 결정되는 방식의 옵션은?

① 선택옵션(chooser option) ② 클리켓옵션(cliquet option)

③ 룩백옵션(look-back option) ④ 복합옵션(compound option)

24 다음 중 행사가격이 나중에 결정되는 옵션으로만 묶인 것은?

ㄱ. 평균행사가격옵션	ㄴ. 룩백옵션
ㄷ. 래더옵션	ㄹ. 버뮤다옵션

① ㄱ, ㄴ, ㄷ ② ㄱ, ㄴ, ㄹ

③ ㄱ, ㄷ, ㄹ ④ ㄱ, ㄴ, ㄷ, ㄹ

정답 및 해설

20 ④ 룩백옵션은 프리미엄이 표준옵션보다 비싸고 실제 사용 가능성이 매우 낮다.

21 ④ 복합옵션(compound option)에 대한 내용이다.

22 ③ 평균가격을 사용하는 옵션을 아시안옵션(asian option) 또는 평균옵션이라고 한다.

23 ③ 룩백옵션(look-back option)은 만기에 행사가격이 결정되어 옵션매입자에게 매우 유리하다.

24 ① ㄹ. 버뮤다옵션은 유럽식 옵션과 미국식 옵션의 중간 형태로서 미리 정한 특정 일자 중에서 한 번 행사가 가능한 옵션이며, 행사가격은 미리 정해져 있다.

25 초기에서 만기까지 기초자산가격에 대한 정보가 다음과 같을 때 만기에 가장 큰 수익을 가져다주는 콜옵션은?

> • 초기가격&행사가격 : 1,200
> • 최저가격 : 800
> • 만기가격 : 1,500
> • 평균가격 : 1,300

① 표준 콜옵션
② 녹아웃옵션(배리어 950)
③ 평균가격옵션
④ 평균행사가격옵션

26 다음 중 만기일 이전의 어떤 한 시점에서 풋옵션 또는 콜옵션을 결정할 수 있는 옵션은?

① 선택옵션(chooser option)
② 클리켓옵션(cliquet option)
③ 룩백옵션(look-back option)
④ 복합옵션(compound option)

27 다음 중 옵션의 만기일에 내가격 상태에 있게 되면 사전에 약정된 정액을 지불하는 방식의 옵션은?

① 디지털옵션(one-touch)
② 디지털옵션(all-or-nothing)
③ 룩백옵션(look-back option)
④ 버뮤다옵션(Bermuda option)

28 다음 중 수익금의 지불이 달러로 이루어지는 Nikkei225 지수에 대한 옵션이 있어 지수 1포인트당 1달러의 수익을 지급하는 방식의 옵션은?

① 버뮤다옵션(Bermuda option)
② 클리켓옵션(cliquet option)
③ 룩백옵션(look-back option)
④ 퀀토옵션(quanto option)

정답 및 해설

25 ① 표준 콜옵션=1,500-1,200=300, 녹아웃옵션=0(배리어 터치), 평균가격옵션=1,300-1,200=100, 평균행사가격옵션=1,500-1,300=200

26 ① 선택옵션(chooser option)의 정의에 해당한다.

27 ② 디지털옵션(all-or-nothing)의 정의에 해당한다. 디지털옵션은 한 번이라도 내가격 상태에 있었다면 정액을 지불한다.

28 ④ 퀀토옵션(quanto option)은 수익은 하나의 기초자산 가격에 의해 결정되지만, 위험에 노출된 정도나 크기는 다른 기초자산의 가격에 의해서 결정되는 형태를 말한다.

29 다음 중 down – and – out call option에 대한 설명에 해당하는 것은?

① 기초자산의 가격이 일정기간 내에 배리어가격 이하로 하락 시 옵션이 유효가 된다.

② 기초자산의 가격이 일정기간 내에 배리어가격 이하로 하락 시 옵션이 무효가 된다.

③ 기초자산의 가격이 일정기간 내에 배리어가격 이상으로 상승 시 옵션이 유효가 된다.

④ 기초자산의 가격이 일정기간 내에 배리어가격 이상으로 상승 시 옵션이 무효가 된다.

30 다음은 옵션을 합성한 것이다. 이 중 일반 표준옵션의 수익구조를 나타내는 것은?

① 조건부 프리미엄옵션 + 복합옵션

② 조건부 프리미엄옵션 + 디지털옵션

③ 디지털옵션 + 룩백옵션

④ 디지털옵션 + 평균옵션

31 다음 중 만기 이전에 옵션보유자가 유리하다고 생각하는 시점에 선언하여 그 시점의 기초자산가격까지 결제하는 동시에 해당 기초자산가격으로 행사가격을 바꾸는 옵션은 무엇인가?

① 샤우트옵션(shout option)   ② 클리켓옵션(cliquet option)

③ 룩백옵션(look – back option)   ④ 디지털옵션(digital option)

32 기초자산가격에 대해 미리 여러 가격 수준을 정해놓고 일정기간 동안 정해놓은 수준 중 최고로 도달해 본 수준 또는 최저로 도달해 본 수준에 의해 만기 수익구조를 결정하는 옵션은?

① 샤우트옵션(shout option)   ② 래더옵션(ladder option)

③ 룩백옵션(look – back option)   ④ 복합옵션(compound option)

정답 및 해설

29 ②   녹아웃옵션 중 하나이다.

30 ②   조건부 프리미엄옵션(후불옵션) + 디지털옵션(정액수수옵션) = 일반옵션의 수익구조를 갖는다.

31 ①   샤우트옵션(shout option)의 정의에 해당한다.

32 ②   래더옵션(ladder option)의 정의에 해당한다.

1일	2일	3일	4일	5일	6일	7일	만기일
300	305	310	305	300	305	300	307

33 다음 중 지수변동자료에 관한 설명으로 옳지 않은 것은?

① 평균값은 304이다.

② 행사가격이 300인 평균 자산가격 콜옵션의 경우 만기수익은 4이다.

③ 평균 행사가격 콜옵션의 경우 만기수익은 3이다.

④ 래더 콜옵션의 래더 수준이 303, 305, 307인 경우 만기수익은 0이다.

34 행사가격이 300인 샤우트 콜옵션을 보유한 투자자는 언제 샤우트할 경우 최대 수익을 실현하는가?

① 2일

② 3일

③ 4일

④ 6일

35 지수변동자료를 활용한 장외옵션에 대한 설명이다. 옳지 않은 것은?

① 행사가격 300인 래칫콜옵션의 행사 시점이 3일과 6일로 설정되는 경우 만기수익은 12이다.

② 행사가격이 305이고 수익구조가 10인 디지털 콜옵션의 만기수익은 12이다.

③ 배리어가 308에 설정되어 있는 up-and-out call with rebate5인 옵션의 만기수익은 5이다.

④ 배리어가 298에 설정되어 있는 행사가격 300 down-and-out call 옵션의 만기수익은 7이다.

정답 및 해설

33 ④ 래더 콜옵션의 만기수익=만기종가-기간 내 최저 래더=307-303=4이다.

34 ② 310에 샤우트하면 10의 수익이 확정되고 행사가격은 310이 된다. 만기에 307로 실질적인 수익이 발생하지 않으므로 10의 총수익이 확정된다.

35 ② 행사가격이 305이고 수익 10인 디지털 콜옵션의 만기수익은 정액으로 10을 받는다.

[36~39] 다음 자료를 보고 물음에 답하시오.

구분	콜옵션 프리미엄	풋옵션 프리미엄
행사가격 100	4.5	1.5
행사가격 110	2.0	4.0

36 다음 중 콜 – 강세 스프레드 전략으로 옳은 것은?

① 행사가격 100 콜옵션 1계약 매수/행사가격 110 콜옵션 1계약 매도
② 행사가격 100 콜옵션 1계약 매도/행사가격 110 콜옵션 1계약 매수
③ 행사가격 100 콜옵션 1계약 매수/행사가격 110 콜옵션 1계약 매수
④ 행사가격 100 콜옵션 1계약 매도/행사가격 110 콜옵션 1계약 매도

37 다음 중 풋 – 강세 스프레드 전략으로 옳은 것은?

① 행사가격 100 풋옵션 1계약 매수/행사가격 110 풋옵션 1계약 매도
② 행사가격 100 풋옵션 1계약 매도/행사가격 110 풋옵션 1계약 매수
③ 행사가격 100 풋옵션 1계약 매수/행사가격 110 풋옵션 1계약 매수
④ 행사가격 100 풋옵션 1계약 매도/행사가격 110 풋옵션 1계약 매도

38 다음 중 콜 – 강세 스프레드 전략구축의 경우 초기에 순지출과 순수입 중에서 어느 것이 발생하는지와, 신용위험의 유무를 적절하게 나타낸 것을 고르면?

① 순수입/신용위험 있음　　　　② 순지출/신용위험 없음
③ 순수입/신용위험 없음　　　　④ 순지출/신용위험 있음

39 다음 중 풋 – 강세 스프레드 전략구축의 경우 초기에 발생하는 순지출과 순수입 중에서 어느 것이 발생하는지와, 신용위험의 유무를 적절하게 나타낸 것을 고르면?

① 순수입/신용위험 있음　　　　② 순지출/신용위험 없음
③ 순수입/신용위험 없음　　　　④ 순지출/신용위험 있음

정답 및 해설

36 ①　　100 콜옵션 매수/110 콜옵션 매도는 콜 – 강세 스프레드이다.
37 ①　　100 풋옵션 매수/110 풋옵션 매도는 풋 – 강세 스프레드이다.
38 ④　　초기에 순지출=2.5가 발생하고, 만기까지 최대 10의 수익이 발생 가능하나 상대가 파산하면 돈을 받지 못할 신용위험이 있다.
39 ③　　초기에 순수입=2.5가 발생하고 만기까지 최대 10의 지출이 발생 가능하므로 줄 것만 남아 있어 신용위험이 없다.

40 다음 중 콜100(프리미엄 = 5) 계약을 매도, 콜105(프리미엄 = 0.5) 계약을 매수하는 경우 발생할 수 있는 최대 신용위험은?

① 0.0

② 0.5

③ 4.5

④ 5.0

41 다음 중 콜100(프리미엄 = 5) 계약을 매수, 콜102.5(프리미엄 = 2) 두 계약을 매도, 콜105 (프리미엄 = 0.5) 계약을 매수하는 포지션을 취하는 경우 옳지 않은 것은?

① 초기 순투자는 1.5이다.

② 최대 순이익 규모는 1이다.

③ 최대 손실규모는 1.5이다.

④ 최대 신용위험의 크기는 2.5이다.

42 다음 중 콜100(프리미엄 = 5) 계약을 매도, 콜102.5(프리미엄 = 2) 두 계약을 매수, 콜105 (프리미엄 = 0.5) 계약을 매도하는 포지션을 취하는 경우 최대 신용위험은?

① 0.0

② 1.5

③ 3.0

④ 4.5

43 다음 중 콜100(프리미엄 = 5) 계약을 매수, 콜102.5(프리미엄 = 2) 두 계약을 매도하는 경우와 그 반대 포지션을 각각 무엇이라 하는가?

① 백 스프레드 – 비율 수직 스프레드

② 비율 수직 스프레드 – 백 스프레드

③ 불 스프레드 – 베어 스프레드

④ 베어 스프레드 – 불 스프레드

정답 및 해설

40 ①   초기에 프리미엄 차액인 4.5만큼 받고 그 이후로는 받을 것이 없기 때문에 신용위험은 없다.

41 ④   최대 신용위험의 크기는 초기 투자 1.5 + 최대 이익 2.5 = 4이다.

42 ①   초기에 순수입(5.5 − 4 = 1.5)만 있고 받을 것이 없으므로 신용위험은 0이다.

43 ②   '비율 수직 스프레드 – 백 스프레드'에 대한 내용이다.

44 A은행은 10,000개의 풋옵션을 매입하였다. 이때 행사가격이 15이고 시장가격이 16.5라면 이는 외가격 옵션이 된다. 이를 참고하여 위험계수(RF)가 25%, 옵션가격이 1달러라고 가정할 때 REE는 얼마인가?

① 36,250

② 54,375

③ 72,500

④ 90,625

45 다음 중 신용위험에 노출되지 않는 포지션으로만 묶인 것은?

ㄱ. 옵션 매도	ㄴ. 강세콜, 약세풋
ㄷ. 스트래들 매도	ㄹ. 나비 매도

① ㄱ, ㄴ, ㄷ

② ㄱ, ㄴ, ㄹ

③ ㄱ, ㄷ, ㄹ

④ ㄱ, ㄴ, ㄷ, ㄹ

정답 및 해설

44 ① $REE = 1 + \max(0,\ 0.25 \times 16.5 + (15 - 16.5)) = 3.625/계약,\ 3.625 \times 10,000 = 36,250$

45 ③   ㄴ. 강세콜, 약세풋은 순지출이 발생하고 신용위험에 노출된다.

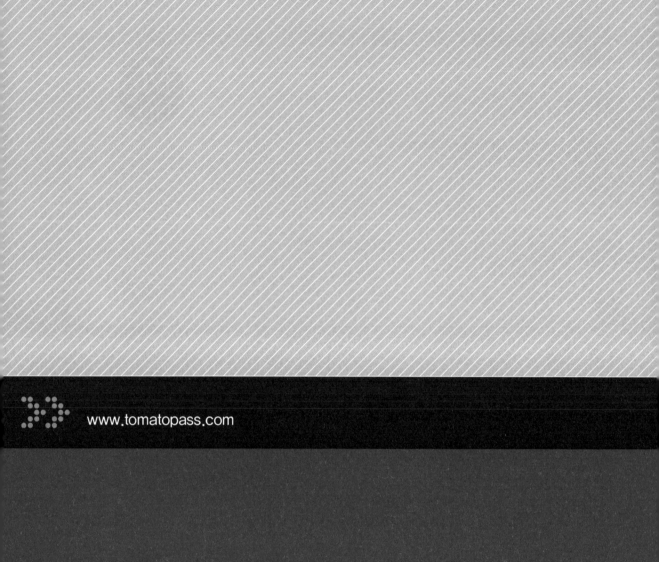

PART 04

리스크관리 기법

시장리스크 관리

학습전략

시장리스크는 총 15문제가 출제됩니다. 시장리스크에서는 일관성 있게 VaR를 구할 수가 있습니다. 따라서, VaR의 정의를 먼저 해석할 수 있어야 합니다. 그 다음의 개별 VaR를 계산할 수 있어야 합니다. 개별 VaR를 계산한 후 분산효과, 공헌 VaR, 한계 VaR 등을 계산하고 의미를 이해할 수 있어야 합니다. 또한 변동성의 군집현상을 이해하면 유의하게 위험을 예측할 수 있습니다. 특히 변동성측정을 위하여 EWMA모형의 개념을 정확히 이해하여야 합니다. 마지막으로 이론문제를 대비하기 위해 VaR 측정방법을 비교할 수 있어야 합니다. 계산문제는 델타-노말방법에 의하여 VaR를 직접 계산할 수 있어야 합니다. 이러한 과정을 거치면 자연스럽게 고득점으로 연결될 것입니다.

···TOPIC **1** VaR의 소개

1. 위험의 정의

미래수익의 불확실성, 기대하지 않은 결과의 변동성 또는 불확실성에 노출

2. 재무위험의 유형

시장위험	• 불리한 변동으로 발생하는 손실에 대한 위험 • 주식위험, 이자율위험, 환율위험, 상품가격위험 → 대부분 VaR에 의해 측정
신용위험	• 거래상대방이 약속한 금액을 지불하지 못하여 발생하는 손실에 대한 위험 • 장내파생상품이나 옵션매도거래는 신용위험이 없음
운영위험	• 부적절한 내부시스템, 관리실패, 사기, 인적 오류 등으로 발생하는 위험 • 실행위험, 기술위험, 모형위험을 포함 → VaR시스템으로 통제가 어려움
유동성위험	• 현금화 불가능/포지션청산 시 자금확보 어려움/자금확보에 비용 발생 위험 • 시장유동성 위험과 자금조달유동성 위험으로 구분
금리위험	• 금리변동에 따라 순이자소득(NII) 또는 순자산가치(NPV)가 감소하는 위험 • 만기 갭 전략과 듀레이션 갭 전략으로 관리
법적위험	• 계약을 집행하지 못함으로써 발생하는 손실에 대한 위험 • 계약이 잘못 문서화된 경우, 거래상대방이 법적으로 계약할 권한이 없는 경우

3. VaR의 정의

① 현재의 포트폴리오가 정상적인 시장여건하에서 주어진 신뢰수준으로 목표기간 동안에 발생할
   수 있는 최대손실금액
② 현재의 포트폴리오가 정상적인 시장여건하에서 주어진 유의수준으로 목표기간 동안에 발생할
   수 있는 최소손실금액
③ 리스크 메트릭스(=95% 신뢰수준, 1일 기준 VaR), 바젤위원회(=99% 신뢰수준, 10일 기준
   VaR)

4. 전통적인 위험측정

(1) 민감도측정치

① 주식 : 베타
② 채권 : 1차 민감도 → 듀레이션, PVBP, 2차 민감도 → 볼록성
③ 파생상품 : 1차 민감도 → 델타, 세타, 베가, 로, 2차 민감도 → 감마

01 다음은 시장위험에 대한 내용이다. 옳은 항목으로 묶인 것은?

> ㉠ 이자율위험   ㉡ 유동성위험
> ㉢ 환율위험   ㉣ 상품가격위험

① ㉠, ㉡, ㉢   ② ㉠, ㉡, ㉣
③ ㉠, ㉢, ㉣   ④ ㉠, ㉡, ㉢, ㉣

02 다음은 신뢰수준 95%에서 1일의 VaR가 20억원인 상황에 대한 설명이다. 올바른 것은?

① 정상적인 시장상황에서 95% 신뢰수준으로 1일 동안 발생 가능한 최소손실금액이 20억원이다.
② 정상적인 시장상황에서 유의수준이 5%라면 1일 동안 발생 가능한 최대손실금액이 20억원이다.
③ 정상적인 시장상황에서 1일 동안에 20억원 이상의 손실을 보게 될 확률은 5%이다.
④ 정상적인 시장상황에서 20억원 이상의 손실이 발생할 확률은 20일에 2번 정도이다.

정답
01 ③   ㉡ 유동성위험은 시장위험에 해당하지 않는다.
02 ③   ① 최대손실금액
           ② 최소손실금액
           ④ 1번 정도이다.

④ 민감도 위험 측정치의 단점
     ㉠ 위험을 합산할 수 없음
     ㉡ 위험조정실적을 일관성 있게 계산하기 어려움
     ㉢ 효과적으로 포지션한도를 적용하기 곤란함

(2) 통계적 측정치

① 표준편차(변동성), VaR(Value at Risk)
② 표준편차보다 VaR를 선호하는 이유
     ㉠ 표준편차는 정규분포를 가정해야 함. VaR는 정규분포 가정이 반드시 필요하지 않음
     ㉡ 표준편차는 상향이익과 하향손실을 함께 표현. VaR는 하향손실만 고려(직관적인 위험)

5. 일관성 있는 위험측정치의 네 가지 속성

① 단조성(Monotonicity) : 적어도 하나의 상황에서 나쁜 결과가 나오면 위험이 크게 늘어나야 한다는 속성
② 변환불변(Translation invariance) : 현금이 추가되면 손실에 대한 완충역할을 하므로 위험은 감소되어야 한다는 속성
③ 동질성(Homogeneity) : 포트폴리오 크기가 2배가 되면 위험도 2배가 되어야 한다는 속성
④ 하위가법성(Subadditivity) : 분산투자가 위험을 감소시키므로 포트폴리오를 구성하면 위험은 동일하거나 또는 감소하여야 한다는 속성

6. 수익률 계산

① 이산복리수익률 : $R_t = \dfrac{P_t - P_{t-1}}{P_{t-1}}$

② 연속복리수익률 : $r_t = \ln\left(\dfrac{P_t}{P_{t-1}}\right) = \ln(1 + R_t) = p_t - p_{t-1}$

③ 연속복리수익률의 장점

   ㉠ 시계열 합산이 간편함

   ㉡ 연속복리수익률이 정규분포를 따르면 가격이 음수가 되지 않음

   ㉢ 확률 자료의 경우 여러 통화기준으로 수익률 전환이 편리함

핵심요약문제 ✎

03 전통적인 위험측정지표 중 민감도 위험측정치가 가지는 문제점은 무엇인가?

   ① 측정치가 부정확하다.
   ② 표준편차의 하향손실만 고려한다.
   ③ 측정에 있어서 무조건 정규분포의 가정이 필요하다.
   ④ 모든 자산의 위험을 합산하여 하나의 수치로 측정할 수 없다.

04 시장에서 A주식의 어제 가격이 10,000이고 오늘 가격이 10,500라고 가정할 때 이산복리수익률과 연속복리수익률을 구하면 각각 얼마인가?

   ① 이산복리수익률＝5%, 연속복리수익률＝4.88%
   ② 이산복리수익률＝4.88%, 연속복리수익률＝5%
   ③ 이산복리수익률＝5%, 연속복리수익률＝4.77%
   ④ 이산복리수익률＝4.77%, 연속복리수익률＝5%

정답

03 ④   민감도 위험측정치는 합산하여 하나의 수치로 측정할 수 없는 것이 문제이다.

04 ①   이산복리수익률 $= \dfrac{P_t - P_{t-1}}{P_{t-1}} = \dfrac{10,500 - 10,000}{10,000} = 5\%$,

         연속복리수익률 $= \ln\left(\dfrac{P_t}{P_{t-1}}\right) = \ln\left(\dfrac{10,500}{10,000}\right) = 4.88\%$

---

7. 평균과 표준편차의 기간별 합산

① 가정 : 수익률은 시계열적으로 <u>독립적</u>이고 <u>동일한 분포</u>를 따른다는 가정(IID 가정)

② 기대수익률과 분산은 시간(T), 표준편차는 시간의 제곱근과 선형으로 증가

③ '시간의 제곱근 공식'의 문제점 : IID 가정이 성립하지 않으면 적용할 수 없음

1. 개별 VaR – 절대손실 VaR과 평균기준 VaR

① 개별주식의 VaR : $VaR_i = W_0 \times \alpha\sigma_i$

② 평균기준 VaR : 평균(기대값)을 기준으로 현재 보유한 자산 또는 포트폴리오의 가치가 하락하여 그 결과 발생하는 손실금액 → 만약 기대수익률이 양(+)이면 보수적인 VaR값

③ 절대손실 VaR : 현재 보유한 자산 또는 포트폴리오의 현재가치로부터 가치가 하락하여 그 결과 발생하는 손실금액

④ VaR 간의 비교 : $VaR_2 = \dfrac{\alpha_2}{\alpha_1} \times \dfrac{\sqrt{t_2}}{\sqrt{t_1}} \times VaR_1$

2. 포트폴리오 VaR(= 자산 A와 자산 B로 구성된 포트폴리오 가정)

(1) 포트폴리오 VaR 계산

① σ_p가 주어진 경우 : $VaR_p = W_0 \times \alpha \times \sigma_P \times \sqrt{T}$, $VaR_p = \alpha \times (금액)\sigma_p \times \sqrt{T}$

여기서, $\sigma_p = \sqrt{W_A^2\sigma_A^2 + W_B^2\sigma_B^2 + 2W_AW_B\rho_{AB}\sigma_A\sigma_B}$

② VaR_A, VaR_B, ρ가 주어진 경우

  ㉠ 자산 A, B 모두 매수인 경우 : $VaR_p = \sqrt{VaR_A^2 + VaR_B^2 + 2\rho_{AB}VaR_A VaR_B}$

    • 자산 A, B 모두 매수인 경우 $\rho = -1$인 경우에 분산효과가 최대

    • 자산 A, B 모두 매수인 경우 $\rho = +1$인 경우에 분산효과가 없음

  ㉡ 자산 A는 매수, B는 매도일 경우

$$VaR_p = \sqrt{VaR_A^2 + (-VaR_B)^2 + 2\rho_{AB}VaR_A(-VaR_B)}$$

    • 자산 A는 매수, B는 매도일 경우 $\rho = +1$인 경우에 분산효과가 최대

    • 자산 A는 매수, B는 매도일 경우 $\rho = -1$인 경우에 분산효과가 없음

05 신뢰수준 95%, 목표기간 1일의 VaR가 200억원이라면, 신뢰수준 99%, 목표기간 10일의 VaR값은 얼마인가?

① 790억원 ② 794억원

③ 890억원 ④ 894억원

06 A주식의 포지션은 매입포지션이고 개별주식의 VaR값은 25원이다. B주식의 포지션은 매도포지션이고 개별주식의 VaR값은 45원이다. 두 주식의 상관관계가 1이라면 포트폴리오 VaR값은 얼마인가?

① 10억원 ② 20억원

③ 30억원 ④ 50억원

정답

05 ④ 변경 후 VaR = 변경 전 VaR $\times \dfrac{\sqrt{신기간}}{\sqrt{구기간}} \times \dfrac{신신뢰수준}{구신뢰수준} = 200억 \times \dfrac{\sqrt{10}}{\sqrt{1}} \times \dfrac{2.33}{1.65} = 894억원(4.47배)$

06 ② 매입포지션과 매도포지션으로 이루어진 포트폴리오인 경우 상관관계가 1이면 분산효과가 가장 크므로, 포트폴리오 VaR = 45 − 25 = 20억원이다.

(2) 분산효과

① A와 B가 매수일 경우 : VaR감소액 $= (VaR_A + VaR_B) - VaR_p$

② A는 매수, B는 매도일 경우 : VaR감소액 $= |VaR_A| + |VaR_B| - VaR_p$

(3) 공헌 VaR

① 의미 : 전체 포트폴리오의 리스크에 개별자산이 공헌하는 부분을 공헌 VaR라고 함. 포트폴리오 전체의 위험을 감소시키기 위해 어떤 개별포지션을 헤지할 것인지 정보제공

② 계산 : 공헌 VaR $= VaR_p \times$ 공헌비율

㉠ A자산의 공헌비율 $= \dfrac{W_A^2 \sigma_A^2 + W_A W_B \rho_{AB} \sigma_A \sigma_B}{\sigma_P^2}$ 또는 $\dfrac{VaR_A^2 + \rho_{AB} VaR_A VaR_B}{VaR_P^2}$

㉡ B자산의 공헌비율 $= \dfrac{W_B^2 \sigma_B^2 + W_A W_B \rho_{AB} \sigma_A \sigma_B}{\sigma_P^2}$ 또는 $\dfrac{VaR_B^2 + \rho_{AB} VaR_A VaR_B}{VaR_P^2}$

(4) 한계 VaR

① 의미 : 어떤 포지션이 포트폴리오의 위험에 가장 큰 공헌을 했는지를 측정, 어떤 포지션을 청산할 것인지에 대한 정보제공

② 계산 : A주식의 한계 $VaR_p = $ (A주식을 포함한 VaR_p) − (A주식을 제외한 VaR_p)

3. Expected Shortfall

① 의미 : VaR보다 더 큰 조건하에서 발생한 손실의 기대값

② 특징

　　㉠ 항상 하위가법성의 속성을 만족시킴

　　㉡ VaR를 초과하는 경우의 손실크기에 대한 정보를 제공

　　㉢ 극한 VaR의 문제점은 통계적인 검증을 하기 어려움

핵심요약문제

07 투자자 A씨의 주식포트폴리오와 선물 헤지내용은 다음과 같다. 주식과 선물의 상관계수가 0.5일 때 95% 신뢰수준에서 포트폴리오의 1일 VaR와 분산효과를 구하면 얼마인가?

구분	주식포트폴리오	선물매도거래
거래금액	200억원	200억원
1일 변동성	1%	2%

① 1일 VaR=8.63억원, 분산효과=1.07억원

② 1일 VaR=8.63억원, 분산효과=4.18억원

③ 1일 VaR=5.72억원, 분산효과=1.07억원

④ 1일 VaR=5.72억원, 분산효과=4.18억원

08 다음 중 Expected Shortfall에 대한 설명으로 옳지 않은 것은?

① VaR보다 더 큰 조건하에서 발생한 손실의 기대값을 의미한다.

② 항상 하위가법성의 속성을 만족시키는 것은 아니다.

③ VaR를 초과하는 경우의 손실크기에 대한 정보를 제공한다.

④ 극한 VaR의 문제점은 통계적인 검증을 하기 어렵다.

정답 **07** ④
- 주식포트폴리오 VaR=200억원×1.65×0.01=3.3억원
- 선물 VaR=−200억원×1.65×0.02=−6.6억원
- 포트폴리오 VaR= $\sqrt{3.3^2+(-6.6)^2+2\times0.5\times3.3\times(-6.6)}$ =5.72억원
- 분산효과=(3.3+6.6)−5.72=4.18억원

08 ② 항상 하위가법성의 속성을 만족시킨다.

---

1. 변동성 군집현상

① 변동성이 한번 커지게 되면 큰 상태로 어느 정도 지속되고 그런 다음 상대적으로 작은 기간이 뒤따르는 패턴
② 변동성의 집중현상을 잘 잡아내면 위험을 보다 효율적으로 관리할 수 있다는 의미
③ IID의 가정은 원래의 변동성을 과소평가하는 문제점(실제분포 : thin waist, fat tail)

2. 변동성과 상관계수 추정방법

① 단순이동평균법 : 모든 과거 수익률은 동등한 가중치. 단점은 에코효과
② EWMA방법 : 오래된 자료일수록 가중치를 지수적으로 감소시키는 지수 가중 이동평균법

$$\sigma_t^2 = \lambda\sigma_{t-1}^2 + (1-\lambda)r_t^2$$

$(0 < \lambda(\text{소멸계수}) < 1, \ \sigma_{t-1} : \text{전기변동성}, \ r_t : \text{최근 수익률})$

㉠ 최근 수익률의 변화에 보다 높은 가중치를 부여하여 변동성의 군집현상을 반영함
㉡ 위험요인이 급격히 변할 때 단순이동평균법보다 위험요인의 변화를 빠르게 반영함

③ EWMA모형에 의한 공분산 : $\sigma_{12,t} = \lambda\sigma_{12,t-1} + (1-\lambda)r_{1,t}r_{2,t}$

··· **T O P I C 4** 다양한 VaR 측정방법

1. VaR의 측정방법 소개

평가	VaR 측정방법	장점	단점
부분 가치 평가	분석적 분산–공분산 방법(델타–노말 방법)	• 가치평가모형 불필요 • 리스크메트릭스 자료 사용 • 계산프로그램이 다양	• 민감도 분석 불가 • 옵션은 정확성 떨어짐 • 현금흐름 매핑이 복잡 • 수익률의 fat–tail 효과를 반영 못해 위험 과소평가
완전 가치 평가	역사적 시뮬레이션 방법	• 특정분포의 가정 불필요 • 실제가격의 변동성과 상관계수 이용 • 모형위험이 없음	• 일시적 증가 변동성 고려 못함 • 과거 극단치에 의해 큰 영향 • 민감도, 위기분석이 어려움 • 완전가치평가법이 요구됨 • 오직 1개의 가격변화만이 고려

평가	VaR 측정방법	장점	단점
완전 가치 평가	구조적 몬테카를로 시뮬레이션	• 시나리오 설정 및 유연성 • 민감도, 위기분석이 쉬움 • 모든 위험요인에 분포규정 가능	• 모든 자산 가치평가모형 요구 • 복잡하며 시간과 비용 많이 듦 • 시뮬레이션 가격은 실제가격 × • 가격변화과정 생성을 위한 확률 과정 이 비현실적이면 VaR추정치도 비현 실적(모형위험)
	위기상황분석	• 시나리오 설정 • 과거자료에 없는 상황 고려 • 정상시장의 VaR값을 보완	• 적절하지 않은 상황설정은 부적절한 VaR를 생성함 • 상관관계를 제대로 반영하기 어려움

핵심요약문제 ✎

09 전날 추정한 자산A의 표준편차가 1%, 자산B의 표준편차가 2%, 상관계수가 0.4이었다. 오늘 자산 A의 수익률이 0.5%, 자산B의 수익률이 0.4%이면 EWMA모형(람다는 0.9)으로 새로 계산한 공분산은 얼마인가?

① 0.000044　　　　　　　　　　　　　② 0.00054
③ 0.000074　　　　　　　　　　　　　④ 0.00084

10 다음 중 분석적 분산−공분산 방법에 대한 설명으로 거리가 먼 것은?

① 계산이 빠르고 비용이 적게 든다.
② 손실을 선형으로 측정하는 방법이다.
③ 비모수적 방법으로 완전가치평가법이다.
④ 모든 자산의 수익률이 정규분포를 따른다고 가정한다.

정답　09 ③　　전날의 공분산 = 0.4×0.01×0.02 = 0.000080이므로, 새로운 공분산 = 0.9×0.00008 + 0.1×0.005
　　　　　　　　　　×0.004 = 0.000074
　　　　10 ③　　모수적 방법으로 부분가치평가법이다.

2. VaR의 사후검증

(1) BIS 접근방법

보통 1일 보유기간과 99% 신뢰수준을 기준으로 250일 동안 추정한 VaR와 실제의 이익/손실을 매일 비교하여 실제의 이익과 손실이 VaR를 초과하는 횟수를 기초로 이루어진다.

(2) 사후검증 결과 구역 분류와 안정승수 조정

예외 발생 횟수	안정승수(k)	구역
0~4	3.00	안정구역(green zone)
5~9	3.40~3.85	경계구역(yellow zone)
10 이상	4.00	위험구역(red zone)

1. 주식 포지션의 VaR

① 완전 공분산 모형 : 실제의 분산, 공분산을 사용하여 VaR 계산

② 대각선 모형

  ㉠ 분산은 실제의 분산을 사용

  ㉡ 단일지수 모형으로 공분산을 추정 : $\sigma_{ij} = \beta_i \beta_j \sigma_m^2$

③ 베타모형(=특수위험 무시, 분산이 잘된 포트폴리오에 적절)

  ㉠ 단일지수 모형으로 분산을 추정 : $\sigma_i^2 = \beta_i^2 \sigma_m^2$

  ㉡ 단일지수 모형으로 공분산을 추정 : $\sigma_{ij} = \beta_i \beta_j \sigma_m^2$

  ㉢ 개별주식의 VaR : $\text{VaR}_i = W_{주식} \times \alpha \times \beta_i \times \sigma \times \sqrt{T}$

④ 분산효과 무시 : 모든 상관계수가 1이라고 가정

⑤ VaR 크기 순위 : 분산효과 무시 > 완전공분산모형 > 대각선모형 > 베타모형

핵심요약문제 ✎

11 BIS는 내부모형을 허용하면서 사후검증을 실시하도록 요구하는데, BIS가 안정구역은 250일 검증기간 중에서 VaR값을 초과하는 횟수가 (   )회 이내인 경우로 현재 사용하는 VaR모형이 정확하다는 것을 의미한다. 다음 중 괄호 안의 수치로 옳은 것은?

  ① 3   ② 4
  ③ 5   ④ 6

12 다음 중 주식포트폴리오의 VaR크기를 순서대로 나열한 것으로 옳은 것은?

  ① 분산효과무시 > 완전공분산모형 > 대각선모형 > 베타모형
  ② 분산효과무시 > 완전공분산모형 > 베타모형 > 대각선모형
  ③ 분산효과무시 > 대각선모형 > 베타모형 > 완전공분산모형
  ④ 분산효과무시 > 베타모형 > 대각선모형 > 완전공분산모형

정답 **11** ②   안정구역은 0부터 4까지이다.
       12 ①   베타모형은 특수위험을 고려하지 않으므로 위험을 과소평가한다.

2. 외환의 VaR

① 외환 개별 VaR 또는 이자율 개별 VaR : $VaR_i = W_{외환\,또는\,이자율} \times \alpha \times \sigma \times \sqrt{T}$

② 이자율, 환율을 고려한 VaR :

$$VaR_p = \sqrt{VaR_{채권가격}^2 + VaR_{환율}^2 + (2 \times \rho_{채권가격,\,환율}VaR_{채권가격}VaR_{환율})}$$

3. 채권의 VaR

(1) 개별 채권 VaR

$$VaR_i = W_{채권} \times \alpha \times MD \times \sigma \times \sqrt{T}$$

(2) 현금흐름 매핑에 의한 VaR

① 1단계 : 현금흐름인식

ㄱ 원금 매핑 : 만기 전의 모든 액면이자의 지급은 무시하고 원금만 인식

ㄴ 듀레이션 매핑 : 이표채를 듀레이션을 만기로 하는 무이표채로 인식

ㄷ 현금흐름 매핑 : 모든 개별 현금흐름과 금액(각각 무이표채로 봄)을 파악한 후 이를 수익률 곡선을 이용하여 현재가치로 전환

② 2단계 : 현금흐름 배정(기본만기로의 매핑)

ㄱ 현금흐름이 기본만기와 일치하지 않으면 가까운 2개의 만기에 배정을 위한 요건 → 시장 가치 불변, 현금흐름 부호가 불변, 시장위험도 불변

ㄴ 현금흐름배정방법 : 위험 매칭방법(세 가지 조건 충족하여 더 우수)과 듀레이션 매칭방법

③ 3단계 : VaR의 계산

④ VaR 크기 순위 : 원금 매핑 > 듀레이션 매핑 > 현금흐름 매핑

핵심요약문제

13 투자자 A씨는 만기가 5년이고 듀레이션이 4년인 채권(1년에 이자 1회 지급)에 200억원을 투자하였다. 수익률 곡선은 6%에서 수평이고 일별 수익률의 변동성(즉, $\sigma(\Delta y)$)이 0.1%이다. 99% 신뢰수준에서 일일 VaR는 얼마인가?

① 1,649억원   ② 1,659억원

③ 1,749억원   ④ 1,759억원

14 다음 중 현금흐름 매핑에 의한 채권 VaR를 계산하는 데 있어서 가장 정확성이 떨어지는 계산방법은 어느 것인가?

① 원금 매핑   ② 듀레이션 매핑

③ 현금흐름 매핑   ④ 위험매칭 매핑

··· TOPIC 6 델타 – 노말방법의 적용 : 파생상품

1. 선형 파생상품(=현물상품으로 <u>복제</u>함으로써 위험을 계산할 수 있음)

(1) 통화선도계약의 VaR

① 통화선도계약의 위험=국내이자율위험 + 환율위험 + 외국이자율위험으로 구성

② 통화선도계약 매입포지션 → 국내채권매도 + 외국통화매입포지션 + 외국채권매입

③ 통화선도계약 매도포지션 → 외국채권매도 + 외국통화매도포지션 + 원화채권매입

(2) 선도금리 계약(FRA)의 VaR

① FRA의 매입포지션과 매도포지션

구분	FRA 매입포지션	FRA 매도포지션
현물금리>선도금리	차이 받음	차이 지급
현물금리<선도금리	차이 지급	차이 받음
결과	선도금리로 차입금리 확정	선도금리로 수익률 확정

② FRA 매입포지션(차입금리고정) → 단기채권 매입포지션 + 장기채권 매도포지션

③ FRA 매도포지션(대출금리고정) → 단기채권 매도포지션 + 장기채권 매입포지션

(3) 금리스왑의 VaR

① 고정금리 수취스왑=고정금리채권 매입 + 변동금리채권 매도

② 고정금리 지급스왑=고정금리채권 매도 + 변동금리채권 매입

③ 변동금리채권의 금리설정일 : 변동금리채권 금리위험 없음 + 고정금리채권 VaR만 계산

④ 변동금리채권의 금리설정일 이후 : 변동금리채권과 고정금리채권의 상관관계를 고려하여
금리스왑의 VaR를 결정

2. 비선형파생상품 : 옵션

(1) 델타−노말 방법에 의한 옵션의 VaR

① 옵션의 가치변화가 기초자산의 가치변화와 선형관계이며 정규분포를 따른다는 가정

② 개별옵션의 VaR : 개별옵션 $VaR_i = W_{기초자산} \times \alpha \times \Delta \times \sigma \times \sqrt{T}$

③ 계산 시 주의 : 옵션가격이 아닌 기초자산가격 사용/매입포지션과 매도포지션의 VaR 동일

핵심요약문제 ✏

15 통화선도계약의 매입포지션의 위험을 분석하기 위하여 현물포지션으로 복제를 하였다. 올바른 것은?

① 국내채권매도＋외국통화매입포지션＋외국채권매입
② 외국채권매도＋외국통화매도포지션＋원화채권매입
③ 국내채권매도＋외국통화매도포지션＋외국채권매입
④ 외국채권매도＋외국통화매수포지션＋원화채권매입

16 A회사 주식을 기초자산으로 하는 주식옵션이 시장에서 거래되고 있다. 기초자산의 가격은 200,000원이고 일별 변동성은 5%이다. 만기가 1년이고 행사가격이 150,000원인 콜옵션의 가격은 80,000원이고 델타는 0.60이다. 콜옵션 1개의 일별 VaR를 99% 신뢰수준에서 델타−노말 방법으로 구하면 얼마인가?

① 12,000원   ② 13,000원
③ 13,980원   ④ 14,980원

정답 **15** ① 　②는 통화선도계약 매도포지션의 복제이다.
　　　　16 ③ 　$2.33 \times 200,000 \times 0.05 \times 0.6 = 13,980$원

---

(2) 델타−노말 방법의 문제점

① 포트폴리오의 델타가 매우 심하게 변동(감마가 큼)

② 포트폴리오의 델타가 상향과 하향 움직임에 있어서 비대칭적임

③ 최악의 손실이 기초자산의 극단적 움직임과 무관(예 스트래들 매입 포지션)

④ 포트폴리오가 무위험상태가 아니라도 포트폴리오 델타=0

⑤ 옵션매입포지션은 위험을 과대평가, 옵션매도포지션은 위험을 과소평가

···TOPIC **7** VaR의 용도와 한계

1. VaR의 용도

① 정보보고 : VaR는 거래 및 투자활동에서 발생하는 위험을 최고경영자에 보고하는 데 사용
② 자원배분 : 기업의 총위험은 공헌 VaR의 합으로 어떤 포지션이 총위험에 기여하는지 파악
③ 포지션 한도 : 금융기관 전체뿐만 아니라 포지션별, 거래자별, 부서별 등을 위험한도를 설정
④ 실적평가 : 투자이익을 VaR로 나누는 RAROC개념으로 평가
⑤ 감독기관 : VaR를 적절한 위험측정치로 사용하여 최소요구자본유지를 요구
⑥ 금융기관 : 위험을 통합적으로 관리하는 것이 필요

2. VaR의 한계

① VaR를 초과하는 경우의 손실을 알지 못함
② 비모수적 VaR의 경우 분산효과를 정확히 반영하지 못할 수 있음(하위가법성을 만족 못함)
③ 동일한 방법론을 사용하더라도 VaR 상업프로그램 간의 차이가 큼
④ 사건위험이 발생하면 VaR예측은 실패하게 됨(stress testing으로 분석)

핵심요약문제

17 델타-노말 방법에 의한 옵션 VaR값의 측정에 대한 설명이다. 적절하지 않은 것은?

① 콜옵션 매입포지션에 대해서는 위험을 과대평가한다.
② 풋옵션 매입포지션에 대해서는 위험을 과대평가한다.
③ 포지션델타가 0인 스트래들 매도포지션의 실질적인 VaR는 0과 거리가 멀다.
④ 여러 개의 옵션으로 구성된 옵션포트폴리오의 감마값이 양(+)인 포지션은 실제위험에 비해 VaR값이 과소측정된다.

18 다음은 VaR의 유용성에 대한 내용이다. 어떤 투자자가 투자대안을 선택할 때 한계 VaR가 작은 투자대안을 선택한다면 이와 관련된 내용은 무엇인가?

① 정보보고   ② 자원배분
③ 한도관리   ④ 성과평가

정답 **17** ④   델타-노말 방법은 옵션 매입포지션에 대해서는 위험을 과대평가하고, 옵션매도포지션은 위험을 과소평가한다.
　　　 18 ②   한계 VaR개념을 활용하여 제한된 자원의 효율적 배분 의사결정을 제고할 수 있다.

01 95% 신뢰수준에서 계산한 월별 VaR가 15억원이다. 이에 대한 설명 중 옳지 않은 것은?

① 1개월 동안 발생할 수 있는 손실이 VaR보다 클 수 있는 확률이 2.5%이다.

② 1개월 동안 발생할 수 있는 손실이 VaR보다 작을 확률이 95%이다.

③ 1개월 동안 발생할 수 있는 손실이 VaR보다 작을 확률이 95% 신뢰수준에서 확신한다.

④ 1개월 동안 발생할 수 있는 손실이 VaR보다 클 수 있는 확률이 100%에서 신뢰수준을 차감한 값이다.

02 다음 기대수익률과 분산에 관한 설명 중 옳지 않은 것은?

① 1개월 기대수익률이 1%이면 1년 기준의 기대수익률은 12%이다.

② 위험자산과 무위험자산 간의 공분산은 0이다.

③ 연간 변동성(250일 가정)이 40%이면 일별변동성은 2.53%이다.

④ 일별수익률의 분산이 0.0004이면 월별(20일 가정) 수익률분산은 0.004이다.

03 다음 중 연속복리수익률의 장점으로 묶인 것은?

> ㉠ 시계열 합산이 간편하다.
> ㉡ 연속복리수익률이 정규분포를 따르면 가격이 음수가 되지 않는다.
> ㉢ 환율 자료의 경우 여러 통화기준으로 수익률 전환이 편리하다.

① ㉠   ② ㉠, ㉡

③ ㉠, ㉢   ④ ㉠, ㉡, ㉢

정답 및 해설

---

01 ①   1개월 동안 발생할 수 있는 손실이 VaR보다 클 수 있는 확률이 5%이다.

02 ④   월별 수익률분산 $= 0.0004 \times 20 = 0.008$이다.

03 ④   모두 해당된다.

04 다음은 일관성 있는 위험측정치의 네 가지 속성 중 무엇에 대한 설명인가?

> 분산투자가 위험을 감소시키므로 포트폴리오를 구성하면 위험은 동일하거나 또는 감소하여야 한다는 속성

① 단조성(Monotonicity) ② 변환불변(Translation invariance)
③ 동질성(Homogeneity) ④ 하위가법성(Subadditivity)

05 수익률이 시계열적으로 독립적이라고 가정할 때, 1일 변동성이 6%라면 9일에 대한 변동성은 얼마인가?

① 11% ② 13%
③ 18% ④ 27%

06 A금융기관은 2일, 95% 신뢰수준을 기준으로 VaR를 산정하고 있다. 이를 BIS(10일, 99%) 기준의 VaR로 변경한다면 이전보다 VaR값이 몇 배 증가하는가?

① 약 3.16배 ② 약 4.16배
③ 약 5.16배 ④ 약 6.16배

07 다음 중 VaR를 계산하기 위한 신뢰수준과 보유기간에 대한 설명으로 옳지 않은 것은?

① 보유기간이 길수록 VaR값도 커지게 된다.
② 위험회피성향이 높은 기업일수록 높은 신뢰수준을 선택하여야 한다.
③ 위험회피성향이 높은 기업일수록 짧은 보유기간을 선택하여야 한다.
④ 신뢰수준이 높을수록 VaR가 크게 되므로 필요한 최소 요구자본도 증가한다.

정답 및 해설

04 ④ 하위가법성(Subadditivity)에 대한 설명이다.

05 ③ $6 \times \sqrt{9} = 18\%$

06 ① 변경 후 VaR = 변경 전 VaR $\times \dfrac{\sqrt{10}}{\sqrt{2}} \times \dfrac{2.33}{1.65} =$ 변경 전 VaR $\times 3.16$

07 ③ 위험회피성향이 높은 기업일수록 긴 보유기간을 선택하여야 한다.

08 다음은 VaR에 대한 설명이다. 가장 적절하지 않은 것은?

① 포트폴리오의 분산효과가 클수록 VaR의 감소효과가 작다.

② 위험회피성향이 큰 조직일수록 높은 신뢰수준을 선택한다.

③ VaR를 이용하면 특성이 다른 상품 간 포지션위험의 비교가 가능하다.

④ 두 자산의 상관관계가 0인 경우에도 포트폴리오 분산효과는 나타난다.

[09~10] 다음 자료를 보고 물음에 답하시오.

- 보유포트폴리오의 현재가치 = 100억원
- 일간 기대수익률 = 1%
- 일간 표준편차는 = 2%

09 95%의 신뢰수준을 이용하여 평균기준 VaR값을 구하면 얼마인가?

① 1.3억원   ② 2.3억원

③ 3.3억원   ④ 4.3억원

10 95%의 신뢰수준을 이용하여 절대손실 VaR값을 구하면 얼마인가?

① 1.3억원   ② 2.3억원

③ 3.3억원   ④ 4.3억원

11 일별 VaR가 20억원이다. 일별 수익률간의 상관계수가 0.1이면 2일 VaR는 얼마인가?

① 28.66억원   ② 29.66억원

③ 30.66억원   ④ 31.66억원

정답 및 해설

08 ① 포트폴리오의 분산효과가 클수록 VaR의 감소효과가 크다.

09 ③ 평균기준 VaR = 100억원 × 1.65 × 0.02 = 3.3억원

10 ② 절대손실 VaR = 3.3억원 − 100억원 × 0.01 = 2.3억원

11 ② 상관관계가 0.1로 존재하므로, 시간의 제곱근 공식이 성립하지 않는다.

$$VaR = \sqrt{20^2 + 20^2 + 2 \times 0.1 \times 20 \times 20} = 29.66억원$$

12 A기업이 1일 변동성은 0.8%이고, 베타가 1.2인 주식 100억원을 공매도하고 있다. 이 주식을 9일간 보유한다고 할 때 99% 신뢰수준에서의 VaR는 얼마인가?

① 약 6.51억원　　　　　　　　　　② 약 6.61억원

③ 약 6.71억원　　　　　　　　　　④ 약 6.81억원

13 A주식의 VaR가 35억원이고 B주식의 VaR가 45억원이다. 상관계수가 각각 $\rho = 1$ 또는 $\rho = -1$인 경우의 포트폴리오 VaR는?

① $\rho = 1$인 경우 VaR=80, $\rho = -1$인 경우 VaR=10

② $\rho = 1$인 경우 VaR=80, $\rho = -1$인 경우 VaR=20

③ $\rho = 1$인 경우 VaR=90, $\rho = -1$인 경우 VaR=10

④ $\rho = 1$인 경우 VaR=90, $\rho = -1$인 경우 VaR=20

[14~19] 다음 자료를 보고 물음에 답하시오.

- A주식 : 현재가치 = 100억원, 일간 변동성 = 4%
- B주식 : 현재가치 = 50억원, 일간 변동성 = 2%
- 두 주식의 상관관계 = 0.5

14 1일 기준 95% 신뢰수준에서 A주식과 B주식의 <u>개별 VaR값</u>은 얼마인가?

① VaR_A =5.60억원, VaR_B =1.65억원

② VaR_A =5.60억원, VaR_B =1.75억원

③ VaR_A =6.60억원, VaR_B =1.65억원

④ VaR_A =6.60억원, VaR_B =1.75억원

정답 및 해설

12 ③　　$VaR = -100 \times 2.33 \times 0.008 \times 1.2 \times \sqrt{9}$ =약 6.71억원(VaR는 손실의 크기이므로 반드시 양수로 표시해야 한다.)

13 ①　　$\rho = 1$인 경우 VaR=35+45=80, $\rho = -1$인 경우 VaR=|35-45|=10

14 ③　　VaR_A=1.65×100억원×0.04=6.60억원, VaR_B=1.65×50억원×0.02=1.65억원

15 A주식과 B주식의 개별 VaR값을 이용하여 <u>포트폴리오의 VaR값을 직접</u> 계산하면 얼마인가?

① 6.46억원   ② 6.56억원

③ 7.46억원   ④ 7.56억원

16 <u>분산효과로 인한 VaR의 감소금액</u>은 얼마인가?

① 0.59억원   ② 0.69억원

③ 0.79억원   ④ 0.89억원

17 A주식의 <u>공헌 VaR값</u>을 계산하면 얼마인가?

① 6.28억원   ② 6.38억원

③ 6.48억원   ④ 6.58억원

18 만약에 포트폴리오에서 B주식의 공헌 VaR값이 음수(−)일 경우에 대한 내용이다. 옳지 않은 것은?

① B포지션은 투기포지션의 역할을 하고 있다.

② B포지션이 추가되면 포트폴리오의 위험이 감소된다는 것을 의미한다.

③ 상관계수가 음(−)인 경우 공헌 VaR가 포트폴리오 VaR보다 클 수 있다.

④ 공헌 VaR값은 어느 종목에 헤지를 해야 하는 지에 대한 정보를 제공한다.

19 A주식의 <u>한계 VaR값</u>을 계산하면 얼마인가?

① 5.91억원   ② 6.91억원

③ 7.91억원   ④ 8.91억원

정답 및 해설

15 ④ $VaR_p = \sqrt{(6.60)^2 + (1.65)^2 + 2 \times 0.5 \times 6.60 \times 1.65} = 7.56$억원

16 ②   분산효과로 인한 VaR 감소금액 $= (6.60 + 1.65) - 7.56 = 0.69$억원

17 ③   A주식의 공헌 $VaR = 7.56 \times \left[\dfrac{6.60^2 + 0.5 \times 6.60 \times 1.65}{7.56^2} \right] = 6.48$억원

18 ①   B포지션은 <u>헤지포지션</u>의 역할을 하고 있다.

19 ①   A주식의 한계 $VaR = VaR_p - VaR_B = 7.56$억원$- 1.65$억원$= 5.91$억원

20 A주식의 VaR가 40이고, B주식의 VaR는 30이다. 만약 A주식과 B주식으로 구성된 포트폴리오의 VaR는 50이라면 두 주식의 상관계수는 무엇인가?

① 0
② 1
③ 0.5
④ -1

21 다음 중 VaR 측정방법에 대한 설명으로 적절하지 않은 것은?

① 역사적 시뮬레이션 방법은 완전가치평가방법으로 측정한다.
② 델타분석법은 비선형 수익구조를 가진 포트폴리오를 측정한다.
③ 역사적 시뮬레이션 방법은 과거 일정기간 동안의 위험요인의 변동을 향후에 나타날 변동으로 가정하여 가치변동분을 측정한다.
④ 델타분석법에서 포트폴리오의 VaR는 개별위험요인의 변동성과 상관계수를 델타로 조정한 후 계산된 포트폴리오의 표준편차에 의해 측정된다.

22 다음은 델타 – 노말 방법에 의한 VaR 측정방법에 대한 설명이다. 적절하지 않은 것은?

① 리스크 요인이 많을수록 VaR 측정이 부정확해진다.
② 리스크 요인이 많을수록 상관계수 추정이 어렵게 된다.
③ 수익률분포의 두터운 꼬리를 반영하지 못하여 위험을 과소평가할 수 있다.
④ 모든 리스크 요인이 정규분포를 가진다면 이들의 선형결합으로 구성되는 포트폴리오의 변동도 정규분포를 가진다.

23 다음은 VaR 측정을 위한 역사적 시뮬레이션 방법에 대한 설명이다. 거리가 먼 것은?

① 완전가치측정 방법이 요구된다.
② 수익률이 정규분포를 따른다는 가정이 필요하다.
③ 역사적 시뮬레이션 방법은 실제가격을 이용하므로 비선형성을 수용할 수 있다.
④ 과거 일정기간 동안의 위험요인의 변동을 향후 나타날 변동으로 가정하여 현재포지션의 가치변동을 측정한다.

정답 및 해설

20 ① $VaR_P = \sqrt{VaR_A + VaR_B + 2\rho_{AB}VaR_AVaR_B}$, 상관계수=0

21 ② 델타분석법은 <u>선형 수익구조</u>를 가진 포트폴리오를 측정한다.

22 ① 리스크 요인이 많을수록 VaR 측정이 <u>정확</u>해진다.

23 ② 역사적 시뮬레이션 방법은 수익률의 <u>분포에 대한 가정이 필요 없다</u>.

24 다음은 구조화된 몬테카를로 분석법에 대한 설명이다. 거리가 먼 것은?

① 어떠한 분포를 가정하여도 분석이 가능하다.

② 가장 완벽한 평가방법이며 계산하는데 시간과 비용이 적게 든다.

③ 모형이나 확률과정이 잘못 설정될 경우에는 VaR값이 왜곡될 수 있다.

④ 위험요인이 변동할 때 포지션의 가치변동을 측정하기 위한 가치평가모형이 필요하다.

25 다음은 스트레스 검증(Stress Testing)에 대한 내용이다. 적절하지 않은 것은?

① 정상적인 상황에서의 검증을 목표로 한다.

② VaR에 의한 평가방법의 문제점을 보완해준다.

③ 포트폴리오의 상관관계를 제대로 반영하기 어렵다.

④ 포트폴리오의 주요 변수들에 큰 변화가 생길 때 가치가 얼마나 변하는가를 측정하는 것이다.

[26~29] 다음 자료를 보고 물음에 답하시오.

- A주식 : 현재가치 = 100억원, 베타 = 1.8
- B주식 : 현재가치 = 50억원, 베타 = 1.2
- 연간 주가지수변동성 = 3.5%
- ※ 단, 베타매핑 방법을 사용한다.

26 95%의 신뢰수준에서 <u>A주식의 연간 VaR값을</u> 구하면 얼마인가?

① 10.195억원   ② 10.295억원

③ 10.395억원   ④ 10.495억원

정답 및 해설

24 ②   가장 완벽한 평가방법이지만 계산하는데 시간과 비용이 <u>많이</u> 든다.

25 ①   <u>비정상적인 상황에서의 검증을 목표로 한다.</u>

26 ③   A주식의 연간 VaR = $100 \times 1.65 \times (1.8 \times 0.035) = 10.395$억원

27 A주식과 B주식의 공분산을 구하면 얼마인가?

① 0.0026   ② 0.0036

③ 0.0046   ④ 0.0056

28 95%의 신뢰수준에서 포트폴리오의 연간 VaR값을 구하면 얼마인가?

① 10.86   ② 11.89

③ 12.86   ④ 13.86

29 A주식의 공헌 VaR와 한계 VaR값을 구하면 얼마인가?

① 10.295억원, 10.295억원   ② 10.295억원, 10.395억원

③ 10.395억원, 10.295억원   ④ 10.395억원, 10.395억원

30 다음은 변동성 추정에 관한 설명이다. 옳지 않은 것은?

① 금융시장에서 수익률분포가 동일하다는 가정은 현실성이 없다.

② 수익률제곱의 자기상관계수가 수익률의 자기상관계수보다 작다.

③ 변동성의 군집현상은 변동성의 시계열 상관계수를 매우 크고 유의적으로 만든다.

④ 금융시장에서 움직이는 옵션가격을 통하여 역으로 내재변동성을 추정해낼 수 있다.

31 다음은 변동성 추정 방법에 대한 내용이다. 옳지 않은 것은?

① 단순이동평균법은 이동기간에 포함된 모든 과거 수익률에 동일한 가중치를 부여한다.

② ARCH모형은 변동성의 시간가변성을 인정하고 에코효과를 제거하는 모형이다.

③ EWMA방법은 변동성을 갱신하기 위한 자료가 많이 필요하고 계산이 복잡하다.

④ EWMA방법은 최근 수익률의 변화에 보다 많은 가중치를 부여하므로 변동성 군집현상을 적절히 반영한다.

정답 및 해설

27 ①   A주식과 B주식의 공분산 $= 1.8 \times 1.2 \times 0.0012 = 0.0026$

28 ④   가중평균베타 $= 1.8 \times 2/3 + 1.2 \times 1/3 = 1.6$, 연간 VaR $= 150 \times 1.65 \times (1.6 \times 0.035) = 13.86$

29 ④   베타매핑은 충분히 분산 투자되었다고 가정하고 체계적위험(=베타)만 다루므로 개별 VaR=공헌 VaR=한계 VaR값은 동일하다.

30 ②   수익률제곱의 자기상관계수가 수익률의 자기상관계수보다 **훨씬 높은** 상관성을 나타낸다.

31 ③   EWMA방법은 변동성을 갱신하기 위하여 과거자료를 보관할 필요가 없고 단 2개의 자료로 계산된다.

32 람다(λ)는 0.94이고 어제의 변동성은 2%이며 오늘의 수익률은 1%이다. EWMA모형을 이용하여 변동성을 갱신하면 얼마인가?

① 2.0000% ② 0.1371%

③ 1.9400% ④ 1.9545%

33 3년 만기 국채를 200억원 보유하고 있고, 시장이자율 증감의 1일 기준 표준편차 1%, 수정듀레이션이 2.5년인 경우, 99% 신뢰수준에서의 1일 VaR는?

① 9.65억원 ② 10.65억원

③ 11.65억원 ④ 12.65억원

34 채권포트폴리오의 현재가치가 100억원, 신뢰수준 95%, 연간 변동성 2%, 수정듀레이션이 3년인 경우 16일 동안의 채권 VaR는 얼마인가(1년의 영업일수는 252일로 가정)?

① 2.49억원 ② 2.59억원

③ 2.69억원 ④ 2.79억원

35 수익률변동성이 6%이면 수정듀레이션이 5인 채권의 가격변동성은(단, 현재수익률은 10%에서 수평이고, 수익률변동성은 수익률의 변화율에 대한 표준편차를 말함)?

① 2.0% ② 2.5%

③ 3.0% ④ 3.5%

정답 및 해설

32 ④ $\sqrt{0.94 \times 0.02^2 + 0.06 \times 0.01^2} = 1.9545\%$

33 ③ VaR = 200억원 × 2.33 × 0.01 × 2.5 = 11.65억원

34 ① VaR = 100억 × 1.65 × $\dfrac{0.02}{\sqrt{252}}$ × 3 × $\sqrt{16}$ = 2.49억

35 ③ 주어진 수익률 변동성$\sigma\left(\dfrac{\Delta y}{y}\right)$이므로, 가격변동성 = 수익률변동성 × 수익률 × 수정듀레이션 → 가격변동성
= 0.06 × 0.1 × 5 = 0.03

[36~39] 다음 자료를 보고 물음에 답하시오.

- A채권 : 현재가치 = 100억원, 만기 = 5년, 액면이율 = 6%, 듀레이션 = 4.5
- B채권 : 현재가치 = 100억원, 만기 = 1년, 액면이율 = 4%, 듀레이션 = 1

※ 단, 원금 매핑, 듀레이션 매핑, 현금흐름 매핑 중 듀레이션 매핑 방법을 사용한다.

36 채권포트폴리오의 가중평균 듀레이션은 얼마인가?

① 2.25   ② 2.50

③ 2.75   ④ 3.00

37 다음 중 리스크 메트릭스에서 현금흐름을 기본만기에 배정할 때 만족시켜야 하는 세 가지 조건 아닌 것은?

① 시장가치가 변하지 않아야 한다.

② 시장위험이 변하지 않아야 한다.

③ 현금흐름의 수가 변하지 않아야 한다.

④ 현금흐름의 부호가 변하지 않아야 한다.

38 다음 중 현금흐름 배정방법에 대한 설명으로 적절하지 않은 것은?

① 위험 매칭방법과 듀레이션 매칭방법이 있다.

② 만기 2년과 만기 3년의 무이표채로 구성된 포트폴리오로 인식한다.

③ 위험매칭은 포트폴리오 분산에서 투자비중을 유도해낸다.

④ 듀레이션 매칭방법은 듀레이션으로 투자비중을 유도하여 위험매칭보다 우수하다.

정답 및 해설

36 ③   가중평균듀레이션 = $0.5 \times 4.5 + 0.5 \times 1 = 2.75$

37 ③   나머지 세 가지 조건을 충족시켜야 한다.

38 ④   듀레이션 매칭방법은 시장위험이 변하지 않는다는 요건을 충족하지 못한다.

39 현금흐름 배정 결과 2년 만기에 50억원, 3년 만기에 150억원일 경우 포트폴리오의 VaR값은 얼마인가(2년 만기 무이표채의 변동성 = 1%, 3년 만기 무이표채의 변동성 = 2%, 상관계수 = 0.8)?

① 4.63억원　　　　　　　　　　　② 5.63억원
③ 6.63억원　　　　　　　　　　　④ 7.63억원

40 파생상품의 손익구조 형태가 선형인 자산들로 묶인 것은?

㉠ 주식	㉡ 선도계약
㉢ 옵션	㉣ 스왑

① ㉠, ㉡, ㉢　　　　　　　　　　② ㉠, ㉡, ㉣
③ ㉡, ㉢, ㉣　　　　　　　　　　④ ㉠, ㉡, ㉢, ㉣

41 다음 중 델타 – 노말방법으로 리스크를 측정할 경우 가장 과소평가하는 경우는 어느 것인가?

① 주식포트폴리오 매입포지션　　　② 채권포트폴리오 매입포지션
③ 등가격 스트래들 매도포지션　　　④ 주가지수선물 매도포지션

42 기초자산의 가격이 현재 100,000원이고 월별변동성이 10%이다. 이 기초자산에 대한 콜옵션의 가격이 현재 10,000원이고 델타는 0.6이다. 99% 신뢰수준에서 연간 기준으로 옵션의 VaR는?

① 38,248　　　　　　　　　　　② 38,428
③ 48,248　　　　　　　　　　　④ 48,428

정답 및 해설

39 ② $\quad VaR_P = \sqrt{(50\times1.65\times0.01)^2 + (150\times1.65\times0.02)^2 + 2\times0.8\times(50\times1.65\times0.01)\times(150\times1.65\times0.02)}$
$\qquad\qquad = 5.63$억원

40 ② ㉢ 옵션은 대표적인 비선형 자산이다.

41 ③ 등가격 스트래들 매도포지션의 경우 VaR = 0이나 무위험상태는 아니다.

42 ④ $2.33\times100,000\times0.6\times0.1\times\sqrt{12} = 48,428$

43 통화선도계약의 매입포지션의 위험을 분석하기 위하여 현물복제를 할 경우, 리스크 메트릭스 방법론에 의하면 몇 개의 위험요인에 노출되는가?

① 1
② 2
③ 3
④ 4

44 다음은 옵션의 VaR를 델타 – 노말방법으로 계산할 때 주의사항이다. 옳은 것으로 묶인 것은?

> ㉠ 옵션 VaR를 계산할 때 콜옵션의 가격을 사용하지 않고 기초자산의 가격을 사용한다.
> ㉡ 콜옵션 100계약의 VaR는 콜옵션 1개의 VaR에 100을 곱하여 구한다.
> ㉢ 매입포지션 VaR와 매도포지션 VaR는 동일하다.

① ㉠
② ㉠, ㉡
③ ㉠, ㉢
④ ㉠, ㉡, ㉢

45 비선형상품인 옵션의 VaR를 델타 – 노말방법으로 계산하는 데 문제점으로 옳지 않은 것은?

① 포트폴리오의 델타가 매우 심하게 변동한다.
② 포트폴리오의 델타가 상향과 하향 움직임에 비대칭적이다.
③ 최악의 손실이 기초자산의 극단적 움직임과 무관하다.
④ 포트폴리오의 델타가 0이면 무위험 상태임을 알 수 있다.

46 다음 중 델타 – 노말방법으로 리스크를 옵션의 VaR를 측정할 때 가장 과소평가하는 경우는 어느 것인가?

① ATM 옵션 매입포지션
② OTM 옵션 매입포지션
③ ATM 옵션 매도포지션
④ OTM 옵션 매도포지션

정답 및 해설

43 ③   통화선도계약은 현물환율, 자국 이자율, 외국 이자율에 노출되어 있어 위험요인은 3개다.
44 ④   모두 해당한다.
45 ④   포트폴리오의 델타가 0이라도 무위험 상태가 아닐 수 있다.
46 ③   ATM 옵션 매도포지션일 때 가장 과소평가한다.

47 다음 중 250일 검증기간에서 95%로 1일 VaR를 검증하면, VaR보다 더 큰 손실이 발생할 것으로 추정되는 예상 초과일수는 며칠인가?

① 10일　　　　　　　　　　　　　② 11일
③ 11.5일　　　　　　　　　　　　④ 12.5일

48 투자자 A씨는 500억원을 주식에 투자하여 100억원의 이익을 얻었다. 주식의 평균변동성이 연 40%였다고 가정하면 RAROC은 얼마인가?

① 20.46%　　　　　　　　　　　　② 21.46%
③ 22.46%　　　　　　　　　　　　④ 23.46%

49 다음 중 VaR의 유용성에 대한 설명으로 적절하지 않은 것은?

① 거래담당자의 운영성과를 측정하는 지표
② 위험관리에 있어서 적정자본량을 산출
③ 거래담당자의 포지션 한도를 설정
④ 발생주의 회계원칙에 의한 정보 보고

50 다음 중 VaR의 한계에 대한 설명으로 거리가 먼 것은?

① 설정하는 보유기간에 따라 상이한 값이 도출된다.
② 설정하는 신뢰수준에 따라 상이한 값이 도출된다.
③ VaR보다 더 큰 손실이 발생하였을 때의 손실규모를 알 수 있다.
④ 비모수적 VaR의 경우 분산효과를 정확히 반영하지 못할 수 있다.

정답 및 해설

47 ④　　250일×5%＝12.5일
48 ②　　RAROC은 위험이 99%의 신뢰수준에서 향후 1년간 발생할 수 있는 최대손실금액으로 정의된다. 따라서
　　　　100/(2.33×500×0.4)＝21.46%
49 ④　　VaR는 <u>시가주의 원칙</u>에 기초하여 유용한 정보를 제공한다.
50 ③　　VaR를 초과하는 경우에 손실금액의 크기를 알기 어렵다.

출제내용
및 분석

학습 목표	중요도	주요출제내용
TOPIC 01 신용위험 기초	★☆☆	• 신용위험의 정의 • 결합확률과 채무불이행 상관계수
TOPIC 02 채무불이행확률과 회수율	★★☆	• 채권의 무위험부분과 위험부분의 현재가치 • 한계 채무불이행률과 누적 채무불이행률 • 회수율의 추정
TOPIC 03 전통적인 신용평가모형	★☆☆	• Z-score모형의 사용변수 • 모형검증 • 국가위험평가모형(양보가치)
TOPIC 04 개별 신용위험 측정기법	★★★	• KMV, 크레디트 메트릭스 등 4가지 모형 개념 • 4가지 모형 특성 비교
TOPIC 05 포트폴리오 신용위험 관리기법	★★☆	• 킬호퍼 모형(=손실률의 변동성) • 상관계수 추정방법
TOPIC 06 장외파생상품의 신용위험 측정	★★☆	• 신용증대제도 • 신용위험측정방법(=BIS접근법)
TOPIC 07 신용파생상품	★★★	• CDS, TRS, CLN의 기본구조 • CDS, TRS, CLN의 특징 및 참여 이유
TOPIC 08 자산매각, 유동화, CDO	★★☆	• CDO의 유형 • IC검증과 OC검증

학습전략

신용리스크는 총 12문제가 출제됩니다. 신용위험은 시장리스크와 달리 정규분포의 가정을 적용하기 어려워 비모수 통계에 의존합니다. 우선 채권의 무위험부분과 위험부분의 현재가치를 구하고 기대손실을 계산할 수 있어야 합니다. 또한 한계 채무불이행률과 누적 채무불이행률 문제를 반복 학습하여 개념을 이해해야 합니다. 그 다음 가장 중요한 신용위험 측정기법 4가지를 이해하고 비교할 수 있어야 하고 각 방법으로 구한 신용VaR가 기대외손실과 다른 점을 이해할 수 있어야 합니다. 상관계수를 구하여 포트폴리오의 기대외손실을 구할 수 있어야 하며, 장외파생상품의 신용위험인 현재노출과 잠재노출을 계산문제로 대비해야 합니다. 또한 기타 CDS 등 신용파생상품의 구조 및 특징을 파악하여 이론문제에 대비할 수 있어야 합니다. 이러한 학습과정을 거치면 자연스럽게 고득점으로 이어질 것입니다.

1. 신용위험의 정의

① 정해진 시간 내에 일정금액을 회수하지 못할 가능성에 의해 발생하는 손실
② 예상 신용손실(EL)=EAD(신용위험 노출금액)×PD(채무불이행 확률)×LGD(=(1−회수율), 손실율)

2. 신용위험의 특성

구분	시장위험	신용위험
위험원천	시장위험	• 채무불이행위험 • 회수율위험 • 신용등급 하락위험 • 시장위험
목표기간	짧음(며칠)	긺(보통 1년)
위험한도 적용대상	거래조직 계층	거래상대방
수익률분포	정규분포(비선형 상품 제외)	정규분포 아님(Skewed)
법적위험	없음	법적위험 큼

3. 결합확률과 채무불이행 상관계수

① 신용위험평가의 궁극적인 측정치 → '포트폴리오 전체의 위험'
② 포트폴리오위험은 개별위험의 합계보다 작아지는데 이는 분산 효과 때문임
③ 분산효과 달성을 위한 접근방법 → 포트포리오가 한 분야에 집중되지 않기 위해 한도를 설정
④ 두 채권의 채무불이행 확률이 서로 독립적이면 동시에 채무불이행할 확률인 결합확률은

$$P(A \cap B) = P(A)P(B)$$

⑤ 두 채권의 채무불이행 확률이 서로 독립적이지 않으면 결합확률은

$$P(A \cap B) = P(A)P(B) + \rho(A, B) \times \sqrt{P(A)(1-P(A))} \times \sqrt{P(B)(1-P(B))}$$

⑥ 채무불이행 상관계수 $= \rho(A, B) = \dfrac{P(A \cap B) - P(A)P(B)}{\sqrt{P(A)(1-P(A))} \times \sqrt{P(B)(1-P(B))}}$

1. 위험채권의 가치평가

① 만약 무이표채의 원금이 100, 만기가 1년, 회수율이 δ, 연간 무위험이자율이 r, 위험중립 채무불이행 확률이 π라면, 채권의 현재가치는 $P_0 = \dfrac{100 \times (1-\pi) + 100 \times \delta \times \pi}{1+r}$

핵심요약문제 ✏️

01 다음 신용위험에 대한 설명 중 옳지 않은 것은?

① 위험의 원천이 다양하며, 위험관리 기간이 짧다.
② 수익률 분포가 비대칭적이고, 두터운 꼬리를 가진다.
③ 신용위험을 측정할 때에는 비모수적 방법으로 측정해야 정확하다.
④ 거래상대방의 신용도 하락 또는 채무불이행 등으로 손실이 발생할 위험을 말한다.

02 A기업은 대규모 제조기업이고 채무불이행 확률이 10%이다. B기업은 A기업에 부품을 납품하는 중소기업이며 채무불이행 확률은 20%이다. 두 기업이 동시에 채무불이행할 확률이 5%라고 하면, 두 기업의 채무불이행 상관계수는 얼마인가?

① 0.15 ② 0.25
③ 0.35 ④ 0.45

정답

01 ① 위험의 원천이 다양하며, 위험관리 기간이 **길다**.

02 ② 채무불이행 상관계수 $= \dfrac{0.05 - 0.1 \times 0.2}{\sqrt{0.1 \times 0.9} \times \sqrt{0.2 \times 0.8}} = 0.25$

〈결합확률표〉

구분		A기업	
		정상(90%)	채무불이행(10%)
B기업	정상(80%)	75%	5%
	채무불이행(20%)	15%	5%

② 무위험부분의 현재가치=무위험채권의 가치×회수율(δ)
③ 위험부분의 현재가치=무위험채권의 가치×손실율(LGD)×생존율($1-\pi$)

2. 역사적 채무불이행률

① 한계 채무불이행률(Marginal Default Rate, MDR=MMR) : 전 기간 말까지 채무불이행하지 않은 기업이 이번 기간에 채무불이행할 확률

$$\text{한계 채무불이행률 } d_i = \frac{t\text{년에 채무불이행한 기업의 수}}{t\text{년 초 기준으로 채무불이행하지 않은 기업의 수}}$$

② 누적 채무불이행률 : 1에서 t년의 생존율을 차감한 값

$$C_t = 1 - SR_t = 1 - \Pi_{i=1}^{t}(1-d_i)$$

3. 신용등급 변화

① 신용등급 변화는 기간별 등급으로 구성된 이산적 과정을 의미(연속적 과정이 아님)
② Altman은 최초 등급으로부터 신용등급 변화를 10년에 걸쳐 분석, 신용평가기관은 채권의 경과연수와 관계없이 일정시점을 기준으로 모든 채권의 등급을 분석 → Altman의 결과에서 기초등급을 유지할 확률이 높음 → 신규발행채권은 Altman, 기존채권은 신용평가기관을 신뢰
③ 등급변화는 미래 사건의 조건부확률이 과거 사건과는 독립적이며 오직 현재 상태에만 의존하는 확률과정을 따름(마코브 과정)
④ 등급변화가 채권가치에 미치는 영향 : (Old 수익률 스프레드 − New 수익률 스프레드) × 수정듀레이션 = 가격변화율 → 가격변화율 × 등급변화확률 = <u>기대가격변화율</u>

4. 회수율의 추정

① 회수율 결정의 주요 요인 : 우선순위, 담보규모, 채무불이행한 기간, 부채쿠션의 규모
② 일반적으로 대출의 회수율은 상응하는 채권의 회수율보다 높음
③ 회수율은 쌍봉분포(Bimodal Distribution)를 따름
④ 유형자산이 많을수록, 자산의 유동성이 높을수록, 청산가치가 클수록 회수율이 증가
⑤ 채무불이행률과 회수율은 음(−)의 관계, 채무불이행률과 손실률은 양(+)의 관계임

핵심요약문제

03 시장에 1,000개의 기업 중에서 1차 연도에 50개 기업이 부도, 2차 연도에 70개 기업이 부도, 3차 연도에 80개 기업이 부도가 난다면 3차 연도 채무불이행 확률과 누적 채무불이행률은 얼마인가?

① 8.08%, 18% ② 8.08%, 20%
③ 9.09%, 18% ④ 9.09%, 20%

04 다음 중 회수율에 관한 설명으로 옳은 것은?

① 회수율은 쌍봉분포를 따른다.
② 유형자산이 많을수록 회수율이 감소한다.
③ 자산의 유동성이 높을수록, 청산가치가 클수록 회수율이 감소한다.
④ 채무불이행률과 회수율은 양(+)의 관계이다.

정답
03 ④ 80/880=9.09%, 200/1,000=20%
04 ① ② 유형자산이 많을수록 회수율이 <u>증가한다</u>.
　　　　③ 자산의 유동성이 높을수록, 청산가치가 클수록 회수율이 <u>증가한다</u>.
　　　　④ 채무불이행률과 <u>손실률</u>은 양(+)의 관계이다.

···TOPIC 3 신용평점모형

1. Z-score모형

① 앨트만 Z-score모형 식의 값이 높을수록 건전기업
② 사용변수 : 순운전자본/총자산비율. 이익잉여금/총자산, 영업이익/총자산, 자기자본의 시장 가치/총부채의 장부가치, 매출액/총자산

2. 모형검증

① 1종 정확성 : 파산기업을 파산기업으로 분류, 2종 정확성 : 건전기업을 건전기업으로 분류
② 1종 오류 : 파산기업을 건전기업으로 분류, 2종 오류 : 건전기업을 파산기업으로 분류
③ 선형 판별분석 모형의 질을 검증하는 보편적 방법이 CAP곡선
④ CAP곡선의 정확성은 지니비율로 표시하며 높을수록 정확함

···TOPIC 4 개별 신용위험 측정기법

1. KMV모형(신용사건 → DFD의 변화)

(1) 개요

① 블랙-숄즈-머튼옵션 가격결정 모형을 이용하며, 기업의 주식가치는 자산가치가 기초자 산이고 부채금액이 행사가격인 콜옵션으로 간주
② 머튼의 아이디어에서 시작
　ㄱ 금융기관의 대출은 무위험채권을 매입하고, 풋옵션 발행 포지션과 동일
　ㄴ 차입기업의 주주는 콜옵션 매입 포지션과 동일
③ 채무불이행 확률은 현재 자산가치, 자산수익률의 변동성, 자본구조에 의해 결정

(2) 측정

① EDF(=채무불이행 가능성을 나타내는 지표)는 미래 일정시점에 기업의 자산가치가 부채가 치보다 작을 확률 → KMV는 이론적 EDF가 아닌 실증적 EDF를 사용

05 다음 중 제1종 오류에 해당하는 것은?

① 건전기업을 건전기업으로 분류 ② 파산기업을 파산기업으로 분류

③ 건전기업을 파산기업으로 분류 ④ 파산기업을 건전기업으로 분류

06 다음 중 KMV모형의 부도율 측정에 대한 설명으로 옳지 않은 것은?

① 이론적 EDF와 실증적 EDF는 동일한 값을 가지지 않는다.

② 주가의 옵션적 성격을 이용하여 미래 특정시점의 기업의 부도 가능성을 예측한다.

③ 이론적 EDF는 부도거리가 표준정규분포에 따른다는 가정에서 구해진 값이다.

④ KMV모형은 이론적 EDF를 사용한다.

정답 05 ④ 파산기업을 건전기업으로 분류했다면 1종 오류(알파오류)이며 가장 중요한 오류이다.
06 ④ KMV모형은 실증적 EDF를 사용한다.

② 기업의 자산가치가 부채가치보다 작아질 확률을 표준화하여 부도거리(DFD) 산출

$$부도거리(DFD) = \frac{\text{미래 자산가치} - \text{부채가치(액면가)}}{\text{자산가치의 변동성}}$$

③ 부도거리 2 = '2 표준편차'를 의미, 95% 신뢰수준의 단측검정으로 2.5%의 부도 확률

(3) KMV모형의 장점

① 모든 상장기업에 적용 가능

② 장부가치에 근거하지 않고 시장가치를 이용하므로 미래 지향적

③ 이론적 근거가 확립됨(즉, 채권은 기업가치에 대한 풋옵션 발행 포지션)

(4) KMV모형의 단점

① 이론적 EDF를 추정하기 위하여 정규분포를 가정

② 주가자료를 사용하므로 비상장기업은 적용이 어려움(EV/EBITDA로 주가 추정)

③ 대출 또는 채권의 만기, 변제 우선순위, 담보 여부, 제약조건, 전환 여부 등을 고려하지 못함

2. 크레디트 메트릭스(신용사건 → 신용등급의 변화)

(1) 개요

① VaR 개념을 사용하여 신용리스크를 측정하며 J.P. Morgan에 의해 개발

② 머튼의 아이디어에 바탕을 두고 자산가치의 변동성을 사용

③ 채무불이행의 경우뿐만 아니라 신용등급 변화에 따른 손실위험까지 포함

(2) 개별위험의 측정

① 1단계 : 신용등급 변화 확률표

② 2단계 : 가치평가

ㄱ 신용등급 변화에 따른 무이표채 수익률 곡선을 적용하여 현금흐름을 할인

ㄴ 부도 발생 시 채권가치를 계산하기 위한 회수율은 베타분포를 따름

③ 3단계 : 개별 신용위험 추정(크레디트 메트릭스의 신용 VaR가 기대외손실보다 큰 이유는 채무불이행 위험뿐만 아니라 신용등급 하락위험을 추가적으로 고려했기 때문)

핵심요약문제

07 다음 KMV모형의 장단점을 설명한 내용 중 옳지 않은 것은?

① 모든 상장기업에 적용 가능하다.
② 시장가치를 이용하므로 미래지향적이다.
③ 실증적 EDF를 추정하기 위하여 정규분포를 가정한다.
④ 주가자료를 사용하므로 비상장기업은 적용에 어려움이 있다.

08 다음 MTM모형과 크레디트 메트릭스에 대한 설명 중 적절하지 않은 것은?

① MTM모형은 자산가치의 증가와 감소 또는 신용등급의 상향과 하향조정을 모두 고려한다.
② 크레디트 메트릭스는 등급변화가 거시경제 변수에 기초하여 일어난다는 이론에 근거한다.
③ 크레디트 메트릭스는 신용리스크를 VaR의 개념을 사용하여 측정하는 방법이다.
④ 크레디트 메트릭스는 보유자산과 신용등급 간의 상관관계를 고려하여 포트폴리오의 신용리스크를 측정하는 일관성 있는 방법론을 제공한다는 평가를 받고 있다.

정답
07 ③ 이론적 EDF를 추정하기 위하여 정규분포를 가정한다.
08 ② Credit Portfolio View는 등급변화가 거시경제 변수에 기초하여 일어난다는 이론에 근거한다.

---

3. Credit Portfolio View

① 신용등급 변화 확률표에 거시경제적 요인을 반영
② 경제상황에 따라 확률행렬이 변화하면 이 행렬에 크레디트 메트릭스 접근방법을 적용

4. CreditRisk + 와 축약모형(신용사건 → 채무불이행의 발생)

(1) 개요

① 채무불이행하는 경우와 하지 않는 경우만을 고려하여 기대손실 및 기대외손실을 측정
② 크레디트 메트릭스는 MTM(Mark−to−Market)모형, CreditRisk + 는 DM(Default Mode)모형
③ 채무불이행은 외생변수이기 때문에 채무불이행 과정을 생략하므로 '축약모형'이라 함

(2) 불확실성 고려

① 채무불이행 확률 : 서로 독립적인 것으로 가정하며, 포아송 분포를 따름

② 손실의 심각성 : 손실 규모별 밴드를 작성하여 밴드별 분석

③ 평균 채무불이행 확률 자체의 불확실성

$$\text{포아송 분포 함수}(n\text{개의 대출이 채무불이행할 확률}) = \frac{e^{-\mu}\mu^n}{n!} \ (\mu : \text{평균채무불이행 건수})$$

···TOPIC 5 포트폴리오 신용위험 관리기법

1. KMV의 Portfolio Manager(=포트폴리오의 기대수익률 − 위험의 최적구조를 찾는 방법)

① 수익률 : 수익률＝(스프레드＋수수료) − 기대손실률(EL/EAD), EL/EAD＝EDF×LGD

② 위험(=손실율의 변동성)

　㉠ LGD가 상수이면, $\sigma_{EL} = \sqrt{EDF(1-EDF)} \times LGD$

　㉡ LGD가 상수가 아니라면, $\sigma_{EL} = \sqrt{EDF \times \sigma_{LGD}^2 + LGD^2 \times \sigma_{EDF}^2}$

　　→ 킬호퍼모형(1995)

③ 채무불이행 상관계수 계산 후 → 기대손실, 기대외손실 산출

핵심요약문제 ✎

09 다음은 CreditRisk＋모형에 대한 설명이다. 이것에 해당하지 않은 것은?

　① 채무불이행하는 경우와 하지 않는 경우만을 고려한다.

　② 채무불이행은 외생변수이기 때문에 부도과정을 생략하므로 '축약모형'이라 한다.

　③ 채무불이행 확률은 현재 자산가치, 자산수익률의 변동성, 자본구조에 의해 결정된다.

　④ 채무불이행 확률은 서로 독립적인 것으로 가정하며, 포아송 분포를 따른다.

10 포트폴리오가 2개의 자산으로 구성되어 있다. A자산의 가치는 100억원이고 1년 이내에 채무불이행할 확률은 10%이다. B자산의 가치는 100억원이고 1년 이내에 채무불이행할 확률은 20%이다. 두 채권이 동시에 채무불이행할 확률이 5%라고 가정할 때, 회수율이 30%라는 가정하에서 포트폴리오의 기대손실을 추정하면?

　① 15억원　　　　　　　　　　② 17억원

　③ 21억원　　　　　　　　　　④ 23억원

정답
09 ③　　KMV모형에 대한 설명이다.
10 ③　　포트폴리오의 기대손실은 개별자산 기대손실의 합일 뿐이다. A자산의 기대손실은 $100 \times 0.1 \times 0.7$ $=7$억원이고, B자산의 기대손실은 $100 \times 0.2 \times 0.7 = 14$억원이다.

2. 크레디트 메트릭스(= 위험에 초점을 맞추어 포트폴리오를 관리하는 기법)

① 분석적 방법(복잡)

ㄱ 자산가치와 신용등급 변화 간의 관계 규정

ㄴ 신용등급 변화 결합 확률

ㄷ 포트폴리오의 가치

ㄹ 상관계수 추정(지수 상관관계 계산 → 차입기업의 자산가치 간의 상관관계 계산)

ㅁ 신용위험 산출

② 시뮬레이션 방법

ㄱ 1단계 : 시나리오 생성

ㄴ 2단계 : 포트폴리오 가치평가

ㄷ 3단계 : 신용위험 측정

③ 포트폴리오 관리 → 한계위험을 계산하여 관리(한계위험이 중요)

···TOPIC 6 장외파생상품의 신용위험 측정

1. 장외시장의 신용증대제도

① 상계협약 : 상계협약의 적용을 받는 모든 계약의 신용위험 노출금액은 <u>순지급금액</u>으로 제한
② 상대방별 포지션 한도 : 한도가 개별적으로 적절하더라도 포트폴리오 관점에서 검토
③ 증거금과 담보요구 : 신용등급이 변화하므로 가치평가를 통해 증거금 및 담보의 규모 조정
④ 계약종료 조항 : 상대방이 투자 부적격으로 하락 등의 신용경보조항(Credit Trigger)에 저촉되면 다른 한 쪽이 스왑계약의 현금결제를 요구할 수 있는 권리조항 포함
⑤ 이자율 조정 : 파생계약의 액면이자율을 현재의 시장이자율로 재조정함과 동시에 스왑계약의 가치를 상대방에 지불

2. 신용위험 측정 : BIS접근법

① 신용위험 노출금액 = 현재노출(= max(대체비용, 0)) + 잠재노출(액면금액 × 신용환산율)
② 상계허용 시 신용위험 = 순현재노출(= 양의 금액과 음의 금액의 합) + 순잠재노출

$$\text{순잠재노출} = (0.4 \times \text{총잠재노출}) + \left(0.6 \times \frac{\text{순현재노출}}{\text{총현재노출}} \times \text{총잠재노출}\right)$$

11 다음 중 신용증대제도의 상계협약에 관한 설명으로 옳지 않은 것은?

　① 상계협약을 이용하면 신용위험을 감소시킬 수 있다.
　② 상계협약은 유동성위험이나 운영위험을 줄일 수도 있다.
　③ 쌍방상계조항, 지급금액상계, 계약종료상계 등이 있다.
　④ 기본 스왑계약서로 다양한 상대방과 계약을 체결하는 것이 보편적이다.

12 다음 중 장외파생상품의 신용위험에 대한 설명으로 옳지 않은 것은?

　① 장외파생상품의 신용위험은 일반대출 또는 채권과 동일한 방법으로 특정하면 안 된다.
　② Payer금리스왑의 보유자는 금리가 상승할수록 신용위험이 감소한다.
　③ 거래상대방이 파생상품을 투기목적보다는 헤지목적으로 사용한다면 신용위험은 낮다.
　④ 금리스왑의 가치가 +5억원, 통화스왑의 가치가 −4억원이며 상계가 허용되지 않으면 현재노출
　　은 5억원이다.

정답　**11 ④**　기본스왑계약서로 동일한 상대방과 모든 계약을 하나의 계약으로 체결하는 것이 보편적이다.
　　　　12 ②　Payer금리스왑의 보유자는 금리가 상승할수록 신용위험이 증가한다.

3. 자산별 신용위험 노출금액

① 채권과 대출, 보증금액 → 액면
② 스왑과 선도계약 → 0~무제한, 옵션매수 → 0 이상, 옵션매도 → 0

4. 위험 노출금액의 시간적 변화

① 금리스왑
　㉠ 금리 확산효과 : 시간이 지남에 따라 변동금리가 고정금리로부터 멀어지는 경향 → 만기일
　　에 접근할수록 위험노출 금액은 증가
　㉡ 만기효과 : 시간이 지남에 따라 남은 이자지급 횟수가 감소 → 위험노출금액이 감소
　㉢ 초기에는 확산효과＞만기효과, 시간이 지나면 확산효과＜만기효과, T/3 시점이 최대

② 통화스왑 : 만기일에 원금을 교환해야 하므로 항상 확산효과＞만기효과 → 신용위험 노출금액
　증가

···TOPIC 7 국가위험평가모형

1. 국가위험 평가

① 정치위험, 법적위험, 사회위험, 환경위험, 규제위험, 환위험 등을 종합적으로 고려
② 한 국가의 위험이 인접국으로 전파되는 위험인 파급위험도 고려

2. 금융기관이 취할 수 있는 방법(＝국가신용위험 발생 시)

① 부채－자본 스왑, 대출 매각, 부채 간 스왑, 구조조정협약(multi－year restructuring agreement)
② 구조조정협약(MYRA)의 양보가치＝조정 전 대출의 현재가치-조정 후 대출의 현재가치

···TOPIC 8 신용파생상품

1. CDS(신용부도스왑)

(1) 기본구조

① 일정한 수수료(Fee)와 채무불이행 발생 시 손실보전금액을 교환하는 계약
② 신용스왑에서 위험 매도자는 다기간 신용보험을 매입한 것과 동일
③ 위험 매입자는 프리미엄을 받고 위험 매도자에게 풋옵션을 매도한 것과 같음
④ 위험채권 매입 포지션＋신용스왑 매입 포지션＝무위험채권 매입 포지션
⑤ 일부 시장참여자가 누구보다 특정 기업의 부도확률에 대한 더 많은 정보를 지님(정보 비대칭)

(2) CDS Premium과 결정요인의 관계

① 스왑계약의 만기(＋)
② 기준자산의 채무불이행 확률(＋)
③ 보호매도자의 신용 등급(＋)
④ 기준자산과 보호매도자 간의 상관관계(－)
⑤ 기준자산의 기대회수율(－)

(3) 바스켓 신용스왑(= 대출, 채권 등 기준자산이 여러 개)

① 포괄적 바스켓 신용스왑 → 기준 기업 중 어느 하나라도 채무불이행이 일어나면 손실을 보상

② nth − to − default CDS → n번째 채무불이행이 일어나면 손실을 보상

③ 바스켓에 있는 기업들 간에 채무불이행 상관계수가 높을수록 first − to − default CDS (1차 부도 종결조건 신용스왑)의 스프레드는 감소

핵심요약문제

13 금리스왑의 만기가 6년이고, 통화스왑의 만기가 6년인 상품이 있다. 각각 위험노출 금액이 최대가 되는 시점은 언제인가?

① 금리스왑 2년 시점, 통화스왑 2년 시점   ② 금리스왑 6년 시점, 통화스왑 6년 시점
③ 금리스왑 6년 시점, 통화스왑 2년 시점   ④ 금리스왑 2년 시점, 통화스왑 6년 시점

14 채무국의 계약 이행이 어려워 MYRA협약하에서 대출조건을 다음과 같이 재조정하기로 하였다. 대출의 현재가치가 100백만달러인 상황에서 채권국 은행의 <u>양보가치</u>를 구하면 얼마인가?

> • 만기 6년, 원금상환 4년(매년 25%씩), 유예기간 2년, 액면이율 9%
> • 은행의 자금조달비용 10%
> • 수수료 1.5% 선지급

① 1.75백만원   ② 1.85백만원
③ 1.95백만원   ④ 2.00백만원

정답 **13** ④   금리스왑은 2년 시점(만기/3), 통화스왑은 6년 시점(계속 증가)에서 최대가 된다.
14 ③   1.95백만원 = 조정 전 대출가치(100백만) − 조정 후 대출가치(98.05백만)

$$\text{조정 후 대출가치} = 1.5 + \frac{9}{1.1} + \frac{9}{1.1^2} + \frac{(25+9)}{1.1^3} + \frac{(25+6.75)}{1.1^4} + \frac{(25+4.5)}{1.1^5} + \frac{(25+2.25)}{1.1^6}$$

$$= 98.05백만$$

---

2. TRS

(1) 기본 구조

① 총수익 지급자가 총수익을 총수익 수령자에게 이전하고 LIBOR + α 또는 고정금리를 받음

② 총수익은 액면이자와 자본이득/자본손실을 포함하며 시장위험과 신용위험 모두 전가

③ TRS 위험 매입자 포지션 = 신용스왑 매도 포지션 + 무위험채권 매입 포지션

(2) 위험 매입자가 TRS에 참여하는 이유

① 레버리지의 이점을 이용

② 특정 만기의 새로운 자산을 창조

③ 특정 유형의 자산을 소유하지 않으면서 혜택

④ 부외 자산으로서 높은 수익률 및 낮은 비용

⑤ 소유 포트폴리오의 신용등급상의 갭을 보충

(3) 위험 매도자가 TRS계약을 체결하는 이유

① 기준자산의 시장위험과 신용위험을 헤지
② 규제 자본의 문제를 완화

핵심요약문제

15 다음은 CDS(신용부도스왑)에 대한 설명이다. 적절하지 않은 것은?

① 기초자산 보유자는 CDS를 체결하여 일정기간 동안 보장 매도자에게 고정수수료를 지급함으로써 기초자산 채무자의 신용위험을 보장 매도자에게 전가하는 효과를 얻게 된다.
② 보장 매도자는 보장 매수자에게 프리미엄을 지급하고 보장 매수자는 신용사건이 발생하면 약정금액을 지급한다.
③ 보장 매도자는 신용위험을 부담하는 대신 자금의 부담이 없다.
④ 신용사건은 부도, 지급불능, 지급거절, 채무재조정 등이 해당한다.

16 다음 중 신용파생상품에 대한 설명으로 적절하지 않은 것은?

① CDS의 위험 매도자는 기준자산에 대한 신용위험과 시장위험을 동시에 헤지할 수 있다.
② 합성 CDO는 기준자산을 양도하지 않고, 자산에 내재된 신용위험만을 SPC에 이전한다.
③ Basket Default Swap은 2개 이상의 기준자산으로 구성된 포트폴리오를 기본으로 발행된다.
④ CLN은 채권의 수익률이 정의된 기준자산의 <u>신용사건과 연계</u>된 채권을 의미한다.

정답 **15** ② 보장 매수자는 보장 매도자에게 프리미엄을 지급하고 보장 매도자는 신용사건이 발생하면 약정금액을 보장 매수자에게 지급한다.
16 ① <u>TRS의 총수익 매도자</u>는 기준자산에 대한 신용위험과 시장위험을 동시에 헤지할 수 있다.

---

3. CLN(신용연계채권)

① 채권의 수익률이 정의된 기준자산의 <u>신용사건과 연계</u>된 채권을 의미
② 표준 CLN(기준자산 1개) → 바스켓 CLN(기준자산 2~10개) → CDO(기준자산 20개 이상)

4. 신용스왑의 가치평가

① 채무불이행 확률을 이용하는 방법 : 평균 기대손실 또는 연간비용＝신용스왑 프리미엄
② 신용 스프레드 접근방법 : 무위험채권 보유－위험채권 보유＝신용스왑 프리미엄
③ 주가 접근법 : 풋옵션의 가격＝신용스왑 프리미엄

•••TOPIC 9 자산매각, 유동화, CDO

1. 자산유동화

(1) 자산유동화 증권의 종류

① 자동이전형(pass-through) : 미래현금흐름을 지분만큼 가져가는 방식
② 원리금지급형(pay-through) : 상환 우선순위가 다른 채권을 발행하는 방식

(2) 자산유동화의 이유 및 효과

① 유동성 증가와 재무구조 개선
② 조달비용의 감소 및 새로운 자금원의 창출
③ 위험의 분산
④ 규제자본 차익거래
⑤ 투자자 측면에서의 이점

2. CDO

(1) CDO의 유형

① 발행 목적
　㉠ 대차대조표 CDO
　㉡ 차익거래 CDO

② 담보풀이 활발하게 거래되는지 여부
　㉠ 현금흐름 CDO
　㉡ 시장가치 CDO

③ 기초자산의 양도가 이루어지는지 여부
　㉠ 현금 CDO
　㉡ 합성 CDO

(2) IC 검증과 OC 검증

① IC 검증 : 담보자산이 주는 이자수익이 CDO 발행 수수료와 CDO 이자를 지급하기에 충분한가?
② OC 검증 : CDO 각 트렌치별 미리 정한 최소의 초과담보비율을 유지하는가?

17 다음은 Credit Linked Notes(CLN)에 대한 설명이다. 적절하지 않은 것은?

① 고정금리채권에 CDS 등과 같은 신용파생상품이 내재된 신용구조화 상품이다.

② CLN은 unfunded 형태이며 신용사건 발생 시 거래상대방에 대한 위험에 노출된다.

③ CLN은 증권화되어 있기 때문에 상대적으로 신용사건에 대한 전문적인 지식이 덜 필요하다.

④ CLN의 수익률은 담보채권 수익률에 CDS 프리미엄을 합한 것과 같으므로 CLN 발행자가 발행한 일반채권의 수익률보다 높다.

18 담보자산의 액면금액이 100억원이고 WAC가 7%, 연간수수료는 액면 대비 1%이다. CDO에는 선순위 트렌치(80억원, 5%), 후순위 트렌치(15억원, 6%), 자기자본 트렌치(5억원) 등 3가지 트렌치가 있을 때 후순위 트렌치의 IC와 OC는 얼마인가?

① IC=139%, OC=103%　　　　　② IC=122%, OC=105%

③ IC=163%, OC=103%　　　　　④ IC=122%, OC=105%

정답

17 ②　　CLN은 funded 형태이며 신용사건 발생 시 거래상대방에 대한 위험에 노출된다.

18 ④　　IC = $(100 \times 0.07 - 1)/(80 \times 0.05 + 15 \times 0.06)$=122%, OC = 100/(80 + 15) = 105%

01 다음은 신용위험에 대한 설명이다. 옳지 않은 것은?

① 위험의 원천이 다양하며, 위험관리 기간이 길다.

② 수익률 분포가 비대칭적이고, 두터운 꼬리를 가진다.

③ 평균과 분산을 이용하여 모수적 방법으로 리스크를 측정해야 정확하다.

④ 거래상대방의 신용도 하락 또는 채무불이행 등으로 손실이 발생할 위험을 말한다.

02 어느 은행의 대출금액이 100억원, 부도확률이 4%, 회수율이 10%인 경우 예상손실은 얼마인가?

① 2.2억원   ② 2.6억원

③ 3.2억원   ④ 3.6억원

[03~05] 다음 자료를 보고 물음에 답하시오.

> A채권의 가치는 100억원이고 B채권의 가치는 50억원이다. 두 채권의 채무불이행 확률은 각각 5%, 10%이며 두 채권이 동시에 채무불이행할 확률은 2%, 회수율은 0%이다.

03 두 채권의 채무불이행 상관계수는 얼마인가?

① 0.21   ② 0.22

③ 0.23   ④ 0.24

정답 및 해설

01 ③   신용위험은 비모수적인 방법으로 측정하는 것이 바람직하다.

02 ④   예상손실 = EDA × PD × LGD = 100억원 × 0.04 × 0.9 = 3.6억원

03 ③   상관계수 = $\dfrac{0.02 - 0.05 \times 0.1}{\sqrt{0.05(1-0.05)} \times \sqrt{0.1(1-0.1)}} = 0.23$

04 두 채권의 손실의 표준편차는 얼마인가?

① 26.155

② 27.155

③ 28.155

④ 29.155

05 95% 신뢰수준을 가정할 때 기대손실 및 기대외손실은 얼마인가?

① 기대손실=10억원, 기대외손실=48.11억원

② 기대손실=10억원, 기대외손실=49.11억원

③ 기대손실=11억원, 기대외손실=48.11억원

④ 기대손실=11억원, 기대외손실=49.11억원

06 대출금액이 100억원, 부도확률 4%, 회수율이 20%일 때 예상손실의 변동성은 얼마인가?

① 14.56억원

② 15.56억원

③ 14.68억원

④ 15.68억원

07 1년 동안의 누적사망률이 16%이고, 월별로 사망률이 독립적이라고 가정하는 경우 월별 한계사망률(MMR)은 얼마인가?

① 1.34%

② 1.36%

③ 1.44%

④ 1.56%

08 1년 동안의 채무불이행률이 2%이고, 기간별 채무불이행률이 독립적이라고 가정하면 6년 동안의 누적 채무불이행률은?

① 11.32%

② 11.42%

③ 12.32%

④ 12.42%

정답 및 해설

04 ④   표준편차 $= \sqrt{0.02(150-10)^2 + 0.03(100-10)^2 + 0.08(50-10)^2 + 0.87(0-10)^2} = 29.155$

05 ①   기대손실 $= 100 \times 0.05 + 50 \times 0.1 = 10$억원, 기대외손실 $= 1.65 \times 29.155 = 48.11$억원

06 ④   예상손실의 변동성 $= \text{EAD} \times \sqrt{p(1-p)} \times \text{LGD} = 100$억원 $\times \sqrt{0.04(1-0.04)} \times (1-0.2) = 15.68$억원

07 ③ $1 - (1-\text{MMR})^{12} = 0.16$, $\text{MMR} = 1.44\%$

08 ② $1 - (0.98)^6 = 11.42\%$

09 1년 만기 정부국채의 수익률이 4%, 동일한 만기의 회사채 수익률이 6%인 두 채권은 모두 무이표채이며 원금은 10,000이다. 스프레드가 채무불이행 위험으로 인해 발생한다고 가정할 때 기대손실률은 얼마인가?

① 1.58%　　　　　　　　　　　② 1.68%

③ 1.78%　　　　　　　　　　　④ 1.88%

10 금융기관 A가 시가 100억원의 부동산을 담보로 10년 만기로 100억원을 대출하였다. 차입기업은 100억원을 10년 동안 균등 상환할 예정이고 부동산 가격 변화의 표준편차는 12%로 예상된다. 이때 금융기관 A가 4년 후 시점에서 위험에 노출된 금액을 95% 신뢰수준에서 계산하면 얼마인가(양측 검증)?

① 6.04억원　　　　　　　　　　② 7.04억원

③ 8.04억원　　　　　　　　　　④ 9.04억원

[11~12] 다음 자료를 보고 물음에 답하시오.

> 100억원 가치를 갖는 포트폴리오가 5개의 채권으로 구성되어 있으며 각 채권의 투자금액은 동일하다. 채권의 채무불이행 확률은 각각 1%, 2%, 3%, 4%, 5%이고 각 채권의 채무불이행은 서로 독립적이며 회수율은 0이다.

11 채권포트폴리오의 기대손실은 얼마인가?

① 2.0억원　　　　　　　　　　② 3.0억원

③ 4.0억원　　　　　　　　　　④ 5.0억원

정답 및 해설

09 ④　국채가격 = 10,000/1.04 = 9,615원, 회사채가격 = 10,000/1.06 = 9,434원이므로 두 채권의 가격 차이는 181원이며, 이는 9,615원의 1.88%이다.

10 ②　4년 후 대출잔액은 60억원이고, 부동산 가격은 $1.96 \times 12\% \times \sqrt{4} = 47.04\%$ 하락하여 52.96억원까지 하락할 수 있으므로 위험노출금액은 7.04억원이다.

11 ②　$20 \times 0.01 + 20 \times 0.02 + 20 \times 0.03 + 20 \times 0.04 + 20 \times 0.05 = 3.0$억원

12 세 번째 채권의 손실에 대한 기대손실과 표준편차는 얼마인가?

① 기대손실＝0.6억원, 표준편차＝3.41억원

② 기대손실＝0.6억원, 표준편차＝3.51억원

③ 기대손실＝0.7억원, 표준편차＝3.41억원

④ 기대손실＝0.7억원, 표준편차＝3.51억원

13 다음 금리스왑에서 상대방의 채무불이행 확률에 대한 설명 중 옳지 않은 것은?

① 상대방의 신용도가 높을수록 채무불이행 확률이 낮다.

② 계약의 만기가 길수록 채무불이행 확률이 높다.

③ 기초자산의 변동성이 클수록 채무불이행 확률이 낮다.

④ 헤지목적으로 포지션을 취하면 채무불이행 확률이 낮다.

14 금리스왑은 시간이 지남에 따라 변동금리가 고정금리로부터 멀어지는 경향이 있는데 이 효과로 만기일에 접근할수록 위험노출금액은 증가한다. 어떤 효과에 대한 설명인가?

① 상각효과   ② 만기효과

③ 금리확산효과   ④ 금리축소효과

15 다음 중 장외시장의 신용증대 제도에 해당하지 않는 것은?

① 상계 협약   ② 계약금과 담보 요구

③ 계약종료 금지   ④ 이자율 조정

정답 및 해설

12 ①   기대손실＝$20 \times 0.03 = 0.6$억원, 표준편차＝$\sqrt{0.03(1-0.03)} \times 20 = 3.41$억원

13 ③   기초자산의 변동성이 클수록 채무불이행 확률이 높다.

14 ③   금리확산효과에 대한 설명이다.

15 ③   한 쪽이 투자 부적격이 되면 다른 한 쪽이 스왑계약의 현금결제를 요구할 수 있는 권리를 갖도록 규정한 것이 계약종료 조항이며, 이는 신용증대에 도움이 된다.

[16~19] 다음 자료를 보고 물음에 답하시오.

> 현재 주가는 20,000원이고, 1년 후에 22,000원으로 상승하거나 18,000원으로 하락할 것으로 예상한다.
> 무위험이자율은 연 4%, 콜옵션의 만기는 1년이고 행사가격은 21,000원이다.

16 위 자료와 같은 상황에서 위험중립상승확률은 얼마인가?

① 65%   ② 70%

③ 75%   ④ 80%

17 위 자료와 같은 상황에서 콜옵션의 가격은 얼마인가?

① 663원   ② 665원

③ 673원   ④ 675원

18 콜옵션의 가치를 평가하기 위하여 옵션과 동일한 가치를 갖는 포지션을 기초자산과 무위험 무이표채로 복제한다면 이에 알맞은 구성방법은?

① 주식을 0.2주 매수하고, 만기 1년이고 액면이 ₩5,000인 무위험 무이표채를 매도한다.

② 주식을 0.2주 매수하고, 만기 1년이고 액면이 ₩4,500인 무위험 무이표채를 매도한다.

③ 주식을 0.25주 매수하고, 만기 1년이고 액면이 ₩5,000인 무위험 무이표채를 매도한다.

④ 주식을 0.25주 매수하고, 만기 1년이고 액면이 ₩4,500인 무위험 무이표채를 매도한다

정답 및 해설

16 ②   위험중립상승확률 $= (1.1 - 0.9)/(0.1 - 0.9) = 0.7(70\%)$

17 ③   콜옵션의 가격 $= (0.7 \times 1,000 + 0.3 \times 0)/1.04 = 673$

18 ④ $22,000\triangle - F = 1,000$, $18,000\triangle - F = 0$을 풀면, $\triangle = 0.25$, $F = 4,500$이다.

19 현재시점에서 콜옵션의 복제 포트폴리오를 구성하는 데 소요되는 비용은 얼마인가?

① 663원
② 665원
③ 673원
④ 675원

20 A기업이 1년 내에 부도가 날 확률은 10%이다. 2년 누적부도확률이 16%일 경우 2년 차에 부도가 발생할 확률은 얼마인가?

① 4.7%
② 5.7%
③ 6.7%
④ 7.7%

[21~24] 다음 자료를 보고 물음에 답하시오.

만기가 1년이고 원금이 1,000원인 무이표채가 있다고 가정할 때, 이 채권이 1년 이내에 채무불이행할 확률은 10%이고, 채무불이행 시의 회수율은 40%로 기대된다. 위험중립을 가정하고 1년 만기 무위험이자율은 연 4%이다.

21 위 자료와 같은 상황에서 이 채권의 현재가격은 얼마인가?

① 984.24원
② 895.24원
③ 902.84원
④ 903.84원

정답 및 해설

19 ③ 포트폴리오를 복제하는 데 소요되는 비용이 콜옵션의 현재가격이다.

현재시점의 거래		1년 후의 가치	
		22,000인 경우	18,000인 경우
콜옵션 1개 매입		1,000	0
복제 포트폴리오	주식 매입=0.25주(5,000원)	5,500	4,500
	채권 매도=4,327원	−4,500	−4,500
	합(=673원)	1,000	0

20 ③ 0.16=1−0.9×2년 차 생존율, 2년 차 생존율=0.933, 2년 차 부도율=1−0.933=0.067(6.7%)

21 ④ 채권의 현재가격=$(0.9 \times 1,000 + 0.1 \times 1,000 \times 0.4)/1.04 = 903.84$

22 위 자료와 같은 상황에서 이 채권의 무위험부분의 현재가치는 얼마인가?

① 384.62원
② 385.62원
③ 394.24원
④ 395.24원

23 위 자료와 같은 상황에서 이 채권의 위험부분의 현재가치는 얼마인가?

① 419.24원
② 419.24원
③ 519.23원
④ 529.23원

24 다음 중 채무불이행이 발생하면 채권자가 입게 될 손실금액, 즉 기대손실에 해당하는 금액은?

① 55.5원
② 55.7원
③ 57.5원
④ 57.7원

25 포트폴리오는 100개의 대출로 구성되어 있고 평균 4개가 채무불이행할 것으로 분석되었다. 채무불이행확률이 포아송분포를 따른다고 가정하면 이 분포하에서 7개의 대출이 채무불이행할 확률은 얼마인가?

① 4.95%
② 5.95%
③ 6.95%
④ 7.95%

정답 및 해설

22 ① 　무위험채권의 현재가치 $= 1,000/1.04 = 961.54$
　　　채권의 무위험부분의 현재가치 $= 961.54 \times 0.4 = 384.62$
23 ③ 　무위험채권의 현재가치 $= 1,000/1.04 = 961.54$
　　　채권의 위험부분의 현재가치 $= 961.54 \times 0.6 \times 0.9 = 519.23$
24 ④ 　무위험채권의 가치에서 위험채권의 가치를 차감한 값이다. 즉, $961.54 - 903.84 = 57.70$이다.
25 ② 　$\dfrac{e^{-4} \times 4^7}{7!} = 5.95\%$

[26~29] 다음 자료를 보고 물음에 답하시오.

〈신용등급 전이 확률〉				
	A	B	C	D
A	0.90	0.09	0.01	0
B	0.12	0.86	0.02	0
C	0.02	0.08	0.50	0.40

〈신용등급 스프레드〉			
등급	A	B	C
스프레드	100	150	200

26 다음의 전이 행렬을 이용하여 현재 B등급 채권이 2차 연도에 B등급을 유지할 수 있는 확률은 얼마인가?

① 73.2% ② 74.2%
③ 75.2% ④ 76.2%

27 현재 채권의 등급이 B등급일 때 다음의 전이 행렬을 이용하여 B등급 채권이 2차 연도에 채무 불이행할 확률을 구하면?

① 0.8% ② 1.0%
③ 1.2% ④ 1.4%

28 현재 채권의 등급이 B등급일 때 다음의 전이 행렬을 이용하여 이 채권의 2차 연도까지의 누적 채무불이행 확률을 구하면?

① 0.8% ② 1.0%
③ 1.2% ④ 1.4%

정답 및 해설

26 ③ 2차 연도에 B등급을 유지할 수 있는 확률은 B → A → B, B → B → B, B → C → B의 3가지가 있다. 각각의 확률의 합은 $0.12 \times 0.09 + 0.86 \times 0.86 + 0.02 \times 0.08 = 0.752$이다.

27 ① 2차 연도에 채무불이행할 확률은 B → A → D, B → B → D, B → C → D의 3가지가 있다. 각각의 확률의 합은 $0.12 \times 0 + 0.86 \times 0 + 0.02 \times 0.4 = 0.008$이다.

28 ① 2차 연도까지 누적 채무불이행 확률은 1차 연도 채무불이행 확률 B → D, 2차 연도 채무불이행 확률 B → A → D, B → B → D, B → C → D의 3가지가 있다. 각각의 확률의 합은 $0 + 0.12 \times 0 + 0.86 \times 0 + 0.02 \times 0.4 = 0.008$이다.

29 현재 B등급 채권이 A등급으로 상승할 경우 예상되는 가격변화율은 얼마인가(수정듀레이션은 2.5임)?

① 0.50%

② 0.75%

③ 1.00%

④ 1.25%

30 크레디트 메트릭스에서 추정된 식이 다음과 같을 때 A기업과 B기업 간의 상관계수는 얼마인가(ρ(미국 화학산업, 독일 보험산업)=0.4, ρ(미국 화학산업, 독일 금융산업) = 0.5)?

$$r^{(A)} = 0.90 r^{(UScm)} + 0.44 \hat{r}^{(A)}$$
$$r^{(B)} = 0.84 r^{(GEin)} + 0.25^{(GBfi)} + 0.6 \hat{r}^{(B)}$$

① 0.30

② 0.31

③ 0.40

④ 0.41

[33~35] 선형판별분석을 실시한 후 모형의 정확성을 검증하고자 다음과 같은 분할표를 만들었다. 다음 분할표를 보고 물음에 답하시오.

그룹구별	표본수	분류결과	
		파산기업으로 분류	건전기업으로 분류
파산기업	100	94	6
건전기업	100	4	96

31 위 분할표에서 2종 정확성은 얼마인가?

① 6%

② 4%

③ 94%

④ 96%

---

29 ④ 가격변화율 = $-2.5 \times (100bp - 150bp) = 1.25\%$ 상승
30 ④ $(0.9 \times 0.84 \times 0.4) + (0.9 \times 0.25 \times 0.5) = 0.41$
31 ④ 2종 정확성은 건전기업을 건전기업으로 분류하는 확률로, 96%이다.

32 위 분할표에서 제1종오류(알파오류)는 얼마인가?

① 6%

② 4%

③ 94%

④ 96%

33 다음 선형 판별분석 모형의 질을 검증하는 방법에 대한 설명 중 옳지 않은 것은?

① 선형 판별분석 모형의 질을 검증하는 가장 보편적인 방법이 CAP곡선이다.

② CAP곡선은 판별 모형에서 생성된 z값을 x축에 낮은 점수부터 배열하며, 파산기업의 수를 y축의 값으로 한다.

③ 모형이 판별능력을 가지지 못하면 CAP곡선은 우상향 직선으로 표시된다.

④ CAP곡선의 정확성을 보여주는 지니비율은 높을수록 정확도가 떨어진다.

34 다음 중 KMV의 부도율 측정에 대한 설명으로 거리가 먼 것은?

① KMV모형은 이론적 EDF를 사용하는 것이 아니고 실증적 EDF를 사용한다.

② 기업에 대한 현재정보가 반영된 주가를 이용하는 장점이 있다.

③ 이론적 EDF는 표준정규분포를 따른다는 가정에서 구해진 값이다.

④ 기업의 주식가치는 자산가치가 기초자산이고 부채금액이 행사가격인 풋옵션으로 간주한다.

35 A기업의 1년 후 기업가치는 평균이 18억원, 표준편차가 3억원인 정규분포를 따른다. A기업의 부채가치가 6억원인 경우 KMV모형에 의한 부도거리(Distance From Default)는?

① 3 표준편차

② 4 표준편차

③ 5 표준편차

④ 6 표준편차

[36~40] 다음 자료를 보고 물음에 답하시오.

구분	노출금액	EDF	σ_{EDF}	LGD	σ_{LCD}	EL	σ_{EL}
자산 A	$8,000,000	0.15%	3.87%	50%	25%	?	?
자산 B	$2,000,000	4.85%	21.48%	35%	24%	$33,950	$183,800

36 자산 A의 기대손실(EL)은 얼마인가?

① $6,000 ② $7,000

③ $8,000 ④ $9,000

37 자산 A의 손실의 표준편차(σ_{EL})는 얼마인가?

① $163,09 ② $173,098

③ $183,098 ④ $193,098

38 포트폴리오의 기대손실(EL)은 얼마인가?

① $36,950 ② $37,950

③ $38,950 ④ $39,950

39 포트폴리오의 손실의 표준편차(σ_{EL})는 얼마인가(상관계수는 0.03로 가정)?

① $226,098 ② $236,098

③ $246,231 ④ $256,231

정답 및 해설

36 ① 기대손실 $= 8,000,000 \times 0.0015 \times 0.5 = \$6,000$

37 ② 손실의 표준편차 $= 8,000,000 \times \sqrt{0.0015 \times 0.25^2 + 0.5^2 \times 0.0387^2} = 173,098$

38 ④ 기대손실 $= 6,000 + 33,950 = \$39,950$

39 ④ 손실의 표준편차 $= \sqrt{173,098^2 + 183,800^2 + 2 \times 0.03 \times 173,098 \times 183,800} = 256,231$

40 포트폴리오의 위험에 대한 자산 A의 공헌위험은 얼마인가?

① $120,662
② $130,662
③ $140,662
④ $150,662

[41~43] 다음 자료를 보고 물음에 답하시오.

금융기관 A가 4년 만기 금리스왑(액면금액 = 100만달러)과 3년 만기 통화선도계약(계약금액=60백만달러)에 포지션을 취하고 있다. 현재 스왑과 통화선도계약의 대체비용은 각각 4백만달러와 −2백만달러다. 잠재노출을 계산하는 데 필요한 신용환산율은 각각 0.5%와 5.0%이다.

41 상계가 허용되지 않는 경우 금융기관 A 전체의 신용위험노출금액은 얼마인가?

① 6.5백만달러
② 7.0백만달러
③ 7.5백만달러
④ 8.0백만달러

42 상계가 허용될 경우 금융기관 A 전체의 신용위험노출금액은 얼마인가?

① 4.45백만달러
② 4.55백만달러
③ 4.65백만달러
④ 4.75백만달러

43 상계로 인해 감소되는 금융기관 A 전체의 신용위험노출금액은 얼마인가?

① 3.05백만달러
② 3.55백만달러
③ 3.65백만달러
④ 3.75백만달러

정답 및 해설

40 ① 자산 A의 공헌위험 $= 256,231 \times \dfrac{173,098^2 + 0.03 \times 173,098 \times 183,800}{256,231^2} = \$120,662$

41 ③ 스왑 신용위험 → 0.5(잠재노출) + 4(현재노출) = 4.5백만달러, 통화선도계약 신용위험 → 3(잠재노출) + 0(현재노출) = 3백만달러, 금융기관 A 전체의 신용위험 = 4.5 + 3 = 7.5백만달러

42 ① 순현재노출 = 4 − 2 = 2백만달러, 순잠재노출 = (0.4 × 총잠재노출) + $\left(0.6 \times \dfrac{\text{순현재노출}}{\text{총현재노출}} \times \text{총잠재노출}\right)$ = (0.4 × 3.5백만) + (0.6 × 0.5 × 3.5백만) = 2.45백만달러, 금융기관 전체 신용위험 = 2 + 2.45 = 4.45백만달러

43 ① 7.5백만 − 4.45백만 = 3.05백만달러

44 다음은 신용위험에 대한 설명이다. 적절하지 않은 것은?

① 파생상품의 시장가치가 양(+)이 될수록 신용위험은 증가한다.

② 거래상대방이 투기목적으로 파생상품을 거래할 경우 상대적으로 신용위험이 증가한다.

③ 고정금리를 지급하는 스왑의 보유자는 금리가 상승할수록 신용위험이 감소한다.

④ 신용위험 측정 시 모수적 방법보다 퍼센타일을 이용하여 측정하는 것이 바람직하다.

45 다음 중 금리스왑에서 상대방 채무불이행 위험에 실제로 노출되려면 어떤 조건이 성립되어야 하는가?

> ㉠ 상대방의 채무불이행
> ㉡ 계약이 양(+)의 가치를 가짐
> ㉢ 계약이 음(−)의 가치를 가짐

① ㉠

② ㉠, ㉡

③ ㉠, ㉢

④ ㉠, ㉡, ㉢

46 다음은 CDS Premium을 결정하는 요인과 CDS Premium과의 관계에 대한 설명이다. 적절하지 않은 것은?

① 스왑계약의 만기와 양(+)의 관계

② 보호매도자의 신용등급과 양(+)의 관계

③ 기준자산의 채무불이행 확률과 양(+)의 관계

④ 기준자산과 보호매도자 간의 상관관계와 양(+)의 관계

47 신용사건이 발생한 후 종료 정산에 대한 내용이다. 옳지 않은 것은?

① 일정비율지급 방식, 현금정산 방식, 실물인수도 방식이 있다.

② 일정비율지급 방식 적용 시 채무불이행한 기준자산의 시장가치는 불필요하다.

③ 실물인수도 방식을 적용할 경우 보장 매입자의 보장수준이 낮아진다.

④ 기준자산 간의 채무불이행 확률이 높을수록 1순위 신용스왑 스프레드는 증가한다.

정답 및 해설

44 ③　　고정금리를 지급하는 스왑의 보유자는 금리가 하락할수록 받을 금액이 작아져서 신용위험이 감소한다.

45 ②　　스왑의 채무불이행 위험＝상대방이 채무불이행＋계약이 양(+)의 가치

46 ④　　기준자산과 보호매도자 간의 상관관계와 음(−)의 관계이다. 즉, 신용위험의 상관관계가 낮을수록 CDS Premium이 커진다.

47 ④　　기준자산 간의 채무불이행 확률이 높을수록 1순위 신용스왑 스프레드는 감소한다.

48 A은행은 B은행과 TRS계약을 체결하고 총수익을 B은행에 지급하기로 하였다. $P_0 = 100$이고 $P_T = 90$이라고 가정할 때, 액면이자가 12%이고 총수익에 대한 대가로 B은행은 A은행에게 (LIBOR + α) = 9%를 지급한다. 이때 A은행의 이익을 계산하면 얼마인가?

① 6%   ② 7%

③ 8%   ④ 9%

49 다음 중 규제자본을 감소시키거나 위험집중을 감소시켜 BIS 자기자본 비율을 높일 목적으로 자산을 보유하고 있는 금융기관이 주로 발행하는 CDO는 무엇인가?

① 차익거래 CDO   ② 시장가치 CDO

③ 현금흐름 CDO   ④ 대차대조표 CDO

50 다음 신용파생상품에 대한 설명 중 옳지 않은 것은?

① CDO 신용등급은 기대신용손실, 신용보강 등을 통해 이루어진다.

② TRS는 시장위험과 신용위험을 거래상대방에게 전가시키는 신용파생상품이다.

③ CLN은 기초자산의 수익률과 유동화 증권의 수익률 간의 차이에서 발생하는 차익을 취할 목적으로 발행된다.

④ 대차대조표 CDO는 위험전가목적으로 거래되고, 거래를 통해 재무상태표에서 신용위험이 감소하여 재무비율이 개선되는 효과를 가지고 있다.

정답 및 해설

48 ②   A은행의 수익 : 9% + 10%(자본손실) = 19%, 비용 : 12%이므로, 19% − 12% = 7%이다.

49 ④   대차대조표 CDO에 대한 설명이다.

50 ③   차익거래 CDO는 기초자산의 수익률과 유동화 증권의 수익률 간의 차이에서 발생하는 차익을 취할 목적으로 발행된다.

출제내용 및 분석

학습 목표	중요도	주요출제내용
TOPIC 01 ALM의 기본개념	★☆☆	• ALM의 기본 개념 • 자산부채 관리위원회(ALCO)
TOPIC 02 유동성 리스크 관리	★★★	• 유동성 리스크 관리의 개념 • 유동성 갭 및 한계 갭 분석 • 유동성 관련 재무비율
TOPIC 03 금리 리스크 관리	★★★	• 만기 갭 전략 및 듀레이션 갭 전략 • 각 전략의 문제점
TOPIC 04 비재무 리스크 관리	★★☆	• 운영 리스크 측정 • 운영 리스크 관리방법 • 운영 리스크 관리기법(금융감독기관 접근)
TOPIC 05 리스크 관리 사례 분석	★★☆	• 베어링스, LTCM, 메탈게젤샤프트, 오렌지 　카운티 • 실패 사례의 교훈

학습전략

기타 리스크는 총 8문제가 출제됩니다. 유동성 리스크, 금리 리스크, 운영 리스크를 이론문제 위주로 공부합니다. 유동성 리스크는 한계 갭의 의미와 유동성 비율의 종류와 미치는 효과를 분석해야 합니다. 금리 리스크는 만기 갭과 듀레이션 갭의 의미를 이해하고 각 전략의 문제점까지 이론문제로 대비해야 합니다. 운영 리스크는 리스크를 측정하기 위한 방법 및 기법을 이해해야 합니다. 마지막으로 베어링스, LTCM, 메탈게젤샤프트, 오렌지카운티 등 파산사건 4가지 실패사례를 꼼꼼히 살펴보며, 교훈을 이해해야 합니다. 이러한 학습과정을 거치면 자연스럽게 고득점으로 이어질 것입니다.

···TOPIC 1 ALM의 기본개념

1. ALM의 정의

금융기관의 자산과 부채를 최적의 상태로 균형을 맞추어 다양한 시나리오하에서 회계적 수익 및 순자산 가치를 극대화하는 경영관리기법

2. ALM의 목표와 적용범위

① 목표 : 자산과 부채를 종합적으로 관리함으로써 금융시장의 제반 변동에 대해 유동성 및 안정성을 목표수준으로 유지하고 수익성을 최대화하는 것. 즉, 자산과 채무의 구성을 조정하여 리스크를 감안한 자본이익률의 극대화를 추구하는 것

② 적용범위 : 적절한 리스크 수준에서 수익을 극대화할 수 있는 유동성 수준을 확보하고 동시에 순이자 마진을 극대화 하도록 자산과 부채의 최적조합을 결정(최근 금리, 유동성 위험에 국한해서 해석)

3. ALM의 운영

① ALM 과정은 보통 자산부채종합관리위원회(ALCO)라는 의사결정기구가 주도함

② 주요 업무 : 금리 · 환율 · 자금 수요 등 경제 예측, 유동성 포지션에 대한 관리 계획 수립, 자산 · 부채 포트폴리오 및 만기 구조 결정, 대출 및 예금 금리 결정, 자금 계획, 세금 계획

···TOPIC ② 유동성 리스크 관리

1. 유동성 리스크의 개념

① 유동성 정의 : 시간 · 비용 등의 측면에서 심각한 경제적 손실 없이 보유하고 있는 자산 또는 포지션을 신속히 현금화하는 능력, 즉 환금성을 의미

② 유동성 리스크 발생원인

ㄱ 자산과 부채의 규모 불일치 및 만기 구조의 불일치 때문

ㄴ 금융기관이 수익성 제고를 위해 유동성을 제한적으로 운용하기 때문

③ 종류

ㄱ 시장 유동성 리스크(=상품 유동성 리스크)

- 현금화하고자 하는 자산이 자산 유형 및 경제 상황 등에 의해 영향을 받을 리스크를 말함
- 처분하고자 하는 자산의 규모가 소화될 수 있는 시장을 초과할 때 발생

ㄴ 자금 조달 유동성 리스크

- 자금 조달원의 예상하지 못한 변화로 발생되는 경제적 손실
- 예기치 않은 자금의 유출로 유동성이 부족해진 경우 통상적인 비용보다 더 높은 자본 비용 필요

01 다음은 자산부채 종합관리(ALM)에 관한 설명이다. 적절하지 않은 것은?

① 금융기관의 리스크에 대한 노출을 완전히 제거한다.
② 최근에는 금리 리스크, 유동성 리스크 관리에 중점을 둔다.
③ 유동성과 안정성의 목표수준을 유지하고 수익성의 극대화를 도모한다.
④ 자산과 부채의 구성을 조정하여 리스크를 감안한 ROE 극대화를 추구한다.

02 다음 중 ALM을 관장하는 자산부채관리위원회(ALCO)의 기능으로 올바르게 묶인 것은?

> ㉠ 자금 수급 전략 결정
> ㉡ 유동성 포지션에 대한 관리 계획 수립
> ㉢ 대출 및 예금 금리 체계의 결정
> ㉣ 금리 · 환율 · 자금 수요 등에 관련된 경제 예측

① ㉠, ㉡, ㉢   ② ㉠, ㉡, ㉣
③ ㉠, ㉢, ㉣   ④ ㉠, ㉡, ㉢, ㉣

정답 **01** ①   리스크를 완전히 제거하는 것은 어려우므로 적절히 관리하며 이익을 극대화하는 것이 바람직하다.
02 ④   모든 항목이 해당된다.

2. 유동성 리스크의 측정방법

(1) 유동성 갭 분석방법

① 유동성 갭 : 유동성 자산 − 유동성(＝변동성) 부채
② 정태적 갭 : 현존하는 자산과 부채만을 대상으로 산출한 것
③ 동태적 갭 : 현존하는 자산 · 부채뿐만 아니라 미래의 자산 · 부채도 포함하여 산출한 것
④ 한계 갭 : 유동성 자산의 변동분 − 유동성 부채의 변동분
   ㉠ 한계 갭이 양(＋)의 값을 가지면 유동성이 호전될 신호
   ㉡ 한계 갭이 음(−)의 값을 가지면 유동성이 악화될 신호

⑤ 한계 갭을 미래의 특정시점까지 누적하면 일반적인 유동성 갭을 산출

(2) 유동성 관련 재무비율

① 원화 유동성 비율 $= \dfrac{\text{원화 유동성 자산}}{\text{원화 유동성 부채}} \times 100$

② 외화 유동성 비율 $= \dfrac{\text{외화 유동성 자산}}{\text{외화 유동성 부채}} \times 100$

③ 외화자산과 외화부채의 만기 불일치 비율
$$= \dfrac{\text{기간별 누적외화유동성 자산} - \text{기간별 누적외화유동성 부채}}{\text{총 외화자산}} \times 100$$

④ 예대율$=\dfrac{\text{대출금}}{\text{예금}}\times100$

⑤ 단기대출비율$=\dfrac{\text{순 단기 대출}}{\text{원화 대출금}}\times100$

핵심요약문제 ✏️

03 다음은 유동성 갭 분석방법에 대한 설명이다. 옳지 않은 것은?

① 한계 갭은 유동성 자산의 변동분에서 유동성 부채의 변동분을 차감한 것이다.
② 한계 갭이 양(+)의 값을 가지면 유동성이 호전될 신호이다.
③ 한계 갭을 미래의 특정시점까지 누적하면 일반적인 유동성 갭이 산출된다.
④ 정태적 갭은 현존하는 자산·부채뿐만 아니라 미래의 자산·부채도 포함하여 산출한다.

04 다음 중 유동성 리스크의 측정을 위한 재무비율에 해당하지 않는 것은?

① 예대율 　　　　　　　　　　　② 부채비율
③ 단기대출비율 　　　　　　　　④ 외화유동성비율

정답 **03** ④ 　동태적 갭에 대한 설명이다.
　　　 04 ② 　부채비율(=부채/자기자본)은 해당하지 않는다.

···TOPIC **3** 금리 리스크 관리

1. 금리 리스크 관리의 의의

(1) 은행의 금융중개 기능 → 이 과정에서 금리 리스크 부담

① 액면중개 : 다수의 소액 예금을 수취하여 기업 등 소수에게 거액 대출을 취급하는 과정
② 채무불이행중개 : 금융기관이 안전한 증권을 발행, 운용 시에는 리스크가 큰 차주에 대출
③ 만기중개 : 이용기간이 단기인 예금을 수취하여 장기 대출로 활용하는 능력

(2) 금리 변동에 따른 리스크

① 금리 리스크 : 금리 개정일 또는 만기일에 금리 변동으로 이자 수익이 하락하는 리스크
② 가격 리스크 : 금리 변동으로 순자산의 가치가 변동하는 리스크

(3) 금리 리스크 발생원인

① 수익률 곡선 리스크 : 수익률 곡선의 변동으로 인한 리스크

② 베이시스 리스크 : 수입 이자와 지급 이자의 기준 금리가 불완전한 상관관계

③ 옵션성 리스크 : 금리의 영향으로 대출의 조기상환권, 예금의 조기인출권 행사

(4) 금리 리스크 관리

① 이익적 관점

　㉠ 단기적 관점이며, 금리 변동에 의한 순이자 소득의 변동성 중심의 관리

　㉡ 금리 갭(Repricing Gap) 분석, 순이자소득(NII ; Net Interest Income) 시뮬레이션, 최대손익변동 예상액(Earnings at Risk) 등을 통한 금리 리스크 관리

② 경제적 가치관점

　㉠ 장기적 관점이며, 금리 변동에 의한 순자산가치의 변동성 중심의 관리

　㉡ 듀레이션 갭(Duration Gap) 분석, 순자산가치(NPV ; Net Portfolio Value) 시뮬레이션, 최대손실 예상액(VaR) 등을 통한 금리 리스크 관리

핵심요약문제

05 다음 중 은행의 금리 리스크를 부담하는 금융중개 기능으로 성격이 다른 것은?

① 액면중개　　　　　　　　　② 채무불이행중개

③ 만기중개　　　　　　　　　④ 증권중개

06 다음 중 금리 리스크 발생원인에 해당하지 않는 것은?

① 수익률 곡선 리스크　　　　② 베이시스 리스크

③ 환율 변동 리스크　　　　　④ 옵션성 리스크

정답

05 ④　　나머지 세 개가 은행의 금융중개 기능에 해당한다.

06 ③　　환율 변동 리스크는 시장위험이다.

---

2. 갭 관리 전략

(1) 만기 갭 관리 전략

① 만기 갭 법 : 금리 민감형 자산(RSA)과 금리 민감형 부채(RSL)의 불일치가 있는 경우 금리 변동에 따른 회계상 수익의 변화를 분석하는 기법. 단기이며, 순이자소득 변동에 초점

② 만기 갭(Gap) = RSA − RSL, $\triangle NII = (RSA - RSL) \cdot \triangle r$

③ 만기 갭 관리 전략

　　㉠ 적극적 : 금리를 예측하여 RSA와 RSL의 절대적 규모 및 상대적 비율을 조정 → 수익 극대화

　　㉡ 소극적 : 만기 갭을 0으로 하거나 RSA와 RSL의 절대적 규모를 축소 → 이자 수익 변동 축소

④ 문제점

　　㉠ 금리가 재결정되는 시점과 무관하게 어떤 기간 중의 명목금액을 기초로 결정

　　㉡ 금리 변동기에 고객이 합리적으로 반응하므로 만기 갭 규모 추정이 어려움

　　㉢ 자산과 부채의 금리 민감도가 동일하다는 가정(실제로 다름)

　　㉣ 금리 변동이 이자 수입과 지출에 미치는 영향만 분석(시장가치분석 안 함)

　　㉤ 금융기관이 자산과 부채의 규모를 용이하게 변경한다는 가정(실제 어려움)

(2) 듀레이션 갭 관리 전략

① 듀레이션 갭 법

　　㉠ 금융기관의 존폐가 순자산가치에 의해 결정되므로 이자율 변동에 따른 순자산가치의 변동을 분석하는 기법

　　㉡ 장기이며, 순자산가치의 변동에 초점

② $\text{DGAP} = D_A - \left(\dfrac{L}{A}\right) \times D_L = \dfrac{(D_A \times A - D_L \times L)}{K}$,　$\triangle K = -\text{GDAP} \cdot K \cdot \dfrac{\triangle r}{1+r}$

③ 듀레이션 갭 관리 전략

　　㉠ 적극적 : 금리 상승 예상 → 음(−)의 듀레이션 갭, 금리 하락 예상 → 양(+)의 듀레이션 갭

　　㉡ 방어적 : 듀레이션 갭을 0으로 유지함으로써 순자산가치를 금리 변동으로부터 면역

핵심요약문제 ✎

07 다음 중 만기 갭 관리 전략의 문제점에 해당하지 않는 것은?

　① 금리 변동기에 고객이 합리적으로 반응하므로 만기 갭 규모 추정이 어렵다.
　② 자산과 부채의 금리 민감도가 동일하다는 가정은 비현실적이다.
　③ 금리 변동이 이자 수입과 지출에 미치는 영향뿐만 아니라 시장가치까지 분석한다.
　④ 금융기관이 자산과 부채의 규모를 용이하게 변경한다는 가정은 사실과 다르다.

08 A은행은 자산의 듀레이션이 5년이고 부채의 듀레이션이 6년이다. 자산과 부채는 각각 1,000억원, 500억원이라고 하면 자기자본 듀레이션은 얼마인가?

　① 2　　　　　　　　　　　　　② 3
　③ 4　　　　　　　　　　　　　④ 5

정답 **07** ③　금리 변동이 이자 수입과 지출에 미치는 영향까지만 분석한다.
　　　　 08 ③　듀레이션 갭 = (5×1,000 − 6×500)/500 = 4

④ 문제점
　　㉠ 수익률 곡선이 수평 이동한다는 비현실적인 가정
　　㉡ 기간대별 평균 듀레이션을 사용하면 개별포지션의 실제 민감도를 반영 못함
　　㉢ 요구불예금의 듀레이션 산출이 어려움
　　㉣ 듀레이션은 시간이 경과하면 변하므로 실무적으로 계속 측정하기 어려움

(3) 시뮬레이션 분석 기법

　　① 복잡한 금융상품을 취급하는 금융기관에서 대부분 사용하는 금리 리스크 측정 방법
　　② 정태적 : 현재 B/S 포지션의 현금흐름만 평가
　　③ 동태적 : 미래의 가치도 추가하여 평가

···TOPIC 4 비재무 리스크 관리

1. 운영 리스크 관리

　① 운영 리스크의 측정방법
　　㉠ 임시방편적 방법 : 내부 감사 평가 등급, 자체적인 내부 통제 평가 결과, 거래 규모, 회전율, 오류율, 결제 실패 또는 지연횟수, 수익의 변동성
　　㉡ 자체적 평가방법 : 스스로 평가함으로써 운영 리스크에 대한 인식 제고, 담당자 스스로 민감하도록 하는 효과, 정형화된 데이터를 축적, 보험 가입 시 우위

　② 운영 리스크의 관리 방법 : 시장 또는 신용 리스크는 수익 창출을 위해 필연적으로 부담해야 하지만 운영 본질적으로 부담해야 할 이유가 없음 → 원인규명을 통해 운영 리스크를 직접 제거하는 것이 효과적
　③ 운영 리스크에 대한 자기자본의 측정 관리 기법
　　㉠ 상·하향식 접근방법

구분	내용
하향식	총체적인 운영 리스크 수준 측정 → 필요한 자기자본량 결정 → 영업부문별로 배분
상향식	개별 영업부문별 운영 리스크 발생 사건을 유형화 → 발생빈도에 따른 손실수준 측정 후 합산 → 총체적 운영 리스크 측정(리스크의 원인과 손실의 인과관계 파악이 용이함)

09 다음 중 듀레이션 갭 관리 전략의 문제점에 해당하지 않는 것은?

① 수익률 곡선이 수평 이동한다는 가정이 비현실적이다.
② 요구불예금은 단기예금이므로 듀레이션 산출이 상대적으로 쉽다.
③ 기간대별 평균 듀레이션을 사용하면 개별포지션의 실제 민감도를 반영하지 못한다.
④ 듀레이션은 시간이 경과하면서 변하는데 실무적으로 계속 측정의 어려움이 있다.

10 다음은 운영 리스크에 대한 설명이다. 바람직하지 않은 것은?

① 운영 리스크는 금융기관의 영업활동 전반에 걸쳐 발생할 수 있다.
② 금융기관이 새로운 사업을 추진하는 경우 운영 리스크가 증대될 수 있다.
③ 운영 리스크는 비정형적, 간헐적으로 발생하므로 대비하여 자기자본을 유보시킬 필요가 있다.
④ 운영 리스크도 시장 리스크나 신용 리스크와 같이 통계적 방법으로 리스크를 측정할 수 없다.

정답
09 ②   요구불예금은 듀레이션 산출이 어렵다.
10 ④   운영 리스크도 손실에 관한 역사적 시계열 자료가 쌓이면 통계적으로 측정 가능하다.

ⓛ 금융감독기관의 접근방법

구분	내용
기초지표법	운영 리스크가 총수익과 같은 하나의 지표를 통해 나타난다고 보고 적정비율을 곱한 값을 필요한 자기자본량으로 인식하는 방법
표준방법	금융기관을 표준화된 영업부문으로 나누어 각 영업 부문별로 최저 필요 자기자본 규모를 산정 · 합산함으로써 은행 전체의 운영 리스크를 측정
고급측정법	내부측정법, 손실분포법, 스코어 카드법

2. 기타 리스크 관리

① 법률적 리스크
② 경영 전략 리스크
③ 조세 리스크
④ 회계 리스크
⑤ 평판 리스크

1. 리스크 관리 실패 사례

(1) 금융기관 – Barings 파산 사건

① 닉 리슨이 권한 없이 <u>스트래들 매도</u> 포지션을 취했으나 1995년 고베지진으로 큰 손실

② 손실 만회를 위해 선물과 옵션을 이용하여 Nikkei225매수에 크게 베팅하였으나 손실

③ 교훈

    ㉠ 내부관리통제제도와 감독 당국의 감독의 중요성

    ㉡ 영업부서와 후방부서 간 업무 분리가 필요

(2) 금융기관 – LTCM 파산 사건

① 채권의 스프레드가 정상을 벗어날 경우 다시 복귀할 것을 기대하는 수렴차익거래 실행

② 1998년 러시아 채무불이행으로 신용 스프레드가 증가하여 큰 손실

③ 교훈

    ㉠ 모형 위험, 즉 시장의 위기상황에서 기존의 높은 상관성은 무의미

    ㉡ 포지션을 청산하면서 유동성 위험 발생하여 손실폭 증가

핵심요약문제 ✎

11 다음 중 운영 리스크 측정을 위한 접근방법 중 고급측정법에 해당하지 않는 것은?

    ① 내부측정법   ② 기초지표법

    ③ 손실분포법   ④ 스코어카드법

12 다음 중 LTCM 파산 사건과 관련된 거래 전략은 무엇인가?

    ① 교차헤지거래   ② 선물차익거래

    ③ 수렴차익거래   ④ 변형스왑거래

정답   **11** ②   기초지표법은 고급측정법에 해당하지 않는다.
         12 ③   수렴(Convergence Strategy)차익거래에 대한 설명이다.

---

(3) 비금융기관 – Metallgesellschaft 파산 사건

① 독일기업은 석유제품 공급하는 장기계약을 체결하고 단기 선물계약으로 연속적 헤지

② 석유 가격 하락으로 추가증거금 납부에 대한 유동성 부족

③ 교훈

    ㉠ 회사 규모에 비해 과도한 장기 공급 계약의 체결

    ㉡ 선물의 베이시스 위험 및 롤오버 위험 등에 대한 이해 부족

(4) 비금융기관 – Orange County 파산 사건

① 재정담당관 시트론이 향후 이자율 하락을 예상하고 장기채에 투자하여 큰 손실
② reverse purchase agreement을 이용한 단기 차입금(장기채 투자)의 조달 비용 상승
③ 교훈
    ㉠ 단기 차입금으로 장기채에 투자하는 듀레이션 관리 실패
    ㉡ 정기적으로 포지션 크기 및 시가 점검이 필요

2. 리스크 관리 실패의 교훈

① 위험한도를 명확하게 정의하자.
② 위험한도를 엄격히 준수하자.
③ 시장을 꿰뚫고 있다고 가정하지 말자.
④ 분산 효과를 과소평가하지 말자.
⑤ 시나리오 분석과 위기 검증을 수행하자.

3. 금융기관의 교훈

① 거래자를 주의 깊게 감시하자.
② 전방부서, 중간부서, 후방부서를 분리시키자.
③ 모형을 맹목적으로 신뢰하지 말자.
④ 초기 이익을 보수적으로 인식하자.
⑤ 부적절한 상품을 고객에게 매도하지 말자.
⑥ 유동성 위험을 무시하지 말자.
⑦ 모든 사람이 동일한 투자전략을 이행할 때에는 조심하자.
⑧ 장기자산을 단기부채로 조달하는 경우의 위험을 인식하자.
⑨ 보너스를 중장기 성과와 연계하자.

13 다음 중 Orange County 파산 사건에 대한 내용에 해당하는 것은?

① 내부관리통제제도와 감독 당국의 감독의 중요성을 인식하게 되었다.
② 회사 규모에 비해 과도한 장기 공급 계약의 체결이 문제가 되었다.
③ 선물의 베이시스 위험 및 롤오버 위험 등에 대한 이해가 부족하였다.
④ 단기차입금으로 장기채에 투자함으로써 듀레이션 관리에 실패하였다.

14 다음은 리스크 관리 실패 사례를 통한 교훈에 관한 내용이다. 옳지 않은 것은?

① 모형을 맹목적으로 신뢰하지 말자.
② 초기 이익을 적극적으로 인식하자.
③ 보너스를 중장기 성과와 연계하자.
④ 전방부서, 중간부서, 후방부서를 분리시키자.

정답 | **13** ④   ① Barings 파산 사건
                 ②, ③ Metallgesellschaft 파산 사건
       14 ②   초기 이익을 <u>보수적</u>으로 인식하자.

01 다음 중 비계량 리스크에 해당하지 않는 것은?

① 법률 리스크   ② 평판 리스크

③ 운영 리스크   ④ 전략 리스크

02 현존하는 자산 · 부채뿐만 아니라 미래의 자산 · 부채도 포함하여 산출하는 갭을 무엇이라 하는가?

① 유동성 갭   ② 만기 갭

③ 정태적 갭   ④ 동태적 갭

03 다음 중 유동성 리스크에 대한 설명으로 옳지 않은 것은?

① 보유 자산의 질이 낮은 금융기관은 시장 유동성 리스크에 직면할 수 있다.

② 처분하고자 하는 자산 규모가 시장 수요를 초과할 때 발생한다.

③ 단기 채무를 상환하기 위하여 높은 금리로 자금을 조달하게 될 가능성도 포함된다.

④ 자산의 만기는 늘리고 부채의 만기는 줄이면 유동성 리스크를 축소시킬 수 있다.

정답 및 해설

01 ③   운영 리스크는 비재무 리스크지만 계량 리스크에 해당한다.

02 ④   동태적 갭에 대한 설명이다.

03 ④   만기불일치로 유동성 리스크가 증대된다.

04 다음 중 유동성 리스크의 측정과 거리가 먼 것은?

① 유동성 갭   ② 한계 갭

③ 단기 대출 비율   ④ 만기 갭

05 다음 중 유동성 갭에 대한 설명으로 옳지 않은 것은?

① 유동성 갭이 양(+)인 금융기관은 유동성 자산의 확대가 필요하다.

② 유동성 갭이 음(-)인 금융기관은 유동성 부채의 축소가 필요하다.

③ 유동성 갭이 영(0)인 금융기관은 단기채무 상환에 문제가 없다고 할 수 있다.

④ 유동성 갭 산정 시 자산과 부채가 유동성이 있는지 여부는 잔존만기를 기준으로 판단한다.

06 다음은 유동성 관리를 위한 갭 분석에 대한 설명이다. 적절하지 않은 것은?

① 한계 갭이 양(+)을 나타나면 유동성이 증가될 것으로 예상된다.

② 한계 갭을 특정시점까지 누적시키면 동일한 시점에서의 유동성 갭 값과 동일해진다.

③ 한계 갭은 특정기간 중 유동성 부채의 변동분과 변동성 자산의 변동분의 차이이다.

④ 현금흐름 관리를 체계화하기 위해 정태적 갭보다는 동태적 갭을 관리하는 것이 효과적이다.

07 다음은 유동성 리스크에 대한 효과적인 관리체계에 대한 설명이다. 옳지 않은 것은?

① 다양한 시나리오를 활용하여 유동성을 분석할 수 있어야 한다.

② 유동성 리스크 관리 절차에 대한 내부 통제 체제를 유지해야 한다.

③ 유동성 상황에 대한 적절한 공시체계를 갖춘다.

④ 외국통화는 단일의 통화로 환산하여 현금흐름불일치를 점검한다.

정답 및 해설

04 ④   만기 갭은 금리 리스크를 관리하기 위한 방법이다.

05 ①   유동성 갭이 양(+)인 금융기관은 유동성 자산의 축소가 필요하다(현재 자산이 많음).

06 ③   한계 갭은 특정기간 중 유동성 자산의 변동분과 변동성 부채의 변동분의 차이이다.

07 ④   외국통화는 통화별 유동성 관리를 실시하며 주요 통화별로 기간별 현금불일치를 점검한다.

[08~09] 다음 자료를 보고 물음에 답하시오.

구분	~7일	~1개월	~3개월	~6개월	~1년
자산	1,000	900	800	700	600
부채	1,000	800	750	600	500
한계 갭		?	?	?	?

08 다음은 한계 갭에 대한 내용이다. 옳지 않은 것은?

① 7일~1개월의 한계 갭은 100이다.　　② 1개월~3개월의 한계 갭은 −50이다.

③ 3개월~6개월의 한계 갭은 50이다.　　④ 6개월~1년의 한계 갭은 50이다.

09 다음 중 1년의 누적 한계 갭에 해당하는 금액은 얼마인가?

① 50　　　　　　　　　　② 100

③ 150　　　　　　　　　　④ 200

10 다음은 유동성 리스크 관련 재무비율에 대한 설명이다. 옳지 않은 것은?

① 유동성 갭이 크면 유동성 리스크는 낮다.

② 예대율이 크면 유동성 리스크는 크다.

③ 단기대출비율이 크면 유동성 리스크는 낮다.

④ 외화자산과 외화부채의 만기불일치비율이 크면 유동성 리스크가 크다.

11 A투자회사의 금리민감자산(RSA)은 1,000억원, 금리민감부채(RSL)는 500억원이다. 향후 금리가 2%pt정도 변동할 것으로 예상된다면 이 은행의 순이자소득은 얼마나 변동하는가?

① 10　　　　　　　　　　② 20

③ 30　　　　　　　　　　④ 40

정답 및 해설

08 ④　　6개월~1년의 한계 갭 = −100 − (−100) = 0이다.

09 ②　　유동성 갭은 누적 한계 갭과 일치한다. 600 − 500 = 100

10 ④　　외화자산부채의 만기불일치비율이 크면 유동성 리스크가 작다(유동자산이 많으므로).

11 ①　　만기 갭 = 1,000 − 500 = 500, 순이자소득 변동규모 = 500 × 0.02 = 10

12 A은행의 만기 갭은 100억원이며, 향후 금리가 하락할 것으로 예측된다. 금리 변동을 이용하여 순이자소득을 증대시키는 방법이라고 할 수 있는 것은?

① 만기 갭을 음(-)으로 만든다.

② 만기 갭을 영(0)으로 만든다.

③ 만기 갭을 양(+)으로 만든다.

④ 금리민감부채를 축소시킨다.

13 자기자본은 2,000억원, 듀레이션 갭은 2년인 금융기관의 경우 현재 연 10%인 시장금리가 향후 1%pt 하락한다면 자기자본의 가치는 얼마나 변동하게 되는가?

① 35.4억원 증가   ② 35.4억원 감소

③ 36.4억원 증가   ④ 36.4억원 감소

14 다음 중 금리 상승기에 순이자소득이 증가하고 금리 하락기에 감소하는 경우가 아닌 것은?

① 만기 갭 비율이 1보다 큰 경우

② RSA가 RSL보다 큰 경우

③ RSA의 금리 민감도가 RSL보다 큰 경우

④ 단기부채 조달로 유형자산을 구매한 경우

15 다음 중 경제적 가치 관점에서의 리스크 분석방법에 해당하지 않는 것은?

① 듀레이션 갭(Duration Gap) 분석

② 순자산가치(NPV ; Net Portfolio Value) 시뮬레이션

③ 최대 손실 예상액(VaR)

④ 금리 갭(Repricing Gap) 분석

정답 및 해설

12 ①   만기 갭을 음(-)으로 가져가야 한다. 즉, 금리민감부채를 늘려야 한다.

13 ③ $\triangle K = -K \cdot DGAP \cdot \dfrac{\triangle r}{1+r} = -2,000 \times 2 \times \dfrac{-0.01}{1.1} = 36.4$억원

14 ④   단기부채 조달로 유형자산을 구매한 경우는 RSL이 커져 순이자소득이 감소한다.

15 ④   금리 갭(Repricing Gap) 분석은 이익적 관점에서의 분석방법이다.

16 은행과 같은 금융중개 기능을 수행하는 금융기관이 가지는 본질적인 위험이 아닌 것은?

① 가격 변동 위험   ② 만기 불일치 위험

③ 채무불이행 위험   ④ 규모 불일치 위험

17 다음 설명하는 은행의 금융중개 기능은 무엇인가?

> 금융기관이 안전한 증권을 발행하는 한편, 운용 시에는 채무불이행 리스크가 큰 차주에게 대출해 주
> 는 과정에서 발생한다.

① 액면중개   ② 채무불이행중개

③ 만기중개   ④ 스왑중개

18 운영 리스크가 총수익과 같은 하나의 지표를 통해 나타난다고 보고, 적정 비율을 곱한 값을 필요한 자기자본량으로 인식하는 운영 리스크 측정 방법은 무엇인가?

① 기초지표법   ② 표준방법

③ 유사자료법   ④ 고급측정법

19 다음 중 운영 리스크를 측정하기 위한 수단으로 임시방편적 방법(ad hoc method)에 해당하지 않는 것은?

① 외부감사 평가등급   ② 내부통제 평가결과

③ 거래규모   ④ 회전율

정답 및 해설

16 ①   가격 변동 위험을 제외한 나머지는 금융중개기관이 직면하는 위험에 해당한다.

17 ②   채무불이행중개에 대한 설명이다.

18 ①   기초지표법에 대한 설명이다.

19 ①   내부감사 평가등급이 임시방편적 방법에 해당한다.

20 다음 중 각 사업단위별로 운영 리스크를 자체평가(self-assessment)하는 방법의 장점이 아닌 것은?

① 운영 리스크에 대한 인식을 제고 시킬 수 있다.

② 정형화된 데이터를 축적할 수 있다.

③ 운영 리스크에 대해 스스로 민감하도록 한다.

④ 보험가입으로 운영 리스크를 제거할 수 있다.

21 다음 중 운영 리스크 관리방법으로 가장 올바른 것은?

① 충당금을 설정한다.

② 필요 자기자본을 축적한다.

③ 자금차입을 통해 대비한다.

④ 원인규명을 통해 직접 제거하도록 노력한다.

22 다음은 비재무적 리스크에 대한 설명이다. 옳지 않은 것은?

① 조세 리스크의 발생은 금융기관의 유동성 리스크를 증가시킬 수 있다.

② 경영전략 리스크를 축소하기 위해 경영정보시스템을 효과적으로 구축·운용하여야 한다.

③ 평판 리스크를 축소하기 위해 대외 이해관계자, 언론과의 소통을 원활하게 하여야 한다.

④ 금융기관이 임직원의 법규 위반에 따른 손실에 대비하여 손해보험을 가입하면 법적 리스크는 제거될 수 있다.

23 다음은 Barings 파산 사건에 관한 내용이다. 옳지 않은 것은?

① 내부관리통제제도와 감독당국의 감독이 중요성을 인식한 사건이다.

② 손실을 특별계좌에 감추면서 권한범위를 넘어서 불법투기 거래를 했다.

③ 스트래들 매수 포지션을 취했으나 1995년 고베지진으로 큰 손실을 보았다.

④ 영업부서와 후방부서 간의 업무의 분리가 필요하다는 교훈을 얻었다.

---

20 ④ 보험계약 시 우위를 점할 수 있을 뿐이다.
21 ④ 본질적으로 부담할 이유가 없으므로 직접 제거하도록 노력한다.
22 ④ 금융기관이 손해보험을 가입하였다고 법적 리스크가 제거되지는 않는다.
23 ③ 스트래들 <u>매도 포지션</u>을 취했으나 1995년 고베지진으로 큰 손실을 보았다.

24 다음은 LTCM 파산 사건에 관한 내용이다. 올바른 것은?

① 권한범위를 넘어서 불법투기거래를 했다.

② 1995년 고베지진으로 큰 손실을 보았다.

③ 단기자금으로 장기채권에 투자함으로써 듀레이션 관리에 실패하였다.

④ 채권의 스프레드가 정상범위를 벗어나면 다시 복귀하는 전략을 구사하였다.

25 다음은 메탈게젤샤프트 파산 사건에 관한 내용이다. 옳지 않은 것은?

① 추가증거금 발생으로 인한 유동성 리스크를 고려하지 못했다.

② 베이시스 리스크, 롤오버 등 선물시장에 대한 이해가 부족하였다.

③ 영업부서와 후방부서 간의 업무의 분리가 필요하다는 교훈을 얻었다.

④ 회사규모에 비해 과도한 장기공급계약을 체결하였다.

26 시장의 많은 투자자가 동일한 포지션을 취하고 있을 때 시장에서 극단적 상태가 일어나면 시장 유동성 부족으로 큰 포지션을 보유한 투자자가 큰 손실을 볼 수밖에 없었던 사례는?

① Barings 파산 사건

② Metallgesellschaft 파산 사건

③ LTCM 파산 사건

④ Orange County 파산 사건

27 다음 중 파생상품 투자 실패 사례로부터 배울 수 있는 교훈으로 적절하지 않은 것은?

① 초기이익을 보수적으로 인식하자.

② 유동성 위험의 중요성을 인식하자.

③ 위험이 낮은 상품만을 고객에게 매도하자.

④ 위험한도를 명확하게 설정하고 이를 철저히 준수하자.

정답 및 해설

24 ④   ①, ② Barings 파산 사건
          ③ Orange County 파산 사건

25 ③   Barings 파산 사건에 대한 교훈이다.

26 ③   LTCM 파산 사건에 대한 설명이다.

27 ③   고객의 위험에 대한 성향에 따라 적절한 상품을 고객에게 추천하면 된다.

28 전사적 통합 위험관리시스템의 필요성에 대한 내용이다. 옳지 않은 것은?

① 금융시장의 글로벌화와 통합화
② 파생상품시장의 발달과 시장규모의 성장
③ 장외파생상품의 평가의 용이성
④ 신용위험을 전사적으로 관리할 필요성

29 금융기관의 통합 위험관리시스템의 구성요소(금융기관 부서)는 크게 세 가지로 분류된다. 이에 해당하는 세 가지가 알맞게 묶인 것은?

① 전방부서, 후방부서, 위험관리부서
② 지원부서, 전방부서, 후방부서
③ 위험관리부서, 거래부서, 중간부서
④ 위험관리부서 , 전방부서, 거래부서

30 통합위험관리시스템이 효과적이기 위해서는 세 가지 구성요소가 균형있게 구성되어야 한다. 이에 해당하는 세 가지 구성요소가 아닌 것은?

① 조직구조
② 마케팅 시스템
③ 정보기술시스템
④ 실적평가 및 보상시스템

정답 및 해설

28 ③   파생상품시장의 발달로 위험이 다양화되어 장외파생상품의 평가의 어려움이 있다.
29 ①   전방부서(＝거래부서), 후방부서(＝지원부서), 위험관리부서(＝중간부서)
30 ②   마케팅 시스템은 해당되지 않는다.

www.tomatopass.com

PART **05**

실전모의고사

001 다음은 통계량에 대한 설명이다. 옳지 않은 설명은?

① 편차는 관찰치에서 평균을 뺀 것이다.
② 분산은 관찰치의 흩어짐의 정도를 나타낸 것이다.
③ 분산은 편차의 절대값을 평균적으로 나타낸 것이다.
④ 대표값에는 평균, 중앙값, 최빈값 등이 있다.

002 다음 중 분포의 표준편차를 분포의 평균으로 나눈 값으로 두 종류의 자료의 산포도를 비교할 때 사용하는 것은?

① 최빈수(mode)
② 중위수(median)
③ 상관계수(coefficient of correlation)
④ 변동계수(coefficient of variation)

003 확률변수 X가 이항분포 B(n, 1/3)을 따르고 E(2X + 5) = 13일 때, n의 값은?

① 6 ② 9
③ 12 ④ 15

004 다음은 상관계수에 관한 내용이다. 옳지 않은 것은?

① −1에서 +1의 값을 가진다.
② 공분산이 0이면 상관계수도 0이다.
③ 상관계수가 0이면 반드시 공분산은 0이다.
④ 상관계수를 구하는 식은 $\rho_{XY} = \sigma_{XY}/\sigma_X\sigma_Y$이다.

005 다음은 추정량의 특성에 대한 설명이다. 옳지 않은 것은?

① 알고 싶은 모수의 값을 제공해주는 역할을 한다.

② 불편성이 성립하는 경우 모수를 추정량의 불편 추정량이라 한다.

③ 불편 추정량 중에서 분산이 가장 작은 것을 '최소 분산 불편 추정량'이라 한다.

④ 표본평균은 불편 추정량이면서 대표본에서는 일치 추정량이다.

006 다음은 t – 분포에 대한 설명이다. 옳지 않은 것은?

① 0을 중심으로 좌우대칭이다.

② 정규분포와 마찬가지로 종모양의 형태를 가진다.

③ 분포곡선은 표본의 수에 영향을 받지 않는다.

④ 표준편차(σ)를 모를 때 표본표준분산 S를 사용할 때는 표본평균의 분포는 t – 분포를 따른다.

007 다음은 가설검정에 대한 설명이다. 옳지 않은 것은?

① 통계적 가설검정은 귀무가설과 대립가설로 구분된다.

② 귀무가설은 관심 있는 사건에 유의성이 있음을 나타내는 가설이다.

③ 유의수준은 귀무가설이 옳은 경우 제1종 오류를 범할 최대확률이다.

④ 제1종 오류는 귀무가설이 옳음에도 불구하고 이를 그릇되게 기각하는 오류이다.

008 다음은 단순회귀분석의 가정이다. 옳지 않은 것은?

① 오차항의 분산은 0이다.

② 확률변수는 독립적으로 분포한다.

③ 확률오차항는 정규분포를 따른다.

④ 확률변수의 분산은 다른 변수의 값이나 시간에 상관없이 항상 일정하다.

009 다음은 다중회귀모형에 대한 설명이다. 옳지 않은 것은?

① 조정다중결정계수가 큰 모형을 선택한다.

② 적합한 변수가 누락된다면 불편 추정량도 일치 추정량도 안 된다.

③ 부적합한 변수의 추가도 불편 · 일치 추정량이 안 되므로 가설검정은 유효하지 않다.

④ 다중 회귀모형의 유의성 검정은 개별계수(t검정), 여러 계수(Wald F – 검정)를 사용한다.

010 다음은 주식과 채권의 특징을 기술한 것이다. 옳은 것은?

① 주식은 이익 존재 여부와 무관하게 배당을 수령한다.

② 채권은 잔여재산분배청구권이 있다.

③ 주식은 액면미달 발행에 아무런 제약이 없다.

④ 채권은 의결권도, 경영참가권도 없다.

011 다음은 합성채권에 대한 설명이다 옳지 않은 것은?

① 옵션부사채의 금리는 '콜옵션부사채 > 보통사채 > 풋옵션부사채' 순서이다.

② 교환사채는 권리행사 시 발행회사의 자산과 부채가 동시에 감소한다.

③ 수의상환채권은 발행회사에 매수권리가 있으며 보통사채보다 이자수준이 낮다.

④ 수의상환청구채권은 투자자에게 매도권이 있으며 금리 상승 시 매도권을 행사한다.

012 다음은 채권가격과 수익률 간의 관계를 설명한 것이다. 적절하지 않은 것은?

① 수익률 변화에 따른 채권가격의 변동에서 채권수익률과 가격은 서로 반비례한다.

② 채권의 만기가 길수록 일정 폭의 채권수익률 변동에 대한 채권가격의 변동폭은 커진다.

③ 만기가 일정할 때 채권수익률 하락으로 인한 가격 상승폭은 같은 폭의 채권수익률 상승으로 인한 가격 하락폭보다 크다.

④ 표면 이자율이 높은 채권이 낮은 채권보다 일정한 수익률 변동에 따른 가격 변동성이 크다.

013 다음은 채권 수익률 곡선의 형태별 시점을 연결한 것이다. 적절하지 않은 것은?

① 상승형 : 경기침체기에서 경기상승이 시작될 때

② 하강형 : 경기상승이 끝나갈 때

③ 수평형 : 과도기 또는 경기순환의 중간단계일 때

④ 낙타형 : 금융긴축으로 인하여 시중의 장기자금 사정이 악화되었을 때

014 다음은 소극적 투자전략인 채권면역전략에 대한 설명이다. 옳지 않은 것은?

① 목표투자기간 중 시장수익률의 변동에 상관없이 최초 설정한 수익률을 실현하는 전략이다.

② 채권수익률 상승 시 채권가격 하락효과와 재투자수익률 상승효과의 음(−)의 관계를 이용한다.

③ 목표투자기간과 채권의 듀레이션을 일치시킴으로써 면역효과를 달성한다.

④ 이자율이 변경되어도 채권포트폴리오를 재편할 필요성이 없다는 장점이 있다.

015 조기상환위험을 감소시키기 위해 기초자산이 제공하는 현금흐름을 우선순위에 의해 여러 계층으로 분배하는 MBS를 무엇이라 하는가?

① CMO(Collateralized Mortgage Obligation)
② CLO(Collateralized Loan Obligation)
③ CBO(Collateralized Bond Obligation)
④ CDO(Collateralized Debt Obligation)

016 다음 중 외국환거래법령상 거주자에 해당하지 않는 것은?

① 대한민국 재외공관 근무자
② 외국에 위치한 영업소에서 근무하는 국민
③ 6개월 이상 국내에 체재하는 외국인
④ 비거주자가 입국하여 3개월 이상 체재하고 있는 자

017 다음 중 신고를 하지 않아도 되는 금융거래는 어느 것인가?

① 거주자가 국내에서 외화증권을 발행
② 거주자가 외국에서 원화증권을 발행
③ 비거주자가 국내에서 외화증권을 발행
④ 비거주자가 외국에서 원화연계증권을 발행

018 다음 중 거주자의 외화증권투자 제도에 대한 설명으로 옳지 않은 것은?

① 투자자를 기관투자가와 일반투자가로 구분을 하고 있다.
② 기관투자자는 투자중개업자를 통하여 거래하여야 한다.
③ 일반투자자는 자금의 송금, 회수를 위해 외화증권투자 전용 외화계정이 필요하다.
④ 외국환은행, 금융투자업자, 기금, 공제조합 등은 기관투자가이다.

019 다음은 '교포 등의 여신'에 대한 설명이다. 적절하지 않은 것은?

① 국내 본점을 둔 외국환은행의 해외지점 및 현지금융법인기관, 교포은행 등이 주체이다.
② 국민인 거주자, 국민인 비거주자, 국민인 비거주자가 전액 출자한 현지법인에 대한 여신이다.
③ 외국환은행, 친인척 등이 거주자 보증한 50만불 이내에는 외국환은행에 신고한다.
④ 차주본인, 친인척 등이 거주자 보증한 50만불 초과에는 한국은행총재에 신고한다.

020 다음은 거주자의 해외부동산 취득 후 <u>사후관리</u>에 대한 설명이다. 옳지 않은 것은?

① 해외부동산취득보고서는 송금 후 3개월 내에 보고하여야 한다.
② 해외부동산처분보고서는 대금수령 후 3월 이내 보고하여야 한다.
③ 보유현황은 등기부등본으로 매 1년마다 보유현황을 보고한다.
④ 사후관리 불이행 시 30일 이내에 독촉, 독촉 후 60일 이내 미이행 시 금감원에 보고한다.

021 다음의 주어진 자료를 이용하여 산출한 <u>영업용 순자본비율</u>은 얼마인가?

㉠ 자산	11,000억원	㉡ 부채	8,000억원
㉢ 후순위차입금	3,000억원	㉣ 차감항목	1,500억원
㉤ 주식위험액	400억원	㉥ 금리위험액	200억원

① 200%
② 300%
③ 400%
④ 500%

022 다음 중 금융투자업자의 NCR제도에 대한 설명으로 적절하지 않은 것은?

① 분기별 업무보고서 제출 시 NCR에 대하여 외부감사인의 검토보고서를 첨부하여야 한다.
② 금리변동에 따라 손익이 서로 반대되는 포지션이 있는 경우 서로 상계할 수 없다.
③ 시장위험액은 일반위험액과 개별위험액으로 구분하여 산정한 후 합산한다.
④ 금리 관련 파생상품은 당해 기초상품의 적정포지션으로 분해하여 개별위험액과 일반위험액을 산정하고 대상 포지션 금액은 기초자산의 시장가치로 평가한다.

023 다음은 영업용 순자본에 대한 설명이다. 적절하지 않은 것은?

① 영업용 순자본의 산정 시 유형자산, 선급금 등은 영업용 순자본에서 차감한다.
② 영업용 순자본의 산정 시 가산하는 항목은 후순위차입금, 자산건전성 분류대상에 설정된 대손충당금(고정 이하 충당금 제외) 등이다.
③ 후순위차입금이나 후순위사채는 순재산액의 20% 범위에서 영업용 순자본에 가산된다.
④ 후순위차입금의 상환으로 인한 급격한 NCR의 변화를 방지하기 위하여 잔존기간이 5년 미만인 경우 영업용 순자본에 가산하는 금액을 연도별로 20%씩 축소한다.

024 다음은 감사, 위험관리 및 컴플라이언스에 대한 일반적인 설명이다. 올바르게 기술한 것은?

① 감사제도는 경영자 입장에서 경영진의 직무를 감시 · 견제하는 제도이다.

② 위험관리 조직은 대상업무를 자산운용에 한정하지 않고, 업무전반에 걸친 위험을 관리한다.

③ 감사부서는 내부통제 기준 위반행위에 대한 조사결과를 경영진 및 감사위원회에 보고한다.

④ 컴플라이언스란 임직원 모두가 제반 법규 등을 철저하게 준수하도록 사전 또는 상시적으로 통제 · 감독하는 것을 말한다.

025 다음은 컴플라이언스의 기능에 대한 내용이다. 옳지 않은 것은?

① 내부통제구축운영의 평가

② 관련 경영진에 대해 적기의 보고서 제공

③ 규제관련기관과의 의사소통을 용이

④ 법적규제 이행의무 및 이행에 대한 검토 및 자문

026 금융회사의 지배구조에 관한 법률에서 정하는 <u>금융투자업자의 내부통제기준</u>에 포함되어야 할 내용으로 올바르게 묶인 것은?

> ㉠ 준법감시인의 임면에 관한 사항
> ㉡ 경영의사결정에 필요한 정보가 효율적으로 전달될 수 있는 체계구축에 관한 사항
> ㉢ 업무의 분장 및 조직구조에 관한 사항
> ㉣ 경영진의 영업전략 결정에 관한 사항

① ㉠, ㉡, ㉢

② ㉠, ㉡, ㉣

③ ㉡, ㉢, ㉣

④ ㉠, ㉡, ㉢, ㉣

027 다음은 무엇에 대한 설명인가?

> 금융자산이나 금융부채의 기대 존속기간에 추정 미래 현금지급액이나 수취액의 현재가치를 금융자산의 장부금액이나 금융부채의 상각 후 원가와 정확히 일치시키는 이자율을 말한다.

① 표면이자율

② 시장이자율

③ 내부수익률

④ 유효이자율

028 다음 중 이자율 스왑을 이용한 위험회피의 경우 위험회피 대상항목과 위험회피 결과가 다음과 같을 때 위험회피 회계 유형이 맞게 연결된 것은?

	위험회피 대상항목	위험회피 결과	위험회피 회계 유형
①	고정이자율 수취의 대출금	변동이자율 수취의 대출금	현금흐름 위험회피
②	변동이자율 수취의 대출금	고정이자율 수취의 대출금	공정가치 위험회피
③	고정이자율 지급의 차입금	변동이자율 지급의 차입금	공정가치 위험회피
④	변동이자율 지급의 차입금	고정이자율 지급의 차입금	공정가치 위험회피

029 다음은 파생상품의 정의에 관한 내용이다. 옳지 않은 것은?

① 이자율스왑에서 이자금액을 총액 결제하는지 순액 결제하는지는 정의에 영향을 주지 않는다.

② 고정금리지급하고 변동금리 수취하는 이자율 스왑의 최초계약시점에 기업의무를 선급하는 경우에도 파생상품에 해당한다.

③ 최초 인식시점 후 고정금리 지급의무를 선급하여도 이자율스왑이 파생상품에 해당한다.

④ 선물 거래소에서 옵션 매도를 위한 증거금은 파생상품에 대한 최초 계약 시 순투자금액에 해당한다.

030 12월 결산법인 A기업은 20×1년 10월 1일 $100를 6개월 후 상환하는 조건으로 차입하였으며 외화차입금의 원화에 대한 환율변동위험 회피를 위해 다음 통화선도거래계약을 체결하였다.

> • 통화선도계약 체결일 : 20×1년 10월 1일
> • 계약기간 : 6개월(20×1년 10월 1일~20×2년 3월 31일)
> • 계약조건 : $100을 계약 체결일 시점의 선도환율로 매입하기로 함

20×1년 10월 1일부터 12월 31일 사이에 미달러화의 강세로 인하여 1달러당 원화로 표시된 현물환율과 선도환율이 모두 상승하였다. 위 차입거래와 통화선도 거래가 20×1년 말 현재 A기업이 재무상태표에 미치는 영향을 기술한 다음 설명 중 옳은 것은?

① 통화선도라는 항목이 재무상태표상 자산으로 계상된다.

② 통화선도 평가손익은 외화차입금 환율 변동으로 인한 평가금액과 정확히 일치한다.

③ 통화선도 평가이익은 기타포괄이익으로 표시된다.

④ 회화차입금으로부터 발생되는 환율 변동 손실은 기타포괄손익으로 표시한다.

031 다음은 파생상품 손익구조의 형태에 따른 분류이다. 옵션형에 해당하는 것으로 묶인 것은?

① 선도, 선물, 콜옵션, 이색옵션
② 콜옵션, 풋옵션, 캡, 플로어
③ 스왑, 스왑션, 캡, 플로어
④ 선물옵션, 스왑션, 캡, 플로어

032 다음은 선물 가격결정에 관한 설명이다. 옳지 않은 것은?

① 보유비용모형에 의하면 선물 이론가격은 현물가격에 순보유비용을 더하여 결정된다.
② 보유비용모형에 의하면 금융선물의 경우 순보유비용은 향상 양(+)의 값을 갖는다.
③ 편의수익은 현물을 보유할 때의 수급변동에 따른 탄력적 대응 편익을 말한다.
④ 금융선물의 가격결정 시 현물가격에 이자비용을 더하고 현금수입을 차감한다.

033 다음은 선물시장의 베이시스(Basis)에 대한 설명이다. 적절하지 않은 것은?

① 선물시장과 현물시장의 차이로 보유비용의 개념이다.
② 만기가 가까울수록 보유비용이 감소하므로 '0'으로 수렴한다.
③ 선물가격이 현물가격보다 높은 상황을 '콘탱고'라 하고, 반대 상황을 '백워데이션'이라 한다.
④ 선물시장가격에서 현물가격을 차감한 것을 '이론베이시스'라 한다.

034 현재 1,000억원 규모의 인덱스펀드를 운용하는 펀드매니저는 향후 주식시장이 단기적으로 조정받을 가능성이 높다고 판단하여 펀드의 목표 베타를 0.75로 줄이기로 결정했다. 이에 따라 매도해야 할 주가지수 선물 계약수는(KOSPI200의 선물가격은 200)?

① 400 ② 500
③ 600 ④ 700

035 다음은 옵션을 이용한 스프레드 거래에 대한 설명이다. 적절하지 않은 것은?

① 수평스프레드는 만기가 서로 다른 두 개의 옵션으로 구축한다.
② 수직스프레드는 행사가격이 서로 다른 두 개 이상의 옵션으로 구축한다.
③ 대각스프레드는 만기와 행사가격이 서로 다른 두 개 이상의 옵션으로 구축한다.
④ 수평스프레드는 시장 상승 시 강세 스프레드, 시장 하락 시 약세 스프레드 전략을 취한다.

036 다음 중 옵션 투자전략이 나머지 셋과 다른 것은?

① 강세 스프레드 ② 스트래들 매수
③ 스트랭글 매도 ④ 버터플라이 매수

037 다음은 커버드 콜 전략에 대한 설명이다. 옳지 않은 것은?

① 커버드 콜 전략은 주식포트폴리오 보유＋콜매도 포지션이다.
② 향후 시장이 횡보국면을 유지하거나 하락할 가능성이 있을 때 사용한다.
③ 약세장에서 높은 수익률을 얻고 강세장에서는 더 큰 수익을 얻는 구조이다.
④ 커버드 콜 전략의 최대이익은 수취한 콜옵션 프리미엄이다.

038 다음은 현물금리(spot rate)와 선도금리(forward rate)에 대한 설명이다. 적절하지 않은 것은?

① n년 만기 현물금리는 현재부터 n년간의 투자로부터 얻을 수 있는 금리를 말한다.
② n년 만기 현물금리는 투자기간 동안 현금의 지급이 없는 투자를 말한다.
③ 내재선도금리는 현재의 선물금리에 내재되어 있는 미래의 일정기간에 대한 금리를 말한다.
④ 투자기간 동안 현금의 지급이 없는 투자는 이표채를 포함하는 개념이다.

039 3년만기 국채의 현재가치가 100이고 수정듀레이션(modified duration)이 2.6년이다. 이 채권의 수익률이 2% 상승할 때 채권의 가치는 얼마나 하락하는가?

① 5.0 ② 5.2
③ 5.4 ④ 5.6

040 다음은 유로달러선물(Eurodollar Futures)에 대한 설명이다. 옳지 않은 것은?

① 유로달러는 미국이 아닌 지역의 금융기관에 예치된 달러를 말한다.
② 미국 CME Group에서 거래되는 유로달러선물의 거래대상은 6개월 LIBOR이다.
③ 거래단위는 $1,000,000이며, IMM지수방식＝100－3개월 LIBOR으로 표시한다.
④ 만기에 현금결제한다.

041 다음은 미국 T-bond선물에 대한 설명이다. 적절하지 않은 것은?

① 거래대상은 표면금리 6%, 만기 30년인 T-Bond이다.

② 계약단위는 $100,000이다.

③ 최소 호가단위는 1/32%(계약당 $31.25 = $100,000 × 1/32%)이다.

④ 만기에 잔존만기 10년 이상인 T-Bond로 실물인수도한다.

042 다음은 한국국채선물에 대한 설명이다. 적절하지 않은 것은?

① 거래대상은 표면금리 6%, 6개월 이자지급방식의 3, 5, 10년 만기 국고채이다.

② 거래단위는 액면 1억원이다.

③ 최소호가단위는 0.01이며, 1틱의 가치는 10,000원이다.

④ 최종거래일은 결제월의 세 번째 화요일이며, 현금결제한다.

043 펀드매니저 A씨는 20×1년 2월 19일 현재 600억원의 채권포트폴리오를 관리하고 있다. 현재 포트폴리오의 평균 듀레이션은 2년, 3월 만기 3년 국채선물의 호가는 100이라고 설정 (3년 국채선물의 듀레이션은 4년이라고 가정)한다. 향후 금리 상승을 우려하여 국채선물 3년물을 이용하여 매도헤지하는 경우 몇 계약을 매도해야 하는가?

① 100계약   ② 200계약

③ 300계약   ④ 400계약

044 수익률 곡선이 우상향하는 상황을 가정할 때 채권선물의 결제월 간 스프레드에 대한 다음의 설명 중 적절하지 않은 것은?

① 스프레드 확대가 예상되는 경우 매도 스프레드 전략을 사용한다.

② 스프레드 확대가 예상되는 경우 근월물을 매수하고 원월물을 매도한다.

③ 스프레드 축소가 예상되는 경우 약세 스프레드 전략을 사용한다.

④ 스프레드 축소가 예상되는 경우 근월물을 매도하고 원월물을 매수한다.

045 다음은 환율의 표시방법에 대한 설명이다. 적절하지 않은 것은?

① 외국통화 한 단위의 가치를 자국통화로 표시하는 방법은 직접표시법이다.
② 자국통화 한 단위의 가치를 외국통화로 표시하는 방법은 간접표시법이다.
③ 직접표시법은 유럽식 표시법이며 영국의 파운드화가 대표적인 예이다.
④ 간접표시법은 미국식 표시법이며 유로화, 호주달러 등이 해당한다.

046 다음은 외환시장에 대한 내용이다. 옳지 않은 것은?

① 거래의 종류는 선물환시장, 통화선물, 통화옵션, 외환스왑, 통화스왑 등의 시장으로 분류된다.
② 선물환거래는 장외시장에서, 통화선물은 거래소에서 거래된다.
③ 선물환거래는 주로 실물인수도하고, 차액결제선물환(NDF)는 만기에 차액만 결제한다.
④ 통화스왑은 단기거래이며, 리스크 없이 통화 간 자금의 과부족을 조절하는 수단으로 활용된다.

047 다음은 단기금융시장과 외환시장에 관한 내용이다. 만기가 3개월(92일)인 원/달러 선물환율의 이론가격은 달러당 얼마인가?

- 현물환율 : $1 = 1,300원
- 한국 3개월 이자율 : 연 4%
- 미국 3개월 이자율 : 연 8%

① 1,274원   ② 1,287원
③ 1,292원   ④ 1,298원

048 다음은 한국거래소에 상장된 통화옵션에 대한 설명이다. 적절하지 않은 것은?

① 거래대상은 미국달러(USD)이다.
② 행사유형은 만기에만 행사하는 유럽형 옵션이다.
③ 1틱의 가치는 $100,000 × 0.1원 = 10,000원이다.
④ 최종결제방법은 현금결제이다.

049 기업은 3개월 후에 대출금 \$2,000,000을 회수할 예정이다. 대출금 회수 시 달러가치 변동으로 인한 손실을 회피하고자 KRX에 상장된 미국 달러선물을 이용하기로 하였다. 어떠한 포지션을 취할 수 있는가?

① 달러선물 100계약 매수   ② 달러선물 100계약 매도
③ 달러선물 200계약 매수   ④ 달러선물 200계약 매도

050 수출업자 A씨는 6개월 후 100만 달러의 수출대금을 수령한다. 수출업자 A씨가 원/달러 통화옵션을 이용하여 환리스크를 헤지하고자 할 때 바람직한 전략은 무엇인가?

① 달러 콜옵션 매수   ② 달러 콜옵션 매도
③ 달러 풋옵션 매수   ④ 달러 풋옵션 매도

051 초기 스왑시장에 관한 설명이다. 옳지 않은 것은?

① 당사자의 차입거래가 필요하다.
② 양 당사자 간의 비교우위의 차이가 있어야 한다.
③ 은행이 시장위험과 신용위험을 감당하며 거래한다.
④ 중개기관에 의해 스왑 당사자들이 연결되는 구조이다.

052 윤년에 한 달(31일) 기준의 수익률을 계산할 때 가장 높은 실효수익률을 갖는 이자계산방식은?

① bond basis   ② money market basis
③ act/365   ④ act/365 fixed

053 A기업은 금리 상승 리스크를 헤지하기 위하여 보유하고 있는 변동금리부채를 고정금리부채로 전환하려 한다. 이런 상황에 은행은 다음과 같은 스왑가격을 제시하였다면, A기업에게 가장 유리한 가격은?

① 8.12~8.07   ② 8.13~8.08
③ 8.34~8.30   ④ 8.35~8.20

054 '변동금리수취 + 고정금리지급'의 payer금리스왑을 이용하는 목적과 거리가 먼 것은?

① 금리 상승이 예상되는 경우

② 고정금리수입을 변동금리수입으로 전환하려는 경우

③ 변동금리부채를 고정금리부채로 전환하려는 경우

④ 장기적인 금리 하락이 예상되는 경우

055 스왑딜러가 고시한 3년 만기 금리스왑의 스왑금리가 'T + 35/32'이다. 변동금리부채를 가지고 있는 A기업은 향후 금리 상승이 우려되어 스왑딜러와 3년 만기 금리스왑 거래를 하고자 한다. A기업에게 필요한 스왑포지션과 적용되는 스왑금리(Swap rate)는 얼마인가?

① receiver swap, T + 35   ② receiver swap, T + 32

③ payer swap, T + 35   ④ payer swap, T + 32

056 원 – 달러 통화스왑에서 초기 거래시점의 환율이 ₩1,000/$일 때, 두 당사자 사이에 초기 자금교환액수는 각각 1,000억원과 1억 달러였다. 통화스왑 계약의 만기시점에 환율이 ₩1,200/$가 되었다면 두 당사자 사이에 만기에 교환되는 금액은 얼마인가?

① 1억 달러와 1,000억원   ② 1억 달러와 1,200억원

③ 2억 달러와 1,000억원   ④ 2억 달러와 1,200억원

[57~58] 다음의 금리스왑과 관련된 자료를 보고 물음에 답하라.

	고정금리조달	변동금리조달
A기업	5.5%	LIBOR+1.0%
B기업	7.0%	LIBOR+1.5%

057 A기업과 B기업은 각각 고정금리조달과 변동금리조달 중 어느 것에 비교우위가 있는가?

① A기업 : 고정금리조달, B기업 : 변동금리조달

② A기업 : 변동금리조달, B기업 : 고정금리조달

③ A기업 : 변동금리조달, B기업 : 변동금리조달

④ A기업 : 고정금리조달, B기업 : 고정금리조달

058 현재 A기업과 B기업은 자금을 차입하려 하는데 자금시장에서 요구되는 금리는 다음과 같다. 두 기업이 비교우위가 있는 방식으로 자금을 조달하고 금리스왑을 하는 경우 두 기업이 절약할 수 있는 금리는 총 얼마인가?

① 0.25%
② 0.50%
③ 0.75%
④ 1.00%

059 유럽식 옵션 프리미엄의 상·하한선에 대한 설명이다. 옳지 않은 것은?

① 콜옵션의 가격은 현재의 기초자산가격보다는 클 수 없다.
② 콜옵션의 가격은 기초자산 현재가에서 채권의 현재 할인가를 뺀 값보다 작을 수 없다.
③ 풋옵션의 가격은 만기시점에서 행사가격만큼을 지급하는 순수할인채의 현재 할인가보다 클 수 없다.
④ 풋옵션의 가격은 만기시점에서 행사가격만큼을 지급하는 순수할인채의 현재 할인가에서 기초자산 현재가를 뺀 값보다 클 수 없다.

060 경로의존형 장외옵션에 관한 설명이다. 적절하지 않은 것은?

① 녹인(knock-in) 옵션은 기초자산가격이 배리어 가격에 도달해야만 유효화된다.
② 룩백옵션은 옵션만기일까지 기초자산 가격 중 옵션매입자에게 가장 유리한 가격으로 행사가격이 결정된다.
③ 래더옵션은 기초자산가격이 미리 설정된 일련의 가격수준(래더) 중에서 어디까지 도달했는가를 행사가격으로 하여 수익구조를 결정한다.
④ 클리켓옵션은 행사가격의 재확정 시점이 아무 때나 가장 유리하다고 생각되는 시점에서 '샤우트'를 함으로써 행사가격을 재확정한다.

061 첨점수익 구조형 장외옵션에 관한 설명이다. 적절하지 않은 것은?

① 조건부 프리미엄 옵션은 행사되어야만 프리미엄을 지불하는 후불옵션이다.
② 조건부 프리미엄 옵션은 표준옵션보다 프리미엄이 싸다.
③ all-or-nothing 디지털옵션은 만기일 당일에 내가격 상태일 때만 정액을 지급한다.
④ one-touch 디지털옵션은 만기일까지 한 번만이라도 내가격 상태였으면 정액을 지급한다.

062 원유를 매입해야 하는 정유회사에서 유가변동위험을 헤지하고자 한다. 다음 중 가장 적절한 방법은 무엇인가?

① up-and-in 풋옵션 매입
② up-and-out 콜옵션 매입
③ down-and-in 풋옵션 매입
④ down-and-out 콜옵션 매입

063 옵션의 수익이 하나의 기초자산 가격에 의해 결정되지만, 위험에 노출된 정도나 크기는 다른 기초자산의 가격에 의해서 결정되는 옵션은 무엇인가?

① 선택옵션
② 버뮤다옵션
③ 콴토옵션
④ 룩백옵션

064 복합옵션(compound option)에 관한 설명이다. 적절하지 않은 것은?

① 옵션의 기초자산이 일반적인 자산이 아니라 또 하나의 옵션(기초옵션)인 옵션이다.
② 여러 장점을 가지고 있어 기초옵션을 매입하는 것보다 비용이 비싸다.
③ 위험에 노출이 될지 안될지 불확실한 상황에서 현실적인 위험대비책이 된다.
④ 행사가격유예옵션도 복합옵션의 한 형태라고 볼 수 있다.

065 니케이 225지수의 역사적 변동성은 20%/년, 잔여만기는 6개월, 신뢰상수는 1.28(신뢰수준이90%)이다. 액면이 1,000만 달러인 경우 위험등가노출치(REE)는 얼마인가?

① 1,810,000달러
② 1,820,000달러
③ 1,830,000달러
④ 1,840,000달러

066 다음은 시장위험에 대한 내용이다. 올바르게 묶인 것은?

㉠ 이자율위험	㉡ 유동성위험
㉢ 환율위험	㉣ 상품가격위험

① ㉠, ㉡, ㉢
② ㉠, ㉡, ㉣
③ ㉠, ㉢, ㉣
④ ㉠, ㉡, ㉢, ㉣

067 다음은 VaR에 대한 설명이다. 가장 적절하지 않은 것은?

① 포트폴리오의 분산효과가 클수록 VaR의 감소효과가 작다.

② 위험회피성향이 큰 조직일수록 높은 신뢰수준을 선택한다.

③ VaR를 이용하면 특성이 다른 상품 간 포지션위험의 비교가 가능하다.

④ 두 자산의 상관관계가 0인 경우에도 포트폴리오 분산효과는 나타난다.

068 A기업의 1일 변동성은 0.8%이고, 베타가 1.2인 주식 100억원을 공매도하고 있다. 이 주식을 9일간 보유한다고 할 때 99% 신뢰수준에서의 VaR는 얼마인가?

① 약 6.51억원

② 약 6.61억원

③ 약 6.71억원

④ 약 6.81억원

069 A주식의 VaR가 35억원이고 B주식의 VaR가 45억원이다. 상관계수가 각각 $\rho = 1$ 또는 $\rho = -1$인 경우의 포트폴리오 VaR는?

① $\rho = 1$인 경우 VaR = 80, $\rho = -1$인 경우 VaR = 10

② $\rho = 1$인 경우 VaR = 80, $\rho = -1$인 경우 VaR = 20

③ $\rho = 1$인 경우 VaR = 90, $\rho = -1$인 경우 VaR = 10

④ $\rho = 1$인 경우 VaR = 90, $\rho = -1$인 경우 VaR = 20

070 기존 포트폴리오의 VaR가 100억원, 투자대안 A의 VaR가 80억원, 기존 포트폴리오에 A를 추가 편입하였을 때 VaR가 150억원이라면 A의 한계 VaR는?

① 20억원

② 50억원

③ 80억원

④ 160억원

071 다음의 VaR 측정방법 중 완전가치 평가법과 거리가 먼 것은?

① 스트레스 검증

② 델타－노말 방법

③ 역사적 시뮬레이션 방법

④ 몬테카를로 시뮬레이션

072 다음은 구조화된 몬테카를로 분석법에 대한 설명이다. 거리가 먼 것은?

① 모형리스크가 존재한다.

② 자산에 대하여 가치평가모형이 필요가 없다.

③ 두터운 꼬리 및 극단적인 상황을 모두 고려할 수 있다.

④ 비선형상품인 옵션의 리스크를 정확히 계산할 수 있다.

073 A주식의 VaR가 40이고, B주식의 VaR는 30이다. 만약 A주식과 B주식으로 구성된 포트폴리오의 VaR가 50이라면 두 주식의 상관계수는 무엇인가?

① 0 ② 1

③ 0.5 ④ −1

[74~77] 다음 자료를 보고 물음에 답하시오.

> A주식 : 현재가치＝100억원, 베타＝1.8
> B주식 : 현재가치＝50억원, 베타＝1.2
> 연간 주가지수변동성＝3.5%
> 단, 베타매핑 방법을 사용한다.

074 95%의 신뢰수준에서 <u>A주식의 연간 VaR</u> 값을 구하면 얼마인가?

① 10.195억원 ② 10.295억원

③ 10.395억원 ④ 10.495억원

075 A주식과 B주식의 공분산을 구하면 얼마인가?

① 0.0026 ② 0.0036

③ 0.0046 ④ 0.0056

076 95%의 신뢰수준에서 <u>포트폴리오의 연간 VaR</u> 값을 구하면 얼마인가?

① 10.86 ② 11.89

③ 12.86 ④ 13.86

077 A주식의 공헌 VaR와 한계 VaR 값을 구하면 얼마인가?

① 10.295억원, 10.295억원 ② 10.295억원, 10.395억원

③ 10.395억원, 10.295억원 ④ 10.395억원, 10.395억원

078 기초자산의 가격이 현재 100,000원이고 월별변동성이 10%이다. 이 기초자산에 대한 콜옵션의 가격이 현재 10,000원이고 델타는 0.6이다. 99% 신뢰수준에서 연간 기준으로 옵션의 VaR는?

① 38,248 ② 38,428

③ 48,248 ④ 48,428

079 다음 중 250일 검증기간에서 95% 1일 VaR를 검증하면 VaR보다 더 큰 손실이 발생할 것으로 추정되는 예상 초과일수는 며칠인가?

① 10일 ② 11일

③ 11.5일 ④ 12.5일

080 투자금액 100억원에 대한 투자결과에 대하여 위험조정수익률(RAROC)을 측정하는 경우 투자결과가 가장 양호한 것은 어느 것인가?

① 순이익률 1%, VaR 2억원 ② 순이익률 3%, VaR 4억원

③ 순이익률 1%, VaR 5억원 ④ 순이익률 3%, VaR 6억원

081 다음은 신용위험에 대한 설명이다. 옳지 않은 것은?

① 시장위험과 신용위험은 법적 위험이 항상 존재한다.

② 수익률분포가 비대칭적이고, 두터운 꼬리를 가지는 것이 특징이다.

③ 신용위험을 측정할 때는 비모수적 방법으로 측정해야 정확하다.

④ 거래상대방의 신용도 하락 또는 채무불이행 등으로 손실이 발생할 위험을 말한다.

082 A은행은 시장가치가 100억원인 B채권의 채무불이행 확률을 1%, 회수율을 50%로 추정한다. A은행은 기대손실과 기대외손실을 계산할 때 항상 95% 신뢰수준을 이용한다. 이때 B채권의 기대손실은?

① 0.5억원　　　　　　　　　　　　② 0.4억원

③ 2.31억원　　　　　　　　　　　　④ 1억원

083 다음 중 자산가치 간 상관계수와 채무불이행 상관계수 간의 관계로 적절한 것은?

① 채무불이행 상관계수는 자산가치 간 상관계수보다 훨씬 작다.

② 채무불이행 상관계수는 자산가치 간 상관계수보다 훨씬 크다.

③ 채무불이행 상관계수는 자산가치 간 상관계수와 동일하다.

④ 채무불이행 상관계수는 자산가치 간 상관계수와 함께 '0'의 값을 갖는다.

084 A자산의 채무불이행 확률은 2%이고 B자산의 채무불이행 확률은 4%이다. 두 자산이 동시에 채무불이행할 확률이 0.1%일 때 두 자산 간의 채무불이행 상관계수는 얼마인가?

① 0.006　　　　　　　　　　　　② 0.007

③ 0.008　　　　　　　　　　　　④ 0.009

085 다음은 회수율에 관한 설명이다. 옳은 설명은 어느 것인가?

① 회수율은 쌍봉분포를 따른다.

② 유형자산이 많을수록 회수율이 감소한다.

③ 자산의 유동성이 높을수록, 청산가치가 클수록 회수율이 감소한다.

④ 채무불이행률과 회수율은 양(+)의 관계이다.

086 다음 중 제1종 오류에 해당하는 것은?

① 건전기업을 건전기업으로 분류　　　② 파산기업을 파산기업으로 분류

③ 건전기업을 파산기업으로 분류　　　④ 파산기업을 건전기업으로 분류

087 KMV모형에서 A = 150, B = 85, σ_A = 40이고 자산가치의 성장률이 10%이면 부도거리 (DFD)는 얼마인가?

① 1.33
② 1.57
③ 2.00
④ 2.88

088 다음 중 DM(Default Mode)모형으로만 실행되는 신용위험관리모형은 어느 것인가?

① 크레디트 메트릭스
② KMV
③ CreditRisk +
④ CreditPortfolioView

089 금리스왑의 만기가 T년이라고 하면 대략적으로 어느 때에 금리스왑의 위험노출금액이 극대화되는가?

① T년
② T/2년
③ T/3년
④ T/4년

090 시장에서 스왑의 대체비용이 − 10억원이다. 현재 위험노출금액은?

① 0원
② 10억원
③ − 10억원
④ 20억원

091 다음은 CreditRisk + 모형에 대한 설명이다. 이에 해당하지 않는 것은?

① 채무불이행하는 경우와 하지 않는 경우만을 고려한다.
② 채무불이행은 외생변수이기 때문에 부도과정을 생략하므로 '축약모형'이라 한다.
③ 채무불이행 확률은 현재 자산가치, 자산수익률의 변동성, 자본구조에 의해 결정된다.
④ 채무불이행 확률은 서로 독립적인 것으로 가정하며, 포아송 분포를 따른다.

092 다음 중 위험매입자가 TRS에 참여하는 이유에 해당하지 않는 것은?

① 레버리지의 이점을 이용할 수 있다.
② 특정만기의 새로운 자산을 창조할 수 있다
③ 특정 유형의 자산을 소유하지 않으면서 혜택을 누릴 수 있다.
④ 부외자산으로서 높은 수익률과 상대적으로 높은 비용이 특징이다.

093 다음은 자산부채 종합관리(ALM)에 관한 설명이다. 적절하지 않은 것은?

① 금융기관의 리스크에 대한 노출을 완전히 제거한다.
② 최근에는 금리리스크, 유동성 리스크 관리에 중점을 둔다.
③ 유동성과 안정성을 목표수준을 유지하고 수익성의 극대화를 도모한다.
④ 자산과 부채의 구성을 조정하여 리스크를 감안한 ROE극대화를 추구한다.

094 다음 중 금리리스크에 대한 설명으로 옳은 것은?

① 만기 갭이 양(+)이고 금리가 상승하게 되면 순이자소득이 감소하게 된다.
② 듀레이션 갭이 영(0)인 금융기관의 경우 금리가 변동하면 순자산가치도 변화하게 된다.
③ 만기 갭 분석은 시장금리 변동에 따른 순이자소득의 변화를 분석하는 데 초점을 두고 있다.
④ 보유 자산의 듀레이션이 부채의 듀레이션보다 긴 금융기관의 경우 금리가 하락할 때 금리리스크가 발생한다.

095 다음 중 순이자소득이 금리 상승기에 증가하고 금리 하락기에 감소하는 경우가 아닌 것은?

① 만기 갭 비율이 1보다 큰 경우
② RSA가 RSL보다 큰 경우
③ RSA의 금리민감도가 RSL보다 큰 경우
④ 단기부채 조달로 유형자산을 구매한 경우

096 다음 중 운영 리스크를 측정하기 위한 수단으로 임시방편적 방법(ad hoc method)에 해당하지 않는 것은?

① 외부감사 평가등급　　　　　　② 내부통제 평가결과
③ 거래규모　　　　　　　　　　④ 회전율

097 운영리스크를 측정하는 방법 중 운영리스크가 총수익과 같은 하나의 지표를 통해 나타난다고 보고 적정비율을 곱한 값을 필요한 자기자본량으로 인식하는 방법은 무엇인가?

① 기초지표법　　　　　　　　　② 표준방법
③ 유사자료법　　　　　　　　　④ 고급측정법

098 다음은 Barings 파산사건에 관한 내용이다. 옳지 않은 것은?

① 내부관리 통제제도와 감독당국의 감독이 중요성을 인식한 사건이다.

② 손실을 특별계좌에 감추면서 권한범위를 넘어서 불법투기거래를 했다.

③ 스트래들 매수 포지션을 취했으나 1995년 고베지진으로 큰 손실을 보았다.

④ 영업부서와 후방부서 간의 업무의 분리가 필요하다는 교훈을 얻었다.

099 시장의 많은 투자자가 동일한 포지션을 취하고 있을 때 시장에서 극단적 상태가 일어나면 시장 유동성부족으로 큰 포지션을 보유한 투자자가 큰 손실을 볼 수밖에 없었던 사례는?

① Barings 파산사건　　　　　② Metallgesellschaft 파산사건

③ LTCM 파산사건　　　　　④ Orange County 파산사건

100 다음 중 통합위험관리시스템이 효과적이기 위해 균형 있게 구성되어야 하는 세 가지 구성요소가 아닌 것은?

① 조직구조　　　　　② 마케팅 시스템

③ 정보기술시스템　　　　　④ 실적평가 및 보상시스템

001 다음은 확률분포의 첨도(kurtosis)에 대한 설명이다. 옳지 않은 것은?

① 정규분포의 첨도는 2이다.

② 첨도는 4차 중심적률이다.

③ 첨도는 뾰족함의 정도를 말한다.

④ 첨도가 4로 계산된 경우는 정규분포보다 더 뾰족한 경우이다.

002 다음은 공분산의 특성에 대한 설명이다. 적절하지 않은 것은?

① 두 개의 변수 X와 Y의 공분산은 -1에서 $+1$까지의 값을 갖는다.

② 공분산은 두 개의 변수 X와 Y의 상호연관도를 측정하는 기준으로 사용된다.

③ X와 Y가 독립이면 $\mathrm{Cov}(X, Y) = 0$이므로 $\mathrm{Var}(aX \pm bY) = a^2\mathrm{Var}(X) + b^2\mathrm{Var}(Y)$ 이다.

④ X와 Y가 독립적이지 않은 경우 $\mathrm{Var}(aX \pm bY) = a^2\,Var(X) + b^2\,Var(Y) \pm 2ab\,Cov(X, Y)$이다.

003 총 20회의 독립적인 베르누이 실행을 하였다. 성공의 확률이 0.4일 때 이항분포 확률변수의 분산값은 얼마인가?

① 4.6   ② 4.8

③ 5.6   ④ 5.8

004 다음 기댓값과 분산의 특징으로 옳지 않은 것은?

① $E(X + Y) = E(X) + E(Y)$

② $VaR(X) = E(X^2) - [E(X)]^2$

③ $VaR(a + bX) = b^2 VaR(X)$

④ $VaR(X - Y) = VaR(X) - VaR(Y) - 2Cov(X, Y)$

005 다음은 정규분포에 대한 설명이다. 적절하지 않은 것은?

① 평균값, 중앙값, 최빈값이 동일하다.

② 정규분포의 확률밀도함수는 평균을 중심으로 좌우대칭이다.

③ 정규분포곡선과 x축 사이의 전체면적의 값은 1이다.

④ 확률변수 x가 취할 수 있는 값의 범위는 $-1 \leq x \leq 1$이다.

006 다음은 t-분포와 정규분포에 대한 내용이다. 옳지 않은 것은?

① 두 분포 모두 종모양(Bell-shaped)이다.

② t-분포는 정규분포보다 꼬리가 더 두텁다.

③ N(0, 1)의 정규분포를 따르는 확률변수 X는 P(X<0)=0.5이다.

④ N(0, 1)의 정규분포를 따르는 확률변수 X는 P(X<0)이 P(X>0)와 다르다.

007 다음 중 제2종 오류에 해당하는 것은?

① 무죄인데 유죄로 판단 　　　　② 죄인인데 무죄로 방면

③ 무죄인 사람을 기소 　　　　　④ 유죄인 사람을 기소

008 다음은 자기상관의 발생원인에 대한 내용이다. 옳지 않은 것은?

① 어느 자기상관화된 하나의 변수가 실제모형에서 제외

② 수학적 형태 설정오류에 의해서 자기상관이 발생

③ 지속적인 기간을 통해 실제변동을 평균화하여 완만하게 자료를 생성시켜낼 때

④ 시계열 분포자체가 정규분포가 아니라 꼬리가 두터운 첨예분포를 하기 때문에

009 다음의 GARCH 모형 중 평균회귀가 가장 신속하게 이루어지는 모형은 어느 것인가?

① $\sigma_t^2 = 0.12 + 0.08\varepsilon_{t-1}^2 + 0.9\sigma_{t-1}^2$

② $\sigma_t^2 = 0.11 + 0.03\varepsilon_{t-1}^2 + 0.1\sigma_{t-1}^2$

③ $\sigma_t^2 = 0.13 + 0.07\varepsilon_{t-1}^2 + 0.3\sigma_{t-1}^2$

④ $\sigma_t^2 = 0.12 + 0.06\varepsilon_{t-1}^2 + 0.7\sigma_{t-1}^2$

010 다음은 국제채권에 대한 설명이다. 적절하지 않은 것은?

① 외국기업이 우리나라 시장에서 원화(₩)표시채권을 발행하면 외국채라 한다.

② 외국기업이 우리나라 시장에서 외화($, ¥ 등)표시채권을 발행하면 유로채라 한다.

③ 미국의 양키본드, 영국이 불독본드는 외국채이다.

④ 일본의 쇼군본드, 중국의 팬더본드는 유로채이다.

011 다음은 전환사채(CB)와 신주인수권부사채(BW)에 관한 내용이다. 적절하지 않은 것은?

① CB는 전환권 행사 시 채권의 권리는 소멸하고, 주주로서 권리를 취득한다.

② CB는 보통사채보다 높은 이율로 발행된다.

③ BW는 권리행사 후 사채 지위는 존속된다.

④ BW는 신주인수권을 사채권과 독립적으로 거래할 수 있다.

012 다음은 채권의 볼록성에 관한 설명이다. 옳지 않은 것은?

① 듀레이션이 동일하다면 볼록성이 큰 채권이 더 높은 가격을 갖는다.

② 듀레이션이 증가함에 따라 볼록성은 체증적으로 증가한다.

③ 표면이자율이 낮아질수록 볼록성은 커진다.

④ 만기수익률이 높을수록 볼록성은 커진다.

013 어떤 채권의 표면이율이 8%, 채권가격이 105, 원금이 100, 만기가 10년이라고 가정하는 경우 이 채권의 경상수익률은 얼마인가?

① 6.62% ② 7.62%

③ 6.78% ④ 7.78%

014 다음은 듀레이션에 대한 설명이다. 적절하지 않은 것은?

① 듀레이션은 투하자본을 회수하는 데 걸리는 가중평균잔존만기이다.

② 이표채의 듀레이션은 중간이자 지급으로 인해 만기보다 짧다.

③ 표면이율이 높을수록, 만기는 짧을수록 듀레이션은 길어진다.

④ 듀레이션은 미래의 현금흐름의 현재가치들의 무게중심(균형점)이다.

015 다음은 채권의 적극적 운용전략에 대한 내용이다. 이것에 해당하지 않는 것은?

① 금리예측전략   ② 수익률포기교체전략

③ 수익률곡선타기전략   ④ 현금흐름일치전략

016 다음 중 물적대상의 하나인 외국환에 해당되지 않는 것은?

① 대외지급수단   ② 내국지급수단

③ 외화증권   ④ 상품권

017 다음은 외국환의 매각에 대한 설명이다. 적절하지 않은 것은?

① 대고객 적용환율은 현찰매도율, 전신환매도율, 여행자수표매도율이 있다.

② 외국인거주자의 일반해외여행경비는 2만불까지 매각이 가능하다.

③ 5년 이상 국내에 거주한 외국인의 해외유학경비의 지급을 위한 매각이 가능하다.

④ 외국인거주자에 대한 매각은 국내에서 외국환을 매각한 실적 범위 내까지 매각 가능하다.

018 관행을 벗어난 지급 등의 방법 중 상계에 대한 내용이다. 신고면제에 해당하지 않는 것은?

① 상호계산과정을 통한 결제

② 연계무역, 중계무역 등에 의한 수출입대금 상계

③ 위탁가공무역, 수탁가공무역에 의한 수출입대금 상계

④ 수출입대금과 당해 수출입거래에 수반되는 중개 또는 대리점 수수료 등과의 상계

019 다음은 해외차입의 신고에 대한 내용이다. 적절하지 않은 것은?

① 영리법인과 비영리법인의 차입기간은 단기이다.

② 영리법인이 5천만불 이하를 차입하면 외국환은행에 신고하여야 한다.

③ 영리법인이 5천만불 초과하여 차입하면 기획재정부에 신고하여야 한다.

④ 외국인 투자기업이 일정 한도 이내에서 단기외화자금을 차입하면 외국환은행장 신고한다.

020 다음은 현지금융에 관한 설명이다. 적절하지 않은 것은?

① 수혜자는 거주자의 해외지점 및 현지법인(거주자의 현지법인이 50% 이상 출자한 자회사 포함)이다.

② 수혜자가 현지금융을 받고자 하는 경우 현지금융 관련 거주자로부터 지급보증을 받는 경우에 한하여 신고 의무를 부과한다.

③ 현지법인 등이 기주자의 보증 없이 현지금융을 받는 경우는 신고면제이다.

④ 미화 5천만 달러를 초과하는 현지금융의 경우는 한국은행총재에 신고해야 한다.

021 다음은 은행의 BIS비율과 금융투자업자의 NCR을 비교한 것이다. 옳지 않은 것은?

① 영업용 순자본을 산정함에 있어 NCR은 유동성 조정부분이 있으나 BIS비율은 없다.

② 영업용 순자본비율의 분모는 위험가중자산을 나타내나 BIS비율의 경우 총위험액을 의미한다.

③ NCR은 금융투자업의 특성을 감안하여 시장위험, 신용위험액, 운영위험을 고려한다.

④ 경영개선 권고, 요구, 명령을 정하는 비율은 순자본비율의 경우 100%, 50%, 0%이며, BIS비율은 8%, 6%, 2%이다.

022 다음 중 금융투자업자의 NCR을 증가시키는 거래에 해당되지 않는 것은?

① 시장성 있는 주식의 매각   ② 부동산만을 담보로 한 증권발행

③ 장기차입금의 현금상환   ④ 순재산액보다 작은 최초 후순위차입

023 다음 중 주식위험액의 산정대상이 아닌 것은?

① 주식예탁증서   ② 상장지수집합투자기구

③ 자산유동화증권   ④ 주식과 관련 파생상품

024 다음 중 금융위원회의 금융회사 지배구조 감독규정에서 규정하고 있는 내부통제기준의 설정 및 운영기준에 대한 내용이다. 적절하지 않은 것은?

① 준법감시인이 직무를 수행하는 데 있어서 독립성 보장

② 효율적인 준법감시업무를 위한 인적 · 물적 자원의 구비

③ 내부통제기준의 문서화 및 관련 법규 개정 시 점진적인 반영

④ 준법감시인의 임직원에 대한 지속적인 준법교육실시

025 다음 중 Compliance officer의 역할에 해당하는 것은?

① 규제기관 소통

② 모니터링 프로그램을 실행

③ 내부절차 및 내부통제의 독립적인 검토

④ 정기적 모니터링 프로그램을 개발

026 다음 중 정보교류차단장치설치 의무에 대한 설명이다. 옳지 않은 것은?

① 사무공간과 전산설비는 공동사용을 금지한다.

② 고유재산운용업무와 투자매매 중개업과는 정보교류차단이 필요가 없다.

③ 금융투자업과 기업금융업무 간에는 정보교류차단장치를 설치할 필요가 없다.

④ 고유재산운용업무와 집합투자업 간에는 정보교류차단장치를 설치하여야 한다.

027 다음 중 내재파생상품을 분리하여 회계처리 가능한 조건에서 밀접한 관련성이 있는 경우는?

① 주계약인 채무상품이나 보험계약과 내재된 콜, 풋, 중도상환옵션

② 주계약인 채무상품이나 보험계약과 내재된 지분연계 이자 또는 원금지급계약

③ 채무상품의 만기를 연장할 수 있는 옵션이나 자동연장조항과 주계약인 채무상품

④ 주계약인 채무상품이나 보험계약과 이자금액이 변동하는 이자율 기초변수의 내재파생상품

028 다음 중 파생상품평가손익을 당기손익으로 인식하는 경우가 아닌 것은?

① 매매목적 파생상품평가손익

② 공정가치 위험회피 회계 적용 시 파생상품평가손익

③ 현금흐름 위험회피 회계 적용 시 파생상품평가손익이 위험회피에 효과적인 부분

④ 현금흐름 위험회피 회계 적용 시 파생상품평가손익이 위험회피에 비효과적인 부분

029 다음 중 현금흐름 위험회피회계만 적용이 가능한 위험회피대상 항목은 무엇인가?

① 인식된 자산 · 부채　　　② 미인식 확정계약

③ 발생가능성이 매우 높은 예상거래　　　④ 확정계약 중 외환위험

030 K-IFRS 제1109호에 따른 대여금 및 수취채권은 시장이자율 변동에 따른 평가손익을 인식하지 않는다. 그런데 A기업은 고정금리 대출금을 유동화시키려고 하는 바 유동화목적으로 고정금리 조건 대출금의 시장이자율 변동에 따른 가격변동위험을 헤지하고자 위험회피효과가 100%인 이자율스왑 계약을 체결하였으며 위험회피회계의 요건을 충족하고 있다. 고정이자율을 지급하고 변동이자율을 수취하는 스왑의 공정가치가 200원 하락하였을 때 공정가치 위험회피회계를 적용할 경우 올바른 회계처리는?

	고정이자율 대출금		이자율 스왑	
①	(차) 대출금	200	(차) 이자율스왑평가손실(OCI) 200	
	(대) 대출금평가이익(N/I) 200		(대) 이자율스왑	200
②	(차) 대출금	200	(차) 이자율스왑평가손실(N/I) 200	
	(대) 대출금평가이익(N/I) 200		(대) 이자율스왑	200
③	(차) 대출금	200	(차) 이자율스왑평가손실(N/I) 200	
	(대) 대출금평가이익(OCI) 200		(대) 이자율스왑	200
④	(차) 대출금	200	(차) 이자율스왑평가손실(OCI) 200	
	(대) 대출금평가이익(OCI) 200		(대) 이자율스왑	200

031 장내파생상품의 경제적 기능에 대한 설명이다. 옳지 않은 것은?

① 선물거래는 가격 발견, 리스크 헤지, 거래비용 절감 등의 기능을 제공한다.
② 향후 현물가격 상승 기회비용을 회피하기 위해 선물을 미리 매수한 것을 매도헤지라 한다.
③ 기업에게 위험관리수단을, 투자자에게 레버리지가 높은 투자기회를 제공한다.
④ 선물시장과 현물시장의 가격불균형이 발생하면 저평가 자산 매수, 고평가 자산 매도를 통하여 균형가격을 찾아 시장을 효율적으로 만든다.

032 다음은 선물거래의 증거금 및 일일정산 제도에 관한 설명이다. 옳지 않은 것은?

① 최초 계약체결 시 1계약당 증권회사에 납부하는 증거금을 개시증거금이라 한다.
② 계좌에서 유지해야 되는 잔액(일반적으로 개시증거금의 약 2/3 수준)을 유지증거금이라 한다.
③ 고객은 다음날 12시까지 증권회사에 추가증거금을 현금 또는 대용증권으로 납입한다.
④ 추가증거금을 개시증거금 수준으로 납입한다.

033 다음은 선물거래과 선도거래에 관한 설명이다. 옳지 않은 것은?

	선물거래	선도거래
①	장내거래 파생상품	장외거래 파생상품
②	일반적으로 현금결제	실물인수도만 가능
③	거래소가 계약이행보증	계약불이행 위험 존재
④	증거금 반드시 납부	필요 시에만 납부

034 주가지수차익거래를 실행하는 과정에서 보유하고 있는 주식포트폴리오의 수익률과 KOSPI200 주가지수 수익률의 차이를 무엇이라 하는가?

① 추적오차　　　　　　　　　　　② 스프레드
③ 베이시스　　　　　　　　　　　④ 시장충격

035 다음은 옵션가격 결정요인과 옵션가격 간의 관계에 대한 설명이다. 옳지 않은 것은?

① 기초자산 가격의 변동성이 클수록 콜옵션과 풋옵션의 가치는 상승한다.
② 옵션의 잔존만기가 줄어들수록 콜옵션과 풋옵션의 가치는 하락한다.
③ 이자율이 상승하면 콜옵션 가치는 상승하고 풋옵션 가치는 하락한다.
④ 기초자산에 배당금 수입이 발생하면 콜옵션 가치는 상승하고 풋옵션 가치는 하락한다.

036 현재 주식 가격은 50만원이고, 1년 후에 70만원으로 상승하거나 30만원으로 하락한다고 가정하자. 무위험 이자율은 연 10%일 때 이 주식에 대한 유럽형 풋옵션의 현재가치는(만기는 1년, 행사가격은 40만원이다.)?

① 33,091　　　　　　　　　　　② 34,091
③ 35,091　　　　　　　　　　　④ 36,091

037 다음은 옵션의 델타에 관한 설명이다. 적절하지 않은 것은?

① 델타는 기초자산으로 옵션을 헤지할 때 헤지비율로 사용된다.
② 델타는 해당 행사가격의 콜옵션이 내가격으로 만기를 맞을 확률로도 해설할 수 있다.
③ 풋옵션의 델타는 기초자산가격이 상승하면 0의 값에, 하락하면 −1의 값에 접근한다.
④ 만기가 긴 옵션의 델타는 주식가격이 변함에 따라 급하게 변하는 반면, 만기가 짧은 옵션의 델타는 완만하게 변하는 특성이 있다.

038 현재 시점에서 1개월 LIBOR금리가 2%, 4개월 LIBOR금리가 4%라고 가정할 때 향후 1개월 후에 3개월 LIBOR금리는 얼마인가?

① 3.00%

② 3.67%

③ 4.00%

④ 4.67%

039 다음은 채권의 만기수익률(YTM)에 대한 설명이다. 올바르지 않은 것은?

① 시장수익률, 유통수익률, 내부수익률이라고도 한다.

② 채권을 만기까지 보유하였을 경우 얻게 되는 수익률이다.

③ 채권 투자금액에 대한 연간 표면이자의 비율을 의미한다.

④ 채권의 미래의 현금흐름의 현재가치와 채권가격을 일치시키는 할인율이다.

040 다음은 듀레이션의 특징을 설명한 자료이다. 옳은 항목끼리 묶인 것은?

> ㉠ 채권의 <u>만기</u>가 길어질수록 듀레이션 증가
> ㉡ 채권 <u>수익률</u>이 높아지면 듀레이션 감소
> ㉢ <u>표면금리</u>가 높아지면 듀레이션 감소
> ㉣ <u>이자 지급빈도</u>가 증가할수록 듀레이션 감소

① ㉠, ㉡, ㉢

② ㉠, ㉡, ㉣

③ ㉡, ㉢, ㉣

④ ㉠, ㉡, ㉢, ㉣

041 T-Note선물과 T-Bond선물을 이용한 스프레드 거래를 하는 경우 금리 상승이 예상된다면 어떠한 전략을 선택해야 하는가?

① T-Note선물 매도+T-Bond선물 매수

② T-Note선물 매수+T-Bond선물 매도

③ T-Note선물 매수+T-Bond선물 매수

④ T-Note선물 매도+T-Bond선물 매도

042 채권선물의 상품 간 스프레드 거래 중에 NOB 스프레드 거래에 대한 설명이다. 옳지 않은 것은?

① 중기채권인 T−Note 선물과 장기채권인 T−Bond 선물 간의 가격 차이를 이용하는 거래이다.
② 장기채권선물이 단기채권선물보다 금리변화에 민감한 특성을 이용한다.
③ 장단기금리가 동일하게 상승할 때 NOB 스프레드 매도, 반대일 때 NOB 스프레드 매수한다.
④ NOB 스프레드 매수의 포지션 구성은 T−Note선물 매수＋T−Bond선물 매도이다.

043 채권형 펀드매니저 A씨는 금리 하락 시 채권가격 상승에 따른 이익이 줄더라도 금리 상승에 따른 손실을 제한하는 목표를 실현하고자 한다면 다음 어떤 전략이 유효할 것인가?

① 채권선물 콜옵션 매수
② 채권선물 풋옵션 매수
③ 채권선물 콜옵션 매도
④ 채권선물 풋옵션 매도

044 다음은 장외금리옵션에 대한 설명이다. 적절하지 않은 것은?

① 금리 캡은 최고금리 이상으로 상승 시 캡 매도자가 캡 매수자에게 차액을 지불한다.
② 금리 플로어는 최저금리 이하로 하락 시 플로어 매도자가 플로어 매수자에게 차액 지불한다.
③ 금리칼라 매수는 금리 캡을 매도하고 금리플로어를 매수하는 것이다.
④ 금리칼라 매수는 캡 매수비용을 플로어 매도가격이 상쇄함으로써 비용이 절감된다.

045 다음은 외환시장의 딜러의 호가에 대한 내용이다. 옳지 않은 것은?

① 매수율(bid rate)은 딜러가 외환을 매수하게 될 때 적용하는 환율이다.
② 매도율(offer rate)은 딜러가 외환을 매도하게 될 때 적용하는 환율이다.
③ 매수율은 매도율보다 항상 낮으므로 스프레드가 딜러의 이익이 된다.
④ 거래규모가 크고 빈번한 통화일수록 스프레드는 증가한다.

046 현재 외환시장에서 현물환율 1,220.20~1,225.30일 때 1개월 선물환포인트가 120 − 610인 경우와 1,700 − 710인 경우의 선물환율은 얼마인가(1tick = 0.01)?

① $(1,220.20+1.2)\sim(1,225.30+6.1)/(1,220.20-17)\sim(1,225.30-7.1)$
② $(1,220.20-1.2)\sim(1,225.30-6.1)/(1,220.20+17)\sim(1,225.30+7.1)$
③ $(1,220.20+1.2)\sim(1,225.30-6.1)/(1,220.20+17)\sim(1,225.30-7.1)$
④ $(1,220.20-1.2)\sim(1,225.30+6.1)/(1,220.20-17)\sim(1,225.30+7.1)$

047 다음은 현재 외환시장과 단기금융시장에서 원/달러 환율과 한국과 미국의 단기이자율에 관한 내용이다. 적절하지 않은 것은?

> • 현물환율 : $1 = 1,320원
> • 3개월 선물환율 : $1 = 1,300원
> • 한국 3개월 이자율 : 연 4%
> • 미국 3개월 이자율 : 연 6%

① 3개월 선물환율은 할인상태에 있다.
② 실제선물환율이 이론선물환율보다 저평가되어 있다.
③ 무위험 차익거래 시 원화차입, 달러화 대출이 발생한다.
④ 이자율평형이론에 따르면 3개월 선물환율은 할인되어야 한다.

048 단기자금시장을 이용하여 선물의 매수포지션을 복제한다면 어떻게 구성해야 하는가?

① 자국통화차입 + 현물환으로 외국통화 매수 + 외국통화로 차입
② 외국통화차입 + 현물환으로 자국통화 매수 + 자국통화로 차입
③ 자국통화차입 + 현물환으로 외국통화 매수 + 외국통화로 운용
④ 외국통화차입 + 현물환으로 자국통화 매수 + 자국통화로 운용

049 투자자 A씨는 미국달러옵션을 매수하여 만기 때 옵션을 권리행사하였다. 이때 원화수취와 달러지급의 당사자가 될 수 있는 포지션은 무엇인가?

① 콜옵션 매수, 풋옵션 매수   ② 콜옵션 매도, 풋옵션 매도
③ 콜옵션 매수, 풋옵션 매도   ④ 콜옵션 매도, 풋옵션 매수

050 현재 행사가격이 1,200원/$, 만기가 1개월인 원/달러 콜옵션이 65원에, 동일한 행사가격과 만기를 가진 원/달러 풋옵션은 10원에 거래되고 있다. 원/달러 현물환율이 달러당 1,260원이라고 하자. 콜옵션과 풋옵션의 내재가치의 합은 얼마인가?

① 40원   ② 50원
③ 60원   ④ 70원

051 스왑(swap)거래에 관한 설명이다. 옳지 않은 것은?

① 스왑거래는 파생상품이므로 부외자산으로 처리된다.

② 두 개의 서로 다른 현금흐름을 일정기간 동안 서로 교환하기로 계약하는 거래이다.

③ 위험관리뿐만 아니라 자금조달비용을 낮추려는 목적으로도 사용된다.

④ 통화스왑에서는 원금교환이 없으나 금리스왑은 원금교환이 이루어진다.

052 A기업은 변동금리조건의 미달러화 부채를 가지고 있으며 향후 미달러화 금리가 상승할 것으로 예상하여 고정금리조건으로 전환하고자 한다. 스왑딜러로부터 제공받은 다음 스왑금리 조건 중 A기업에 가장 유리한 경우는?

① annual, money market basis 3.38%

② semi-annual, money market basis 3.38%

③ annual, bond basis 3.38%

④ semi-annual, bond basis 3.38%

053 A기업은 향후 6개월 후에 6개월 만기로 차입예정인 자금의 조달금리을 현 시점에 확정하기를 원한다. A기업이 해야 하는 FRA거래는 무엇인가?

① 6×6 FRA 매입

② 6×6 FRA 매도

③ 6×12 FRA 매입

④ 6×12 FRA 매도

054 A기업은 현재 변동금리기준의 US$ 외화부채를 가지고 있으며 향후 달러화의 강세와 원화 금리의 하락을 예상하고 있다. A기업이 가지고 있는 재무적 위험을 헤지하기 위하여 할 수 있는 거래는 무엇인가?

① US$ 변동금리 수취/원화 변동금리 지급

② US$ 변동금리 수취/원화 고정금리 지급

③ US$ 변동금리 지급/원화 변동금리 수취

④ US$ 변동금리 지급/원화 고정금리 수취

055 A기업은 분할상환조건의 미달러화 부채를 가지고 있으며 향후 원/달러환율의 상승을 예상하고 통화스왑 거래를 통해 원화부채로 전환하려고 한다. 이때 A기업이 실행해야 할 스왑형태는?

① step-up swap
② step-up swap
③ accreting swap
④ amortizing swap

[56~58] 지금 A기업과 B기업이 각각 5천만 달러 규모의 신규 차입계획을 세우고 있는데, A기업은 변동금리 달러($)의 차입을 B기업은 고정금리 원화(₩)의 차입을 원하고 있다. 스왑딜러의 스왑레이트는 5.80%/5.90%이다. 다음 통화스왑과 관련된 자료를 보고 물음에 답하시오.

구분	고정금리 원화(₩) 조달	변동금리 달러($) 조달
A기업	5.50%	LIBOR+0.375%
B기업	6.125%	LIBOR+0.125%
금리차	0.625%	−0.250%

056 위의 자료에 대한 설명 중 옳지 않은 것은?

① A기업는 고정금리 원화조달이 B기업은 변동금리 달러 조달이 절대우위에 있다.
② A기업는 고정금리 원화를 차입했지만 사실상 변동금리 달러를 차입한 것과 같다.
③ 스왑딜러는 bid-offer spread인 0.1%가 중개수익이 된다.
④ 자금조달로 인한 총 절약비용은 0.625에서 0.250를 차감한 0.375%이다.

057 A기업의 실효차입금리는 얼마인가?

① LIBOR-0.1%
② LIBOR-0.2%
③ LIBOR-0.3%
④ LIBOR-0.4%

058 B기업의 금리이익은 얼마인가?

① 0.1%
② 0.2%
③ 0.3%
④ 0.4%

059 풋-콜 패리티를 이용한 포지션의 동등성에 관한 설명이다. 옳지 않은 것은?

① 기초자산을 매수하고 풋옵션을 매수한 것은 콜옵션을 매도한 포지션과 같다.

② 콜옵션을 매수하고 기초자산을 매도한 것은 풋옵션을 매수한 포지션과 같다.

③ 콜옵션을 매수하고 풋옵션을 매도한 것은 기초자산을 매수한 포지션과 같다.

④ 콜옵션을 매도하고 풋옵션을 매수한 것은 기초자산을 매도한 포지션과 같다.

060 다음 중 CB및 BW매입전략과 유사한 포트폴리오 보험전략은 무엇인가?

① 방어적 풋 전략

② 현금뽑아내기 전략

③ 동적 자산배분 전략

④ 동적헤징 전략

061 다음은 옵션의 델타에 관한 설명이다. 적절하지 않은 것은?

① |콜델타| + |풋델타| 이다.

② 콜옵션 델타는 0~1, 풋옵션 델타는 $-1\sim0$ 사이의 값을 갖는다.

③ 풋옵션의 델타가 -0.5, 콜옵션의 델타가 0.5인 경우 현물 5계약의 가격 하락위험을 헤지하기 위한 델타중립헤지 전략은 콜옵션 10계약 매도, 풋옵션 10계약 매수이다.

④ 콜옵션의 델타가 0.5라면 콜옵션을 이용한 헤지비율은 4이다.

062 옵션만기일까지의 기초자산가격 중 옵션매입자에게 가장 유리한 가격으로 행사가격이 결정되는 방식의 옵션은?

① 선택옵션(chooser option)

② 클리켓옵션(cliquet option)

③ 룩백옵션(look-back option)

④ 복합옵션(compound option)

063 다음 중 스트래들 매수 전략과 가장 유사한 옵션은 무엇인가?

① 버뮤다 옵션(Bermuda option)

② 선택옵션(chooser option)

③ 콴토옵션(quanto option)

④ 룩백옵션(look back option)

064 행사가격이 85, 촉발가격이 90인 up-and-out 풋옵션이 있다. 기초자산의 가격은 계약 기간 동안 최소 75에서 최대 95까지 움직였으며 만기일에는 76이 되었다. 리베이트가 없다면 이 옵션을 보유하는 경우 만기의 손익은 얼마인가?

① 0 ② 1
③ 5 ④ 10

065 신용위험에 관한 설명이다. 적절하지 않은 것은?

① 상대방의 신용도가 현저히 감소하거나 파산함에 따라 발생하는 위험을 말한다.
② 신용위험은 잠재적 시장위험(PMR)과 실제 시장위험(AMR))의 합이다.
③ PMR은 거래의 만기기간 동안 최악의 경우를 상정하여 측정한 위험노출도를 의미하며, 만기가 다가올수록 서서히 위험노출도는 늘어나며 만기가 되면 양(+)이 된다.
④ AMR은 지금 당장 상대방이 파산할 경우 발생하는 손해의 크기를 의미하며 계약의 시작에는 영(0)이 되나 이후로는 양수, 음수, 0 중에 임의의 부호가 된다.

066 다음은 신뢰수준 95%에서 1일의 VaR가 20억원인 상황에 대한 설명이다. 올바른 것은?

① 정상적인 시장상황에서 95% 신뢰수준으로 1일 동안 발생가능한 최소손실금액이 20억원이다.
② 정상적인 시장상황에서 유의수준이 5%라면 1일 동안 발생가능한 최대손실금액이 20억원이다.
③ 정상적인 시장상황에서 1일 동안에 20억원 이상의 손실을 보게 될 확률은 5%이다.
④ 정상적인 시장상황에서 20억원 이상의 손실이 발생할 확률은 20일에 2번 정도이다.

067 다음은 Expected Shortfall에 대한 설명이다. 옳지 않은 것은?

① VaR보다 더 큰 조건하에서 발생한 손실의 기댓값을 의미한다.
② 항상 하위가법성의 속성을 만족시키는 것은 아니다.
③ VaR를 초과하는 경우의 손실크기에 대한 정보를 제공한다.
④ 극한 VaR의 문제점은 통계적인 검증을 하기 어렵다.

068 다음 중 95% 신뢰수준에서 일별 VaR가 10억원이면 99% 신뢰수준에서 주별 VaR는?

① 30.58억원 ② 31.58억원
③ 32.58억원 ④ 33.58억원

[69~72] 다음 자료를 보고 물음에 답하시오.

자산 A의 VaR가 5억원이고 자산 B의 VaR가 2억원이다. 상관계수가 0.5인 경우 포트폴리오에 대한 내용이다.

069 위의 자료에 따르면 포트폴리오의 VaR는 얼마인가?

① 6.24억원 ② 6.95억원
③ 7.24억원 ④ 7.95억원

070 위의 자료에 따르면 분산효과로 인한 VaR 감소액은 얼마인가?

① 0.66억원 ② 0.76억원
③ 0.86억원 ④ 0.96억원

071 위의 자료에 따르면 자산 A의 한계 VaR는 얼마인가?

① 2.24억원 ② 3.24억원
③ 4.24억원 ④ 5.24억원

072 위의 자료에 따르면 자산 A의 공헌 VaR는 얼마인가?

① 4.50억원 ② 4.60억원
③ 4.70억원 ④ 4.80억원

073 다음은 주식포트폴리오의 VaR 크기를 순서대로 나열한 것이다. 올바른 것은?

① 분산효과무시 > 완전공분산모형 > 대각선모형 > 베타모형

② 분산효과무시 > 완전공분산모형 > 베타모형 > 대각선모형

③ 분산효과무시 > 대각선모형 > 베타모형 > 완전공분산모형

④ 분산효과무시 > 베타모형 > 대각선모형 > 완전공분산모형

074 투자자 A씨는 만기가 5년이고 듀레이션이 4년인 채권(1년에 이자 1회 지급)에 200억원을 투자하였다. 수익률 곡선은 6%에서 수평이고 일별 수익률의 변동성(즉, $\sigma(\Delta y)$)이 0.1%이다. 99% 신뢰수준에서 일일 VaR는 얼마인가?

① 1.649억원

② 1.659억원

③ 1.749억원

④ 1.759억원

075 다음은 스트레스 검증(Stress Testing)에 대한 설명이다. 가장 거리가 먼 것은?

① 시나리오 분석이라고도 한다.

② 극단적인 상황에서 발생할 수 있는 손실금액을 계산할 수 있다.

③ 적절하지 않은 상황이 설정되면 부적절한 VaR가 계산된다.

④ 과거의 데이터를 사용하기 때문에 미래에 발생할 수 있는 상황을 고려하지 못한다.

076 통화선도계약의 매입포지션의 위험을 분석하기 위하여 현물포지션으로 복제를 하였다. 올바른 것은?

① 국내채권 매도 + 외국통화 매입포지션 + 외국채권 매입

② 외국채권 매도 + 외국통화 매도포지션 + 원화채권 매입

③ 국내채권 매도 + 외국통화 매도포지션 + 외국채권 매입

④ 외국채권 매도 + 외국통화 매수포지션 + 원화채권 매입

077 델타 – 노말 방법에 의한 옵션 VaR값의 측정에 대한 설명이다. 적절하지 않은 것은?

① 콜옵션 매입포지션에 대해서는 위험을 과대평가한다.

② 풋옵션 매입포지션에 대해서는 위험을 과대평가한다.

③ 포지션델타가 0인 스트래들 매도포지션의 실질적인 VaR는 0과 거리가 멀다.

④ 여러 개의 옵션으로 구성된 옵션포트폴리오의 감마값이 양(+)인 포지션은 실제위험에 비해 VaR값이 과소측정된다.

078 비선형상품인 옵션의 VaR를 델타 – 노말방법으로 계산하는 것으로 옳지 않은 것은?

① 포트폴리오의 델타가 매우 심하게 변동한다.
② 포트폴리오의 델타가 상향과 하향 움직임에 비대칭적이다.
③ 최악의 손실이 기초자산의 극단적 움직임과 무관하다.
④ 포트폴리오의 델타가 0이면 무위험 상태임을 알 수 있다.

079 투자자 A씨는 500억원을 주식에 투자하여 100억원의 이익을 얻었다. 주식의 평균변동성이 연 40%였다고 가정하면 RAROC은 얼마인가?

① 20.46%
② 21.46%
③ 22.46%
④ 23.46%

080 다음 중 VaR의 유용성에 대한 설명으로 적절하지 않은 것은?

① 거래담당자의 운영성과를 측정하는 지표
② 위험관리에 있어서 적정자본량을 산출
③ 거래담당자의 포지션 한도를 설정
④ 발생주의 회계원칙에 의한 정보 보고

081 A기업은 대규모 제조기업이고 채무불이행 확률이 10%이다. B기업은 A기업에 부품을 납품하는 중소기업이며 채무불이행 확률은 20%이다. 두 기업이 동시에 채무불이행할 확률이 5%라고 하면 두 기업의 채무불이행 상관계수는 얼마인가?

① 0.15
② 0.25
③ 0.35
④ 0.45

082 100억원 대출포트폴리오가 10,000개의 소규모 대출로 구성되어 있다고 할 때 각 대출의 채무불이행이 모두 1%로 동일한 경우 기대손실과 손실의 표준편차는?

① 기대손실 = 1억원, 손실의 표준편차 = 0.089억원
② 기대손실 = 1억원, 손실의 표준편차 = 0.099억원
③ 기대손실 = 2억원, 손실의 표준편차 = 0.089억원
④ 기대손실 = 2억원, 손실의 표준편차 = 0.099억원

083 BBB등급 채권의 평균 수정 듀레이션이 5년이고, A등급으로 상향 조정될 확률은 20%이다. BBB등급의 평균 신용 스프레드는 100bp이고, A등급의 평균 신용 스프레드는 60bp이다. 신용등급의 변화가 수익률에 미치는 영향은 몇 bp인가?

① 40bp

② 45bp

③ 50bp

④ 55bp

084 1년 동안의 채무불이행률이 2%이다. 기간별 채무불이행률이 독립적이라고 가정하면 6년 동안의 누적 채무불이행률은?

① 11.32%

② 11.42%

③ 12.32%

④ 12.42%

085 다음은 금리스왑에서 상대방의 채무불이행 확률에 대한 설명이다. 옳지 않은 것은?

① 상대방의 신용도가 높을수록 채무불이행 확률이 낮다.

② 계약의 만기가 길수록 채무불이행 확률이 높다.

③ 기초자산의 변동성이 클수록 채무불이행 확률이 낮다.

④ 헤지목적으로 포지션을 취하면 채무불이행 확률이 낮다.

086 크레디트 메트릭스에서 추정된 식이 다음과 같다면 A기업과 B기업 간의 상관계수는 얼마인가(미국 화학산업, 독일 보험산업 = 0.4, 미국 화학산업, 독일 금융산업 = 0.5)?

$$\bullet \ r^{(A)} = 0.90 r^{(US\,cm)} + 0.44 \hat{r}^{(A)}$$
$$\bullet \ r^{(B)} = 0.84 r^{(GE\,in)} + 0.25 r^{(GE\,fi)} + 0.6 \hat{r}^{(B)}$$

① 0.30

② 0.31

③ 0.40

④ 0.41

087 KMV채무불이행 예측모형은 블랙 – 숄즈 옵션가격결정 모형을 이용하여 위험대출 또는 위험채권의 가치를 평가하고자 한 Merton의 아이디어에 이론적 기반을 두고 있다. 이와 관련하여 다음의 괄호 안에 들어갈 용어를 순서대로 나열한 것은?

> 기업의 주식가치를 (   )가 기초자산이고, (   )이 행사가격인 (   )을 간주하며, 부도확률은 만기 시 (   )옵션일 확률과 같다.

① 자산가치, 부채금액, 콜옵션, 외가격
② 부채금액, 자산가치, 풋옵션, 내가격
③ 부채금액, 자산가치, 콜옵션, 외가격
④ 자산가치, 부채금액, 풋옵션, 내가격

088 다음 중 장외시장의 신용증대 제도에 해당하지 않는 것은?

① 상계협약
② 계약금과 담보요구
③ 계약종료금지
④ 이자율조정

089 다음 중 신용파생상품에 대한 설명으로 적절하지 않은 것은?

① CDS의 위험매도자는 기준자산에 대한 신용위험과 시장위험을 동시에 헤지할 수 있다.
② 합성CDO는 기준자산을 양도하지 않고, 자산에 내재된 신용위험만을 SPC에 이전한다.
③ Basket Default Swap은 2개 이상의 기준자산으로 구성된 포트폴리오를 기본으로 발행된다.
④ CLN은 채권의 수익률이 정의된 기준자산의 <u>신용사건과 연계</u>된 채권을 의미한다.

090 금융기관과 체결한 계약현황이 다음과 같다. 상계가 허용되지 않는 경우 신용위험 노출금액은 얼마인가?

계약	계약금액(억원)	시장가치	신용환산율(%)
금리스왑	100	1	0.5%
통화스왑	100	3	1%
선물환	50	−3	5%

① 6억원
② 8억원
③ 10억원
④ 12억원

091 다음은 장외파생상품의 신용위험에 대한 설명이다. 옳지 않은 것은?

① Payer금리스왑의 보유자는 금리가 상승할수록 신용위험이 증가한다.
② 옵션매수포지션의 현재노출과 잠재노출은 모두 '0'이 된다.
③ 거래상대방이 파생상품을 투기목적보다는 헤지목적으로 사용한다면 신용위험은 낮다.
④ 보유하고 있는 파생상품의 가치가 음(−)이 될수록 계약보유자입장에서 신용위험은 감소한다.

092 다음은 CDO투자에 대한 설명이다. 옳지 않은 것은?

① Equity 트렌치는 Event Risk가 발생하면 가격이 하락한다.
② Mezzanine 트렌치는 두 번째 손실을 입은 트렌치이다.
③ Senior 트렌치 투자는 Mark to Market 위험이 존재한다.
④ Super Senior 트렌치에 투자하는 투자자는 사전에 높은 신용등급을 확인하고 투자한다.

093 다음은 유동성 갭 분석방법에 대한 설명이다. 옳지 않은 것은?

① 한계 갭은 유동성 자산의 변동분에서 유동성부채의 변동분을 차감한 것이다.
② 한계 갭이 양(+)의 값을 가지면 유동성이 호전될 신호이다.
③ 한계 갭을 미래의 특정시점까지 누적하면 일반적인 유동성 갭이 산출된다.
④ 정태적 갭은 현존하는 자산·부채뿐만 아니라 미래의 자산·부채도 포함하여 산출한다.

094 다음은 은행의 금융중개기능 중 무엇에 대한 설명인가?

> 다수의 소액예금을 수취하여 기업 등 소수에게 거액대출을 취급하는 과정에서 발생한다.

① 액면중개
② 채무불이행중개
③ 만기중개
④ 스왑중개

095 자기자본은 2,000억원, 듀레이션 갭은 2년인 금융기관의 경우 현재 연 10%인 시장금리가 향후 1%pt 하락한다면 자기자본의 가치는 얼마나 변동하게 되는가?

① 35.4억원 증가
② 35.4억원 감소
③ 36.4억원 증가
④ 36.4억원 감소

096 다음 중 경제적 가치 관점에서의 리스크 분석방법에 해당하지 않는 것은?

① 듀레이션 갭(Duration Gap) 분석

② 순자산가치(Net Portfolio Value, NPV) 시뮬레이션

③ 최대 손실 예상액(VaR)

④ 금리 갭(Repricing Gap) 분석

097 다음 중 각 사업단위별로 운영리스크를 자체평가(self-assessment)하는 방법의 장점이 아닌 것은?

① 운영리스크에 대한 인식을 제고시킬 수 있다.

② 정형화된 데이터를 축적할 수 있다.

③ 운영리스크에 대해 스스로 민감하도록 한다.

④ 보험가입으로 운영리스크를 제거할 수 있다.

098 다음은 LTCM 파산사건에 관한 내용이다. 올바른 것은?

① 권한범위를 넘어서 불법투기거래를 했다.

② 1995년 고베지진으로 큰 손실을 보았다.

③ 단기자금으로 장기채권에 투자함으로써 듀레이션 관리에 실패하였다.

④ 채권의 스프레드가 정상범위를 벗어나면 다시 복귀하는 전략을 구사하였다.

099 다음은 메탈게젤샤프트 파산사건에 관한 내용이다. 옳지 않은 것은?

① 추가증거금발생으로 인한 유동성 리스크를 고려하지 못했다.

② 베이시스 리스크, 롤오버 등 선물시장에 대한 이해가 부족하였다.

③ 영업부서와 후방부서 간의 업무의 분리가 필요하다는 교훈을 얻었다.

④ 회사규모에 비해 과도한 장기공급계약을 체결하였다.

100 위험관리시스템 구축의 장단점에 해당되지 않는 것은?

① 전체적인 위험노출금액 분석이 가능하다.

② 상계처리를 완벽하게 해결할 수 없다.

③ 거래자의 모든 포지션을 평가·통합하고 한도관리를 할 수 있다.

④ 가치평가와 위험관리에 대한 자료를 독립적으로 생성하고 거래부서 자료와 비교하여 부정을 미연에 방지할 수 있다.

01회 실전모의고사

001	002	003	004	005	006	007	008	009	010
③	④	③	②	②	③	②	①	③	④
011	012	013	014	015	016	017	018	019	020
③	④	④	④	①	②	①	②	①	③
021	022	023	024	025	026	027	028	029	030
④	②	③	④	①	①	④	③	④	①
031	032	033	034	035	036	037	038	039	040
②	②	④	②	④	①	③	④	②	②
041	042	043	044	045	046	047	048	049	050
④	①	③	①	③	④	②	③	④	③
051	052	053	054	055	056	057	058	059	060
③	②	①	④	③	①	①	④	④	④
061	062	063	064	065	066	067	068	069	070
②	④	③	②	①	③	①	③	①	②
071	072	073	074	075	076	077	078	079	080
②	②	①	③	①	④	④	④	④	②
081	082	083	084	085	086	087	088	089	090
①	①	①	②	①	④	③	③	③	①
091	092	093	094	095	096	097	098	099	100
③	④	①	③	④	①	①	③	③	②

001
답 ③

분산은 편차의 제곱거리를 평균적으로 나타낸 것이다.

002
답 ④

변동계수(coefficient of variation)에 대한 설명이다.

003
답 ③

$2E(X)+5=13$, $2 \times n \times 1/3 + 5 = 13$, n=12

004
답 ②

공분산이 0이라도 항상 상관계수가 0인 것은 아니다.

005
답 ②

$E(\hat{\theta}) = \theta$가 성립하는 경우 추정량 $\hat{\theta}$를 모수 θ의 불편 추정량이라 한다.

006
답 ③

분포곡선이 자유도에 따라 달라지므로 표본의 수에 영향을 받는다.

007 답 ②

대립가설은 관심 있는 사건에 유의성이 있음을 나타내는 가설이다.

008 답 ①

오차항의 평균은 0이다.

009 답 ③

다른 회귀계수 추정치는 여전히 불편·일치 추정량이 되므로 가설검정은 유효하다.

010 답 ④

① 주식은 배당가능이익이 있을 경우 배당수령한다.
② 주식은 잔여재산분배청구권이 있다.
③ 주식은 액면미달 발행이 원칙적으로 금지되어 있다.

011 답 ③

수의상환채권은 투자자를 유인하기 위해 보통사채보다 이자수준이 높다.

012 답 ④

표면 이자율이 낮은 채권이 높은 채권보다 수익률 변동에 따른 가격 변동성이 크다.

013 답 ④

낙타형 : 일시적 금융긴축으로 인하여 시중의 단기자금 사정이 악화되었을 때

014 답 ④

이자율이 변경되면 채권포트폴리오를 재편할 필요가 있다는 단점이 있다.

015 답 ①

CMO에 대한 설명이다.

016 답 ②

외국에 위치한 영업소에서 근무하는 국민은 비거주자에 해당한다.

017 답 ①

거주자가 국내에서 외화증권을 발행하는 경우에는 외화 유출이 없으므로 신고를 하지 않아도 된다.

018 답 ②

기관투자자는 투자절차에 대한 제한이 없으며, 일반투자자는 투자중개업자를 통하여 외환증권의 매매를 위탁하여야 한다.

019 답 ①

교포은행은 국내에 본점이 없으므로 해당되지 않는다.

020 답 ③

보유현황은 등기부등본으로 매 2년마다 보유현황을 보고한다.

021 답 ④

총위험액 = 400 + 200 = 600억원

순자본비율 = $\frac{3,000}{600} \times 100 = 500\%$

022 답 ②

금리변동에 따라 손익이 서로 반대되는 포지션이 있으면 그 포지션은 서로 상계 가능하다.

023 답 ③

후순위차입금이나 후순위사채는 순재산액의 50% 범위에서 영업용 순자본에 가산된다.

024 답 ④

① 감사제도는 주주 입장에서의 제도이다.
② 위험관리 조직은 대상업무를 자산운용에 한정한다.
③ 컴플라이언스 부서에서 진행되는 내용이다.

025 답 ①

내부통제구축운영의 평가는 감사위원회에서 수행한다.

026 답 ①

ㄹ 경영진의 영업전략은 내부통제에 해당하지 않는다.

027 답 ④

유효이자율에 대한 설명이다.

028 답 ③

고정이자율 수취(지급)의 경우는 확정된 이자를 지급하므로 현금흐름 변동위험은 존재하지 않으므로 공정가치 위험회피 회계를 적용하여야 한다.

029   답 ④

선물 거래소에서 옵션 매도를 위한 증거금은 파생상품에 대한 최초 계약 시 순투자금액의 일부가 아니다.

030   답 ①

선도환율 상승 → 매입포지션인 통화선도가 <u>자산</u>, 통화선도평가이익이 <u>당기손익</u>으로 인식

031   답 ②

콜옵션, 풋옵션, 캡, 플로어, 이색옵션이 옵션형에 해당한다.

032   답 ②

금융선물인 채권선물의 경우 단기이자비용이 장기 이표수입보다 적으면 순보유비용이 음(−)이며, 선물이론가격이 현물가격보다 낮게 형성된다.

033   답 ④

선물시장가격에서 현물가격을 차감한 것을 '<u>시장베이시스</u>'라 한다.

034   답 ②

계약수(N) = (0.75 − 1)(1,000억원 / 200 × 25만원)
              = −500계약

035   답 ④

<u>수직스프레드</u>는 시장 상승 시 강세 스프레드, 시장 하락 시 약세 스프레드 전략을 취한다.

036   답 ①

강세 스프레드만 <u>방향성 전략</u>이고 나머지 셋은 <u>변동성 전략</u>이다.

037   답 ③

강세장에서는 기초자산의 상승이익이 콜매도의 손실과 상쇄되어 불리하다.

038   답 ④

투자기간 동안 현금의 지급이 없는 투자는 무이표채의 수익률을 말한다.

039   답 ②

채권가격의 변화 = 수정듀레이션 × 수익률 변화 × 채권가치
              = 2.6 × 0.02 × 100 = 5.2

040   답 ②

미국 CME Group에서 거래되는 유로달러선물의 거래대상은 <u>3개월 LIBOR</u>이다.

041   답 ④

만기에 잔존만기 15년 이상~25년 미만인 T−Bond로 실물 인수도한다.

042   답 ①

거래대상은 <u>이표율 5%</u>, 6개월 이자지급방식의 3, 5, 10년 만기 국고채이다.

043   답 ③

$$N = \frac{(D_T - D_P)}{D_F} \times \frac{P}{F} = \frac{(0-2)}{4} \times \frac{600}{1} = -300$$

044   답 ①

스프레드 확대가 예상되는 경우 <u>매수 스프레드 전략</u>을 사용한다.

045   답 ③

영국의 파운드화는 간접표시법을 적용하며 우리나라는 직접표시법을 적용한다.

046   답 ④

<u>외환스왑</u>은 단기거래이며, 위험없이 통화간 자금의 과부족을 조절하는 수단으로 활용된다.

047   답 ②

이론가격 = 1,300 × (1 + 0.04 × 1/4)/(1 + 0.08 × 1/4)
         = 1,287원

048   답 ③

1틱의 가치는 $10,000 × 0.1원 = 1,000원이다.

049   답 ④

달러선물 200계약(=$2,000,000/$10,000)을 매도한다.

050   답 ③

수출업자가 원/달러 하락위험에 대비하여 <u>달러 풋옵션을 매수</u>하여 달러 매입가액을 고정시킨다.

051 답 ③

은행이 시장위험과 신용위험을 감당하며 거래하는 것은 현재의 스왑시장에 대한 설명이다.

052 답 ②

money market basis이 가장 크다.
① 30/360, ② 31/360, ③ 31/366, ④ 31/365

053 답 ①

고객인 A기업의 입장에서는 매도율(offer rate)이 낮은 8.12를 선택하는 것이 유리하다.

054 답 ④

장기적인 금리 하락이 예상되는 경우는 스왑을 통해 오히려 손해를 보게 된다.

055 답 ③

변동금리를 받고 고정금리를 주는 스왑인 payer swap, 딜러에게 높은 금리인 T+35를 지급한다.

056 답 ①

통화스왑의 원금교환은 초기 거래시점의 환율로 교환된다. 만기에 실제환율에 의해 발생하는 손익은 별개의 문제이다.

057 답 ①

A기업은 모든 시장에서 다 유리한데 고정금리조달이 더 유리하고, B기업은 모든 시장에서 다 불리한데 변동금리조달이 덜 불리하다.

058 답 ④

고정금리차 1.5% − 변동금리차 0.5% = 1%가 절약할 수 있는 금리총액이다.

059 답 ④

풋옵션의 가격은 만기시점에서 행사가격만큼을 지급하는 순수할인채의 현재 할인가에서 기초자산 현재가를 뺀 값보다 작을 수 없다.

060 답 ④

샤우트옵션은 행사가격의 재확정 시점이 아무 때나 가장 유리하다고 생각되는 시점에서 '샤우트'를 함으로써 행사가격을 재확정한다.

061 답 ②

조건부 프리미엄 옵션은 매도자에게 불리하므로 표준옵션보다 프리미엄이 비싸다.

062 답 ④

down−and−out 콜옵션은 가격이 떨어지면 무효가 되므로 일반 콜옵션에 비해 가격이 저렴하다. 그러나 가격이 떨어지며 무효가 되는 손해를 싼 가격의 원유로 보상받는다.

063 답 ③

콴토옵션에 대한 설명이다.

064 답 ②

기초옵션을 매입하는 것보다 비용이 저렴하다.

065 답 ①

$REE = 20\% \times \sqrt{0.5} \times 1.28 \times 10,000,000$
$= \underline{1,810,000달러}$

066 답 ③

ⓒ 유동성위험은 시장위험에 해당하지 않는다.

067 답 ①

포트폴리오의 분산효과가 클수록 VaR의 감소효과가 크다.

068 답 ③

$VaR = -100 \times 2.33 \times 0.008 \times 1.2 \times \sqrt{9}$
$= 약 6.71억원(VAR는 손실 크기이며, 양수로 표시)$

069 답 ①

$\rho = 1$인 경우 $VaR = 35 + 45$
$\rho = -1$인 경우 $VaR = |35 - 45|$

070 답 ②

한계 $VaR = 150억원 - 100억원 = 50억원$

071 답 ②

델타−노말 방법은 모수적 방법으로 부분가치 평가법이다.

072 답 ②

여러 가지 시나리오에 대한 자산의 가치평가를 위해 가치평가모형이 필요하다.

073 답 ①

$$VaR = \sqrt{VaR_A^2 + VaR_B^2 + 2\rho_{AB}VaR_AVaR_B},$$
상관계수 $= 0$

074 답 ③

A주식의 연간 $VaR = 100 \times 1.65 \times (1.8 \times 0.035)$
$= 10.395$억원

075 답 ①

A주식과 B주식의 공분산 $= 1.8 \times 1.2 \times 0.0012 = 0.0026$

076 답 ④

연간 $VaR = 150 \times 1.65 \times (1.6 \times 0.035) = 13.86$
가중평균베타 $= 1.8 \times 2/3 + 1.2 \times 1/3 = 1.6$

077 답 ④

베타매핑은 충분히 분산 투자되었다고 가정하고 체계적 위험(＝베타)만 다루므로 개별 VaR, 공헌 VaR, 한계 VaR 값은 모두 동일하다.

078 답 ④

$2.33 \times 100,000 \times 0.6 \times 0.1 \times \sqrt{12} = 48,428$

079 답 ④

250일 $\times 5\% = 12.5$일

080 답 ②

(100억원 $\times 3\%$)/4억원 $= 3/4$로 가장 크다. RAROC＝투자이익(＝ 투자금액 $\times$ 순이익률)/VaR

081 답 ①

시장위험은 법적 위험이 없으나 신용위험은 법적 위험이 크다.

082 답 ①

B채권의 기대손실 : $0.01 \times 0.5 \times 100 = 0.5$억원

083 답 ①

채무불이행 상관계수는 자산가치 간 상관계수보다 훨씬 작다.

084 답 ②

두 자산의 채무불이행 상관계수는
$$\frac{0.001 - 0.02 \times 0.04}{\sqrt{0.02 \times 0.98} \times \sqrt{0.04 \times 0.96}} = 0.007$$이다.

085 답 ①

② 유형자산이 많을수록 회수율이 증가한다.
③ 자산의 유동성이 높을수록, 청산가치가 클수록 회수율이 증가한다.
④ 채무불이행률과 손실률은 양(+)의 관계이다.

086 답 ④

파산기업을 건전기업으로 분류했다면 제1종 오류(알파오류)이며 가장 중요한 오류이다.

087 답 ③

부도거리(DFD) ＝ (미래자산가치 － 부채가치(액면가))/자산가치의 변동성 ＝ (150 $\times$ 1.1 － 85)/40 ＝ 2.00

088 답 ③

CreditRisk＋는 확실한 DM(Default Mode)모형이다.

089 답 ③

금리스왑은 T/3에서 위험노출금액이 극대화된다.

090 답 ①

현재 위험노출금액은 max[대체비용, 0]이므로 위험에 노출된 금액은 없다.

091 답 ③

KMV모형에 대한 설명이다.

092 답 ④

부외자산으로서 높은 수익률과 낮은 비용이 특징이다.

093 답 ①

리스크를 완전히 제거하는 것은 어려우므로 적절히 관리하여 이익을 극대화하는 것이 바람직하다.

094 답 ③

① 순이자소득이 증가한다.
② 변화가 발생하지 않는다.
④ 이익이 발생한다.

095 답 ④

단기부채 조달로 유형자산을 구매한 경우에는 RSL이 커져 순이자소득이 감소한다.

096 답 ①

내부감사 평가등급이다.

097 답 ①

기초지표법에 대한 설명이다.

098 답 ③

스트래들 매도 포지션을 취했으나 1995년 고베지진으로 큰 손실을 보았다.

099 답 ③

LTCM 파산사건에 대한 설명이다.

100 답 ②

마케팅 시스템은 해당되지 않는다.

001	002	003	004	005	006	007	008	009	010
①	①	②	④	④	④	②	④	②	④
011	012	013	014	015	016	017	018	019	020
②	④	②	③	④	②	②	②	①	④
021	022	023	024	025	026	027	028	029	030
②	③	③	③	②	③	④	③	③	②
031	032	033	034	035	036	037	038	039	040
②	③	②	①	④	②	④	④	③	④
041	042	043	044	045	046	047	048	049	050
②	④	②	③	④	①	③	③	④	③
051	052	053	054	055	056	057	058	059	060
④	③	③	①	④	④	③	①	①	②
061	062	063	064	065	066	067	068	069	070
④	③	②	①	③	③	②	②	①	②
071	072	073	074	075	076	077	078	079	080
③	④	①	④	④	①	④	④	②	④
081	082	083	084	085	086	087	088	089	090
②	②	①	②	③	④	①	③	①	②
091	092	093	094	095	096	097	098	099	100
②	④	④	①	③	④	④	④	③	②

001 답 ①
정규분포의 첨도는 3이다.

002 답 ①
두 개의 변수 X와 Y의 상관계수는 −1에서 +1까지의 값을 갖는다.

003 답 ②
이항분포의 분산은 VaR = np(1−p) = 20×0.4×0.6 = 4.8

004 답 ④
VaR(X−Y) = VaR(X) + VaR(Y) − 2Cov(X, Y)

05 답 ④
확률변수 x가 취할 수 있는 값의 범위는 $-\infty \leq x \leq \infty$이다.

006 답 ④
N(0, 1)의 정규분포를 따르는 확률변수 X는 P(X<0)이 P(X>0)와 동일하다.

007 답 ②
죄인인데 무죄로 방면이 제2종 오류(베타오류)라고 한다.

008 답 ④
이분산의 발생원인이다.

009 답 ②
$\alpha_1 + \beta_1$가 가장 작은 모형이 평균회귀속도가 빠르다.

010 답 ④
중국의 팬더본드는 외국채이다.

011 답 ②

CB는 보통사채보다 낮은 이율로 발행된다.

012 답 ④

만기수익률이 높을수록 볼록성은 작아진다.

013 답 ②

경상수익률＝표면이율/채권가격＝8/105＝7.62%

014 답 ③

표면이율이 낮을수록, 만기는 길수록 듀레이션은 길어진다.

015 답 ④

현금흐름일치전략은 소극적 운용전략에 해당한다.

016 답 ②

내국지급수단은 외국환거래법의 물적 대상이기는 하지만 외국환에는 해당되지 않는다. 외국환은 대외지급수단, 외화증권, 외화파생상품, 외화채권이며 상품권은 대외지급수단에 해당된다.

017 답 ②

외국인거주자의 일반해외여행경비는 1만불까지 매각이 가능하다.

018 답 ②

중계무역은 신고해야 한다.

019 답 ①

영리법인과 비영리법인의 차입기간은 제한이 없다.

020 답 ④

미화 5천만 달러를 초과하는 현지금융의 경우는 기획재정부 장관에게 신고해야 한다.

021 답 ②

영업용 순자본비율의 분모는 총위험액을 나타내나 BIS비율의 경우 위험가중자산을 의미한다.

022 답 ③

장기차입금의 현금상환은 순재산에 영향을 주지 않으므로 영업용 순자본에 변동이 없다.

023 답 ③

자산유동화증권은 금리위험액 산정대상에 해당한다.

024 답 ③

내부통제기준 관련 법규 개정 시 즉각적으로 수정되거나 재검토되어야 한다.

025 답 ②

모니터링 프로그램을 실행(하위의 일)하는 것이 Compliance officer의 역할이다.

026 답 ③

금융투자업과 기업금융업무 간에는 정보교류차단장치를 설치할 필요가 있다.

027 답 ④

나머지는 밀접한 관련성이 없는 경우이다.

028 답 ③

현금흐름 위험회피 회계 적용 시 위험회피 수단의 손익 중 위험회피에 효과적인 부분은 기타포괄손익으로 인식한다.

029 답 ③

①과 ④는 두 가지 중 선택적용이 가능하고 ②는 공정가치 위험회피회계만 가능하다.

030 답 ②

이자율스왑 평가손익과 동일금액은 대출금평가이익으로 당기손익(N/I)에 반영한다.

031 답 ②

향후 현물가격 상승 기회비용을 회피하기 위해 선물을 미리 매수 것을 매수헤지라 한다.

032 답 ③

고객은 다음날 12시까지 증권회사에 추가증거금을 현금으로만 납입한다.

033 답 ②

선물거래는 현금결제와 실물인수도 가능하며, 선도는 NDF를 제외하고 대부분 실물인수도가 이루어진다.

034 답 ①

추적오차에 대한 설명이다.

035 답 ④

기초자산에 배당금 수입이 발생하면 콜옵션 가치는 하락하고 풋옵션 가치는 상승한다.

036 답 ②

- 상승배수(u)=1.4, 하락배수(d)=0.6,
  무위험이자율(r)=1+0.1=1.1
- 리스크중립확률(p)=(u-d)/(r-d)=0.625
- 풋옵션의 가치=[0.625×0+(1-0.625)×10만원]
  /(1+0.1)=34,091

037 답 ④

주가변화 따라 잔존만기가 긴 옵션의 델타는 완만하게, 짧은 옵션의 델타는 급하게 변한다.

038 답 ④

1개월 후 3개월 선도금리 $= \dfrac{4\% \times 120 - 2\% \times 30}{(120-30)} = 4.67\%$

039 답 ③

채권 투자금액에 대한 연간 표면이자의 비율은 <u>경상수익률</u>에 대한 설명이다.

040 답 ④

모두 옳은 설명이다.

041 답 ②

금리 상승이 예상되면 장기채인 T-Bond선물이 더 많이 하락한다.

042 답 ③

장단기금리가 동일하게 상승할 때, NOB 스프레드 매수= T-Note선물 매수+T-Bond선물 매도(T-Bond선물이 상대적으로 가격하락이 큼)

043 답 ②

금리 상승에 따른 손실을 제한하려면 채권선물 풋옵션 매수하여 하락위험을 헤지한다.

044 답 ③

금리칼라 매수는 금리 캡을 매수하고 금리플로어를 매도하는 것이다.

045 답 ④

거래규모가 크고 빈번한 통화일수록 스프레드는 감소한다.

046 답 ①

선물환이 할증되어 거래되는 경우 현물환율에 선물환포인트를 가산하여 공시하고, 할인되어 거래되는 경우 현물환율에 선물환포인트를 차감하여 공시한다.

047 답 ③

$F = 1,320 \times \dfrac{1.01}{1.015} = 1,313.50$

선물환율은 할인상태이며, 달러를 차입하여 원화로 바꾸어 예금하고, 달러선물환을 매수하는 차익거래가 가능하다.

048 답 ③

자국통화차입+현물환으로 외국통화 매수+외국통화로 운용
→ 선물의 매수포지션과 동일

049 답 ④

옵션을 행사했을 때 달러를 지급하는 포지션은 콜옵션 매도, 풋옵션 매수이다.

050 답 ③

콜옵션 내재가치=60원, 풋옵션의 내재가치=0원. 합은 60원이다.

051 답 ④

통화스왑에서는 원금교환이 이루어지나(초기 원금교환은 생략 가능하지만, 만기 원금교환은 필수), 금리스왑은 원금교환 없이 계약기간 동안 이자 교환만 이루어진다.

052 답 ③

A기업은 실효금리가 낮은 것을 선택한다. annual기준의 bond basis가 유리하며 money market basis의 3.38%은 bond basis의 3.43%이다.

053 답 ③

향후 6개월 후에 6개월 만기의 기간을 표시할 때 6×12로 표기하고, 차입예정인 자금의 조달금리를 현 시점에 확정하기 위해 FRA 매입을 해야 한다.

054
답 ①

원화금리의 하락을 예상하므로 원화 변동금리 지급을 선택한다. 외화부채의 지급조건인 외화 변동금리를 수취한다. 변동금리 간의 교환으로서 basis swap이라 한다.

055
답 ④

외화부채의 원금상환과 함께 스왑의 원금도 감소하는 형태의 스왑거래를 amortizing swap이라 한다.

056
답 ④

자금조달로 인한 총 절약비용은 0.625와 0.250를 합산한 0.875%이다.

057
답 ③

금리비용 $-$ 금리수익 $=$ LIBOR $+ 5.5 - 5.8$
$\qquad\qquad\qquad = $ LIBOR $- 0.3\%$

058
답 ①

기존차입금리 $-$ 실효차입금리 $= 6.125 - 6.025(=$ LIBOR $+ 0.125 + 5.9 -$ LIBOR $) = 0.1\%$

059
답 ①

기초자산을 매수하고 풋옵션을 매수한 것은 콜옵션을 매수한 포지션과 같다.

060
답 ②

투자자는 일정수익률을 보장받는 동시에 CB 등 발행기업의 주식가격이 상승할 경우 상승분만큼 이익을 본다는 의미에서 현금뽑아내기 전략으로 볼 수 있다.

061
답 ④

콜옵션의 델타가 0.5라면 콜옵션을 이용한 '헤지비율 $= 1/$델타'이므로 2이다.

062
답 ③

룩백옵션(look-back option)은 만기에 행사가격이 결정되어 옵션매입자에게 매우 유리하다.

063
답 ②

선택옵션(chooser option)은 만기일 이전에 이 옵션이 콜인지 풋인지 선택할 수 있는 권리를 가지는 시간의존형 옵션으로 스트래들 매수 전략과 유사하다.

064
답 ①

- up-and-out 풋옵션 $=$ 이미 촉발가격을 터치했으므로 0임
- 녹아웃 풋옵션 $=$ 리베이트
- 일반풋옵션 $= 9$

065
답 ③

PMR은 거래의 만기기간 동안 최악의 경우를 상정하여 측정한 위험노출도를 의미하며, 만기가 다가올수록 서서히 위험노출도는 줄어들어 만기가 되면 영(0)이 된다.

066
답 ③

① 최대손실금액
② 최소손실금액
④ 1번 정도이다.

067
답 ②

항상 하위가법성의 속성을 만족시킨다.

068
답 ②

10억원 $\times \sqrt{5} \times \dfrac{2.33}{1.65} = 31.58$억원

069
답 ①

포트폴리오 VaR $= \sqrt{5^2 + 2^2 + 2 \times 0.5 \times 5 \times 2} = 6.24$억원

070
답 ②

분산효과로 인한 VaR 감소액 $= 5 + 2 - 6.24 = 0.76$억원

071
답 ③

자산 A의 한계 VaR $= 6.24 - 2 = 4.24$억원이다.

072
답 ④

자산 A의 공헌 VaR $= 6.24 \times \dfrac{5^2 + 0.5 \times 5 \times 2}{6.24^2} = 4.80$억원

073
답 ①

베타모형은 특수위험을 고려하지 않으므로 위험을 과소평가한다.

074
답 ④

$200 \times 2.33 \times \dfrac{4}{1.06} \times 0.001 = 1.759$억원

075 답 ④

스트레스 검증은 미래에 발생할 수 있는 시나리오를 데이터로 활용한다.

076 답 ①

②는 통화선도계약 매도포지션의 복제이다.

077 답 ④

델타－노말 방법은 옵션 매입포지션에 대해서는 위험을 과대평가하고, 옵션 매도포지션은 위험을 과소평가한다.

078 답 ④

포트폴리오의 델타가 0이라도 무위험 상태가 아닐 수 있다.

079 답 ②

RAROC은 위험이 99%의 신뢰수준에서 향후 1년간 발생할 수 있는 최대손실금액으로 정의된다. 따라서, $100/(2.33 \times 500 \times 0.4) = 21.46\%$

080 답 ④

VaR는 <u>시가주의 원칙</u>에 기초하여 유용한 정보를 제공한다.

081 답 ②

채무불이행 상관계수 $= \dfrac{0.05 - 0.1 \times 0.2}{\sqrt{0.1 \times 0.9} \times \sqrt{0.2 \times 0.8}} = 0.25$

082 답 ②

기대손실 $= 0.01 \times 100 = 1억원$, 손실의 표준편차

$= \sqrt{0.01(1-0.01)} \times \dfrac{100}{\sqrt{10,000}} = 0.099억원$

083 답 ①

$0.2 \times 5 \times (100 - 60) = 40bp$

084 답 ②

$1 - (0.98)^6 = 11.42\%$

085 답 ③

기초자산의 변동성이 클수록 채무불이행 확률이 높다.

086 답 ④

$(0.9 \times 0.84 \times 0.4) + (0.9 \times 0.25 \times 0.5) = 0.41$

087 답 ①

순서대로 '자산가치, 부채금액, 콜옵션, 외가격'이 들어간다.

088 답 ③

한 쪽이 투자부적격이 되면 다른 한 쪽이 스왑계약의 현금결제를 요구할 수 있는 권리를 갖도록 규정한 것이 계약종료조항으로 신용증대에 도움이 된다.

089 답 ①

<u>TRS의 총수익매도자</u>는 기준자산에 대한 신용위험과 시장위험을 동시에 헤지할 수 있다.

090 답 ②

신용노출금액 = 현재노출$(1 + 3 + 0)$ + 잠재노출$(0.5 + 1 + 2.5) = 8억원$

091 답 ②

옵션매도포지션의 현재노출과 잠재노출은 모두 '0'이 된다.

092 답 ④

Super Senior 트렌치는 신용평가를 하지 않으므로 투자자 입장에서는 신용등급 없이 투자하는 문제가 발생한다.

093 답 ④

동태적 갭에 대한 설명이다.

094 답 ①

액면중개에 대한 설명이다.

095 답 ③

$\Delta K = -K \cdot DGAP \cdot \dfrac{\Delta r}{1+r} = -2,000 \times 2 \times \dfrac{-0.01}{1.1}$

$= 36.4억원$

096 답 ④

금리 갭(Repricing Gap) 분석은 <u>이익적 관점</u>에서의 분석방법이다.

097 답 ④

보험계약 시 우위를 점할 수 있을 뿐이다.

098   답 ④

①, ② Barings 파산사건
③ Orange County 파산사건

099   답 ③

③은 Barings 파산사건에 대한 교훈이다.

100   답 ②

상계처리를 완벽하게 할 수 있다.

이제
대한민국

금융 자격증 취득은
보험 자격증 취득은
무역 자격증 취득은

금융 자격증

무역 자격증

보험 자격증

01 증권경제전문 토마토TV가 만든 교육브랜드

토마토패스는 24시간 증권경제 방송 토마토TV · 인터넷 종합언론사 뉴스토마토 등을 계열사로
보유한 토마토그룹에서 출발한 금융전문 교육브랜드 입니다.
경제 · 금융 · 증권 분야에서 쌓은 경험과 전략을 바탕으로 최고의 금융교육 서비스를 제공하고 있으며
현재 무역 · 회계 · 부동산 자격증 분야로 영역을 확장하여 괄목할만한 성과를 내고 있습니다.

뉴스토마토	TomatotV	토마토증권통	e⁺Tomato
www.newstomato.com	tv.etomato.com	stocktong.io	www.etomato.com
싱싱한 정보, 건강한 뉴스	24시간 증권경제 전문방송	가장 쉽고 빠른 증권투자!	맛있는 증권정보

02 차별화된 고품질 방송강의

토마토 TV의 방송제작 장비 및 인력을 활용하여 다른 업체와는 차별화된 고품질 방송강의를 선보입니다.
터치스크린을 이용한 전자칠판, 핵심내용을 알기 쉽게 정리한 강의 PPT,
선명한 강의 화질 등 으로 수험생들의 학습능력 향상과 수강 편의를 제공해 드립니다.

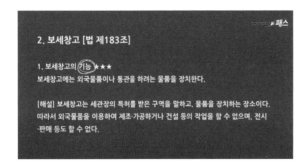 

03 최신 출제경향을 반영한 효율적 학습구성

토마토패스에서는 해당 자격증의 특징에 맞는 커리큘럼을 구성합니다.
기본서의 자세한 해설을 통해 꼼꼼한 이해를 돕는 정규이론반(기본서 해설강의) · 핵심이론을 배우고
실전문제에 바로 적용해보는 이론 + 문제풀이 종합형 핵심종합반 · 실전감각을 익히는
출제 예상 문제풀이반 · 시험 직전 휘발성 강한 핵심 항목만 훑어주는 마무리특강까지!
여러분의 합격을 위해 최대한의 효율을 추구하겠습니다.

정규이론반   핵심종합반   문제풀이반   마무리특강

04 가장 빠른 1:1 수강생 학습 지원

24

1:1 Q&A 상담문의

1:1 강사님께 질문하기

**24시간 내 빠른 답변,
학습 외 문의 및 상담
1:1 상담문의 게시판**

**각 자격증 전담강사가
직접 답변해주는
1:1 학습질문 게시판**

토마토패스에서는 가장 빠른 학습지원 및 피드백을 위해 다음과 같이 1:1 게시판을 운영하고 있습니다.
· Q&A 상담문의 (1:1) ㅣ 학습 외 문의 및 상담 게시판, 24시간 이내 조치 후 답변을 원칙으로 함 (영업일 기준)
· 강사님께 질문하기(1:1) ㅣ 학습 질문이 생기면 즉시 활용 가능, 각 자격증 전담강사가 직접 답변하는 시스템
이 외 자격증 별 강사님과 함께하는 오픈카톡 스터디, 네이버 카페 운영 등 수강생 편리에 최적화된
수강 환경 제공을 위해 최선을 다하고 있습니다.

05 100% 리얼 후기로 인증하는 수강생 만족도

96.4

2020 하반기 수강후기 별점 기준 (100으로 환산)

토마토패스는 결제한 과목에 대해서만 수강후기를 작성할 수 있으며,
합격후기의 경우 합격증 첨부 방식을 통해 100% 실제 구매자 및 합격자의 후기를 받고 있습니다.
합격선배들의 생생한 수강후기와 만족도를 토마토패스 홈페이지 수강후기 게시판에서 만나보세요!
또한 푸짐한 상품이 준비된 합격후기 작성 이벤트가 상시로 진행되고 있으니,
지금 이 교재로 공부하고 계신 예비합격자분들의 합격 스토리도 들려주시기 바랍니다.

강의 수강 방법
PC

01 토마토패스 홈페이지 접속

www.tomatopass.com ▼

02 회원가입 후 자격증 선택

· 회원가입시 본인명의 휴대폰 번호와 비밀번호 등록
· 자격증은 홈페이지 중앙 카테고리 별로 분류되어 있음

03 원하는 과정 선택 후 '자세히 보기' 클릭

04 상세안내 확인 후 '수강신청' 클릭하여 결제

· 결제방식 [무통장입금(가상계좌) / 실시간 계좌이체 / 카드 결제] 선택 가능

05 결제 후 '나의 강의실' 입장

06 '학습하기' 클릭

07 강좌 '재생' 클릭

· IMG Tech 사의 Zone player 설치 필수
· 재생 버튼 클릭시 설치 창 자동 팝업

강의 수강 방법
모바일

탭 · 아이패드 · 아이폰 · 안드로이드 가능

01 토마토패스 모바일 페이지 접속

WEB · 안드로이드 인터넷, ios safari에서 www.tomatopass.com 으로 접속하거나

 Samsung Internet (삼성 인터넷)

 Safari (사파리)

APP · 구글 플레이 스토어 혹은 App store에서 합격통 혹은 토마토패스 검색 후 설치

 Google Play Store

 앱스토어   *tomato* 패스 합격통

02 존플레이어 설치 (버전 1.0)

· 구글 플레이 스토어 혹은 App store에서 '존플레이어' 검색 후 버전 1.0 으로 설치
(***2.0 다운로드시 호환 불가)

03 토마토패스로 접속 후 로그인

04 좌측 👤아이콘 클릭 후
'나의 강의실' 클릭

05 강좌 '재생' 버튼 클릭

· **기능소개**
과정공지사항 : 해당 과정 공지사항 확인
강사님께 질문하기 : 1:1 학습질문 게시판
Q&A 상담문의 : 1:1 학습외 질문 게시판
재생 : 스트리밍, 데이터 소요량 높음, 수강 최적화
다운로드 : 기기 내 저장, 강좌 수강 시 데이터 소요량 적음
PDF : 강의 PPT 다운로드 가능

👤 **토마토패스** ☰

금융투자자격증	은행/보험자격증	FPSB/국제자격증	회계/세무자

나의 강의실

과정공지사항	강사님께 질문하기
학습자료실	Q&A 상담문의

과정명	증권투자권유대행인 핵심종합반	
수강기간	2021-08-23 ~ 2022-08-23	
최초 수강일	2021-08-23	최근 수강일 2021-09-09
진도율	77.0%	

강의명	재생	다운로드	진도율	PDF
1 강 금융투자상품01	▶	⬇	0%	📄
2 강 금융투자상품02	▶	⬇	100%	📄
3 강 금융투자상품03	▶	⬇	100%	📄
4 강 유가증권시장, 코스닥시장01	▶	⬇	94%	📄
5 강 유가증권시장, 코스닥시장02	▶	⬇	71%	📄
6 강 유가증권시장, 코스닥시장03	▶	⬇	0%	📄
7 강 채권시장01	▶	⬇	96%	📄
8 강 채권시장02	▶	⬇	0%	📄
9 강 기타 증권시장	▶	⬇	93%	📄

토마토패스
재무위험관리사 핵심이론＋문제집

초 판 발 행	2022년 07월 15일
개정1판1쇄	2024년 06월 20일

편 저 자	신현철
발 행 인	정용수
발 행 처	(주)예문아카이브
주 소	서울시 마포구 동교로 18길 10 2층
T E L	02) 2038-7597
F A X	031) 955-0660
등 록 번 호	제2016-000240호
정 가	30,000원

홈페이지 http://www.yeamoonedu.com

I S B N   **979-11-6386-289-5**   [13320]